固始移民與閩臺文化研究

尹全海、崔振儉 主編

崧燁文化

目錄

序一　讓固始根親文化唱響中原大地
序二　堅持、認真、合作、求實

第一編 固始移民與閩臺文化研究

根在信陽
一、信陽——中華姓氏的重要發源地之一
二、光州固始——眾多閩臺人及部分
三、尋根聯誼——促進中華民族

蔣國歷史地理考辨

周代蓼國地理與歷史綜考
一、蓼國地理考
二、湖陽蓼國族源及其和固始蓼國關係考
三、舒蓼族源、地理及其與固始蓼國關係考

先秦時期固始的古國與移民活動
一、先秦時期固始的古國與族源地
二、先秦時期固始的移民活動
三、餘論

古代河南的四次政治性外遷移民及其影響

關於唐代固始移民史的研究取向
一、延伸性研究
二、精細化研究
三、簡單結語

中原河洛人南徙之動因及條件——以固始為例
一、歷史事件導致南徙

二、地緣區位——得天獨厚的南徙條件
　　三、先徙者閩臺「搭橋」，後來者投親靠友
　　四、「願往南遷一千，不往北挪一磚」

唐末固始人移民福建的路線選擇

唐代固始移民簡論

從陳元光「開漳」看唐代移民特點
　　一、陳氏父子領兵移民與唐代移民的開放性
　　二、陳氏家族遷移與唐代移民的家族性
　　三、陳元光「開漳」與唐代

南朝地下流民社會與客家形成初探
——兼談客家形成過程中的「固始符號」
　　一、南朝政治格局與地下流民社會
　　二、南朝地下流民社會是客家形成的源頭
　　三、客家形成過程中的「固始符號」

豫閩方志中所見之陳元光籍貫及相關問題再探討
　　一、關於陳元光的籍貫問題
　　二、方志中記載的豫閩地區陳元光的祠廟及信仰

大槐樹移民與光州固始移民之比較研究
　　一、兩次移民概說
　　二、移民方式與組織
　　三、移民持續時間與移民範圍
　　四、動力與機制
　　五、歷史與現實的影響

第二編 固始移民與閩臺文化研究

關於陳元光與閩南開發研究的幾個問題
  一、回顧
  二、存在的問題
  三、對下一步工作的幾點建議

論固始移民對閩南文化形成及傳播的影響
  一、歷史上的中原移民入閩
  二、陳元光開漳活動是閩南文化形成的主要影響源
  三、閩南文化是聯結海峽兩岸的重要精神紐帶

論開漳聖王信仰體系的特點
  一、陳元光開發建設閩南的貢獻
  二、陳元光將軍的神化
  三、開漳聖王信仰體系的形成
  四、開漳聖王信仰體系的特點

開漳聖王文化與聖王巡安民俗研究
  一、開漳歷史鉤沉
  二、開漳史蹟積澱
  三、開漳聖王信仰
  四、聖王巡安民俗
  五、餘論

「開漳聖王」信仰形成原因分析
  一、陳元光有功於民,是「開漳聖王」
  二、閩人好巫尚鬼,是「開漳聖王」
  三、移民祈求平安,是「開漳聖王」
  四、朝廷不斷封贈,為「開漳聖王」

唐史無人修列傳 漳江有廟祀將軍——陳元光開漳與聖王信仰
閩臺民間信仰的「光州固始」情結
　　一、當代閩臺民間信仰交流頻繁的主要動因
　　二、閩臺民間信仰的「光州固始」淵源
　　三、固始與閩臺民間信仰互動的積極意義
由人到神：陳元光形象變遷的文化解讀
閩國文學評述
閩南歌謠起源年代及其流變
　　　　——論漳州《排甲子》在閩南語區的影響嬗變與發展
論陳元光對泉潮地區開發的貢獻
唐朝開漳別駕許天正對開發漳州的貢獻
　　一、名將之後，不辱使命
　　二、「以儒飭吏，以勇練士」
　　三、齊民以刑，不若以禮
　　四、開辦學堂，傳播文化
　　五、為人謙遜，恪守本職
客家人的光榮客家人的光榮——臺灣抗日英雄羅福星烈士
「臺灣第一才子」呂赫若的家史與悲劇
不辱客家先祖的臺灣佳冬蕭家
　　一、佳冬蕭家古厝
　　二、1895 年抗日步月樓之戰
　　三、蕭家子弟投入中國的抗戰行列

第三編 閩臺姓氏固始尋根研究

論固始尋根
一、譜志中反映的根在固始的移民
二、中原南遷移民潮中的「光州固始」

中原姓氏尋根概述
一、中華民族的姓氏之根在中原
二、人文始祖尋根與姓氏尋根
三、都城尋根與姓氏尋根
四、門類文化尋根與姓氏尋根
五、獨具特色的固始尋根

從歷史移民看豫、閩、臺姓氏淵源
一、從唐山過臺灣說起
二、臺灣漢族的姓氏源頭均在祖國大陸
三、歷代大陸向臺灣移民情況簡述
四、近年臺胞來大陸尋根活動情況

臺灣姓氏人口與河南固始的淵源關係
一、河洛郎、閩南人、河洛人源於河南同根
二、臺灣的多數姓氏人口來源自河南固始
三、郡望與堂號佐證閩臺姓氏來源於河南
四、福建寧化石壁客家公祠佐證

移民與臺灣的「內地化」
一、臺灣「內地化」理論
二、臺灣的「內地化」進程
三、餘論

閩王故里與固始臨泉王氏
一、閩王故里
二、臨泉王氏源出及世系

三、固始臨泉王氏入閩播遷
四、開閩王氏後裔遷居臺灣

「開漳聖王」固始尋根
一、浮光陳氏源流
二、陳氏將軍祠

論河南的根文化與根文化研究
一、源頭活水——中原是中華民族的文化之根
二、木本水源——中原是中華民族的血脈之根
三、播遷四方——中原是中華文化的母體淵藪
四、認祖歸宗——中原根文化研究方興未艾

臺灣姓氏、祖籍與中原親緣關係
一、臺灣少數民族是大陸移民
二、臺灣人自稱河洛人，以中原人為榮
三、臺灣人是炎黃姓氏傳人
四、臺灣人重視中華姓氏文化與調研
五、從譜牒看臺灣與中原親緣密切
六、從宗族祠堂看臺灣與中原親緣關係
七、臺灣使用中原郡號、堂號
八、臺灣人冠用大陸姓、籍為地名
九、臺灣崇敬名人與豫閩一致
十、做好「五緣六求」工作

固始歷史人文資源的挖掘及利用
一、對難以確認的歷史人物和歷史事件
二、抓住相關鏈條中的聯結點
三、文化先行的紐帶作用

固始移民文化資源開發利用初步設想
一、固始移民及其特點

二、固始移民文化開發利用的優劣勢

　　三、固始移民文化開發利用的幾點設想

近三十年來固始尋根研究綜述

　　一、對固始尋根研究的綜合論述

　　二、固始尋根的分類研究

　　三、結語

「固始與閩臺淵源關係研討會·2009」側記

後記

序一　讓固始根親文化唱響中原大地

　　中華民族歷史悠久，文化燦爛，5000年的文明史博大精深。從古至今，在中國有兩大文化特別突出，自始至終影響海內外同胞和世界華人，成為維繫中華民族情感的精神家園。一個是龍文化，它是海內外同胞與世界華人大團結、大統一的象徵。另一個就是根文化，它是維繫中華民族情感歸依的大文化，對於推動中華民族情感、凝聚中華民族精神，都具有不可估量的作用。固始因歷史上先後四次大規模移民南遷，而形成了獨具地域特色的根親文化，也使固始與閩、粵、臺等地的血緣、史緣、文緣緊密相連，成為部分海外僑胞的鄉關祖地，被譽為「唐人故里・閩臺祖地」。在當今文化產業快速發展的進程中，固始的根親文化成為中原文化的一枝奇葩，熠熠生輝，備受關注。

　　千淘萬漉雖辛苦，吹盡狂沙始得金。有特色才有魅力，有夢想才有未來。展望未來，固始「唐人故里・閩臺祖地」根親文化品牌將會在推動文化大發展大繁榮的熱潮中展現出絢麗多姿的時代風采，在助推固始發展、中原崛起中彰顯出深厚凝重的無窮魅力。

方波

序二　堅持、認真、合作、求實[1]

一、這次節慶活動非常成功

　　談到這次節慶活動的舉辦就離不開河洛文化。2003年，第十八屆客屬懇親大會在鄭州召開，全國政協副主席羅豪才同志提出要重視河洛文化的研究，要把河洛文化作為中華文化研究的一個重要手段；2004年5月20日我第一次到固始，就是為了調研河洛文化和固始的關係；2005年3月29日，羅豪才副主席在參加河南黃帝拜祖大典後專程到固始考察，我陪同，他也提出如何進一步把固始的根親文化和河洛文化做大；2007年1月23日，我帶領部分省直機關的同志到信陽具體討論陳元光祠堂的修繕問題，在那次協調會上，我和信陽市委書記王鐵同志探討利用固始的根親文化資源，在固始舉辦有關以「根親」為主題的節慶活動的設想；2008年10月21至22日，固始舉辦了固始與閩臺淵源關係研討會。在這個基礎上，今年舉辦了首屆唐人故里‧閩臺祖地中國固始根親文化節。這些經歷說明這件事情並不是固始一個縣的事，國家、省、市的領導都很重視。

　　這次唐人故里‧閩臺祖地中國固始根親文化節歷經一天半的時間，安排了豐富多彩的活動：專門花一天的時間舉辦了固始與閩臺淵源關係研討會——唐代固始移民與移民文化研究。研討會收到了論文35篇，有29位專家學者做了演講；同時舉辦了招商活動，參觀了固始的古蹟；又觀看了兩場主題為「根」的精彩文藝演出。可以告訴大家的是，文藝演出使我深受感動，特別是昨天上午在欣賞美國歌手歐莉蓮用中文演唱《常回家看看》的歌曲時，我不禁熱淚盈眶，百感交集：一是為國家。自從鴉片戰爭以後，有一部分中國人始終以搞西方那一套為榮，認為那是高尚的東西。但現在，一個美國黑人歌手卻能把中國歌曲唱得這麼

好,這是中國復興強大的具體體現,所以我為國家流淚。二是為中國文化。外國人都這樣熱愛中國文化,我們有什麼理由不學習好、傳承好、研究好中華優秀文化?三是為母親。我有85歲的老母親在上海,昨天是重陽節,我也不能夠「常回家看看」。昨天晚上的「根之情」文藝演出,按方書記的話講是比較「土」,但我認為「土」的有感情,有鄉情,老的民謠讓海內外賓客聽著覺得非常親切。

活動的成功可以用三句話來總結:

規格高。全國政協白立忱副主席親自參加了會議,而且宣布文化節開幕。省委書記徐光春、省長郭庚茂發來了賀信,對於這次會議給予了很高評價。中國歸國華僑聯合會、全國臺灣同胞聯誼會、河南省政協領導都參加了會議,並且講了話。

規模大。這次會議在離河南省會最遠的縣——固始縣召開。固始縣離鄭州將近500公里,而且到合肥和武漢機場都有2至3小時的汽車路程。在這樣的情況下,有900多人參加會議,近10個國家和地區的專家學者來到固始,其中臺灣方面的代表近200人,福建和廣東專門組織了代表團。據說本來有1600人報名參會,由於接待條件所限,還婉言謝絕了一部分代表。第一次舉辦這樣的活動,就有這樣的「吸引力」,實在是了不起。

影響深。固始縣這次活動的名稱起得好,「唐人故里‧閩臺祖地」得到了與會嘉賓的共識,這並不是一件容易的事情,為什麼不容易?包括在河洛文化的研究過程中,大家對於河洛文化是不是「源」文化,是不是中國文化的「根」文化,也有不同意見。所以說,能夠達到這樣的共識,就是一個極大的成功。

二、這次節慶活動的中心是「根」

我們為何而來?——尋根。根,是中華民族存在幾千年而不衰的根本;根,就是要回答一個問題,你是從那裡來的?對於「唐人」來說,我們就是從固始來的,這裡就是我們的祖地,這裡就是我們的「根」!知道了根,才知道尊重祖

先，追宗溯源，知根尊祖，才會知道敬畏，這樣才會有民族的凝聚力。

回顧中國的歷史，上下幾千年，中間有多少朝代更迭，有多少次分裂和統一？如果仔細計算一下，我們分裂的時間相當多。如果以秦始皇滅六國的公元前221年至清亡的1911年為計算階段，一共是2132年，其中，統一的時間是950年，只占總數的45%。

具體如下：

公元前221年～前209年（秦）12年

公元前108年～公元22年（西漢）130年

50年～184年（東漢）134年

280年～301年（西晉）21年

589年～616年（隋）27年

630年～755年（唐）125年

1279年～1351年（元）72年

1382年～1644年（明）262年

1683年～1850年（清）167年

合計950年

在這裡我們沒有統計宋朝，因為當時遼國也是一個強大的國家，遼國人也是中華民族的一部分。但是為什麼中華民族最終終歸走向大一統？柏楊先生在七年牢獄時間中寫的《中國人史綱》中講了方塊字的重要，臺灣著名詩人余光中先生在《聽聽那冷雨》中對於方塊字也極其讚美：「春雨、杏花、江南。六個方塊字，或許那片土地就在那裡。而無論赤縣也好神州也好中國也好，變來變去，只要倉頡的靈感不滅，美麗的中文不老，那形象、那磁石一樣的向心力當必然存在。」這字字句句無不使我們產生共鳴，這是海外遊子對祖國經久不變的情。我以為，作為一個工具，方塊字確實在中華民族的大一統中造成了巨大的作用，而更為重要的是中華民族對於「根」的重視、對於祖先的尊重從而產生的敬畏感，

使得中華民族始終保持了巨大的凝聚力，從而走向統一。

　　尋根問祖在今天最主要的作用就是凝聚全球華人的文化認同，促進祖國的統一大業。尋根問祖、追根溯源，港澳臺地區、全球華人，同文同種、同根同源、同山同水，正是這些共同的文化、共同的血脈、共同的土地，才形成了共同的民族，這是民族強盛、國家統一的根本。

　　尋根問祖也是一種民族文化的認同。參天之木，必有其根；懷山之水，必有其源。在中國人的觀念中，特別重視鄉土之情，依戀本源，講究重生報本、尊祖敬宗。而當代世界各地華人華裔紛紛回歸故土尋根祭祖，正是中華文化、民族血緣強大凝聚力的生動體現。中華民族的復興離不開現代的科學技術，也離不開傳統的文明和文化基礎。

三、舉辦這次活動的目的

　　這次活動就是為大家尋根提供一個平臺，對各方面的來賓來講其意義是不一樣的。對於海外同胞來講，是提供了一個追宗溯源的管道；對於海峽兩岸，是提供了一個文化交流的平臺；對於固始縣而言，是提供了一個宣傳自身、發展自身的機遇。我們不要再簡單地提「文化搭臺，經濟唱戲」。由於固始這幾年的飛速發展，所謂「百聞不如一見」，只要有更多的人到固始來，一定會給各方帶來發展的機會。

四、如何搞好這個活動

　　我想用八個字來概括：堅持，認真，合作，求實。
　　堅持。就是現在是第一次，我們要堅持下去。所以，作為縣委、縣政府一定

要創造一個機制，有利於堅持下去。就是要像固始的縣名一樣「欲善其終，先固其始」。要做到這一點，是不是可以在下面四個方面再做一些努力：一是根親文化節能不能更有一點「來頭」。例如在節慶的時間選擇上，是不是可以有一個「說法」：建議用陳元光的誕辰，據史書記載，陳元光，字廷炬，號龍湖，河南光州弋陽人，生於顯慶二年（657年）二月十六日。或者是漳州的建立日。垂拱二年（686年）十二月初九日獲准於泉潮間增置一州，如請設治所於雲霄屯營地之漳江畔，因名漳州。二是機場。信陽機場的建設已經列入河南省民航發展計劃，明年十月能不能飛起來？要盡快落實這個項目。三是紀念地。固始是唐人故里·閩臺祖地，標誌性的景物有很多，我認為最重要的是陳氏將軍祠，要加快對陳元光祠堂的修繕，把它作為唐人故里和閩臺祖地的「朝聖地」和標誌性建築物。四是接待。要進一步改善接待條件，接待規模能不能擴大到千人？接待的軟件也要和國際接軌。利用這樣的節慶活動，提高老百姓的基本素質。五是打造固始農產品在海內外的品牌。固始的農產品很有特色，而且也有一定的銷售網絡，一定要擴大銷售網絡，讓這些特色農產品作為「根」的符號，同時要保證這些特色農產品的終端高質量。而如何保證這些農產品到海內外消費者手中的高質量，還有很多文章可做。

　　認真。就是要認認真真做事，要注意細節。這次節慶活動，固始做得非常認真，舉辦這樣的大活動不容易，但是需要精益求精。節慶活動是這樣，做學問也是這樣。文革前有一部電影，就是剛剛去世的大導演謝晉拍的《舞臺姐妹》，其中有一句話：「清清白白做人，認認真真演戲」。我們搞根親文化節是這樣，搞學術研究也是這樣。下面我請大家做兩個選擇題：一是現在有兩個領導讓我們來選擇。一個領導是天天要抽煙，喝威士忌，每天早裡8點鐘還不起來；一個領導是個素食主義者，很愛狗。很多人想當然地會選擇第二個。我告訴大家，第一個領導是邱吉爾，另外一個是希特勒。再如有一個母親，前面七個孩子都是殘疾，她本身有病，要不要搞計劃生育？還好沒有，她的第八個孩子是貝多芬。所以任何事情都不能想當然。今年是我們中華人民共和國成立六十週年，毛主席在天安門城樓上宣布「中國人民從此站起來了」，我們從小學到大學一直都這樣說，其實這句「中國人民從此站起來了」是在1949年9月23日第一屆全國政協會議上講

的，毛主席在天安門城樓上說的是「中華人民共和國中央人民政府今天成立了」。再舉一個例子，上海虹橋機場旁邊有一個航友賓館，它的英文翻譯是「Hangyou hotel」，但是「hang you」在英文裡是「吊死你」的意思。我舉這些例子，就是為了說明細節非常重要，認真非常重要。

　　合作。要把根親文化節搞好，絕不是河南省一家的事，更不能只是信陽市的事、固始縣的事，而是大陸、海峽兩岸，特別是豫、閩、粵、贛、臺之間要加強合作。在這裡我舉一個例子，我們搞根親文化研究，既要懂閩南話，又要懂固始話，如果不懂的話，這個專家就沒法研究。共同合作的東西會更多，比如民俗方面等等，在這裡就不一一舉例。

　　求實。就是在活動的安排上要更加考慮來賓的需要，要從來賓的角度出發來安排一切，考慮一切，一定要做到「賓至如歸」，要使得大家感到固始就是自己的家，回家後有所得。也就是說，一要研究大家到固始來看什麼，二要研究離開固始時能夠讓大家帶走什麼，留個紀念。

　　最後，衷心地希望唐人故里‧閩臺祖地中國固始根親文化節越辦越好，衷心希望有越來越多的海內外華人來固始尋根問祖，並且能夠在這裡找到自己的根！

陳義初

第一編　固始移民與閩臺文化研究

根在信陽

宋效忠

　　信陽處在中華民族發祥地的黃河流域和長江流域之間，北據中原，南控荊楚，東接吳會，西通巴蜀，氣候屬暖溫帶向亞熱帶過渡區，區位優越、物產豐富。獨特的區位地理形勢，不僅使信陽自古就是兵家必爭之地，形成人口流動性、包容性強的特點，也創造了包括史前文化在內的兼容南北文化特質的燦爛的古代文化，境內廣泛分布著裴李崗、龍山和屈家嶺等文化遺址24處。信陽獨有的歷史文化特質，使其成為部分中華姓氏的發源地以及眾多閩臺人重要的祖根地。

一、信陽——中華姓氏的重要發源地之一

　　姓氏是人類社會發展進化的歷史產物，經歷了一個漫長的發展演變過程，是中華民族傳統文化中的一塊瑰寶。中原地區是華夏民族文化的主要發祥地，是炎黃二帝的主要活動區域，由於其後代的發展繁衍，派生出許多支脈，形成眾多姓氏，成為中華民族的搖籃。

　　地處中原地區南端、淮河中上游的信陽地區歷史悠久，自古以來就是人類棲息和繁衍的良好環境。早在七八千年前，信陽就是多民族的聚居地，炎帝族、黃

帝族、苗族和蠻族的部落就在這塊版圖上繁衍生息，出現了相當規模的原始農業生產，融合了各種生存狀態和生活方式。從夏朝初期到春秋末年，這裡先後建立過申國、蓼國、息國、蔣國、江國、弦國、賴國、黃國、曾國等十多個邦國，既有夏、商、周的封國，也有各朝代貴族的食邑，先後演繹過許多邦國盛衰興亡的故事。受封最早、立國時間最長的當屬天下黃姓的黃國。黃國從夏初到公元前648年楚國滅黃，有著長達1400年的悠久歷史。春秋時期，這些邦國、食邑在南方強大楚國的不斷擴張征服下，先後被滅並成為楚國屬地。這些以姓為國的邦國，最終演變成中華姓氏一百大姓中的十個姓氏。如潢川的黃姓，羅山的羅姓，息縣的賴姓、白姓、付姓，固始的潘姓、廖姓、沈姓，淮濱的蔣姓、孫姓。其中信陽是黃、羅、賴、蔣姓的唯一起源地，天下所有這四姓的人都「根在信陽」；其餘姓氏中的孫、潘、白、廖、付、沈姓分別有一支或主支起源於信陽。另外，還有十六個姓氏：申、息、江、謝、奚、安、英、甄、寑、雩、期、弦、道、叔敖、候叟、期思等姓氏，或起源於信陽，或其起源與信陽有關。據有關方面統計，目前黃姓人口有2900萬，羅姓人口有1100萬，蔣姓人口有610萬，賴姓人口有230萬，十個大姓的人口總和超過8000萬，這些姓氏遍布全國各地、港澳臺地區、東南亞各國乃至世界各地，而尤以南方為多，至今，在福建和臺灣仍有「陳林半天下，黃鄭排滿街」的說法。

　　由此可見，信陽的姓氏文化資源十分豐厚，不僅在全國少有地方可比，在華夏姓氏的主要發源地河南，也是姓氏文化大市。在漫長的歷史歲月變遷中，源於信陽的諸姓族人因為各種不同的原因不斷地向外播遷，由北而南，廣及全國，進而又遠徙海外，幾乎遍及世界各地。其中，遷徙次數最多、人口最多、持續時間最長的，則是南遷，尤以移居閩、粵、臺、港、澳和東南亞地區最多，黃、賴更是臺灣的大姓。原生地的姓氏文化資源必將成為連接海內外華人的血緣和文化緣的重要紐帶，為中華民族的偉大復興做出巨大的貢獻！

二、光州固始——眾多閩臺人及部分

客家人的主要祖根地地處江淮豫皖結合部的信陽固始縣，以歷史悠久、山川秀麗、物產豐富、雅道靡靡著稱。據明代縣誌及《路史》記載：「高陽氏封子庭堅於安。」因此高陽顓頊帝時代，固始縣域屬於安國疆域，夏代安國析封出潘國、英國、黃國三國。至公元26年，光武帝劉秀封復漢功臣李通為固始侯，時「通與帝首事，欲其堅固初始歟！」固始稱謂至今未變。在由晉唐至明清的漫長歲月裡，光州固始因其特殊的地理位置、自然條件、歷史因緣，成為歷代中原河洛人南遷閩粵臺的肇始地和集散地，成為眾多閩粵臺港澳同胞和海外華人華僑的祖根地，在河南移民史上占據重要位置和產生深遠影響，成為獨樹一幟的中原僑鄉。

光州固始向閩粵臺蘇浙贛尤其是閩臺一帶移民，歷史上有四次較大規模的「移民潮」，影響甚為深遠。一是西晉「永嘉之亂」的移民潮。「五胡亂華」期間，衣冠士族率先南遷，平民百姓繼之南逃，形成長時間、大規模的中原人口遷徙活動。從流傳至今的眾多族譜和史籍可以看出：這一期間有林、黃、陳、鄭、詹、邱、何、胡八姓士族入閩。其中，固始籍民南遷者眾，尤以士族為最。二是朝廷募兵，遠征閩粵，武裝綏靖的移民潮。唐總章二年（669年）春，閩粵境內的泉、潮間發生嘯亂。高宗詔玉鈴衛翊府左郎將陳政進階朝議大夫、嶺南行軍總管，率戰將123名、府兵3600人入閩平叛。陳政所部一度陷入困境，朝廷遂派陳政兄陳敏、陳敷率58姓軍校施援。征途中，敏、敷病逝，陳政母魏敬攜孫陳元光「萬里提兵」領軍入閩。兩軍會合後，84姓將士平亂戍閩。儀鳳二年（677年）陳元光奉詔代職，他平息嘯亂、奏置漳州、開辦學校、教化民眾、開荒墾田、開放港口、建設閩南，為建設漳州、推進南北文化交流做出了巨大的不可磨滅的貢獻，被後人譽為「開漳聖王」。三是「三王」舉旗，義軍入閩的移民潮。唐末黃巢起義，各地義軍蜂起。安徽壽州人王緒率眾攻取固始，王潮、王審邽、王審知三兄弟文武雙全，被招致軍中重用。在義軍南下轉戰中，因王緒殘暴，王潮兄弟與眾將計除王緒，後被推為首領。隨後，王潮率以光州固始籍為主的軍民5000餘人共50姓入閩，揭開了固始移民建立閩國、「統治福建三十年，一境晏然」的又一恢弘篇章，使得河南固始對福建和東南沿海的影響更加深入和持久。四是兩宋之際，宋元交戰的移民潮。北宋末年，「靖康南渡」，金兵入主中原。

第一編　固始移民與閩臺文化研究

固始兩度為金兵所陷，縣無治所達75年。境內人煙稀疏，吏民多舉家南逃，因循先民南遷舊路，定向徙居閩地者，不在少數。此外，還有因官職遷調，遊學經商，或投親靠友，南遷入閩者難以勝數。

　　光州固始作為中原人南遷的肇始地和集散地，與客家先民的形成也有不可分割的關係。

　　客家人是古代中原地區歷次戰亂、朝代更迭而不斷南遷到閩、粵、贛交界區域的中原漢人。他們傳承著中原漢文化和傳統習俗，又吸取融合了居住地的文化內涵，逐漸形成客家民系。西晉永嘉年間，信陽原住人民隨著大批南遷到信陽的中原河洛人一起，繼續南遷到閩、粵、贛區域，構成了南遷到贛南、閩西、粵北客家先民的主體。隨陳政、陳元光父子和王潮、王審知兄弟入閩的萬餘名光州固始籍軍民，扎根閩南，對閩南人口的形成起了決定作用，成為閩南人。在他們的後裔中，也有不少因擴散到客家人聚集區而成為客家人，這在客家民系姓氏族譜中有明確反映，客家人和閩南人同一姓氏都有著共同的祖先、堂號和郡望，都記載著隨陳元光或王審知入閩的內容。相關研究表明，至少有60個姓氏的客家族譜記有「秦漢以降，聚族於河南光州」的字樣。客家姓氏，絕大多數根在中原。源於信陽的安、黃、賴、孫、潘、廖在客家姓氏中排名在前，還有一些光州固始郡望姓氏陳、林、王、鄭等。

　　在歷次中原動盪南遷的信陽移民中，規模最大、人數最多、對後世影響最大、最為成功的是陳政、陳元光父子和王潮、王審知兄弟組織的移民。唐代的這兩次信陽大移民對後世閩南粵北乃至整個福建、潮汕地區的歷史發展產生了極其重大的影響。首先，陳元光、王審知率眾南遷入閩，給蠻荒的閩越地區帶去了中原先進的生產方式、先進的生產技術和中原文化，他們對閩越的開發建設，使閩南的經濟文化、人口社會發展都快速趕上甚至超越了中原發展水平，成為後世歷代動亂時期中原人的避難地。其次，隨他們入閩的萬餘將士，另有家眷不計其數，經過幾十代繁衍，逐漸形成閩南人主體，並且擴散到粵東北、臺灣和東南亞。其後裔大批渡海入臺，開發建設臺灣，使臺灣完全納入中華民族的發展軌道。尤其是成就了民族英雄鄭成功收復臺灣和21年後施琅將軍復臺統一，這兩

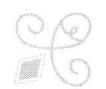

位信陽「老鄉」先後從東南沿海武裝移民臺灣五萬人，其中多為當年信陽移民後裔，使信陽又成為眾多臺灣同胞的祖根地。據《臺灣源流》雜誌主編林永安先生、編輯許明鎮先生編著的《臺灣百大姓源流》一書來看，隨陳政、陳元光入閩開漳的諸姓中有陳、張、李、王、吳、蔡、許等40姓後裔先後遷居臺灣。隨王潮入閩的諸姓中有12姓後裔先後遷居臺灣。第三，造就了大批的海外僑胞，改革開放前出國謀生的海外華人華僑有2000多萬。他們大部分出自閩粵，多使用閩南話、客家話和廣東話。唐代時信陽兩次移民的後裔大量地移居海外，產生的直接影響就是海外華人華僑被稱為「唐人」。陳元光、王審知在閩南發展史上創造了兩個輝煌的時代，不僅給閩南人兩次打上了深深的「信陽根」的烙印，也使眾多臺灣人、客家人和海外僑胞，對光州固始懷有深深的「根」的情結。

三、尋根聯誼——促進中華民族

團結振興的紐帶翻開人類文明的發展史，我們清楚地看到，每一個民族都有自己發展過程中的凝聚方式，都有自己心靈寄託和無限崇敬的聖地。但是，在全世界2000多個民族中，唯有中華民族炎黃子孫有著深厚的「根親」意識。他們不管走到世界哪個角落，均會聯誼結社，或續譜歸宗，炎黃子孫深厚濃郁的「根親」之情，世世代代在他們的血管中流淌。隨著經濟社會的快速發展，人民生活日益富裕，海內外中華兒女尋根謁祖方興未艾。尋根，是追尋自己的血緣和血脈，提醒子子孫孫不要忘本；尋根，也是探尋浸染於己身的文化淵源，達到更深的自我認識境界。尋根的本質是民族的認同，體現了中華民族的凝聚、團結、協作精神，尋根、謁祖、懇親不僅是炎黃子孫一種寄託和凝聚的方式，更是弘揚中華文化、振奮民族精神、創造美好未來的不竭動力。

悠久的信陽歷史，造就了豐富的根親文化資源。全市十縣區中有六個縣區有姓氏起源，源於信陽的姓氏大小有20多個。信陽是廣大閩南人、臺灣人和部分客家人的祖根地，也是眾多港澳同胞和海外華人華僑的祖根地。信陽人傑地靈，

代有賢達，人文薈萃，從春秋戰國到清朝末年，最著名的歷史名人有40多位。信陽有民間姓氏宗親組織18個，其中固始因南遷姓氏較多，有13個姓氏宗親組織，他們大都既是姓氏宗親組織，也是本姓氏文化的研究組織。潢川的黃姓研究會對古黃國歷史、黃姓源流、黃姓的分衍遷徙和黃姓文化進行了深入細緻的研究，編輯出版了《黃姓文化春秋》。光州固始歷史上形成的姓氏起源大小有12個之多（安、婁、潘、英、廖、甄、黃、蔣、寢、沈、孫、期），固始縣文史研究院聘請有多名研究固始人文、歷史、姓氏的著名專家、學者，創辦了《尋根文化》雜誌，姓氏研究室編輯出版了《固始歷史姓氏》，不僅研究了源於固始的姓氏，而且對固始的歷史著姓、南遷姓氏和望族宗譜資料進行了較為詳細的探索。息縣賴氏研究會針對賴氏起源地有多種說法和賴、厲起源混淆的情況，同省內姓氏專家、學者一起共同進行了大量史料、遺址遺蹟研究，論證編輯了《賴氏起源於息縣包信鎮》，取得了海內外賴氏宗親的一致認同。我們出版的《根在信陽》，初步整合展示了信陽根親文化資源，收錄了包括省內外姓氏專家、文史學者研究光州固始與閩臺淵源、源於信陽的姓氏、信陽的歷史名人等50多篇文章，並配發了100多幅各類圖片，是一部圖文並茂、研究信陽尋根文化的叢書。這些工作都為閩粵臺澳以及海外華人尋根問祖、細數根苗奠定了可靠的基礎。

近10多年來，閩臺同胞、海外僑胞不遠萬里，尋根謁祖，紛紛踏上信陽這片令他們世代眷戀的土地。先後有閩粵、臺港澳和東南亞及歐美等地20多個國家近50個姓氏宗親組織的尋根之旅，不顧山高水遠，奔向信陽的固始、潢川、息縣尋根謁祖。在「開漳聖王」陳元光祖祠，在閩王王審知故里，在燕子山施氏祖陵，在先民祖居地，他們虔誠掛起先祖的畫像，擺上精緻的祭品，長跪不起……尊宗、敬祖、懷親之情令人動容。

多年來，信陽各級黨委、政府和有關部門也積極走出去參與海內外各地政府部門、宗親社團、姓氏文化組織的尋根聯誼活動和尋根文化論壇，加強與東南沿海僑臺部門、尋根文化民間社團和研究部門的聯誼，努力實現尋根文化資源的共享和對接。我們真誠地希望廣大臺灣同胞和海外僑胞，根在信陽、根在固始的海內外遊子，回到故鄉尋根祭祖，參觀訪問，旅遊考察，開展各種形式的尋根聯誼活動，加強我們相互的交流與合作，攜手並進，共同創造更加美好的明天。

（本文作者宋效忠為中共信陽市委常委、統戰部部長）

蔣國歷史地理考辨

陳隆文

　　蔣國是西周時期的封國之一，最早見諸文獻記載的是《左傳‧僖公二十四年》富辰的一段話：「凡、蔣、邢、茅、胙、祭，周公之胤也。」《唐書‧宰相世系表》認為：「周公第三子伯齡封於蔣，子孫因以為氏。」那麼，關於蔣國始封何處，何時受封，近人均已有探討，但其中有些問題值得進一步研究。本文試就有關蔣國歷史地理的問題進行探討，不當之處敬希批評。

一

　　周滅商後，為鞏固其新政權，一方面對殘餘的商王朝反抗勢力進行鎮壓，另一方面又採取大分封的辦法實行「分封」統治。據文獻記載，西周初年較為集中的分封大致有三次[2]一在武王伐紂之後，二在周公攝政與成王親政之時，三在康王在位之世。故《左傳‧昭公二十六年》曰：「昔武王克殷，成王靖四方，康王息民，並建母弟，以藩屏周。」便是周初三次大分封的重要記載。我們說蔣國受封之時也應在西周初年，這一點是毋庸置疑的。但其具體時間在周初什麼時候，存在以下幾種不同看法：

　　1.《左傳‧僖公二十四年》載：「昔周公弔二叔之不咸，故封建親戚，以藩屏周。」而從封「凡、蔣、邢、茅、胙、祭」的情況來看，說明蔣國受封之時，應當在周公東征之後，即「周公攝政」之時。故童書業先生說：「周公還政成王，在既定東都之後。《洛誥》『惟周公誕保文武受命，惟七年。』此為古代紀年之法，則周公『受命』稱王凡七年，其大封之事當在此七年中也。」[3]

2.《漢書·王莽傳》載:「成王廣封周公庶子,六子皆有茅土。」說明蔣國也應在六子之內,其受封之時當在成王執政之後,即成王「親政」之時。有的學者認為在周成王四年（前1060年）[4]

3.根據唐人孔穎達為《左傳·僖公二十四年》所作的《疏》所說:「凡、蔣、邢、茅、胙、祭,周公之胤也。豈周公自封哉?固當成王即位之後,或至康王之時,始封之耳。」[5]認為蔣國受封之時當在成王執政之後至康王在位之時。

從以上文獻記載看,蔣國受封應與邢侯同時。《左傳·僖公二十四年》曰:「凡、蔣、邢、茅、胙、祭」都是周公庶子,按其順次「蔣」是第二。如果將蔣與受封於魯的周公長子伯禽並計,那麼蔣應是第三,邢是第四,與《漢書·王莽傳》所謂「周公享七子之封」的敘述是完全吻合的。它從一個側面證明蔣國受封應與邢國同時。根據1921年洛陽出土的「邢侯簋」和有關材料,當可說明蔣、邢二國同時受封,其時間當在成王親政之時的說法是比較可信的。

「邢侯簋」又名「周公簋」,郭沫若先生判定此器為康王時器[6]唐蘭先生認為「井（邢）侯簋」是康王時重要銅器之一,這件銅器可能在康王前期[7]可是李學勤先生卻定為成康時器[8]

但根據「邢侯簋」的銘文內容和文獻記載,該簋應為成王時器。現將「邢侯簋」銘文抄錄如下:

佳（唯）三月,王令（命）榮暨內史曰:匀井（邢）侯服。錫臣三品:州人、重人、鄘人。拜稽首,魯天子,𢓅厥頻福,克奔走上下帝,撫令於有周。追孝,對,不敢墜,昭朕福盟。朕臣天子用典王命,作周公彝。

銘文中的王應為成王,榮是人名,是執周王命令的輔臣,當即成王時任職的榮伯。錫與賜通,孫詒讓認為「舍」即「施捨」[9]唐蘭先生認為即授予[10]義不同。井即邢的初文,故井侯即為邢侯。州、重、鄘,郭沫若先生釋為部落名稱,已淪為奴隸。唐蘭先生認為:州人即州氏,河內郡有州縣,即今河南沁陽東南;重,即重氏,以州與鄘推之,當在邢國附近,在今河南省輝縣一帶;鄘,今河南省新鄉縣西南三十二里有鄘城[11]

根據銘文內容，「邢侯簋」是邢侯在接受成王授賜之後，為祭祀其父周公而作的器物。因此，李學勤先生認為銘文中的邢侯，無疑就是周公之子第一代邢侯[12]它說明邢國的第一代受封之人是周公之子。因此，「邢侯簋」為成王時器。我們據此也認為蔣國受封之時應當在成王親政之時。

蔣國受封不在周公攝政之時，而在成王親政之時，還可以從其他有關文獻中找到佐證。《詩經·魯頌·閟宮》：「王曰叔父，建爾元子，俾侯於魯，大啟爾宇，為周室輔。」皇甫謐《帝王世紀》也說：「周公居冢宰攝政，成王年少，未能治事。故號曰孺子。八年始躬政事，以周公為太師。封伯禽於魯。父子並命，周公拜於前，魯公拜於後，王以周公勳勞於天下，故加魯以四等之上。兼二十四附庸，地方七百里。」[13]從這些記載看，雖然是記伯禽受封在成王親政之時，但從這裡亦可以得知蔣國受封之時，也應當在成王親政之時。蔣國受封當在成王之時，這一點是可以相信的。

傳世蔣國青銅器有「蔣兌簋」、「蔣子寶爵」，有關內容見於《殷周金文集成釋文》，此不贅述。根據「姬蔣鼎」來看，蔣為姬姓這一點是毫無疑問的。又據「蔣兌簋」銘文曰：「唯正月初吉甲午，蔣兌作朕文祖周公皇考季氏尊簋，用祈眉壽，萬年無壽……」銘文中的「皇考」是對亡父之尊稱。《禮記·曲禮》謂「父曰皇考」，《離騷》曰「朕皇考曰伯庸。」《禮記·王制》曰：「曾祖之廟曰皇考廟。」而朱熹注曰：「皇，美也，父死稱考。王逸《章句》皇美也，父死稱考。」《禮記·祭法》曰：「諸侯立五廟，一壇，一。曰考廟，曰王考廟，曰皇考廟，皆月祭之。」以《禮記·祭法》證之，皇考周公當為蔣兌之父廟，此說明蔣兌為蔣國第一代國君，其稱周公為「皇考」，說明蔣國受封之時也應當在成王親政、周公亡命之時。這一結論也與「麥尊」銘文所記邢國受封的時間是一致的。「麥尊」銘文曰：「王命辟，邢侯出不力（耗）侯於邢，粵若元侯見於宗周，亡尤……唯歸，匡天子休。告亡尤，用恭義寧侯顯考於邢侯。」[14]銘文的大意是說：「二月，邢侯謁見成王於鎬京，很順利……返回邢國後，為正天子成王之美德，邢侯以恭敬寧親儀禮告祭其亡父周公於邢國。」一般認為「麥尊」是成王時器，是邢侯的一位名叫麥的官吏在邢侯朝謁成王受到優厚的待遇返回邢國之後所做的一件器物。銘文明言邢侯稱其亡父周公為「皇考」，說明邢侯的受封之

時當在成王周公去世之後[15]而蔣國的受封也只有在此時才能與《左傳・僖公二十四年》所記「凡、蔣、邢、茅、胙、祭，周公之胤也」相印證。所以蔣國的受封當在成王親政之時，這一點不應有太大的問題。

至於說蔣國受封在成王親政的哪一年，《今本竹書紀年》有一段材料可以參考。黃永年先生點校的《今本竹書紀年》中引《通鑑外紀》曰：「成王在位三十年，通周公攝政三十七年。」[16]「元年丁酉春正月，王即位，命冢宰周文公總百官。庚午，周公誥諸侯於皇門。夏六月，葬武王於畢。」「武庚以殷叛，周文公出居於東。」「二年，奄人、徐人及淮夷入於邶以叛。」「三年，王師滅殷，殺武庚祿父，遷殷民於衛。遂伐奄，滅蒲姑。」「四年春正月，初朝於廟。王師伐淮夷，遂入奄。」「五年春正月，王在奄，遷其君於蒲姑。」「夏五月，王至自奄，遷殷民於洛邑，遂營成周。」「六年，大蒐於岐陽。」「七年，周公復政於王。」「八年春正月，王初蒞阼親政。命魯侯禽父，齊侯伋遷庶殷於魯。」「二十一年，周文公薨於豐。」「二十二年，葬周公於畢。」如果根據《今本竹書紀年》的年代推算，將蔣國受封之時斷定在魯國伯禽受封之後、周成王在位的第八年，而邢國受封也在此時，應該說是可信的。最近有的學者將邢侯受封之時，斷定在周公去世之後的周成王二十二年[17]這個看法似乎不妥。

二

蔣國始封地應在何處？古今學者存在以下不同的看法，其中影響較大的有以下三種：

1.清高士奇《春秋地名考略》據《太平寰宇記》記載，今尉氏縣西六十里有蔣城，謂蔣國故封在此。

2.今人何光岳先生認為：「蔣國始封地，當在今獲嘉西北三十里的蔣河之濱。蔣河發源於修武縣北陸真山下的蔣村泉，東注入衛河，旁有蔣村，或即蔣國故城。」[18]

3.《漢書‧地理志》謂「期思」，顏師古注曰「故蔣國」。《後漢書‧郡國志》謂：「期思有蔣鄉，故蔣國。」《左傳》杜註：「蔣在弋陽期思縣。」《讀史方輿紀要》卷五十記載：光州固始縣「期思城，縣西北七十里，古蔣國」。上述諸説都以蔣國始封當在期思，而古代文獻都明確記載期思故城應在清代固始縣境內。

可是今人楊伯峻先生在《春秋左傳注》中卻説：「據杜注今河南省固始縣東北有蔣集，當即其地。」在這裡，楊伯峻先生顯然錯誤地將古期思縣蔣鄉誤作今河南省固始縣的蔣集，因而誤解了杜預注的真正涵義。何光岳先生也沿襲楊注的錯誤觀點，提出了「今固始縣東北二十里有地名蔣家集，即古之蔣鄉，位於史河東岸，乃古蔣國故地」的看法，進而又批評譚其驤先生主編的《中國歷史地圖集》（第一集）春秋、楚、吳、越圖中列蔣國於期思，即採用《路史》羅萍注及《讀史方輿紀要》之説，反覆強調蔣國「即在固始縣北七十里的今淮濱縣期思鄉，顯然有誤」[19]這是不妥的，我認為譚其驤先生主編的《中國歷史地圖集》沒有錯，譚先生所繪的《中國歷史地圖集》關於古蔣國的地理位置是正確的。

首先，今尉氏縣蔣城為古蔣國的説法，無論從文獻和考古材料都是不足為憑的。今尉氏縣西六十里也根本找不到什麼蔣城地名，也沒有什麼遺蹟可尋。

其次，今獲嘉縣、修武縣之間的蔣河、蔣村也根本不與西周時封國蔣國發生任何關係。在酈道元的《水經注》中也根本沒有記什麼蔣河，説明蔣河不是一條古老的河。在今修武縣西有一條很小的蔣溝，可是它不與獲嘉相連。值得注意的是獲嘉、修武之間所屬鄉也根本沒有什麼古老的蔣村。作為蔣村的地名，過去的修武縣曾有蔣村，可現今它已屬焦作市郊區。當地有「八蔣村」的口頭禪，即蔣村是指八個蔣村：河頭蔣村、竹園蔣村、前蔣村、趙蔣村、丁蔣村、油坊蔣村、鼓手蔣村、韓蔣村等。這些村子的名稱起源都與蔣國無關[20]

從以上材料看來，修武縣蔣村之名與古蔣國無關。因此，古蔣國始封地在今獲嘉、修武間的説法是站不住腳的。現在根據文獻記載和考古調查材料，我們可以證明今河南淮濱縣期思鄉為古蔣國的始封地，也是春秋時期的蔣國故地。固始人萬自逸在《固始縣地理沿革考》中謂「《鄭氏通志》：蔣都期思，故城在光州

固始西北七十里。《春秋大事表》：期思，文公十年，楚王田孟諸，期思公復遂為右司馬。杜註：弋陽期思縣故蔣國，楚滅之以為邑。」又云：「蔣姬姓，周公子，今河南固始縣西北七十里期思城是也，不知何年滅於楚為期思邑。」又據清《固始縣誌》記載：「期思故蔣國，楚滅之，漢置縣，屬汝南郡，隋屬光州，兵亂後廢，今在固始縣西北七十里。」又說：「漢期思即今期思集，光、息接壤。」「舊志期思縣故城在今縣西北七十里，期思集遺蹟猶存。」[21]《清一統志》也記載：「期思故城，在固始縣西北，楚期思邑，《左傳》文公十年楚期思公復遂為右司馬，漢高帝十二年，封賁赫為期思侯，後為縣，屬汝南郡，後漢因之，晉屬弋陽郡，劉宋蕭齊因之，後廢。按《地形志》長陵郡安寧縣有期思城，《寰宇記》記載在固始縣西北七十里，自梁以來廢，《隋志》復有期思在今商城縣界，非故縣也。」從以上《縣誌》與《清一統志》的記載，均言古蔣國在固始縣西北七十里的期思集，為古蔣國的國都所在。期思縣廢後，一直屬固始縣。新中國成立後，建立淮濱縣，期思和固始所轄白露河以北地區劃歸淮濱縣。因此，古蔣國始封之地應在今淮濱縣期思鄉。

考古工作者在淮濱縣曾發現過期思故城遺址。期思故城，位於白露河和淮河匯流處的中間偏南地帶，距縣城東南三十里，為期思鄉所在地。古城北靠小死河，這條小河由北向南至古城下折向東去。古城以北、死河以西為崗地，死河以東為灣地。古城以南約為四里的小片崗地，南下至白露河為十里草灣。期思古城便坐落在東、南、北三面灣地包圍的一片崗地上。在淮河南岸，正與酈道元《水經注》所記相吻合。《水經·淮水注》曰：「（淮水）又東過期思縣北，縣，故蔣國，周公之後也。《春秋》文公十年（前617年），楚（穆王）王田於孟諸（今河南虞城縣境），期思公復遂為右司馬，楚滅之以為縣。」《括地誌》也曰：「期思故城在光州固始縣界。」[22]經過近幾年來考古工作者的調查，在該地發現古城遺址一座。城平面呈長方形，東西長1700米，南北長400-500米，古城除北面靠死河的臺地、城內的地面相平、已無城址痕跡外，其餘三面城址斷斷續續有遺蹟可探尋。古城牆殘高2-4米，牆址底寬2-3米左右。在古城遺址範圍內，採集到石鐮和商周時期的陶鬲足，還有西周、春秋、戰國時期的銅鏃，春秋戰國時期的銅劍、銅矛，以及漢代的石印章、唐代的銅鏡[23]這些考古材料說明期思古

城的始建年代應在西周時期，秦漢唐繼續使用。從以上文獻與考古調查看，期思古城最早應為蔣國故城，春秋時滅於楚國。可是有的學者認為：「今固始縣東北二十里有地名蔣家集，即古之蔣鄉，位於史河東岸，乃古蔣國故地。」[24]這應是不正確的。

《後漢書‧郡國志》：「期思有蔣鄉，故蔣國。」這就說明蔣國的故封應在今淮濱縣期思鄉。如果把今固始縣史河東岸的蔣家集說成是古之蔣鄉、古蔣國地，則是沒有任何文獻依據的。況且今固始縣東北、史河東岸的蔣家集，是因蔣姓在此建村而得名，根本找不到任何西周、春秋、戰國時期的蔣國考古材料。《清一統志》也根本沒有「固始縣東蔣鄉為古蔣國」的記載。因此，何光岳先生謂「《清一統志》所說的固始縣東蔣鄉為蔣國是對的」這一看法是對《清一統志》的誤解。因為《清一統志》已明言「蔣鄉，在固始縣東」，而沒有說「蔣國，在固始縣東」，這是正確理解古代地理文獻的關鍵所在。不僅如此，《漢書‧地理志》也沒有「汝南期思縣蔣鄉，古蔣國，楚滅為期思」的記載，只是顏師古注「期思，故蔣國」。可見何先生完全誤解了《漢書‧地理志》。

（本文作者陳隆文為鄭州大學歷史學院副教授、歷史學博士）

周代蓼國地理與歷史綜考

金榮權

活動於河南省固始縣的中部與北部地區的蓼國是周代的一個小諸侯國，其位於淮河上游與中游結合部的淮河南岸。周代歷史上出現過三個以「蓼」命名的方國，即河南固始的蓼國、河南南陽的蓼國，和安徽境內的舒蓼。由於三個蓼國的存在，對它們之間的關係、各自的地望、族源、歷史等多有不同的觀點。本文主要探討的是固始境內古蓼國族源、歷史及地望，兼及其他兩個蓼國的一些歷史情況。

一、蓼國地理考

關於周代固始蓼國的地理位置，學術界主要有三種說法：

其一，蓼國故城在今河南省固始縣城附近。

《史記·夏本紀》云：「皋陶卒，封皋陶之後於英、六，或在許。」[25]《正義》引《括地誌》云：「光州固始縣，本春秋時蓼國。偃姓，皋陶之後也。《左傳》云子燮滅蓼。」[26] 杜預《左傳·文公五年》註：「蓼國，今安豐蓼縣。」[27]《新唐書》載：「皋陶之後封於蓼，安豐蓼縣即其地也，春秋魯文公五年，為楚所滅。」[28]

其二，蓼國故城在今安徽霍邱縣。

北宋樂史撰《太平寰宇記》卷一二九「壽州」「霍邱縣」條說：「古春秋蓼國，在漢為松滋縣。」[29] 其後，鄭樵《通志·氏族略》也云：「蓼氏，偃姓，皋陶之後。文五年楚滅之。今壽州霍邱即其地也。子孫以國為氏。」[30] 今天學者認為，這個蓼國都城就在今霍邱縣城關鎮：「皋陶及其後裔所建的古六國成為夏啟分封的南方大國，其部落在今巢湖之西、大別山之東的平陸丘陵的廣大範圍內先後創建了六、英（位於今安徽省金寨縣境，今湖北英山縣源於古英國）方國，其後人又在大別山東麓創建了蓼（位今霍邱縣城關鎮）。」[31]

其三，蓼國故城在今河南固始縣城北70里蓼城崗。

清人顧順禹的《讀史方輿紀要》卷五十，河南五，光州「固始縣」條載，「縣北七十里有蓼城岡，或以為古蓼國城蓋在此。」[32] 今人楊伯峻先生也說：「今河南省固始縣東北有蓼城岡，蓋即古蓼國。」[33] 錢穆《史記地名考》說：「有蓼侯，後置縣，屬六安國；故城今河南固始縣東北七十里有蓼城岡是也。」[34]《信陽地區志》也承此說：「今固始縣東北蓼城崗，屬古蓼國。」[35]

關於蓼國在霍邱的說法，出現於宋代。之所以有這種錯誤的說法，主要是因為「蓼」的行政區劃在歷史上發生變化，從而引起誤解。

蓼，在漢屬六安國；三國至西晉屬治所在霍邱的安豐郡；據《舊唐書·地理志》載，唐朝武德年間曾於霍邱縣設蓼州。正因如此，從宋之後，有學者將蓼與六安的霍邱縣聯繫到了一起，遂產生春秋蓼國在霍邱縣的結論。

其實，春秋時的蓼國故城與六安、霍邱及唐時的蓼州沒任何關係。《史記·高祖功臣侯者年表》「蓼侯」條：「高祖六年正月封孔藂為蓼侯。」[36]《索隱》曰：「縣名，屬六安。」[37]元朔三年國除。武帝元狩二年置六安國，六安國下屬六、蓼、安風、安豐、陽泉5個縣[38]國都在六縣。其中，六縣在今六安市北；安風治所在霍邱縣邵崗；安豐治所在固始縣東南；陽泉治所在今霍邱縣東北與固始交界處的臨水集；而蓼縣在固始與安徽之間，主體在今固始縣城周邊，治所在今固始縣城附近的蓼故城。班固自注曰：「蓼，故國，皋陶後，為楚所滅。」[39]可見，西漢的蓼侯國、蓼縣故城即今固始縣的古蓼國故城。

三國時期，改置安豐郡，轄安風、蓼、安豐、雩婁等縣，郡治南移至今霍邱縣河口附近。西晉時期，豫州有汝陰郡，轄慎、原鹿、固始、新蔡、褒信等縣。有安豐郡，下轄安風、松滋（故城在今安徽霍邱縣東）、蓼、安豐、雩婁等縣。蓼仍為春秋蓼故城。

東晉南渡之後，北方很多郡縣喬遷至江淮及其以南地區，據《晉書·地理志》載：「永嘉之亂，豫州淪沒石氏，元帝渡江，以春谷縣僑立襄城郡及繁昌縣。成帝乃僑立豫州於江淮之間，居蕪湖……並淮南、廬江、安豐並屬豫州。」《晉書》，中華書局，1982年版，第420-422頁由於郡縣的僑置，至唐代，蓼州之地已與古蓼國地無關了。

蓼故城在固始東北之蓼城崗一說出現更晚，此說與《漢書·地理志》、《水經注》等記載有出入，既缺乏史料佐證，也無考古依據。

根據歷史記載、春秋方國分布情況並結合後來的考古發現，我們認為，周代蓼國故城應當在今河南省固始縣。其理由主要有以下三點：

1.不能因為固始、寢、蓼之關係，混淆春秋蓼國的地望。

《漢書·地理志上》「汝南郡」條載：汝南郡有期思、新蔡、寢等縣，顏師

古注曰:「孫叔敖子所邑之寢丘是也。世祖更名為固始。」[40]同時「六安國」條下又有蓼縣。可見,在漢代,寢與蓼是同時存在的,漢至晉時期的寢(固始)舊地並非在今天的固始縣境。

《漢書·地理志》顏師古註:「固始」,「本名寢丘,楚令尹孫叔敖所封地。」[41]說明固始與寢本是一地而二名。那麼,這個寢又在什麼地方呢?《漢書·地理志上》載,新蔡、新息、寢、期思縣等同屬於「汝南郡」。譚其驤主編《中國歷史地圖集》,「寢丘」和漢晉「固始」皆在今皖北臨泉縣境內。寢地楚時封於孫叔敖,秦置縣,西漢因之,東漢建武二年(公元26年),光武帝劉秀封其妹婿大司農李通為固始侯,縣名由寢改為固始。故址在安徽臨泉。東晉以後,因戰亂而南遷至春秋時蓼國地,仍名為「固始」,一直延續至今。

所以東晉以前的固始、蓼為兩地,而東晉之後,固始與春秋蓼故城實為一地。

2.《漢書·地理志》、《水經注》的記載標明蓼之地理位置。

《漢書·地理志》「廬江郡」「雩婁」條下:班固自注曰:「決水北至蓼入淮,又有灌水,亦北至蓼入決。」[42]

《水經注》卷三十二「淮水條」記載:

決水自雩婁縣北,徑雞備亭。《春秋》昭公二十三年,吳敗諸侯之師於雞父者也。安豐縣故城,今邊城郡治也……決水自縣西北流,徑蓼縣故城東,又徑其北……世謂之史水。決水又西北,灌水注之……俗謂之澮水……灌水東北徑蓼縣故城西,而北注決水,故《地理志》曰:決水北至蓼入淮,灌水亦至蓼入決。《春秋》宣公八年,冬,楚公子滅舒蓼。臧文仲聞之曰:皋陶庭堅,不祀忽諸,德之不建,民之無援,哀哉!決水又北,右會陽泉水,水受決水,東北流徑陽泉縣故城東,故陽泉鄉也。[43]

決水,今謂之史河,發源於安徽省金寨縣南部大別山區北麓,經安徽葉集入固始,從固始東部由南向北過固始縣城東,再向北與西來的灌河會合,今稱「史灌河」,注入淮河。《地理志》所謂「灌水,亦北至蓼入決」,説明灌河、史河

的會合處在古蓼國北部，由此可證，古蓼國故城即在今固始縣城。從史河（決水）、灌河的流向與《水經注》所言「決水自縣西北流，徑蓼縣故城東，又徑其北……決水又西北，灌水注之」對照來看，《水經注》所說的蓼故城也在今天的固始縣城附近。

3.地下考古發現與古籍所載相吻合

建國後，透過多次考古發掘，發現在固始縣城關及城北一帶有周代古城遺址，古城址分內、外城兩部分，城牆大部分尚存。「從考古資料可知，蓼國的都城仿效中原都城，內外兩重。其外郭城呈東西窄、南北寬的不規則長方形。西城牆長3775米，基寬15至20米，牆頂部寬8至11米；東城牆緊貼史河西岸邊沿就自然地形的高坎蜿蜒彎曲築成，長5800米；北城牆長2325米；南城牆處於現固始縣城內，古城牆已被蕩平。城周長27里。城的南西北三面均修有護城河，寬60米。城東沿城基東側一線陡然下凹6～7米或10米不等。寬100米的史河，成為天然的護城河……蓼城內城在外郭城內的東北角，東、北二牆即郭城的該二牆，西、南二牆另建。西牆長1950米，南牆長920米。平面呈長方形，實測周長6.5公里。是國王居住地。都城遺址內經常發現春秋戰國時期的陶鼎、鬲、豆、盆、罐等，銅器有鼎、盆、劍等[44]」

這個位於史河西岸的古都城，與《水經注》決水「徑蓼縣故城東」的描述相映證，說明此故城確為春秋時蓼國故城，也即漢晉時期的蓼縣故城。

2003年，在固始縣東南與安徽交界處發現一個大型西周城市遺址，考古界稱之為「高墩子西周文化遺址」。遺址位於固始縣東南的陳琳子鎮高墩子村南，東距淮河支流史河1.5公里。據馬世之《高墩子與北山口——固始古都文化淺析》一文說：「在高墩子遺址上發現一處西周時期的蓼國大型夯土基址，該基址現保存於地表以上的面積約2000多平方米，高出地表約1.5米，是河南省目前發現面積最大的西周時期的夯土基址……在臺基上發現一片西周時期的墓地和一些西周時期的灰坑。根據地層疊壓關係及出土器物的特徵，可知該基址的年代約在西周中期或略早於西周中期。這裡發現了蓼國大型夯土臺基及大型房基，以及類似於護城河的環壕，為探索蓼國故城提供了新的線索。」馬世之：《高墩子與北

山口——固始古都文化淺析》。

但是這個遺址並不能確定就是蓼國遺址,更不能認定它就是蓼國的都城。因為,從考古來看,此遺址時間為西周中期以前,沒有向春秋時代延續的跡象,而蓼國在春秋中期還存在著,史籍沒有關於蓼國曾遷都的記載。

二、湖陽蓼國族源及其和固始蓼國關係考

《漢書·地理志上》「南陽郡」條載:「湖陽,故廖國也。」[45]「廖」即先秦時期的古蓼國。湖陽,為古蓼國故城,位於今河南省南陽市唐河縣南襄盆地南部,地處豫鄂兩省交界。古代的南襄盆地氣候溫潤、土地肥沃、水利灌溉方便。今天的湖陽鎮東北有蓼山,蓼山上有蓼王廟,山南的小河名為蓼陽河。春秋前期蓼滅於楚。

蓼國歷史始見之於《左傳·桓公十一年》(前701年):

「鄖人軍於蒲騷,將與隨、絞、州、蓼伐楚師。莫敖患之。鬬廉曰:『鄖人軍其郊,必不誡,且日虞四邑之至也。君次於郊郢,以禦四邑。我以銳師宵加於鄖,鄖有虞心而恃其城,莫有鬬志。若敗鄖師,四邑必離。』莫敖曰:『盍請濟師於王?』對曰:『師克在和,不在眾。商、周之不敵,君之所聞也。成軍以出,又何濟焉?』莫敖曰:『卜之?』對曰:『卜以決疑,不疑何卜?』遂敗鄖師於蒲騷,卒盟而還。」[46]

隨、絞、州、蓼為與楚相鄰的四個小諸侯國,後來全部亡於楚國。從桓公十一年之後,南陽的蓼國的具體情況再也沒有在《左傳》中出現過。《左傳·哀公十七年》載:「觀丁父,鄀俘也,[47]武王以為軍率,是以克州、蓼,服隨、唐,大啟群蠻。」楚武王在位時間是公元前740年至公元前690年,可見,最晚在公元前690年以前,南陽的這個蓼國已經為楚國所滅。楚滅蓼之後,在此置湖陽邑,繼之設湖陽縣。《竹書紀年》載,周簡王十三年(前573年)「楚共王會宋

平公於湖陽。」⁴⁸此湖陽即蓼之故地。

關於南陽湖陽之蓼國的族源，說法多有不同。今湖陽現存的明萬曆十一年碑文記載：「舉功論萌，世封皋胄子於湖陽，名曰蓼國，漢唐以來皆為縣。」於是後世遂以南陽蓼國為皋陶之後。其實則不然。

《左傳·昭公二十九年》載：「昔有飂叔安，有裔子曰董父，實甚好龍，能求其耆欲以飲食之，龍多歸之。乃擾畜龍，以服事帝舜。帝賜之姓曰董，氏曰豢龍。封諸鬷川，鬷夷氏其後也。故帝舜氏世有畜龍。」杜預注曰：「飂，古國也。叔安，其君名。」⁴⁹今人楊伯峻說：「飂，《漢書·地理志》作廖，在今河南省唐河縣南八十里。亦即蓼。」⁵⁰「鬷川」，「舊云今山東定陶北二十里。」⁵¹從《左傳》來看，飂叔安有個會訓「龍」的後代叫董父，為帝舜訓龍有功而賜姓董、氏豢龍，並被封於鬷川，其後遂有鬷夷氏。《左傳》中的飂叔安即為南陽蓼人的始祖，南陽蓼國當為其後裔所建。

那麼這個飂叔安又是源於上古的哪一個部族呢？

《國語·鄭語》載史伯語曰：

祝融亦能昭顯天地之光明，以生柔嘉材者也，其後八姓，於周未有侯伯。佐制物於前代者，昆吾為夏伯矣（祝融孫），大彭、豕韋為商伯矣，當週未有。己姓昆吾、蘇、顧、溫、董，董姓鬷夷、豢龍，則夏滅之矣。彭姓彭祖、豕韋、諸、稽，則商滅之矣。禿姓舟人，則周滅之矣。⁵²

《世本》說：昌意生高陽帝顓頊，顓頊生老童，老童生重及黎、吳回，吳回生陸終。「陸終娶鬼方氏之妹謂之女隤，是生六子，孕三年，啟其左肋，三人出焉；破其右肋，三人出焉。其一曰樊，是為昆吾，昆吾者，衛是也；二曰惠連，是為參胡，參胡者，韓是也；三曰籛鏗，是為彭祖，彭祖者，彭城是也。姓籛名鏗，在商為守藏吏，在周為柱下史，壽八百歲；四曰求言，是為會人，會人者鄭是也；其五曰安，是為曹姓，曹姓者，邾是也；六曰季連，為羋姓，羋姓者，楚是也。」⁵³

按《帝王世紀》和《國語》所言，董姓為祝融八姓之一的己姓的一支，其遠

祖即上古五帝之一的顓頊，近祖為颺叔安。颺叔安之裔初封於鬷川（今山東定陶），被夏人所滅。其子孫遂遷移至南襄盆地，建立颺國，後世或稱為蓼國或廖國。

《史記‧夏本紀》《正義》曰：「《括地誌》云：『光州固始縣，本春秋時蓼國。偃姓，皋陶之後也。《左傳》云子燮滅蓼。』《太康地誌》云：『蓼國先在南陽故縣，今豫州鄡縣界故胡城是，後徙於此。』」[54]此説不成立，原因有三：

其一，缺乏史料依據。先秦兩漢典籍中沒有任何關於南陽蓼國遷移至固始的記載。

其二，固始蓼國亡於公元前622年，兩國滅亡相差不過70餘年，在春秋時期，兩個蓼國當是同時存在的諸侯國。

其三，從史料記載來看，兩個蓼國雖然都源於一個始祖——顓頊，但卻源於不同的氏族，南陽蓼國為己姓，而固始蓼國為姬姓。

南陽蓼國滅亡之後，子孫四散移徙，並沒有再繼續建立新的國家。

三、舒蓼族源、地理及其與固始蓼國關係考

1.舒蓼的族源與地望

西周至春秋時期，在淮河中游及南至長江北岸一帶，活動著一個舒氏部族，其成員包括舒、舒庸、舒蓼、舒鳩、舒龍、舒鮑、舒龔等，後世稱之為「群舒」集團。其中，舒，是這一集團的核心部族。

關於群舒的族源，史載其出自古老的偃姓部族，屬於上古時代皋陶的後裔之國：

偃姓：舒庸、舒蓼、舒鳩、舒龍、舒鮑、舒龔也。（漢）宋衷注，（清）張

澍稡集補：《世本》，中華書局，1985年版，第47頁。

舒蓼氏，舒蓼偃姓，皋陶之後，楚東之境小國也。（漢）宋衷注，（清）張澍稡集補：《世本》，中華書局，1985年版，第48頁。

舒氏出自偃姓。[55]

舒蓼作為群舒集團的一員，與群舒其他成員出自同一氏族：

舒人的活動中心在安徽省舒城縣一帶，其中舒蓼也在這一地區。李學勤說：「今舒城一帶，春秋時為群舒中心，有舒蓼、舒庸、舒鳩和宗國。」[56]那麼舒蓼的具體位置又在什麼地方呢？

《左傳·文公十四年》載：「楚莊王立，子孔、潘崇將襲群舒，使公子燮與子儀守而伐舒蓼。二子作亂，城郢而使賊殺子孔，不克而還。」[57]從楚人將襲群舒而先伐舒蓼來看，舒蓼的位置應當在群舒的西境不遠。今人楊伯峻說：「據顧棟高《大事表》，今安徽省舒城縣為古舒城，廬江縣東南百二十里，有古龍舒城，舒蓼約略在此兩城間。」[58]楊伯峻所言基本正確。從《左傳》記載來看，舒蓼故城當在今安徽舒城縣附近。

正因它處於群舒的西邊，接近楚人的勢力範圍，所以當魯宣公八年（前601年）眾舒再叛楚時，楚先伐舒蓼而滅之。然後再向東南推進，「及滑汭。盟吳、越而還。」滑汭，「當在今合肥市、廬江縣之東，而在巢縣、無為之間。」[59]

2.固始蓼國的族源及其與舒蓼的關係

關於固始蓼國的族源，學術界自古有兩種主要說法：

其一，蓼國，庭堅之後，姬姓。

《左傳·文公五年》載：「六人叛楚即東夷。秋，楚成大心、仲歸帥師滅六。冬，楚公子燮滅蓼，臧文仲聞六與蓼滅，曰：『皋陶、庭堅不祀忽諸。德之不建，民之無援，哀哉！』」[60]六、蓼滅，皋陶、庭堅不祀，則明確說明，六與蓼公分別為皋陶和庭堅的後裔。六為皋陶之後，見諸多種史籍，學術界無爭議。而庭堅其人在各種典籍中出現的頻率並不高。《左傳·文公十八年》云：

昔高陽氏有才子八人，蒼舒、隤凱、檮戭、大臨、尨降、庭堅、仲容、叔達，齊聖廣淵，明允篤誠，天下之民謂之「八愷」。高辛氏有才子八人，伯奮、仲堪、叔獻、季仲、伯虎、仲熊、叔豹、季貍，忠肅共懿，宣慈惠和，天下之民謂之「八元」。此十六族也，世濟其美，不隕其名，以至於堯，堯不能舉。舜臣堯，舉八愷，使主后土，以揆百事，莫不時序，地平天成；舉八元，使布五教於四方，父義、母慈、兄友、弟共、子孝，內平外成。昔帝鴻氏有不才子，掩義隱賊，好行兇德，醜類惡物，頑囂不友，是與比周，天下之民謂之「渾敦」。少皞氏有不才子，毀信廢忠，崇飾惡言，靖譖庸回，服讒蒐慝，以誣盛德，天下之民謂之「窮奇」。顓頊氏有不才子，不可教訓，不知話語，告之則頑，舍之則囂，傲很明德，以亂天常，天下之民謂之「檮杌」。此三族也，世濟其凶，增其惡名，以至於堯，堯不能去。縉云氏有不才子，貪於飲食，冒於貨賄，侵欲崇侈，不可盈厭，聚斂積實，不知紀極，不分孤寡，不恤窮匱，天下之民以比三凶，謂之「饕餮」。舜臣堯，賓於四門，流四凶族，渾敦、窮奇、檮杌、饕餮，投之四裔，以御魑魅。是以堯崩而天下如一，同心戴舜以為天子，以其舉十六相，去四凶也。[61]

從《左傳》記載來看，庭堅為高陽氏顓頊的後代，姬姓之族。

成書於春秋戰國時期的《世本》也說：「蓼，姬姓。」（漢）宋衷注，（清）張澍稡集補：《世本》，中華書局，1985年版，第45頁。清人如張澍稡、雷學淇等人均承此說，張澍稡說：「皋陶之後，有舒、黃、舒蓼，偃姓也。與此蓼不同。」（漢）宋衷注，（清）張澍稡集補：《世本》，中華書局，1985年版，第47頁。今人楊伯峻亦認同此說：「文十年傳，高陽氏才子八人有庭堅……皋陶、庭堅宜為兩人。雷學淇《世本校輯》云：『皋陶出自少昊，其後為六，偃姓；庭堅乃出顓頊，其後為蓼，姬姓。二國之姓，並詳見《世本》。』其說宜與《傳》意相會。」[62]

其二，固始之蓼國為皋陶之後，偃姓。

漢晉以來，史家多以蓼國為皋陶之後，《史記·楚世家》載：「（楚）穆王三年，滅江。四年，滅六、蓼。六、蓼，皋陶之後。」[63]《漢書·地理志下》

「六安國」條云：「蓼，故國，皋繇後，為楚所滅。」[64]王符《潛夫論》說：「梁、葛、江、黃、徐、莒、蓼、六、英，皆皋陶之後也。」[65]晉人杜預也堅持蓼與六為同宗之國：「六國，今廬江六縣。蓼國，今安豐蓼縣。蓼與六，皆皋陶後也。」[66]宋人鄭樵《通志‧氏族略》承此說：「蓼氏，偃姓，皋陶之後。文五年楚滅之。今壽州霍邱即其地也。子孫以國為氏。」[67]

然而，先秦典籍多言英、六為偃姓，皋陶後，而不說蓼亦為偃姓。為了得到先秦史料的支持，學者遂將英國與蓼國合而為一，認為《左傳》中為楚所滅的英國即固始之蓼國。《史記‧夏本紀》云：「皋陶卒，封皋陶之後於英、六，或在許。」《正義》曰：「英蓋蓼也。」，並引《括地志》云：「光州固始縣，本春秋時蓼國。偃姓，皋陶之後也。《左傳》云子燮滅蓼。」[68]

後代還將蓼與群舒混為一談，由此來確認蓼為偃姓。如《新唐書‧宰相世系表》說：「舒氏出自偃姓。皋陶之後封於蓼，安豐蓼縣即其地也，春秋魯文公五年，為楚所滅，其後更復為楚屬國，亦名曰舒，又曰群舒，又曰舒蓼，又曰舒庸，又曰舒鳩，一國而五名。春秋魯襄公二十五年，楚又滅之，子孫以國為氏，世居廬江。」[69]

我們認為，固始蓼國當為姬姓之國，它與英無關，與舒蓼亦無關：

（1）蓼國為姬姓之國

我們認為蓼國姬姓，原因有三：

蓼國為顓頊之後，姬姓，見之於《左傳》，證之以《世本》，此二者皆為先秦時期的史書，此其一也。

晉人杜預認為：「蒼舒、隤敳、檮戭、大臨、尨降、庭堅、仲容、叔達」等「即垂、益、禹、皋陶之倫。庭堅即皋陶字。」[70]此說不確。從《山海經》、《左傳》、《史記》和先秦諸子記述來看，垂、益、皋陶等皆非高陽之後裔，《左傳‧文公五年》所言「皋陶、庭堅不祀忽諸」，說明皋陶、庭堅當為兩人。「庭堅即皋陶字」之說史無可考，此其二也。

《史記‧夏本紀》說：「皋陶卒，封皋陶之後於英、六，或在許。」[71]皋陶

之後只言英、六而不言蓼,但是在《楚世家》中又說「六、蓼,皋陶之後。」[72]可見,司馬遷自己也不能確定,此其三也。

（2）蓼與英無關

《左傳》載:魯文公五年（前622年）「楚公子燮滅蓼」,[73]又於僖公十七年（前643年）載:「齊人為徐伐英氏,以報婁林之役也。」[74]可見,春秋時期,蓼與英同時存在。

（3）蓼與舒蓼無關

蓼與舒蓼非同宗之國。前文所言蓼為姬姓之國,是顓頊之後;舒蓼為偃姓之國,是皋陶之後。所以《世本》有「舒蓼氏」,東漢宋衷注曰:「舒蓼偃姓,皋陶之後,楚東之境小國也。舒蓼與蓼國自異。」（漢）宋衷注,（清）張澍稡集補:《世本》,中華書局,1985年版,第48頁。

蓼與舒蓼同時存在。蓼與舒蓼同時見於《左傳》,它們雖然都在淮河流域,然蓼在淮河上、中游交界處,而舒蓼則處於淮河中游;兩國雖然都亡於楚,但前後時間不同,蓼亡於公元前622年,舒蓼亡於公元前601年。

可見,蓼與舒蓼即非同宗,更非同一諸侯國,它們沒有任何關係。

（本文作者金榮權為信陽師範學院淮河文明研究中心主任、教授）

先秦時期固始的古國與移民活動

劉博

閩臺同胞的故鄉多在河南固始是不爭之事實。然終極故鄉是否仍在此地,或者說族源地是否在固始？較早的先秦時期固始的情況如何,是否有移民活動？這是本文管窺的主要方面。

一、先秦時期固始的古國與族源地

今固始縣位於河南省東南部，大別山脈北麓，境內有史河、灌河、淮河及大片濕地分布，氣候溫暖濕潤，是先民繁衍生息的理想之地。從西周中期至戰國時期，由於戰亂興替，東蓼、蔣國、古豫國、番國及楚國先後在這塊土地上演繹了一幕幕悲歡離合的歷史劇。

隨著周公東征的勝利，來自中原和海岱的殷商殘餘勢力大批南逃淮河一帶，開始被周人稱之為南淮夷，根據金文記載有二十六邦國之多，主要聚集在淮上地區，昭穆經營南國時期繼續與周人抗爭，直至「宣王中興」。其中曾先後活動於固始的蓼國（即東蓼）、媯姓息國（即古豫國）和番國即屬於南淮夷的重要組成部分。

1.蓼國（即東蓼）。周代妃（即己）姓國。《釋文》云：「蓼本或作鄝同。」《説文》云：「鄝，國名……蓼，借字。」然據《世本‧氏姓篇》，蓼為姬姓。不過，根據《左傳‧文公五年》載（前622年）：「楚公子　滅蓼，臧文仲聞六與蓼滅，曰：『皋陶、庭堅不祀忽諸。德之不建，民之不援，哀哉！』」杜預註：「（臧文仲）傷二國之君不能建德，結援大國，忽然而亡。」按六為偃姓，系皋陶之後，蓼乃帝高陽之子庭堅之後，為妃（即己）姓。又出土的青銅器銘文有「蓼妃」字樣[75]進一步證明其為妃姓而非姬姓。著名的「祝融八姓」中有妃姓昆吾、蘇、顧、溫、董諸國，其活動範圍南至許昌，北抵濮陽；東至山東定陶，西達焦作、濟源。東蓼南遷前應在此區域立國。

其次，隨著「宣王中興」中「南國之師」對南淮夷的重創，南淮夷大部被迫投附，接受招安。周王朝順水推舟，予以冊封。然並不放心，於是在分封「漢陽諸姬」中將同姓諸侯息國、賴國和蔣國南遷，分別改封於今息縣城關、今息縣東北的褒信鎮和固始西北的期思鎮（今屬淮濱），成品字形或鐵三角分布，互為犄角。用以震懾、監督新服之南淮夷，頗有些當年周武王設三監監視殷商邶侯武庚的味道，由此反觀周初三監的封國應在大邑商的核心區，亦呈品字形分布。管國

即今鄭州，蔡國應在今安陽或附近，康國即後來之衛國所在[76]因此，就無須多此一舉於今固始城關或北部再封一同姓諸侯東蓼。最後，說東蓼為姬姓，除了《世本・氏姓篇》外，並無有力證據，也缺乏合理解釋和推斷。

事實上對東蓼遷播的合理解釋和判斷是周公東征後，向西南方向逃逸進入南陽盆地，立國於唐河縣西南。昭穆經營南國時的主攻方向是從鄰近東都洛邑的南陽盆地開始南至漢水一線，這是大量的金文及先秦古籍明確記載了的。雖然昭穆經營南國時滅亡東蓼金文史書缺載，卻是顯而易見之事。春秋時之西蓼顯然即是此時分封在東蓼故地的姬姓諸侯，與《左傳・桓公十一年》所載之蓼國同名而異地，《世本》所指應為此蓼，屬「漢陽諸姬」。

妃姓蓼國滅亡後，被迫東遷淮河流域。由於先此淮上地區已被南遷方國占據，故最後蓼國東進立足於今固始城關一帶，是為東蓼。按蓼國始祖應為飂叔安，並因此得名。《左傳・昭公二十九年》載：晉國蔡墨曰：「昔有飂叔安，有裔子曰董父」。東蓼與其他南淮夷相較，所處地理位置偏東南，亦可證明遷入時間偏晚。推測「宣王中興」時南淮夷遭南國之師重創後，包括東蓼在內大部被招安。

固始戰國時屬楚國之期思縣地，秦朝屬九江郡安豐縣（縣治在今固始南部）。兩漢時分屬揚州刺史部六安國或廬江郡之安豐縣（南部）、蓼縣（北部），固始最南部尚有雩婁縣。《漢書・地理志》六安國蓼縣下班固原注說是蓼之故國。《左傳・文公五年》杜預註：「蓼國，今安豐蓼縣。」漢晉安豐、蓼縣的位置，《水經・決水注》云：「決水自（安豐）縣西北流，逕蓼縣故城東，又逕其北……世謂之史水。決水又西北，灌水注之……灌水東北逕蓼縣故城西，而北注決水。故《地理志》曰：決水北至蓼入淮，灌水亦至蓼入決。」決水、灌水即今之固始史河、灌河。另據《寰宇通志》載：「蓼國城在鳳陽府壽州安豐鄉。」綜合上述情況，蓼國應囊括了原安豐及蓼縣之地，其故城應在今固始城關一帶，與安徽霍邱無涉。固始東門外稱「古蓼灣」，東部平原稱「蓼東平原」，均與蓼國有關。

蓼國故城在今固始城關及城北一帶，即北山口古城。其形制為大城套小城，

大部城垣尚存，內城周長6.5公里，外城周長13.5公里。外城北垣如一座東西綿延的山嶺，當地人稱之為「長山」。城址內外不斷有春秋戰國文物出土。「和出土文物對照，可以斷定它是春秋時蓼國的都城。楚滅後，繼為楚屬潘國的城池。」[77]城南4公里為東周墓地。

至春秋早期，東蓼受楚國東擴之壓力，被迫將都城向東北方向遷移。《清一統志》認為：「古蓼國，古蓼縣。」將其定位於固始東北35公里之蓼城崗。楊守敬《水經注疏》亦說：「〔蓼縣〕故城在今固始縣東北35公里。」今固始東北豐港鄉（原橋溝）之謝集村蓼城崗為一處古文化遺址，是為東蓼北遷之都城，兩漢時期之蓼縣既因此而設置。原蓼城遂成為楚屬國番國之都。

2.嬀姓息國（即古豫國）。開國之君為帝舜親弟象。武庚發動反抗周人戰爭後，作為南部戰區盟主給予周人沉重打擊。據《雪鼎》記載，成王親自掛帥，與其決戰。古豫國失敗後，從今淮陽南逃至今息縣及羅山一帶繼續與周人抗爭。「宣王中興」時遭「南國之師」重創，原南淮夷邦國大部主動歸附受封，姬姓息國南遷改封於古豫國之地，古豫國餘眾被迫東遷進入「豫章」地區。「豫章」地區西至今潢川潢河、白露河一線，東達春秋巢國（居巢）一帶；北與東蓼毗鄰，南抵大別山北麓，包括今河南商城、固始南部，安徽金寨和六安在內之區域[78]因此，今固始南部屬「豫章」即古豫國餘眾的活動範圍。

3.蔣國。周代姬姓國，開國者應為周公第四子蔣伯齡，而非老三。其始封地在今獲嘉張巨鄉蔣村，周公東征後南遷至開封南的尉氏蔣城，以為周室東部屏障[79]「宣王中興」分封「漢陽諸姬」時，與姬姓息國、賴國一起再南遷封於固始西北部期思（今屬淮濱），以加強淮河防線和監視歸附的南淮夷各國。蔣國故城又稱期思故城，根據考古資料，其位於淮濱東南15公里的期思鄉期思村，城址平面呈長方形，東西長1700米，南北寬400~500米。除北垣已毀外，其餘三面城垣斷續可見。城牆殘高2~4米，基寬32米。在城牆中下部夯土層中發現有陶鼎足、鬲足及口沿殘片，出土有繩紋陶罐、西周銅鏃、東周銅劍、戈、矛、鏃、郢爰和蟻鼻錢等[80]該城址正在固始城關西北方向。

4.番國。或作潘、鄱國，周代妃姓國，商代及周初與東蓼在同一區域活動。

周公東征後，被迫南遷今信陽市區一帶為南淮夷，而非西週末。「宣王中興」後，主動歸順，曾以外戚身分做了中央政府的司徒。逮至春秋早期，被楚國所制，並將其強行東遷，將原固始城關的東蓼趕跑，以其故城為番國都城。由於楚國實行對滅國貴族（國家亦然）的優待政策，因此番國雖屬被迫遷入，然在固始的各方面條件很好。

　　5.楚國。其東擴勢力在春秋早期延伸至固始，大力扶植屬國番國，以為東進的橋頭堡。前622年左右又滅掉期思的蔣國和固始北部的東蓼，增強了番國的實力。後在期思設縣，一代名相孫叔敖即是從期思走出的。中晚期又把番國作為對抗吳國的前哨基地。春秋末開始直接管轄整個固始地區。

　　總之，從昭穆經營南國開始直至整個春秋時期，計有東蓼、古豫國、番國和楚國，以及吳國先後活動於固始這塊風水寶地，極大地開發了固始。

　　從族源地的角度分析，由於東蓼、蔣國、番（潘）國為整體搬遷至固始的，按照以國為氏的原則，固始確為蓼、蔣和潘三姓的族源地無疑。同時亦為己（即妃）、豫、媯姓息氏的族源地之一。

二、先秦時期固始的移民活動

　　從昭穆經營南國開始，至整個春秋時期，可劃分為三個階段：1.主動遷入固始階段（從昭穆經營南國開始，至「宣王中興」或稍後），有東蓼、古豫國和蔣國，屬主動型移民活動。2.被動遷入遷出固始階段（春秋早期），有番和古豫國，屬被迫型移民活動。3.強制性遷出固始階段（春秋中晚期），有東蓼、蔣國和番國及餘眾，屬強制型政策移民活動。

　　1.主動遷入固始階段

　　首先，昭穆經營南國時，處於南陽唐河西南之東蓼被滅，餘眾東遷。經過長途跋涉，歷盡千辛萬苦，來到今固始城關一帶安營紮寨，重建蓼國。然後逐漸向

周圍拓展勢力，蓼國人將北方及南陽先進的生產生活技術應用於固始的開發建設之工作，形成了一個頗有實力的方國。

其次，隨著「宣王中興」，南淮夷大部歸順，原處於今息縣至羅山的嬀姓息國即古豫國（也稱馭方）被迫向東南遷徙，進入大別山北麓廣袤的樟樹林區，即豫章地區。今固始、商城南部屬豫章地區，故固始南部為古豫國的活動區域。在這裡古豫國人成功地開發和經營了豫章木（即樟木），屬於以林業為主體的經濟形式[81]。

其三，隨著「漢陽諸姬」的分封，蔣國從尉氏蔣城南遷改封於固始期思（今屬淮濱），與姬姓息國、賴國組成了西周晚期的「新三監」。呈品字形或鐵三角分布，震懾監督歸順的南淮夷各國。蔣國的南下，帶來了中原地區先進的生產生活方式，與江淮地區的經濟形式加以融合，促進了固始地區的早期開發。

上述三國的主動遷入，加快了先秦時期固始的開發力度，帶來了先進的文化，促進了社會經濟的發展。屬主動型移民活動。

2.被動遷出遷入固始階段

春秋早期，隨著「豫章」地區周邊之蓼（東蓼）、蔣、黃、弦、息（姬姓）、江、英氏、群舒等國勢力的強大，特別是原處於丹淅之地的楚國，此時奉行著積極向漢東地區擴張之政策。其首選目標就是淮河上游包括古「豫章」地區在內之區域。在此強大的蠶食擠兌下，古豫國餘眾已無法在「豫章」地區繼續立足，於是被迫離開，包括被迫遷出固始南部，向南翻越大別山，經湖北遠走瀟湘了。

原在今信陽市的番國被楚國征服後，按照對滅國貴族的優待政策，將其強行遷入今固始城關，成為楚國之附庸。而將東蓼趕至固始北部。番國在固始重新獲得發展的機會。春秋早期番國和古豫國的遷入遷出固始，屬被迫型移民活動。

3.強制性遷出固始階段

首先，從公元前622年開始的約七八年間，楚國相繼滅了東蓼和蔣國。由於楚國將淮上地區作為北進中原的前哨基地，不可能容留滅國貴族，故將其貴族

（包括姬姓息國、賴國）遷往他處（按照慣例，很可能遷往今湖北的一些地方搞開發了）。後蔣國之地又納入楚之疆域直接管理。蔣國故城被改名為期思邑，孫叔敖曾擔任此邑行政長官——少司馬，並且三去三從（非做令尹三去三從）[82]他還主持修建了中國較早的大型引水灌溉工程——期思雩婁灌區。楚莊王九年（前605年）前許，孫叔敖主持在史河東岸鑿開石嘴頭，引水向北，稱為清河；又在史河下游東岸開渠，向東引水，稱為湛河。利用這兩條引水河渠，灌溉史河、泉河之間的土地。因清河長90里，湛河長40里，共130里，灌溉有保障，後世又稱「百里不求天灌區」。經過後世不斷續建、擴建，灌區內有渠有陂，引水入渠，由渠入陂，開陂灌田，形成了一個「長藤結瓜」式的灌溉體系。這一灌區的興建，大大改善了當地的農業生產條件，提高糧食產量，滿足了楚莊王開拓疆土對軍糧的需求。因此，《淮南子·人間訓》稱：「孫叔敖決期思之水，而灌雩婁之野，莊王知其可以為令尹也。」朱成章：《中國最古老的灌溉工程——期思-雩婁灌區》，《自然科學史研究》，1983年第1期。又見天津市水務局：《中國最早的大型引水灌溉工程——期思雩婁灌區》。極大改善了今固始、商城一帶的農業生產條件，促進了社會經濟的發展。

其次，番國作為楚之屬國，從春秋早期至前504年（魯定公六年）長期苟延殘喘。及至春秋晚期，楚又將番國打造成與吳國爭霸的橋頭堡和前哨基地，從此番國為楚國賣命與吳國作戰（見《左傳》）。從固始侯古堆1號墓的情況分析，番國直到被楚國徹底吞併前夕，仍具有一定的經濟實力。亦反映出固始經濟的發展。

其三，除固始外，河南潢川、湖北當陽均出土有番國銅器，說明部分貴族數被遷徙，推想東蓼、蔣國貴族亦然，實屬強迫型移民活動，雖然楚國奉行對滅國貴族的優待政策。

整個春秋中晚期，遷出固始的有東蓼、蔣國和番國全部貴族，屬強制型政策移民活動。

總之，從西周昭穆開始至春秋中晚期，東蓼、古豫國、蔣國和番國或主動或被動地遷入（移民）遷出固始南部、中部和北部，以及後來楚國對固始的吞併

（包括移民），極大促進了固始的全面開發及社會經濟文化之進步與民族融合。為日後陸續發生的大規模南遷移民潮客觀上做了經濟上和物質上的準備。因此，後來之所以發生唐初和唐末兩次大規模的固始移民福建絕非偶然。而楚國滅亡上述國家後，將他們移民潢川，特別是湖北各地，又極大地促進了當地社會經濟的進步，傳播了中原之先進文明，促進了早期的民族融合。當然，楚國在固始的軍事行為，特別是與吳國的爭霸戰爭，又在一定程度上損害了固始社會經濟和民眾生活。

三、餘論

歷史上中原地區的南遷移民大體有三條南進路線：西線——翻越秦嶺，南下天府之國；中線——從洛陽南下，進入南陽盆地，或繼續南下襄樊及湖北各地；東線——伏牛山以東的廣大地區，而以東線為主。在東線方面，由於淮河下游地區江河湖泊密布，雖有利於乘船南行，但安全係數不高，又偏離中原地區。因而，今信陽地區即淮河中上游一線就成為中原南遷移民主要行進地區。

從南遷的特點來看，是以大家族或集團式的漸進移民為主，而不是像古豫國那樣的「長途奔襲」。因而，從西周早期開始，東線南遷移民的目標集中在淮河上中游一帶。至春秋時代，方推進至長江北岸地區。大體至「永嘉南渡」時，方才突破「長江天塹」，以後漸次南進，直至今兩廣、海南。因而淮上（今信陽地區）為西周以來歷次南遷之首站和首選，尤以固始綜合條件最佳，因而其長期在南遷移民潮中保持著首選地、集散地和中轉站之地位，與明代的洪洞老槐樹、江西贛州齊名，成為閩臺人和客家人的主要祖居地之一。

（本文作者劉博為信陽師範學院歷史文化學院副教授）

古代河南的四次政治性外遷移民及其影響

固始移民與閩臺文化研究

羅福惠

移民的類型，從原因和性質考察，可以區分為政治移民和經濟移民兩類；從遷出和遷入的方向考察，可以區分為外向型（從中原腹地遷往周邊）和內向型（從周邊遷往中原腹地）兩類。各種類型的移民都可能具有調整人口布局和資源分配，提高生產力，加強族群融合的作用，本文側重討論政治性外向型移民對遷入地政治生態和文化發展的影響。

一

從西周到南宋，從河南向外移民而且明顯屬於政治原因者，主要有以下四次或者說四個階段。

第一個階段是楚人從河南開始輾轉遷徙，終於到江漢地區建國。楚人的始祖季連，是黃帝族顓頊系的後裔，屬於上古的華夏集團，而非三苗系統的南蠻集團和後來以殷商為代表的東夷集團。殷代卜辭出現過「楚京」二字。《左傳‧僖公二年》有「諸侯城楚丘而封衛」的記述。《詩‧鄘風‧定之方中》云：「定之方中，作於楚宮，揆之以日，作於楚室……升彼虛（同墟）矣，以望楚矣。望楚與堂，景山與京」，記載的也是獲封於「衛」的衛文公在楚墟（楚人先前所居之地）築城與宮室之事。這個後來稱為衛國的地方就是楚人的故地楚丘，從朱熹到顧棟高再到今人李學勤，都一致認定在今河南滑縣東。

山東曹縣東南也有一個楚丘，今人何光岳認為這是楚人第二次遷徙的所居之地，從而把最先聚居之地的地名移來。大約在夏末，楚人遷回河南新鄭、許昌以北一帶。此後又曾遷徙到鄢城縣東35里處的熊山，楚人先祖穴熊即因在此穴居而得名。因為東面商人的壓力，楚人此後又遷徙到今河南禹縣西北50里處的荊山（楚荊通用，均為叢木雜生之狀）。其後商人勢力更大，楚人又遷徙到今靈寶縣西南35里處的荊山（俗名覆釜山，在澠池附近）。不久因商王武丁的征討，楚人為依附同屬於華夏集團的西周，遷徙到陝西朝邑境內的華原山，仍遵舊習稱

此處為荊山，把洴水改稱楚水。商末，西周開始強盛，楚人又越過終南山，遷到上洛（今商縣）。所以今商縣一帶還有楚山、楚水、大荊川、西荊川等地名。

周滅商之後，力量膨脹。周成王封鬻熊曾孫熊繹「以子男之田」，「居丹陽」。楚人因此從上洛遷回今河南淅川縣南的丹陽，即淅水匯入丹水附近之地。不久熊繹被動地捲入了管叔、霍叔等人的叛亂，雖然楚人很快歸順而得到成王諒解，但熊繹仍然心存惴惴，終於南渡漢水，遷徙到今湖北保康縣一帶的睢山，並用荊山之名代之。[83]楚人從河南遷入湖北之後，周昭王、周穆王多次親征荊楚，證明周、楚之間原有矛盾，楚人是出於政治原因而南遷的。此後直到公元前278年秦軍攻陷楚都郢（今荊州紀南城），楚人又遷都到陳（今河南淮陽）之前，楚國約800年的都城一直在湖北境內，但楚人是從黃河中游的河南遷到今湖北「江漢沮漳」一帶的移民，是毫無疑義的。

第二個階段是在西晉末年永嘉之亂（公元307年）以後長達百餘年的時間裡，河南一些大族與民眾追隨東晉及南朝政權的大遷徙。如《晉書》記載，陳郡陽夏（今太康）人袁　於西晉末「與弟欲奉母避亂，求為江淮間縣，拜呂令」，永嘉之亂後「轉江都，因南渡」。在此前後，「中州士女避亂江左者十六七」。《晉書》卷八十三，列傳第五十三，「袁　」，中華書局，1972年版，總第2166頁。此次人口大遷徙呈現為集團式行動。由於名門大族的首領、地方官員、豪強和士人具有社會地位、軍政實權或組織指揮能力，移出者遂大多以地域宗族為單位，依附於上述領袖而集體遷徙。一個移民群體往往有數百、上千甚至數萬人之多。

據葛劍雄主編的《中國移民史》第二卷的列表，可知在這次長時段的人口大遷徙中，從河南遷出的著名宗族不下數十個。諸如陳郡（今淮陽）殷氏（殷顗、殷叔文等），陳郡長平（今西華縣東北）殷氏（殷浩等），陳郡陽夏（今太康）謝氏（謝鯤、謝安、謝玄、謝石等，多遷入浙江會稽即今紹興），陳郡陽夏的袁氏（袁悅之、袁喬等，多遷入建康即今南京），陳留尉氏（今尉氏縣）的阮氏（阮孚等，遷入會稽等地），陳留圉（今杞縣西南）的江氏（江凱等），陽翟（今禹州）的褚氏（褚希、褚叔度等，多遷入建康和京口），河內溫（今溫縣西

南）的司馬氏（司馬純之、司馬亮等），濟陽考城（今民權縣東北）的江氏（江顗、江夷等），南陽涅陽（今鄧州東北）的劉氏（劉湛等），涅陽的宗氏（宗縣之、宗説等，多遷入江陵即今湖北荊州），汝南安城（今汝南東南）的周氏（周顗等，有遷入建康者），新野的庾氏（庾深之等），滎陽和開封的鄭氏（鄭萬頃、鄭襲等），滎陽陽武（今原陽東南）的毛氏（毛寶、毛穆之等），潁川長社（今長葛東北）的鐘氏（鐘雅、鐘誕等，遷入建康），臨潁的荀氏（荀崧等），鄢陵的庾氏（庾亮、庾悅等，遷入建康），許昌的荀氏（荀邃、荀奕等，遷入建康）等。[84]其中陽夏的謝氏與山東臨沂（今費縣東）的王氏，即後來人們耳熟能詳的「王謝」兩族。而且河南遷出的大姓遠遠多於山東、河北、山西、陝西等地。

第三階段是唐前期高宗——武后——睿宗時代陳政、陳元光父子的「平亂」與「開漳」（669-711年），唐末五代王潮、王審知兄弟父子的「王閩」（885-945年）。前者是唐高宗時，閩南「蠻獠」起兵叛亂，光州固始陳政奉命率將士113員、府兵3600人前往平叛，陳政之子陳元光隨行。由於初戰不利，陳政之母魏敬、兄弟陳敏、陳敷率固始58姓府兵數千人馳援，終於平定泉州、潮州（今屬廣東）間的「獠亂」。688年因陳元光之請，朝廷下令設置漳州，陳元光任漳州刺史，陳氏父子治理漳州40餘年。[85]陳氏子弟及屬下府兵中多數人此後就定居閩南。

後者是在唐末農民大起義中，固始人王潮、王審知兄弟起兵後率部南進，經江西進入福建，先攻下汀州（今長汀）、漳州、泉州，繼而奪取福州，控制福建全境。王潮、王審知得到唐王朝的承認和冊封，王審知之子王延翰更稱王建國，此即五代史上的閩國，王氏兄弟父子治閩40多年。隨同他們入閩的固始人，據清末固始進士何品黎考證，有18姓5000多人。而《中國移民史》第三卷中的列表則顯示，此次有黃、潘、孫、鄭、周、朱、李、王、陳、郭、魏、林、劉、姜、裴、蔡、夏侯、葉、曾、和、傅、韓、楊、許、方、丁、徐、孔、詹、翁、熊、江、呂、崔、柳、鄧、吳、鄒、蘇、連等40個姓氏，「數量在二三萬人左右」。[86]固始陳氏、王氏兩次帶往福建的移民，成為後來有族譜可據的河南人遷居福建的基本群體。

第四階段是北宋末靖康之變（1126年）後近200年的人口遷徙。由於淮河以北的中原地區先後處於戰亂和金人、蒙古人的統治之下，而從開封遷移到臨安（今杭州）的南宋政權維持了150餘年，不願服從金人、蒙古人統治的中原王室、官僚、將士和普通民眾持續南遷，人數多達數百萬之眾。執掌南宋政權的大多是靖康之變時隨高宗南遷的上層移民及其後裔，南宋（特別是前期）的軍人也主要來自北方。其中「臨安移民的76%來自河南，其中絕大多數又來自開封」。據《中國移民史》第四卷中的《靖康亂後南遷的北方移民實例》所記，從北方遷入江南（指今蘇南、皖南、江西、浙江）者共1006人，其中河南601人，占60%；山東127人，占12·6%；江蘇（除蘇南）71人，占7.1%；河北37人，占3.7%；甘肅34人，占3.4%；安徽（除皖南）38人，占3.8%；山西30人，占3%；陝西26人，占2.6%；湖北17人，占1.7%；其他北方各地一共20人，占2%。可見當時河南是最主要的人口遷出地，而且「自河南遷出的移民中上層人物特別多」。[87]因為只有中上層人物才有可能在文獻中留下記載。

二

　　政治移民與經濟移民最大的不同，是前者首先會明顯改變遷入地的政治生態和社會結構，而後者的作用則首先是擴大資源開發和增加物質生產。

　　古代的黃河流域，由於適於農耕而生產發達，人口繁衍。加上多種族群在此競爭角逐，因而在夏、殷、周的故地率先出現了今中國境內人類文明最重要的組織形式——國家。而包括長江流域在內的中國南方，直到商末周初，還是人口稀少，生產落後，社會組織也處於原始狀態。南遷的楚人建立了中國南方最大最先進的國家政權，加速了南方社會向古代國家社會的過渡。楚人「篳路藍縷」，不僅是在南方建成第一個大國，也是為秦漢以後統一的中國奠定了半壁江山的基業。

　　從秦、漢、三國到西晉，長江流域及其以南的地區在統一國家中的作用仍然

遠遜於中原,這裡人們的地域觀念至少不弱於國家觀念。「吳地」(長江下游地區)尤其如此。於助成東晉政權確立有大功的王導,西晉末曾「徙鎮建康,吳人不附」。但東晉奠都建康之後,一面對中原南遷者「收其賢人君子,與之圖事」,一面對當地土著「賓禮故老,存問風俗,虛己傾心,以招俊義」,尤重「此土之望……引之以結人心」,「由是吳會風靡,百姓歸心焉。自此之後,漸相崇奉,君臣之禮始定。」[88]從中原南遷的高門大族不僅結成牢固的鄉族集團,還使東晉政權在自己的疆域裡大量設置僑州郡縣。從而不僅推動了地區經濟的開發,更繼續吸引中原同郡之人南遷,得以匯聚人心與實力,與北方政權對抗。

漳州地處福建泉州和廣東潮州之間,自漢代以後「久成荒徼,蠻獠紛亂,民不知禮,號稱難治」。唐代陳元光平定亂事,增置漳州,變「七閩」為「八閩」,建縣置吏,委派屬官治理。開創漳州地區的屯田制度,讓駐軍墾荒自給;招致中原流民,著手興辦學校,使漳州成為「治教之邦」。福建《雲霄縣誌》稱頌陳元光說,「公開建漳邦,功在有唐,州民永賴。」[89]所以,陳元光的「開漳」實可視為唐王朝治下有計劃有組織的政治移民和治理開發活動。

王潮、王審知兄弟父子的政治角色常有轉換。其先他們是「反唐」的叛亂者,由於控制了福建全境,處於風雨飄搖中的唐王朝只得承認王氏對福建的治權,先任王潮為「節度福建管內觀察使」,其弟王審知為副。王潮去世後,唐王朝以王審知繼其兄職,並加封為琅琊郡王。後梁朱溫篡唐以後,更冊封王審知為閩王。王潮、王審知治閩期間,對中原王朝政權稱臣,與周邊各種割據勢力交好;對內保境安民,撫流亡,定賦斂,勸農桑,促進了福建地區中原化。但到王審知之子王延翰自己建國稱王以後又出現內亂。

如前所述,在南宋政權前期,將領和士兵多為中原移民。對於文官,高宗也一再「詔令侍從官舉西北流寓之士。被舉者甚眾」。但朝中文臣和地方官員中的南方人士仍然不斷增加,最後終於占據絕對優勢,從而產生南北地域觀念和軍、政之間的矛盾。故有日本學者認為,「以軍隊為後盾,從北方移居過來的皇族及與其相聯繫的新興地方階層,跟維持北宋以來的傳統的南方原來的地主階層之間的對立、妥協、鬥爭的展開」,[90]是貫穿南宋政治生態的一條主線。

在這種大勢之下，南宋朝廷已不可能再像東晉那樣設置僑州郡縣。故其始只能讓移民以「流寓」的身分存在，科舉考試也特置「流寓試」。而到南宋定都臨安十年之後，就透過確定移民的財產和「戶等」這種方式，使移民在定居地「入籍」。又過了14年後，更取消了「流寓試」。不僅如此，為維持宋代當地人不得在當地任官的制度，高宗「詔令西北流寓及東南人寄居滿七年，或產業及第三等以上者」不得在新定居地「差遣」。[91]種種措施，無非是盡力消泯移民和土著的分別，使兩者渾然一體，這樣才支撐了南宋150餘年的偏安局面。

　　從上述四個階段的移民情形來看，由於南遷的上層人物掌控了權力資源，在一定程度上得以制訂和執行吸引、安置、保護移民的制度和政策，所以在上述各階段相當長的時間裡，南遷移民持續不斷。楚國、東晉、南宋的情形不用說，就連王潮、王審知、王延翰統治下的「閩」，也是如此。由於福建偏僻多山，戰禍較少波及，王氏兄弟父子不僅招撫流亡，更建招賢院禮待外來上層人士，使得唐末中原公卿一時認為「安莫安於閩越，誠莫誠於我公」（指王潮、王審知兄弟），遂透過荊襄吳越而遠遷福建。在「中原亂，公卿多來依之」的浪潮中，有著名士大夫如楊承休、鄭璘、韓偓、歸傳懿、楊贊圖、鄭　等人。還有唐宰相王溥之子王淡，宰相楊涉從弟楊沂，知名進士徐寅，大司農王標，司勛員外郎王拯等。曾任河西節度使的翁郜，「攜家來建陽居焉」。後唐莊宗之弟李崇禮舉家遷入延平（今南平）。[92]

　　偏安的政權當然也有「收復失地」的野心和意圖，普通移民更難免眷念祖宗故里。但這種願望一般難以實現。楚人逐鹿中原未成，東晉、南朝、南宋的「北伐」一一失敗。陳元光父子因合法的長期守土之責，王審知、王延翰父子也因政治上的形格勢禁，都只能落地生根。隨陳氏父子赴漳州的丁儒，先後任軍諮府祭酒和承事郎參理州事，晚年就在漳州歸田。其作品中有「土音今聽慣，民俗始知淳。烽火無傳警，江山已淨塵」，「辭國來諸屬，於茲結六親。追隨情語好，問饋歲時頻。相訪朝與暮，渾忘越與秦」，「呼童多種植，長是此間人」[93]等詩句，生動地再現了他們逐步融入當地社會的情景，但仍帶著一股無可奈何而又只能隨遇而安的心理。而移民的「後生晚輩但見生長於是，慷慨仗義誰與共之」，[94]對於他們生於斯、長於斯的異鄉，顯然會逐步認同。

政治移民不僅是促成了中國南部的中原化，即政治制度的一體化進程，也從社會層面改變著南方的組織結構，這主要體現為宗族制度的普及。東晉時中原的名門大族遷居南方，奠定了南方宗族組織的基礎。唐宋時士大夫和普通百姓的南遷，使南方的宗族組織更為繁盛。故從宋代起，南方各地普遍出現宗族祠堂、義莊、族學等事物，以及纂修族譜、家乘的宗族活動。而江南地區尤其是江西、福建、廣東等地，有大量的族譜記載表明，許多姓氏和宗族的祖先是在唐宋時期甚或更早的西晉末年從中原南遷的。

客家人群體和講閩南話的群體，與唐宋中原移民的關係最密切。《中國移民史》第四卷中的《客家氏族移民實例》列舉了從中原南遷的陳氏、謝氏、黃氏、賴氏、蕭氏等37個姓氏。[95]而福建學者研究閩南語群體的情況時，曾以福建雲霄縣為例，稱該縣1946年的人口為113802人，分為81姓。在族譜中寫明先世是從河南入閩的有方、吳、張、陳、柳、王、湯、蔡、林等9姓，共約90000人，占全縣人口總數的80%。這當中寫明先祖是隨陳元光父子入閩的則是方、吳、張、陳、柳、湯6姓，約60000餘人，占全縣人口的53%。福建的東山、詔安、漳浦、漳州等地的情形也大同小異。而臺灣居民大多由漳、泉二州遷入。1930年臺灣有3751600人，漳、泉移民後裔為3000900人，占總人口的80%。1953年的戶籍統計表明，當時臺灣總戶數為828804戶，超過500戶的大姓為100個，其中有63姓的族譜載明其祖先是在晉代、唐初和唐末從河南遷居福建，後來又從福建遷居臺灣的。[96]

三

政治移民中的中上層群體，作為文化尤其是制度文化和學術文化的主要載體，無疑會給遷入地帶來文化繁榮。而從中原帶來的固有文化與南方各地的原有文化結合，又會產生新的具有地域性和時代特色的文化。中國文化生生不息，既有一以貫之的根本性格和核心價值，內容和形式又常變常新，而且傳播和影響的

範圍持續擴大，政治移民在其中的作用，應當是原因之一。

在楚人進入江漢沮漳地區之前，長江中游主要生息著「三苗」、「百越」、巴人和濮人，草莽未闢，文化落後。透過楚人幾百年的開發經營，中原文化、三苗文化、百越文化、巴濮文化等融合而成瑰麗新奇、豐富多彩的楚文化。楚國不僅在制度上比南各方地先進，而且城市和宮室建築雄偉華麗；冶煉、紡織、醫藥、髹漆都冠絕一時。政治家如楚莊王、孫叔敖，軍事家如吳起，思想家如季梁（早於孔子）等，各類「楚材」史不絕書。尤其是屈原等人的「楚辭」，可說是中國古代文學中的精美絕倫之作，一直吸引著後人的崇敬、仿效和研究，成為至今還在發揮著巨大影響的寶貴文化遺產。

長江下游地區直到三國和西晉時，文化仍然落後於中原。東晉和其後的南朝的中上層統治者，多為中原移民或其後裔。詩人、文學家和書法家也多出自這個群體。如鮑照、江淹、謝朓、謝靈運等人的詩，庾信的賦，王羲之、王獻之父子的書法，還有昭明太子蕭統編的《文選》，劉勰寫的《文心雕龍》，鍾嶸寫的《詩品》，都在文學藝術史上占有重要地位。而上述諸人的原籍，均在河南和山東。唐代的杜佑曾回顧說，「永嘉以後，帝室東遷，衣冠避難，多所萃止。藝文儒術，斯之為盛。今雖閭閻賤品，處力役之際，吟詠不輟，蓋顏、謝、徐、庾之風扇焉。」[97]上述四大文化世家，顏、徐二家出自山東，謝、庾兩家則出自河南。

南方到了梁、陳兩朝時逐漸衰微，占有中原的西魏和後來的隋終於占了上風。西魏和隋攻入南方之後，又強制一些中原移民北返。除了政治人物北返之外，學者文人也在重點之列，於是文學家王褒、王克、劉璠、殷不害、宗懍、庾信等人回到中原。音樂的情形也是如此。永嘉之亂以後，首都洛陽的大部分樂官和樂工南逃江陵或建業。到西魏滅梁時，就把江陵的樂工擄至關中；到隋滅陳時，又把留在江南的樂工集中到長安。當隋文帝聽到在中原久已失傳的「清樂」時，不禁大加讚賞，稱其為「華夏正聲」。可以說，這種文化的南北傳遞也是中國文化綿延不絕的原因之一。

到了北宋，長江下游地區的文化水平已與中原並駕齊驅，南宋建立後更使該

地區駕乎其上。在黃宗羲原著、全祖望修補的《宋元學案》中，記載有南宋學者1144人，其中115人來自中原，占學人總數的10%，他們廣泛地活動於蘇、浙、皖（南）、贛、閩、粵、湘、鄂、川九省。其中來自河南的最多，將近有50人。如出自開封呂姓的就有呂好問、呂廣問、呂切問、呂和問、呂堅中、呂稽中、呂繩中、呂本中、呂大倫、呂大器、呂大猷、呂大同等十餘人。出自與宋室皇族同姓的有趙師孟、趙師恕、趙師淵、越師雍、趙汝愚、趙汝靚、趙汝談、趙希綰、趙孟頫、趙淖、趙不息、趙順孫、趙善佐等十餘人。其他還有邵伯溫、朱弁、高元之、曾開、尹焞、馮忠恕、徐度、蔡迨、曾逮、邵溥、韓璜、程端中、韓元吉、羅靖、郭雍、李迎、曾幾、李椿、向沉、向涪、邢世才、吳琚等人。

由洛陽二程（程頤、程顥）開創的「洛學」，經其弟子尹焞在蘇州發展為和靖學派，又經尹焞弟子呂本中（字居仁）在婺州形成紫微學派。呂本中之子呂祖謙形成東萊學派。他們使二程之學廣播東南。河南人郭維，南宋初遷居浙江明州昌國縣（今舟山市），「以北學教授諸生，從者如云」。遷居到明州（今寧波市）的開封人高元之，得「是鄉學者數百人師事之」。[98] 南宋最著名的理學家朱熹，被人們視為「得程氏之正」。朱熹雖是南方人，但其學問就在「既博求之經傳，復遍交當世有識之士」。而在他重要的學侶講友中，就有前述呂祖謙、趙汝愚、趙汝靚等人。[99] 南宋學者熊禾說，「周東遷而夫子出，宋南渡而文公生」，[100]「夫子」指孔子，「文公」即朱熹。熊禾之說，表明他看到了伴隨著政治中心遷移而導致的文化中心移動和文化交流，對產生新的文化巨匠的影響作用。

南宋不少著名詩人、散文家也是中原移民。其中詩人陳與義（號去非）、呂本中、朱敦儒、曾幾、韓元吉均自來河南。來自河南的散文家有晁說之、崔德符、陳叔易、呂祖謙和呂本中。由此可以發現，呂本中、呂祖謙父子在理學、詩歌、散文諸領域中都是具有一定影響，值得關注和研究的人物。

上述四個階段因政治原因而引起的外向移民，除陳元光父子的那次之外，其餘的從短期來看，或者可以說曾經造成各個有關時期的分裂割據之局。但從長遠來看，卻加速了中國廣大南方的開發，促進了南方從政治到文化的中原化，從而

最終有利於中國版圖的鞏固和文化的多樣性統一。

（本文作者系華中師範大學中國近代史研究所教授、博士生導師）

關於唐代固始移民史的研究取向

尹全海

由於固始移民入閩遷臺並遠播海外的歷史，固始成為「唐人故里，閩臺祖地」，以及全球華人尋根問祖之聖地。但因當下唐代固始移民史的研究成果多浮於表面或趨於功利，其獨特價值不僅未能彰顯，反而與河洛文化、中原移民及閩南人、客家人之形成等歷史文化現象之界線愈加模糊，不免有些黯然。有鑑於此，本文提出唐代固始移民史的兩個研究取向，即縱向延伸性研究和橫向精細化研究，據此確立唐代固始移民在中國移民史上的獨特地位。

一、延伸性研究

唐代固始移民史的延伸性研究，就是將固始移民入閩遷臺視為一個整體，用整體史觀書寫唐代固始移民通史，完成固始移民入閩遷臺的史實重建，進而考察唐代固始移民對福建社會的直接影響和對臺灣社會的間接影響。

所謂唐代固始移民通史，即唐代固始移民入閩及其後裔遷臺的歷史。其中唐代固始移民入閩，特指唐初陳元光父子「開漳建漳」和唐末王審知兄弟「王閩治閩」的歷史，而不包括更早發生的零星移民和其間從各地進入固始的遷入性移民。

唐初陳元光父子入閩，系因泉、潮間爆發大規模的「蠻獠」嘯亂。為鞏固和拓展唐王朝在九龍江流域的管轄與統治，唐高宗於總章二年（669年）詔命玉鈐

衛翊府左郎將歸德將軍陳政為朝議大夫統領嶺南行軍總管事，率府兵3600人，將士123人，入閩平亂。至永隆二年（680年）「蠻獠」主力底定，餘部相繼歸降。高宗永淳二年（683年），陳元光向朝廷呈奏《請建州縣表》，請求於泉、潮之間的綏安故地建置州縣，以利治理。垂拱二年（686年），朝廷頒詔，允許於原綏安地域漳水之北建置漳州，轄漳浦、懷恩二縣，陳元光為漳州刺史兼漳浦縣令，進階為中郎將右鷹揚衛府懷化大將軍、輕車大都尉兼朝散大夫。自此陳氏五代為閩南的開發與建設鞠躬盡瘁百有餘年。

與唐初陳元光父子入閩一樣，唐末王審知兄弟入閩，也起因於社會動盪，江淮地區大亂。僖宗光啟元年正月（885年），為躲避軍閥秦宗權的追剿，光州刺史王緒「悉舉光、壽兵五千，驅吏民渡江」[101]固始人王潮、王審知兄弟隨部南遷，經江西入閩，陷汀、漳二州。是年八月，王潮兄弟發動兵變，取王緒而代之，次年攻占泉州。景福二年（893年），占領福州，至此控制福建全境。王潮兄弟先是得到唐朝的承認和冊封，唐亡後，後梁太祖朱晃封王審知為閩王。審知死，其子王延鈞建國稱帝，都福州，即五代時期的閩國。自王審知以後，王氏子孫治閩期間，積極爭取當地居民支持，努力實現王閩政權本土化，同時整頓吏治，輕徭薄賦；外交上進貢中原王朝，奉行睦鄰政策，福建經濟社會快速發展，逐步趕上中原發展水平。

儘管早在晉永嘉末已有固始人零散自發入閩，但唐高宗總章二年（669年）固始人陳政奉命率部入閩平亂，應為唐代固始移民大規模入閩的始遷時間。因為，此後陳政的兩位兄長中郎將懷遠將軍陳敏、右郎將云麾將軍陳敷共率58姓固始子弟赴閩馳援（陳政75歲老母魏氏夫人亦在其中），以及唐高宗儀鳳二年（677年）陳政病逝後，陳元光奉命代理父職，最終平息「蠻獠」之亂，都是為了同一個目標。唐末王審知兄弟入閩，不僅與唐初陳元光父子入閩大軍同始遷於光州固始，有相同的出發地，而且遷移線路和遷入地也基本相同，可視為唐代固始移民入閩的組成部分。始遷時間對於確定移民類型及其特點具有至關重要的意義。唐初陳元光父子率兵入閩和唐末王審知兄弟入閩，與其說「是一次具有移民性質的進軍」，[102]不如說是一次軍事移民更準確。至關重要的是，唐代兩次固始移民入閩，對移入地產生的影響有一致性：唐初陳元光父子開漳、唐末王審知

兄弟王閩，以及陳氏開漳建漳、王氏王閩治閩的歷史，使得整個閩南地區保存和延續了固始移民的所有「基因」——從音韻方言、姓氏根親，到文化信仰、宗教藝術，進行整體「複製」，據此可以印證「閩人稱祖皆曰自光州固始來」，不僅是一種文化現象，更是歷史真實。

上述唐代固始移民兩次大規模入閩的歷史以及對福建社會的影響，學術界已有共識，且已積累了豐富研究成果。但唐代固始移民產生的影響遠不僅限於福建，因為固始移民入閩之後，其後裔又因不同原因先後遷臺，成為臺灣移民社會的主體，所以，應將固始移民入閩、遷臺視為一個整體。

據譜牒資料記載，唐代固始移民後裔遷臺時間，始於宋代，但大規模遷臺應在明末清初，其遷出地主要集中在漳州和泉州，且以漳州為最，[103]所謂「漳莊」、「泉莊」、「粵莊」代表的就是移民祖籍分布。鄭成功收復臺灣後，隨鄭成功首批入臺的也以漳州人及廈門人為主，由此形成福建移民入臺的一高潮。至康熙平定臺灣，施琅「嚴禁粵中惠、潮之民渡臺」，客家人入臺受限，漳、泉人占大陸入臺人數九成以上。[104]依據陳孔立研究表明，至乾隆年間，大陸漢人遷臺，「漳、泉移民占十分之六七，粵籍占十分之三四」[105]諸羅、彰化，以及府城一帶，漳、泉籍移民占九成以上。自固始人入閩，至漳、泉人遷臺，固始「基因」世代相傳，不曾中斷。所以，著名歷史學家郭廷以說，「臺灣的開發經營，幾乎全為閩南漳泉人與粵省客家人之功。所謂閩南人與客家人，原均為中原人，為了政治及經濟的原因，他們被動的或主動的逐步南徙，擴展到沿海地區。又為了同樣的原因，又擴展到臺島。」[106]如此，我們完全可以將漳泉人遷臺視為固始移民的延伸。空間上從入閩到遷臺；時間上自唐代至明清，就是我們所說的唐代固始移民延伸性研究的內涵，也是固始移民通史的時空範圍。

二、精細化研究

精細化研究，包括史實重建和對相關歷史文化現象的釐清，意在將唐代固始

移民史研究引向深入。這裡僅以三個研究主題為例。

第一，河洛、中原、固始地域概念之精細化研究，尋找閩臺移民之原鄉。

世俗的而非學術的緣故，特別是歷史學在固始移民史研究中的邊緣化趨勢，河洛、中原、固始之地域關係及其文化內涵界定出現了亂相，閩臺移民之原鄉被模糊——三源並出。

要尋找閩臺移民之原鄉，需對中原、河洛、固始三者之地域關係及其文化內涵做出界定。河洛有廣義狹義之分，廣義的河洛是指今日豫西地區；狹義的河洛就是古代的洛陽一帶。無論是廣義還是狹義，河洛是中原之中心是沒有疑義的。[107] 儘管河洛文化圈有時超越河洛區域範圍進入中原文化圈，甚至一定時期可能會出現交匯融合，但河洛文化並不能因此代替中原文化；在文化積累和演進進程上兩者有著本質的區別。如此，地域上的河洛是以洛陽為中心的中原，狹於中原；文化上的河洛是中原文化的源頭，先於中原文化。而中原之民與東南越閩地區的往來，最早可追溯至西漢武帝將閩越之民遷往江淮，以及魏晉時期中原之民第一次南下。顯然此時的河洛文化不能完全涵蓋中原文化，江淮區域也超出了廣義河洛的地域空間。在此意義上，僅就閩臺移民之原鄉而言，稱其根在中原是成立的，若謂根在河洛，以河洛替代中原，似言之籠統。

釐清中原與河洛地域關係及文化內涵差異之後，還需進一步區隔中原與固始之地域及文化關係。閩臺移民，甚至更為廣泛的周邊地區對中原的認知是一個相對、動態的寬泛概念。其相對性表現為中原與邊疆、中央與四周的關係；其動態性表現為空間與時間兩個向度，時間意義上的中原並非前後重合，如先秦之中原與隋唐之中原、明清之中原與近代之中原均存在較大差異，甚至有邊疆變中原之滄海桑田；空間意義上的中原則呈現為一種向四周擴散之趨勢。閩臺移民觀念深處的「中原」是相對福建而言，是對「邊疆」（或「四周」）的否定，表達的是福建（或臺灣）與「光州固始」之相對關係，當然還蘊涵有祖上來自中原，並非生為蠻夷之意。換言之，這裡的「中原」是他們原鄉「光州固始」的代稱或統稱；「光州固始」才是他們的原鄉。明乎此，便知閩臺移民根在「光州固始」，而不是河洛；至於上面提到的根在中原，則是一個相對模糊的稱謂。事實上全球

華人根都在中原——不僅閩臺移民根在中原。當然，釐清或強調閩臺移民之原鄉在固始，並不否認閩臺文化與河洛文化、中原文化的淵源關係。

第二，唐代固始移民群體之精細化研究，解讀閩南文化的多元特徵。

關於移民與文化的關係，在訊息交流主要依靠人工傳遞的古代社會，人是文化最活躍的載體；文化傳播一般是借助於人的遷移和流動來實現的。移民本質上是一種文化遷移。不過文化是分層次的，如制度文化、學術文化、宗教信仰、藝術方言等；移民也具有不同的類型和特點，且以中國古代移民為例，就有自南而北的生存型移民、以行政或軍事手段推行的強制性移民、從平原到山區或從內地到邊疆的開發性移民、非華夏族的內遷性移民，以及沿海向海外的移民，等等。不同類型移民或每一次具體移民活動，在充當文化傳播載體時，是有選擇的。他們沒有能力將遷出地的學術文化、制度文化，以及方言、宗教與信仰等民間文化，全部攜帶並在移入地落地生根——也許他們只能攜帶其中一種文化；即使同一移民類型，也會因移民群體內部在性別、年齡、社會地位、受教育程度等差異，在文化傳播中所扮演的角色，以及在傳播對象的選擇和文化層次的傾向方面表現出明顯區別。就受教育程度與社會地位而言，一般情況下，個別傑出人物在文化傳播中的作用可能會超過成千上萬的普通移民；以貴族官僚、文人學士等社會上層為主體的移民，對學術文化和制度文化的傳播具有明顯的優勢。因此，歷史上學術文化和制度文化的傳播往往與政治中心的轉移同步，如西漢定都長安對關中學術文化的繁榮，永嘉之亂後中原上層士人南遷成為東南學術文化鵲起的轉折點。[108]當然，制度文化的傳播還存在另一種情況，即制度移植問題。如由移民建立的政權，往往是將遷出地的制度移植到移入地，並長期延續，但在移入地建立政權的移民並不一定是社會上層或知識分子，陳元光「開漳建漳」和王審知「王閩治閩」就屬於此種類型。至於最為普遍的社會下層或普通百姓的遷移和流動，可能帶動更多的是宗教信仰特別是民間信仰和方言、藝術的傳播。

從寬泛意義上講，唐代固始移民可謂中原文化在閩臺地區傳播的載體和渠道，中原文化就是沿著移民線路漸次傳到福建和臺灣，從而確立豫閩臺兩岸三地淵源關係和文化認同基礎。那麼，唐代固始移民入閩，明清之際其後裔又大批遷

臺，傳播的是學術文化、制度文化，還是藝術方言、宗教與信仰呢？似乎尚未深入研究，言之自然籠統模糊。這也是我們對固始移民群體進行精細化研究的原因所在。就唐代固始移民與文化傳播之關係，需要我們對兩次大規模移民群體內部結構進行精細化分析。我們知道，唐代兩次固始移民入閩，都帶有明顯的軍事移民特徵，具體到這兩次軍事移民群體內部結構，基本上可以劃分為將、士、眷三類或三個群體，其結構比例，將最少、眷次之、士最眾。以唐高宗總章二年（669年）陳政率部入閩為例，共率府兵3600名，將士自副將許天正以下123員，另有年僅13歲的陳元光也隨父出征，說明入閩將士中確有攜眷帶子情況，當然這部分人不會超過出征將士人數，否則就很難說這是一次軍事移民了，而是流民或逃民了。

根據我們以上分析，可以肯定，唐代固始移民以社會下層和普通百姓為主，在充當文化傳播載體時攜帶的當然是他們「日用而不知」的文化，即一般民間文化，如與他們日常生活息息相關的風俗習慣、戲劇音樂、宗教信仰（特別是俗神崇拜）、方言俚語，農作物栽培技術、農田耕作方式等。由於固始地處淮河流域，南北過渡地帶，有「江南北國，北國江南」之稱，甚至長時間屬於楚文化區（中原文化與楚文化交替覆蓋），「豫風楚韻」非常明顯，中原文化並不濃重。比如，至今仍盛行於固始的民歌就融匯了南方的號子、山歌、田歌、小調；而與固始比鄰的光山花鼓戲由豫南民間小調、山歌、歌舞、小戲而融合楚劇、黃梅戲唱腔，又吸收了漢劇、曲劇的藝術特點，如此等等。況且自光州、壽州入閩的固始人，準確地說應是淮南人而非中原人。[109] 入閩移民攜帶的母體文化與閩越土著文化融合形成的閩南文化，自然就有楚文化的元素。當然，由於陳元光「開漳建漳」、王審知「王閩治閩」的歷史，決定了閩南文化中的制度和學術文化，是對中原文化的移植。據此可以認為，閩南文化，是「豫風」、「楚韻」與閩越土著的多元融合，具有多元特徵，而不僅是中原文化南傳的結果。

第三，臺灣姓氏族源之精細化研究，理解「光州固始」的象徵意義。

固始姓氏入閩，最早可追至西晉永嘉之亂。大規模入閩，主要集中在唐代。據最新研究成果，至少有蔡、曹、陳、程、戴、鄧、丁、董、範、方、馮、傅、

高、龔、顧、郭、韓、何、和、洪、侯、胡、黃、江、金、康、柯、賴、雷、李、連、梁、廖、林、柳、劉、盧、呂、羅、駱、馬、茅、倪、潘、彭、邱、商、邵、沈、施、宋、蘇、孫、湯、唐、田、塗、汪、王、魏、翁、吳、蕭、謝、許、薛、嚴、楊、姚、葉、應、尤、游、俞、余、袁、曾、詹、張、鄭、周、危、朱、莊、卓、鄒86姓，是隨唐代兩次固始移民入閩。[110] 對此，方志和譜牒資料均有據可考，無大疑義。至於固始姓氏播遷臺灣的情況，就沒有入閩姓氏那樣明確可查了，學者們大都採取模糊或籠統的說法，其中最具代表性的表述是將閩臺合稱，如張新斌教授根據方志和譜牒資料，提出閩臺有58個姓氏源於「光州固始」，對於福建有多少，臺灣又有多少，則未深究。

本文循著《臺灣省通志‧人民志‧氏族篇》提供的訊息，參考相關譜牒資料，初步列出源於「光州固始」的部分臺灣姓氏：

莊姓。《桃源莊氏族譜‧莊氏源流序》記載：「稽吾祖入閩之先，始有一郎公，諱森，字文盛，原河南汝寧府固始縣人也。緣唐黃巢作亂之後，於光啟丁未歲（887年）從王審知兄弟入閩，居福州。卜居永春縣桃園裡善政鄉蓬萊山。」另據臺北新莊《莊氏族譜》記載：「唐末有莊森者，居河南光州固始，於僖宗光啟元年，隨王潮入閩，歷漳入泉，再徙永春，乃卜居於永春之桃園裡。」清康熙年間，莊姓遷臺，墾於彰化縣竹塘鄉。所以，福建、臺灣莊氏共同始祖，乃光啟初年隨王氏兄弟入閩的光州固始人莊森。

吳姓。福建《平潭縣誌‧人口‧姓氏構成》（卷三）記曰：「吳祭，字孝先，河南固始縣人，唐僖宗中和四年（884年），隨王審知入閩。傳至二十二世的秦、泰、春三兄弟，先後從福清市音西鎮玉塘村遷入平潭。」據吳銅輯臺灣《吳氏族譜‧祭公家傳》記：「其祖有吳祭者，固始縣青云鄉鐵井兜人，唐僖宗中和四年（884年），兄弟一行二十餘人住福建侯官縣，王審知據八閩之地，乃避地福、泉間，遂為閩人。今福建晉江、惠安、安溪、平和、詔安、莆田、廣東饒平等地之吳氏，皆祭公之後。」總之，臺灣吳氏，雖遷臺時間不詳，但與福建吳氏共同尊固始入閩之吳祭為始公，是清楚的。

蘇姓。福建晉江《倫山衍派蘇氏族譜》、德化《雙翰蘇氏族譜》及《龍井蘇

氏族譜》，均記曰：其先祖蘇益侍於隰州，值黃巢起事，以都統職隨王潮入閩，是為蘇氏之入閩始祖。臺北縣《蘇氏族譜》謂：「遠祖有蘇奕者，於唐憲宗時，授光州刺史，傳三世至僖宗時，黃巢為亂，隨王潮入閩，為泉州押衛都統，其後遍布閩南。」基隆《蘇周連氏同宗起源略錄》：「至唐末世亂，益公以嫡子孫繼承武職，同王潮入閩」。宋代蘇頌《蘇繹墓誌銘》記曰：「奕，元和中光州刺史，子孫因家於固始。光州之四世孫，贈隰州刺史，諱益自固始從王潮入閩。」如此，可以肯定光州刺史蘇奕為閩臺蘇姓的共同先祖。

　　高姓。福建漳浦高氏，尊固始人高鋼為入閩始祖。史蹟見於漳浦《中山高氏家譜》。臺北縣木柵鄉《安平高氏族譜》記載：「唐僖宗中和元年（881年），其入閩始祖鋼，避黃巢之亂，攜眷由河南光州固始入閩，占籍於福建閩侯縣鳳崗。至五世祖於後周顯德年間（954-959年），殉節泉州，賜葬晉江二都，其後遂遷安平（晉江安海城），子孫蕃衍，瓜分散處，或居晉江永寧，或遷南安埕邊，或贅同安高浦。元末，又有高氏一派，避亂入安溪，卜居太平。」

　　儘管固始入閩高氏遷臺時間不甚明了，但高鋼為閩臺高氏的共同始祖，有族譜可考。

　　邱姓。臺北縣土城鄉《丘氏族譜》謂：「遠祖出自周之姜齊，支派蕃衍，盛於河南之光州固始。丘亦作邱」，「五胡之亂，南遷入閩，居興化之莆田」。清康熙四十年，邱姓與林、張二姓同遷臺墾於苗栗大甲鎮。臺灣邱姓雖非源於唐代固始移民，但其播遷脈絡非常清楚：光州固始——福建莆田——臺灣苗栗。

　　周姓。臺灣之周姓有汝南、武功二派。《武功周氏族譜》謂：「系蘇姓之後，先世居光州固始，唐末有蘇益者，避黃巢之亂，於懿宗廣明中，隨王潮入閩。子孫分布漳泉。至正二十二年，有蘇卓周者，因缺之，乃改為周氏。」鄭經部屬周全斌曾隨入臺，未留臺而返閩。清康熙年間，漳州人周舜陽遷臺，在淡水文山保內湖開基。臺灣周氏始祖，亦應為固始蘇益。

　　施姓。夏諸侯有施氏，國亡，以國為氏。《漳州府志》謂：「隨陳元光開漳，有施光贊者，官府內校尉。」臺灣《施氏合譜》：「唐之中葉，始由河南光州遷徙入閩，有祕書承公者，宅居於泉州錢江鄉。」康熙二十二年，泉州人施長

齡招佃渡臺，墾於燕霧、武東兩堡，與施琅渡臺時間相差無幾。

潘姓。臺北縣三芝、石門兩鄉之潘姓，均稱「先世居光州固始，嗣遷福建漳州、詔安五部，遷移年代，已不可考。」然《漳州府志》記載，唐初陳元光開漳將佐中，已有潘節其人。足見潘姓入閩在唐初。明永曆二十八年有潘姓者，與徐阿華等七人渡海移居旂後（今高雄市）捕魚，並與蔡、白、王、李、洪五姓倡建旂後媽祖宮。

顏姓。據基隆市《顏氏族譜》謂：顏氏隨陳元光入閩，永曆十五年顏望忠隨延平王入閩。固始——福建——臺灣播遷線路清晰可考。

孫姓。孫姓為周文王之後。臺灣孫姓，未修譜牒。相傳：其先世居光州固始，唐末五季之亂，南遷入閩，居泉州東門。《漳州府志》亦有孫姓入閩之記載。乾隆二十年孫天賜渡臺初住麻豆堡。

黃姓。臺灣《黃氏族譜》記載：「前先四十三世南陸居河南光州固始」，其中臺北縣深坑鄉《黃氏族譜》云：「世居光州固始。至晉，中州板蕩，南遷入閩，始祖黃元方仕晉。」看來遷臺黃姓並非唐代隨兩次大移民入閩，而是傳說中「衣冠大族八姓入閩」之黃姓。

宋姓。宋姓之播遷，唐宋之前無考。《漳州府志》載：陳元光開漳，有宋姓隨之入閩。中壢《宋氏族譜》也稱：「始祖唐丞相環，字持正，河南光州人。玄孫騈，唐咸通六年擢明經，歷任福泉按察使，遂寓居莆田。」莆田宋氏宋來萬，於康熙六十年以義民身分渡臺平朱一貴有功，初居臺南，後遷屏東，遂定居於此。

以上所列臺灣十二姓氏，其先祖由固始入閩遷臺播遷事跡，譜牒記載清晰可查，祖籍確為「光州固始」。但不少自稱源於「光州固始」的臺灣姓氏，其祖地無可考證，如臺灣賴氏，《文獻通考》曰：「賴國在保信縣，今息縣東北，其賴亭則在商城縣南，息縣、商城皆屬河南汝寧府光州，是故潁川郡為賴國子孫散處之區。」德化縣《侯卿賴氏族譜》記載：上湧鄉賴氏始祖賴開國，光州固始人，唐僖宗中和三年隨王審知入閩，居侯官孝悌鄉感化里。宋末，其後裔居德化縣下湧錢塘。臺灣賴氏遷臺時間為延平郡王東征時（永曆三年）以鄭部入臺，但遷臺

賴氏是唐末固始入閩之賴氏，還是東晉安帝四年自潁川遷居潭州的賴氏，並未明確記載。更多情況是，臺灣姓氏以《漳州府志》或《福建通志》關於固始入閩姓氏的記載為依據，認定祖上來自「光州固始」。如臺灣之江姓、何姓、詹姓、沈姓，與福建漳州之江姓、何姓、詹姓、沈姓確有血脈關係；福建漳州之江姓、何姓、詹姓、沈姓，與河南固始之江姓、何姓、詹姓、沈姓也有血脈關係；但臺灣之江姓、何姓、詹姓、沈姓，與河南固始之江姓、何姓、詹姓、沈姓之間沒有族譜記載依據，這就意味著固始姓氏入閩後遷臺情況或有中斷，或非一脈，同姓不同族，難以詳考。

本文並未完成對源於「光州固始」臺灣姓氏的釐清工作，但臺灣姓氏中「光州固始」的象徵意義已經非常清楚了，那就是臺灣姓氏認定其始祖在大陸，無論是中原，還是「光州固始」，都是他們心目中的族源。

三、簡單結語

無論是縱向的延伸性研究，還是橫向的精細化研究，其意在於恢復和彰顯唐代固始移民的獨特價值和研究意義。延伸性研究，即縱向拓展，將固始移民入閩遷臺視為一個獨立的研究單元和整體，確定固始移民史的研究框架和時空域限，對於回答臺灣與大陸的淵源關係，具有重要的歷史和現實意義。若將固始移民入閩作為一個獨立單元，或入閩移民後裔不是渡海遷臺，而是繼續移入他處，則與歷史上發生的「闖關東」、「走西口」、「湖廣填四川」一樣只是移民類型和移民線路不同而已。精細化研究，即橫向深入，意在正本清源，史實重建，對存有模糊認識或有爭議的若干概念、史實及文化影響進行澄清與釐定工作。比如，關於河洛、中原、光州固始之地域及文化概念差異，以及與閩南文化之關係，就需進行更為深入的探討。當然，本文無力就以上所舉議題得出結論，只是希望對固始移民史研究有所啟發。

（本文作者尹全海為信陽師範學院歷史文化學院教授、歷史學博士）

中原河洛人南徙之動因及條件——以固始為例[1]

陳學文

　　中原河洛地區人口遷徙的歷史，源遠流長，從未間斷。上自秦漢，下自明清，由於戰亂、災荒、謫貶流放、官職遷調、遊學經商等原因，數以百萬計的河洛人群，一批又一批地背井離鄉，流徙於前路漫漫、前景渺茫的異地他鄉。而其中流徙閩臺之突出，歷來為史家和社會學家所關注。這裡以固始為例，就籍民遷徙之動因及條件試加探索。

　　在由晉唐至明清的漫長歲月裡，地處江淮間豫皖結合部的「光州固始」，因其特殊的地理區位、自然條件、歷史因緣，成為歷代中原河洛人南遷的肇始地和集散地，在中原移民史上有著顯著地位和重要影響。血緣、文緣、史緣、地緣關係「編織」的特殊根親紐帶，穿越歷史時空，將閩臺同胞、海外僑胞、客家民系，同中原河洛、祖地固始緊緊地連在一起。徙居閩臺的固始籍民，為當地帶去了先進的中原文化、生產技術、農耕文明，加速了中國東南邊陲人類社會的發展進程，其歷史貢獻與影響，將永遠輝映於史冊。漸次播遷海外、旅居世界各地的華人華僑、客家群體，創業異國他鄉，傳播華夏文明，為世界的文明進步作出了寶貴貢獻，贏得國際社會的廣泛讚譽。由古至今，千百年來，他們譜載口授，世代相傳：牢記鄉關祖地，勿忘「光州固始」。固始因此成為海內外知名的中原僑鄉、「唐人」故里、客家之根、閩臺祖地。

一、歷史事件導致南徙

1.朝廷募兵，遠征閩粵——官方有組織的戍邊綏靖移民。

唐初，閩粵之境、泉潮之間，肇始於漢代、延續了近800年的「漢蠻」矛盾激化升級，爆發了一場大規模的「蠻獠嘯亂」，造成社會動盪，生靈塗炭。唐廷詔令歸德將軍、固始人陳政及其兄陳敏、陳敷，先後於公元669、670年率軍遠征閩粵，這便是唐代歷史上頗具影響的戍邊綏靖移民活動（這期間，陳政之子13歲的陳元光隨軍入閩，21歲奉詔襲任父職，開發閩粵，創建漳州，後被宋廷追封為「開漳聖王」）。據漳、泉、潮、臺史志顯示，這兩次入閩的87姓將士及眷屬萬餘眾，帶有武裝移民性質。當代學者、原漳州市地方志編纂委員會辦公室主任蘇炳坤，根據大量史料和唐代兵制與唐初府兵實力，考證認為，第一次入閩的3600名府兵和第二次入閩的「五十八姓」援兵，都是奉詔將領從地方徵集的。時至今日，在陳政、陳元光的故里——固始縣陳集鄉浮光山下，尚存有當年操訓「鄉勇」的練兵場、飲馬池等遺蹟，流傳著與其相關的歷史傳說。在漳州各縣和臺灣各地百餘姓氏的族譜上，都可以見到「先祖隨陳政、陳元光由固始入閩」的記載。

　　2.「三王」舉旗，義軍南下——固始籍民一次自發地規模南徙。

　　唐末，僖宗入蜀，江淮動亂，吏民南逃。極目千里，人煙稀疏（據《福建史稿》）。其時，由於壽州農民義軍首領王緒的影響，固始東鄉人王潮、王審邽、王審知三兄弟，招眾從義。王氏兄弟所率固始籍義軍及其眷屬達5000餘眾，轉戰入閩後，大都落居閩地。1994年出版的《固始縣誌·入口遷徙》載，隨王氏兄弟入閩的固始籍民為27姓。據福建省泉州市鯉城區地方志編委會考訂，隨王審知入閩的固始鄉民為50姓。近年，福州晉安閩臺王審知研究會考證為90餘姓。相關史料表明，在王氏弟兄入閩平息戰亂，成就事業，直至王審知建立閩國前後，都有固始籍民因循投奔。河南社會科學院考古與姓氏研究專家張新斌先生在其專著《論固始尋根》「上篇：譜志中反映根在固始的移民」章節中，從《臺灣通志·氏族篇》和部分福建地方譜志摘錄列舉的60個根在固始的姓氏中，譜志中記載「先祖」於「唐末」或「僖宗年間」，「隨王潮」或「隨王審知」、或「避黃巢亂」「由固始入閩」的，有王、陳、楊、郭、葉、廖、高、詹、魏、傅、韓、劉、黃、李、鄭、周、許、方、曾、吳、謝、尤、沈、施、余、呂、龔、柯、蔡（辛姓）、彭、康、塗、蘇、賴、盧、董、洪、戴、張、侯等姓氏。

近些年，跟隨王審知入閩的後裔從海內外來函在固始尋根的還有駱、蔣、包、阮、薛、樂、游、傅等姓氏。

民族英雄鄭成功、復臺功臣施琅的入閩先人（即入閩開基祖），就是跟隨陳政父子和王審知兄弟南下入閩的將士。臺灣《馬巷鄭氏族譜序》：「唐垂拱間，陳將軍趨閩，大臣鄭時中隨之，鄭氏遂星布閩粵。」又《鄭氏石井宗族譜》：「夫我鄭自唐光啟間入閩，或居於莆、於漳、於泉，是不其處。」其中「於泉」一支，即為鄭成功的入閩始祖。施琅自謂其「祖從唐代由光州固始入閩，迨宗翰公始分居於晉江之南潯江」，傳至施琅已是十六世。

3.中原戰亂，災荒連年——固始籍民南徙的「推進器」。

（1）西晉「永嘉之亂」的移民潮。公元290年晉武帝卒後，北方匈奴族劉淵、羯族石氏、鮮卑族慕容氏、氐族苻氏、羌族姚氏，相繼稱帝，爭據中原，戰亂不休，後世稱之為「五胡亂華」。此次戰亂始於晉惠帝永興元年（304年），至於宋文帝元嘉十六年（439年），歷時135年。「百官士庶死者三萬餘人」，中原士民紛紛南渡。其間，由晉懷帝永嘉年間「中原亂」到咸和年間「江淮亂」，「民南渡者轉多」。統治者隨之於江南僑立郡縣。對此，《晉書·帝紀》、《宋書·州郡志》中皆有記載。固始《黃氏宗譜》序文云：「永嘉之亂，中原板蕩」，黃姓「流閩者百五十餘戶」。《三山志》記載：「爰自永嘉之末，南渡者率入閩陳、鄭、林、黃、詹、丘、何、胡」，其中固始士族入閩最為顯著，「今閩人皆稱固始人」（《閩中記》）。

（2）兩宋之季、宋元之交的移民潮。宋欽宗靖康元年（1126年）金兵攻入開封，入主中原，北宋滅亡。徽、欽二帝被金軍虜走，囚於漠北。欽宗之弟趙構始於南京（今河南商丘）稱帝，繼而「南渡」，建都臨安（今浙江杭州），史稱南宋。此間，中原戰亂不已，士民絡繹逃徙。固始一度被金軍占領，難民多舉家南下。至南宋末年，元軍攻克光州，再度占據固始。自此，州、縣治所「徙治無常」達75年之久。直至元滅亡前22年（1346年），固始才恢復治所於縣城。在這段漫長的兵荒馬亂的歲月裡，固始籍民從地方官吏到農士工商、平民百姓，紛紛淚別故土，「十室九空」。其流徙持續時間之長、累計流徙吏民之多，在固始

移民史上堪稱之最。

4.驅逐荷夷，收復臺灣——鄭成功率部武裝徙臺的愛國壯舉。

1623年，荷蘭侵略者侵占了澎湖，翌年（1624年）霸占了臺灣，對臺灣人民實行血腥鎮壓和殘酷統治，並進行奴化教育。臺灣同胞不堪忍受，奮起反抗，爆發數十次臺胞起義，但都在殖民者的屠刀下慘遭失敗。鄭成功獲知此情此景，胸中激起極大的民族義憤，決計出師東征，收復臺灣。1661年4月23日，鄭成功親率將士2.5萬餘，乘大小戰船數百艘，浩浩蕩蕩橫渡海峽，揮師臺灣。經過8個多月艱苦卓絕的戰鬥，於次年（1662年）2月1日奏凱，荷夷投降。淪陷了38年的臺灣寶島又回到了祖國的懷抱。鄭成功率領入臺的將士，就地安置，定居臺灣，成為臺灣又一批來自祖國大陸的開發者、建設者。

如前所述，鄭成功祖籍固始。這一事實基本為史界所公認。在今天的固始縣南大橋鄉鄭堂村，仍存有鄭氏宗祠——鄭家繪堂遺址。1970年，固始縣平整土地時，在鄭氏祖塋「虻牛地」發現鄭成功墓葬。遺憾的是當時正處於「文革」時期，未事先報告文物考古部門，進行保護性發掘，致使棺前、棺中的「鄭成功之墓」的匾牌等珍貴隨葬品，均被平整土地的農民哄搶，造成證物失落，考證困難。這一情況早為史界所關注，目前雖尚未定論，此為鄭成功真葬，但也難於否定這一事實。而鄭成功所率入臺將士，一般都來自東南沿海的閩粵之地，他們大都是唐初、唐末隨陳政父子、王審知兄弟由固始入閩的移民後裔，其中也有「靖康南渡」時期移民的子孫。因此可以說，鄭成功率部徙臺，是以閩粵為第二故鄉的固始移民的「遞進式」「接力式」遷徙活動。時隔21年，施琅將軍從東南沿海率水師（近3萬人）復臺歸清，是又一次大規模武裝徙臺活動。

施琅同鄭成功一樣，也祖籍固始，其祖陵位於該縣郭陸灘鎮境內的青峰村燕子山。施琅所率入臺部眾，也多為東南沿海固始移民後裔。

二、地緣區位——得天獨厚的南徙條件

1.優越的生存環境帶來的豐富人口資源——移民的物質基礎。

固始地處江淮之間、大別山北麓，地理坐標為北緯31度45分19秒至32度34分50秒，位於亞熱帶北部，屬亞熱帶向暖溫帶過渡地區。氣候溫和，雨量充沛，四季分明，溫度適中。年平均：氣溫15.1℃，地面溫度17.4℃。降雨量1066.3毫米（1953-1984年平均值），無霜期228天。史河、灌河、泉河等淮河的17條支流縱貫縣境，有灌溉和舟楫之利；縣境內有肥沃的平原、富饒的山區和可耕可林的丘陵壟崗。礦藏資源豐富，動植物資源種類繁多，僅藥用動、植物就分別達50和800餘種。農耕和灌溉條件相對優越。早在公元前605年，中國古代水利專家、楚相孫叔敖，就帶領鄉親「決期思之水，灌雩婁之野」，在固始大地興建了被後人稱之為「百里不求天」灌區的水利工程。據考證，它比引漳十二渠早200年左右，比都江堰灌溉工程早350多年。先賢表率於前，後人繼往開來，興修水利的風尚世代相傳，譜寫了「固始水利甲中州」的輝煌篇章。溝塘堰渠蝦美魚肥，千里沃野盛產稻麥，固始「魚米之鄉」的美稱聞名遐邇。

宜人的氣候，豐富的物產，相對發達的農業文明和安定的生活環境（西安、洛陽、開封歷史上三大帝都和歷代起於北方的戰亂中心，對於固始來說都在千里之外），一方面，使這裡的人民有生兒育女的良好條件，人口的出生率和增長量，在中原各縣居於首位；一方面，固始是周邊、尤其是北方人的嚮往之地和逃荒避亂的理想之所。中原西部、北部，一有戰亂，難民便向固始徙聚。即使是太平年景，也常有外丁輸入。而且固始鄉民素有兼包並容、海納百川的胸懷，因此外籍丁口進得來，留得住。同時，秦漢隋唐時期，固始地域廣大，幅員遼闊，也是「丁口出眾」的一個原因。今天的河南商城、潢川、光山、淮濱和安徽霍邱、金寨6縣與固始毗鄰的部分鄉村，當年也大多為固始屬地。至今，在安徽省金寨縣西南縱深部位的桃嶺鄉張灣村，還能見到當年的「固始縣界碑」立在那裡。清代兵部尚書、都察院右都御史、河南巡撫畢沅曾為《固始縣誌》序文稱：固始「地大則物力甚博，故一縣之粟常敵於數州」。固始地廣物博人眾，由此可見一斑。

由於上述諸多因素、條件的「成就」，使固始在歷史上就是一個人口大縣。

據史料顯示：從唐初歷經宋元明清，直到新中國成立，固始一直居於人口大縣位置。時至今天，依然是中原第一人口大縣。現在的固始，多角度折射著歷史人口大縣的「影子」。譬如，固始現有34個民族165萬人口、560個姓氏，這在同級縣區中不多見。

相對豐富的人口資源，使固始有著向閩臺移民的人口基礎，外來人口的不斷充實，使固始有了人口資源南徙的「儲備庫」。這便是固始所以成為向閩臺移民肇始地的重要物質條件。

2.多元文化的交匯融合，形成的優越人文環境和深厚文化積澱——使固始成為有條件南徙的衣冠士族輩出之鄉。

固始背靠中原，東鄰江浙，南接荊楚。特殊的地理區位，使它直接受中原河洛文化、楚文化和吳越文化的輻射與影響。多元文化在這裡交匯融合，形成了深厚的文化積澱，造就了獨特的人文環境和敦睦鄰里、尊長敬賢的良風美俗。興校立館，尊師重教，好學上進之風世代相傳。因此，耕讀之家、書香門第，遍布城鄉；學人士子，層出不窮。正如明嘉靖《固始縣誌‧選舉》所稱：「代不乏人，籍有可據」。清康熙年間固始縣令楊汝楫文稱：固始「兆姓飲食嗜好類吳楚，而人文蔚起，在中州為最」。清乾隆《固始縣誌‧學校》載：固始「廟學規模宏遠，冠於淮右」，「汝南（郡）人文，固始為最」。加之如前所述的山清水秀、氣候宜人、物產豐富的自然生態環境，使這裡成為經濟發展、社會進步、文化繁榮、人丁旺盛的一方熱土。因之也是耕讀世家、衣冠士族輩出之鄉。西晉「永嘉之亂」時，由中原固始首入閩者「林黃陳鄭詹邱何胡」8姓家族，唐初、唐末率眾入閩的「開漳聖王」陳元光父子、「閩王」王審知兄弟，就是出自衣冠士族和仕宦之家。史載，戰國時固始鄉賢、楚相孫叔敖、漢征士魏桓、孝子丁蘭，三國吳封鄉侯胡綜，宋太常少卿王彬、龍圖學士許玠、都統詹均，元廣西道應使詹士龍，明贈光祿少卿朱紀、禮部尚書許逵、光祿侍臣熊參、通判曾基，清代封疆大吏、河南唯一一名狀元吳其濬，榜眼、太傅祝慶藩，雙科進士秦樹聲等以及歷代眾多由固始赴閩浙贛等地任職的官員、講學與謀職的人士，無一不是出自固始衣冠士族之家。據史料顯示，僅明清兩代，固始就有113名進士，這在中州各縣獨

領風騷。上述史實，是固始自古多士族的一個佐證。

佐證之二，這裡的衣冠士族，常攜親聚族而居，漸成宅圍村落，有的形成街市，遂以其姓氏名其村莊、集市。如：王堂、陳集、趙營、張圍、方集、汪棚、李店、劉老家、孫灘、吳樓、馬埠、郭崗、姚圩、張家街、蔡寨、戴店、黃郢、任營、彭畈、汪旱莊、錢堆子、楊嶺、汪廟、陳族、胡族、王族、林族、劉上家、安家埠、郭陸灘、洪家埠、時老營、馬崗集、余臺子、余集崗、張老埠、孫老寨、李北圩……現存《固始縣誌》最早刊本（明嘉靖二十一年，即1542年刊本），對固始轄區以姓氏名之的村莊、集市多有記載。

佐證之三，縣域內以姓氏名之的渠塘堰壩等水利工程和道路、橋梁、學堂等數不勝數。如：李家壩、萬家溝、蔣大塘、鐘閘、潘堰、湯家壩、董大橋、鄭渡口、陸橋、薛橋、張蓮塘、盛家湖、馬家河、毛學、曾家學館，等等。

以姓氏名之的村莊、集市和水利、路橋等工程建築，非勢微力薄的單門小戶所能為之，只有耕讀世家、衣冠士族、人丁大戶才能做到。而對村莊、集市、水利工程等冠以家庭姓氏符號的歷史，可追溯到秦漢隋唐，至宋元明清更成為普遍現象。

由此可見，耕讀大戶，衣冠士族，在歷史悠久的固始古已有之，而且數量可觀。伴隨著歷史進程，數量一路趨增。

毋庸諱言，一千多年前，固始籍民在朝代更替、兵荒馬亂、災害連年的歷史條件下，南徙入閩是要歷經意想不到的坎坷、艱辛與磨難的。閩粵之域遠在兩三千里之外，那裡甚至還處在比中原落後得多的蠻荒時代。徙居異地，需要跋山涉水，開闢蠻荒，其艱難險阻可以想像。作為勢弱力微的小家小戶是無法前往的。只有具備一定人力物力的衣冠士族，聚族而遷，聚眾而往，才能克服途中艱辛和闢荒困難，在閩地建起新的家園。這便是衣冠士族能夠南徙的主觀條件。

3.可舟可騎，可水陸並進的交通區位——使固始成為中原移民的「橋頭堡」和大通道。

固始位於江淮之間，南有長江航運，北有淮河碼頭。千里淮河，由西向東，

流經固始北部縣境長達59公里，爾後流經安徽，進入江蘇，注入洪澤湖。據1999年版《辭海》淮河條註：「洪澤湖以下，主流出三河經高郵湖由江都市三江營入長江」，「幹流自河南省固始縣三河尖以下可通航」。「三河尖」歷來為固始沿淮重鎮，古老的淮河碼頭，生意通宵達旦，船隻往來如梭。縱貫縣境南北的史河、灌河、泉河、白露河、石槽河5大淮河支流，也是風帆上下，北可直達淮河碼頭，南可直抵百里之遙的黎集、張老埠、郭陸灘、方集等縣域沿河名鎮。歷史上，固始地產品大都透過淮河航運銷往蚌埠、揚州等江南各地；南方的商品也多透過水路進入固始。所以那時固始沿淮沿河集鎮碼頭，船桅如林，商賈如云，十分繁華。

　　再談陸路。固始在唐代曾屬淮南道光州西路，治所在揚州。早在漢武帝時，曾將秦置之九江郡徙治於舒（今安徽廬江西南），轄固始縣地。至隋大業及唐天寶、至德時，改廬州為廬江郡。從方位講，其治所都在固始東南，即長江以南。這也是固始籍民南徙的必經之路、必過之境。固始，作為古豫州東南重鎮和揚州治所的西北門戶，境內設有驛站（縣城內以驛站名之的「站馬巷」至今婦孺皆知，史志亦有記載）。出縣境往江南方向，闢有「官道」，可直達建康、揚州等通都大邑。陳元光《故國山川寫景》中的「飛鞭馳坦道，聚道豔陽光」詩句，便是對當年固始至閩南這條漫長路途藝術誇張的寫照。事實上，按當時的交通條件，一路「坦道」是不可能的，但說明有路可通、有道可行，倒是毋庸置疑的。

　　水路，可乘舟順流直下，過洪澤湖、高郵湖，入長江水系，或行經太湖、鄱陽湖，或沿贛江、汀江，輾轉登陸蘇浙閩贛徙居地；陸路，可騎可車可轎可步，與水路殊途同歸，亦可直達閩粵之地。在如此便捷的交通條件下，居於豫東南邊陲「橋頭堡」和南徙大通道的固始籍民，大都是透過水路或陸路，或水陸並進，遷徙閩地的。在福建省泉州市一條古老的文化街建築物上，鑲著一方古老的石碑，上面鐫刻著1100多年前，王審知兄弟率眾由固始入閩的行軍路線圖。筆者曾親睹此碑，字跡、路線至今清晰可辨。這是對固始籍民南徙路線的一個印證。

三、先徙者閩臺「搭橋」，後來者投親靠友

——因循移民的「千千橋」在漫長的歷史長河中，固始籍移民及其後裔遍布閩臺。前徙者「牽線搭橋」，後來者投親靠友，因循南徙，其族其戶其人舉不勝舉。如：《十國春秋・閩國列傳》審邽篇載：「中原亂，公卿多來依閩，審邽遣子延彬作招賢院禮之，賑賦以財。如唐右省常侍李洵，翰林承旨制誥、兵部侍郎韓偓，中書舍人王滌，右補闕崔道融，大司農王標，吏部郎中夏侯淑，司勳員外郎王拯，刑部員外郎楊承休，宏文館直學士楊贊圖、王倜，集賢殿校理歸傳懿，及鄭　等。皆賴以免禍」。

四、「願往南遷一千，不往北挪一磚」

　　——閩臺地區為徙居者的理想目標千百年來，在固始民間一直流傳著「願往南遷一千，不往北挪一磚」的民謠。這種遷徙觀念，可說是根深蒂固，民謠所涵透的「常理」，可謂家喻戶曉。這是因為：其一，北方戰亂頻仍，南方相對安寧。其二，固始地處中原，人們趨暖怕寒。閩南與固始在地理坐標上同屬亞熱帶，漳州、泉州在亞熱帶南部，靠近北迴歸線，固始在亞熱帶北部，為亞熱帶向暖溫帶過渡地帶，移民有一定適應性。其三，固始的地貌、土壤等自然條件、農業耕作和閩南也頗為相似。因此，閩臺地區成為固始移民的理想目標。

　　（本文作者陳學文為固始縣原政協副主席、固始縣根親文化研究會會長）

唐末固始人移民福建的路線選擇

李志堅

　　河南、福建同為中國的重要組成部分，一個立於中原，一個居於東南，地理上的距離比較遙遠，但是兩地的人民卻有著比其他省更多的聯繫，特別是血緣上的不可分割，歷史上由河南到福建的移民路線連接了兩地的血緣、歷史和文化。

絲綢之路連接了中西文化，那麼我們也可以說，唐末固始人移民福建的道路連接了中原文化與八閩文化。

　　發生在唐朝末期的固始移民是河南歷史上，也是福建歷史上不可忘卻的事件，固始移民所走過的道路更是我們今天應該永遠值得紀念的。

　　唐王朝曾經是當時世界上最富足、最強大的國家，安史之亂成了它的轉折點，此後，藩鎮割據成為它的痼疾，唐王朝的元氣再也未能恢復。到了唐朝後期，情況越發更為嚴重：政治更加腐敗，天災不斷，百姓生活在水深火熱之中。哪裡有壓迫哪裡就有反抗，唐王朝對百姓的殘酷壓迫，終於換來了百姓對自己的反擊：黃巢起義。

　　公元878年冬末，濮州人王仙芝在長垣揭竿起義。隨後冤句人黃巢率領數千人響應王仙芝，就這樣黃巢大起義正式爆發了。

　　以流動作戰為主要特點的黃巢起義轉戰各地，吸引了更多的農民參加起義隊伍，全國許多地方都紛紛響應黃巢起義軍。固始所在的淮南地區也不例外，也很快爆發了反抗唐王朝的運動，人們驅逐了刺史李弱翁，號稱固始「三龍」的王潮、王審邽、王審知兄弟積極投身其中，和壽州人王緒組成起義軍的領導集體，此時有大批的固始人參加起義軍。

　　這支主要由固始人組成的起義隊伍剛剛成立，就不得不轉移南方。首先是北方軍閥，特別是秦宗權的威脅。固始所在的淮南道，地當要沖，歷來為兵家必爭之地，極易受到四方敵人的攻擊。對起義軍而言，最直接的敵人就是割據許、蔡的秦宗權。這是一個非常殘暴的割據者，憑藉著自己較為強大的軍事力量，四處燒殺掠奪，「焚屋廬，城府窮為荊萊，自關中薄青、齊，南繚荊、郢，北亙衛、滑，皆麋駭雉伏，至千里無舍煙。」（《新唐書》卷二四八《黃巢傳》）使得河南及周邊地區差不多都處於秦宗權的影響之下。除了秦宗權，北方還有李昌符、王重榮、諸葛爽、孟方、李克用、朱全忠等擁有強大兵力的軍閥。北方根本沒有力量弱小的固始起義軍的立足之地。但同時期的南方比較有利於起義軍的發展。相對而言，南方雖然也存在一定的割據勢力，但他們的力量比同時期的北方割據者要小許多。而且，南方的割據版圖正處於形成之中，還沒有出現穩定的割據形

勢，各割據者的勢力範圍還在頻繁變化之中，在南方立足比較容易。此外，南方比同時期的北方要富足些，物資供應能有更大的保障。江南自唐朝中後期經濟水平就開始超越北方，並成為唐王朝賴以生存的經濟命脈。因此，南下是當時的正確選擇，後來的事實也充分證明了這一點。除了這些客觀原因外，還有一定的歷史原因，即唐初的固始人陳政、陳元光曾率大批固始人遷至福建漳州。

為了求得生存，王緒和王氏兄弟決定南下發展。於是起義隊伍離開家鄉，向南方轉移。由此拉開了唐朝末期固始人移民福建的序幕。

王審知兄弟在離開時，帶著他們的母親董氏同行，其他也有不少人也是和自己的親屬一起行軍的，由於隨行的家屬較多，為了節約糧食，起義軍的首領王緒下令：「約軍中無得以老幼自隨，犯者斬。」（《嘉靖固始縣誌》卷七《人物誌》），由於眾多家屬的隨行，因此與其說這是一次軍事轉移，還不如說是南下的移民隊伍。

在這個隊伍中，幾乎包括了全部的固始姓氏。後來的學者對此多有研究。嘉靖《固始縣誌·隱逸》記載有十八姓；清末的固始進士何品黎考證為5000人；吳松弟在《中國移民史》第三卷《隋唐五代時期》中羅列了127人，包括黃、潘、孫、鄭、周、朱、李、王、陳、郭、魏、林、劉、姜、裴、蔡、夏侯、葉、曾、和、傅、韓、楊、許、方、丁、徐、孔、詹、翁、熊、江、呂、崔、柳、鄧、吳、鄒、蘇、連等40個姓氏，其中，光州固始籍的60人，25姓。《臺灣省通志·人民·氏族篇》記載為27姓；固始縣史志研究室編印的《歷史姓氏》（一）綜合今人許彩努等的研究成果，認為有王、陳、林、劉、郭、謝、吳、張、黃、周、許、楊、蘇、鄒、詹、薛、姚、朱、李、鄭、程、嚴、董、呂、孟、連、虞、庚、戴、蔡、莊、鄧、柯、沈、蕭、卓、何、孫、繆、趙、高、施、曾、盧、廖、馬、傅、韓、釋、余、駱、蔣、包、阮、袁、賴等50多個姓氏。雖然這些數字不盡一致，但都說明了一個事實：這些南下的人們是光州固始所有百姓的完全代表。以後這些姓氏幾乎都在福建扎下了根，繁衍生息。這一點在今天的族譜上有清晰的反映：

臺北《張氏家譜》載：「世居光州固始，唐末有張延齊等兄弟三人隨王潮入

閩。居泉州之惠安、安溪等地。」

　　福建《吳氏宗族寶鑒序》載：吳祭公字孝先，是泰伯62世孫。唐末，與從兄弟6人隨王審知入閩，分居福州、泉州間。

　　長樂塔峰《陳氏族譜》載：「道源公自光州固始浮光從王潮入閩，居於榕城石井巷。」

　　閩清《許氏族譜》載：「許十一，光州固始人……唐末攜子許十二與妻弟陳勇隨王氏入閩。」

　　俗話說，在家容易出門難。這些遠離家鄉的人們在遷徙的路上充滿了種種的困難。他們一路上不斷和遇到的敵人進行殊死的搏鬥，還要抵禦不同自然災害的侵襲，更要克服物資供應不足的困擾。頑強的固始人民克服種種不利條件，堅持南下。

　　他們離開家鄉固始向南進發，過壽州、廬州，抵達潯陽（今江西九江）。潯陽是江西的門戶，自晉代就是「七省通衢，來商納賈」的重要城市，起義軍越過潯陽，繼續南行。溯贛江而上，過洪州（今江西南昌）、吉州（今江西吉安），最後到達虔州（今江西贛州）。由虔州東進，折入章水河谷，進入福建汀州（今福建長汀）。由汀州向漳州（福建漳浦）、泉州發展。

　　在南下的進程中，起義軍的領導層發生了一些變動：最高領導人由王緒變為王潮和王審知。這主要是因為王緒是個氣度較小的人，唯恐有人篡奪自己的位置，聽信術士的讒言，認為那些有才能的部下，會奪取自己的位子，於是以莫須有的罪名把他們一一剷除。狡兔未死，走狗已烹。王緒的這種倒行逆施，激起了廣大起義將士的強烈不滿。當隊伍行進至福建南安時，王緒終於被部將所殺，王潮被推為起義軍的最高領導，王審知為輔。

　　王氏兄弟掌握了最高領導權後，對部隊進行了整頓，使部隊不僅提高了戰鬥力，也贏得了民心。由於廣大將士對故土的留戀，王氏兄弟成為首領後，打算改變繼續南下的原定計劃，準備率領起義軍轉回家鄉。

　　光啟元年（885年）八月，王氏兄弟率領著歸心似箭的固始子弟兵行至泉州

沙縣時，被泉州百姓所阻攔。以張延魯為代表的泉州百姓帶著酒肉，懇請部隊留下，幫助他們驅逐當地惡霸廖彥若。廖彥若是當時泉州的刺史，是一個非常暴虐的統治者，橫徵暴斂，殘忍無道。

泉州是當時福建的重鎮，具有重要的經濟意義和軍事意義。廖彥若欲憑藉泉州堅固的城牆困獸猶鬥，起義軍在王氏兄弟的領導下，加上泉州百姓的全力支持，經過一年的艱苦作戰，終於攻下了泉州，處死了廖彥若。

王氏兄弟攻下泉州後，福建觀察使陳岩表奏朝廷任命王潮為泉州刺史。這樣，王氏兄弟率領的固始子弟兵駐留於泉州，起義軍擁有了自己的根據地。在泉州，王氏兄弟收編原來的泉州守軍，隊伍進一步擴大；又革除原來的種種弊政，減免租稅，發展經濟。在很短的時間內，泉州的面貌就煥然一新。自此，王潮、王審邽、王審知兄弟在福建擁有了很高的聲望。

作為福建最高的統治者，福建觀察使陳岩看到王氏兄弟的才能、力量，有意使之繼承自己的職位，為福建謀得安定。景福二年（893年）陳岩臨死前寫信讓王潮代領福建，但是，信未發出，陳岩就死了，他的妻弟范暉強行改變陳岩意願，搶先占據了陳岩原來的位置。范暉雖然占得了先機，但是陳岩原來的部下並不服氣范暉，而是希望王潮做福建觀察使。

王潮得知福州發生的一切，為了進一步擴大自己的力量，穩固自己在福建的地位，決定攻取福州。於是派弟弟王審知率軍攻打福州。福州是福建第一大城，城牆高大，比攻打泉州要困難許多。王審知圍攻福州多日，並沒有顯著效果，反而自己的傷亡較重。王潮決心拿下福州，在後方給其堅定的人力、物力和財力支持。戰鬥持續了一年的時間，最後，城內糧草耗盡，部將殺死范暉，開門投降，福州終於被拿了下來。王潮進駐福州，以隆重儀式埋葬陳岩，並把自己的女兒嫁給陳岩的兒子。對陳岩後事的妥善安排，有效地穩定了福州的局勢，也贏得了福州的民心。這是起義軍非常重大的勝利，奠定了王氏兄弟在福建的地位。接著，建州、汀州也相繼歸降。這樣王氏兄弟就擁有了當時福建觀察使所管轄的福州、建州、漳州、泉州、汀州等五州，福建完全為其所掌握。面對這種情況，唐昭宗順勢封王潮為福建觀察使，正式承認了王潮對福建的控制。王潮任命王審知為副

職。這樣，王氏兄弟帶領的固始起義軍就在福建扎下了根。

王氏兄弟掌握了福建的軍政大權後，就開始為福建的穩定、發展而努力。王潮派出大批官員巡視各地，檢查農業生產；根據各地的實際情況，確定賦稅的額度；與周圍的格局政權保持和平關係。透過內外兩方面的努力，福建的局面很快就有了一定的改觀。乾寧四年（897年）十二月，王潮去世，儘管他有四個兒子，但他還是留下遺願：讓三弟審知繼承自己的位置。王審知讓二哥王審邦接替大哥的位置，審邦以自己功小，審知功大，堅辭不就，最後，王審知繼王潮成為福建最高領導者。唐王朝加封王審知為瑯琊王。後梁開平三年（909年）梁太祖朱溫派翁承贊冊封其為「閩王」。

王審知統治福建約三十年，為福建的發展作出了巨大貢獻。他以身作則，自豐儉約，任人唯賢，發展經濟；稱臣中原政權，交好周邊國家，為福建的發展營造了一個良好的發展環境。宋太祖趙匡胤十分敬仰王審知的德政，於開寶七年（974年）下詔重修王審知祠，並為其親題「八閩人祖」的廟額。

經過王潮、王審邦、王審知兄弟的努力，以及隨行遷移的固始人的辛勤耕作，福建由一個蠻荒之地，成為與中原相差無幾的地區。南下的固始移民為福建歷史上的第一次大發展作出了重大貢獻。

（本文作者李志堅為信陽師範學院歷史文化學院講師）

唐代固始移民簡論

袁延勝

唐代，從光州固始遷居閩地的移民浪潮主要有三次：第一次是唐代中葉光州固始人陳政、陳元光父子率軍入閩；第二次是唐朝後期黃巢起義後，包括固始人在內的中原人因避亂而大批流移到閩地；第三次是唐朝末年固始人王潮、王審邦、王審知（「三王」）兄弟率軍入閩。

這三次移民，對閩地的經濟、文化的發展產生了深遠影響。有學者指出，隨陳氏父子入閩的將士及家屬共8000多人[112]這些入閩的將士中，有姓氏可考的有：陳、許、盧、戴、李等60餘個，隨軍家眷姓氏可考者有卜、尤、尹、韋等40餘個，除去重複者，還有18個姓氏，二者合計近90個姓氏，可以說是一支龐大的移民隊伍[113]因黃巢起義而避亂入閩的人數和姓氏數量，目前還有待研究。跟隨「三王」入閩的一般説法是5000將校。這些人中有多少姓氏，説法不一。有18姓説者、有25姓説者、有27姓説者、有34姓説者，許夥努、楊清江先生則考證出有王、陳、林、劉、郭、謝、吳、張等50姓[114]

這三次入閩的移民，大部分來自中原，但祖籍未必都是光州固始。本文根據史書和家譜記載，僅就明確記載唐代祖籍為固始而入閩的史料做一梳理，以期大家對唐代固始移民的具體事例有所瞭解和認識。

在唐代固始第一次移民浪潮中，陳政、陳元光父子，陳政之兄陳敏、陳敷，陳元光的女婿戴君冑以及戴仁等，都是光州固始人。

此外，陳元光的副將許天正也是固始人，被奉為許氏的入閩始祖，也是開發閩地的有功之人。萬曆《漳州府志》對許天正讚許有加：

許天正，河南光州固始人，陳元光首將也，從元光入閩。元光有所申請，必討論而後行。博學能文，領泉、潮事，以儒術飾吏治。以忠勇練士卒，平惠、潮、虔、撫之寇，置堡三十六所。泉、潮蒙其教誨捍衛之功，改左衽椎髻之習，三年之內，嶺海寧戢。升中奉大夫兼嶺南行軍團練副使，又平寇於潮陽。陳元光題詩，末云：「參軍許天正，是用紀邦勛。」時裴採訪與張燕公薦於朝，欲掄掌史館，天正力辭。歷仕泉、潮團練副將、宣威將軍兼翊府記事。至宋，追論元功，封昭應侯。今子孫散處南靖馬坪及海澄等處。

從記載看，許天正對開發漳州作出了重要貢獻。

黃巢起義後，引發了固始的第二次移民浪潮，不少固始人因躲避戰亂而遷入了閩地。福建惠安東園上侖《謝氏族譜》載：「肇基祖十八公，於唐僖宗乾符六年值黃巢亂，從朱皋鎮（今河南固始縣北）避亂入閩。兄弟四人，一居福州閩

縣，一居晉江，一居惠安，一居永春坂頭。」115

「《安平高氏族譜》引高惠連《尚書公自敘遷閩事始》（撰於北宋慶曆二年，即公元1042年）說，高鋼原籍河南固始，唐僖宗中和元年（881年），為躲避黃巢起義戰亂，攜家族南遷福唐（今屬福州）懷安縣。子孫散居於泉州、晉江、安溪等地。」116

福建莆田《郭氏族譜》載：「吾宗譜著自旌表孝子廷煒公，蓋從光州三遷而始入莆也。唐咸通間嵩公避難，從王想攝令長樂，家芝山，地名郭坑，是為閩始祖。」117

福建泉州賢坂《張氏族譜》載，其始祖：「張天覺，河南光州人，唐僖宗乾符五年（878年）以參謀削平王仙芝之亂，授南劍州刺史。及朱溫篡唐，便棄官避亂入閩。兄弟五人，長兄居駟行鋪，次兄遷興化，三兄遷岱登，四兄處漳州，天覺擇居泉南燈檠山賢坂裡。其後昌盛，遍及閩地。」118

唐朝末年，王潮、王審邽、王審知兄弟率軍入閩，引發了固始人的第三次移民浪潮。首先，開閩「三王」都是固始人。《新唐史》卷一九《王潮列傳》載：「王潮，字信臣，光州固始人。五代祖曄為固始令，民愛其仁，留之，因家焉。世以貲顯。」「潮與弟審邽、審知奉母以行。」《舊五代史》卷一三四《僭偽列傳》載：「王審知，字信通，光州固始人。父恁，世為農民。」《新五代史》卷六八《閩世家》亦載：「王審知，字信通，光州固始人也。父恁，世為農。兄潮，為縣史。」

「三王」據有閩地後，輕徭薄賦，發展農業生產，很快成為動盪的唐王朝中的一片樂土，吸引了大批的中原人奔赴閩地。《新唐書》卷一九《王潮傳》載：「審邽，字次都。為泉州刺史，檢校司徒。喜儒術，通《書》、《春秋》。善吏治，流民還者假牛犁，興完廬舍。中原亂，公卿多來依之，振賑以財，如楊承休、鄭璘、韓偓、歸傳懿、楊贊圖、鄭　等賴以免禍，審邽遣子延彬作招賢院以禮之。」《新五代史》卷六八《閩世家》載王審知：「為人儉約，好禮下士。王淡，唐相溥之子；楊沂，唐相涉從弟；徐寅，唐時知名進士，皆依審知仕宦。又建學四門，以教閩士之秀者。」《新唐書》卷一八三《韓偓傳》載：唐昭宗天祐

二年（905年），韓偓被「復召為學士，還故官。偓不敢入朝，挈其族南依王審知而卒。」

在現有史料中，有不少固始人跟隨王潮、王審邦、王審知兄弟入閩的記載：

宋人楊時《龜山集》卷三七《樞密鄭公墓誌銘》載建州（今福建建甌）人鄭戩：「其先光州固始人，唐僖宗時避亂，從王潮入閩，居建城南鄉之龍池，故今為建州人。」

《宋史》卷三四《王彬傳》載：「王彬，光州固始人。祖彥英，父仁　，從其族人潮入閩。潮有閩土，彥英頗用事，潮惡其逼，陰欲圖之。彥英覺之，挈家浮海奔新羅。新羅長愛其材，用之，父子相繼執國政。」

福建《崇安縣新志‧氏族志》載：「唐僖宗時有丘禎、丘祥、丘福兄弟三人，由固始隨王潮入閩，居崇安之黎陽。」

清代吳任臣《十國春秋》卷九五《張睦傳》載：「張睦，光州固始人，唐末從太祖（即王審知）入閩，太祖封琅邪王，授睦三品官，領榷貨物。睦搶攘之際，雍容下士，招來蠻夷商賈，斂不加暴而國用日以富饒……卒葬福州赤塘山後。」

鄒姓隨王審知入閩的有鄒罄、鄒勇夫。清代吳任臣《十國春秋》卷九五《鄒罄傳》載：鄒罄，「光州固始人，以宣校校尉從太祖入閩，平汀寇有功。」同書《鄒勇夫傳》載：鄒勇夫也是光州固始人，「以單騎從太祖（王審知）兄弟入閩，始終無二心。」

福建閩侯大箬池塘《謝氏族譜》載：「始祖紹公字嗣宗，於唐僖宗乾符二年（875年）擢河南道御史中丞。男孜，昭宗景福二年（893年）擢進士第，除中書舍人。孜男諱浩亦為兵馬使，世居光州固始。後隨王審知入閩。因朱文弒王延羲，閩政日亂，浩子十九公諱雍字太和，與兄弟永和、義和棄官屯於古田縣石床。」

福建寧德漳灣王坑《重修黃崗洛上謝氏宗譜》載：「先祖由光州固始始隨王審知入閩。居右田杉洋，至十七世高公為始遷寧德五都黃崗洛上祖。」

福建安溪厚安《清溪謝氏宗譜》載：「祖自光州固始，後梁開平間從王審知入閩，始遷泉州之安溪永安裡東皋。」[119]

福建福州《黃氏族譜》載：「唐末乾寧四年（897年）丁巳，始祖敦公行五與父霸公偕弟膺公自固始從忠懿王審知入閩，初居清流梓潭村……後居（閩清）梅溪場蓋平裡鳳棲山，娶妣江南陳氏，生六男。」[120]

泉州《劉氏大宗世譜》附錄的《宋太學生致政劉公妣太孺人合葬壙志》載：「府君諱文聚，字公叔，別號致政。鼻祖顯齋公發源於河南光州固始。唐季乾寧間朱溫革命，表授武威軍節度使，王公審知為閩王，復表公為南海王。公拒絕受偽命，乃改表宗人清海節度使劉隱為之。公隨同王公遊宦至閩。」[121]

同安《李氏族譜》載康熙六十年（1721年）裔孫李摯中寫的《重修族譜序》言：「惟吾（同安）地山一脈，相傳始自光州固始縣居民，當唐末梁初之時，隨閩王王審知入閩，兄弟叔侄散處閩地，分居五山。」[122]

安溪、仙遊一帶的蘇、周兩姓均隨王審知入閩。黃師樵《周氏世系及周百萬傳記》載：周姓「原姓蘇，其先祖益公，家居固始縣……因唐衰世亂，隨王審知入閩，閩省有蘇姓者，蓋自其先祖蓋公始也。益公建家泉州府同安縣胡蘆山下，傳至結公、九郎公，凡五世，俱中進士，為大宋顯宦……再遷居於泉州府安溪卓源鄉新康裡溪東宅竹園腳，改蘇姓為周姓。」[123]

臺灣《吳氏族譜·祭公家傳》載：「其祖有吳祭公者，固始縣清雲鄉鐵井兜人也，唐僖宗中和四年（884年），兄弟一行二十餘人，隨王審知據八閩之地，住福建侯官縣。」

臺北《張氏家譜》載：「世居光州固始，唐末有張延齊等兄弟三人隨王潮入閩，居泉州之惠安、安溪等地。」

閩清《許氏族譜》載：「許十一，光州固始人……唐末攜子許十二與妻弟陳勇隨王氏入閩。」

此外，許夥努、楊清江《隨「三王」入閩諸姓考》[124]還載有隨王潮、王審知兄弟入閩的固始人：郭顯忠、楊安、呂占、詹纘等。

另,《王安石全集》卷九二《王深父墓誌銘》載:「深父諱回,本河南王氏。其後自光州之固始遷福州之侯官,為侯官人者三世。」可能入閩的時間在五代時期。

　　從以上列舉的唐代固始三次移民的事例看,唐代從固始遷移到閩地的移民,不僅規模巨大,而且影響深遠。程有為先生指出:由於光州固始人陳元光、王審知先後成為「漳州」和閩地的統治者,帶領遷入的中原漢人和當地土著居民進行大規模的經濟開發,推行中原的先進文化,極大地促進了閩地社會經濟和文化的發展。因此,在中原漢人的南遷,特別是在中原漢人的南遷閩地中,「光州固始」移民無疑具有十分重要的地位。在臺灣省,陳、黃、丘、宋、林等18部大姓族譜上都記載著其「先祖為光州固始人」。據1953年臺灣戶籍統計,當時戶數在500戶以上的100個大姓中,有63個姓氏的族譜上記載有其先祖來自「光州固始」。這63個姓氏的戶數占臺灣總戶數的80.9%,表明每5戶臺灣居民中就有4戶祖地在固始。[125]

　　本文所列事例再次說明,唐代光州固始移民,涉及的姓氏多、人數眾,對閩臺地區影響深遠。固始不愧為「唐人故里」、「閩臺祖地」。

(本文作者袁延勝為鄭州大學歷史學院副教授、歷史學博士)

從陳元光「開漳」看唐代移民特點

孫煒

　　唐高宗總章二年(669年),漳州境內爆發所謂「蠻獠嘯亂」,唐朝廷先後派陳政、陳元光父子率將士府兵入漳平叛,這些將士平叛成功後即定居在漳州一帶,對漳州的開發和發展做出了重要貢獻,陳元光被尊稱為「開漳聖王」。此次移民作為唐代前期一次重要的軍事移民活動,是唐代多次移民的一個例證,具有開放性、家族性以及移民工程系統性等特點,這些特點的形成受唐代政治、經濟、文化等各方面因素的影響。本文將此次移民放入唐代社會大環境中進行考察

分析。借此,不僅可以更深刻地理解此次移民,同時,也有助於理解唐代移民社會。

一、陳氏父子領兵移民與唐代移民的開放性

唐代是個開放性的社會,這一特點同樣也表現在移民上,唐代移民具有時間長、範圍廣、頻率高等特點。根據對六卷本《中國移民史》附錄《大事年表》[126]中有關唐代移民記錄的統計顯示,唐代有移民活動的年份有164年之多。就唐代289年的國祚來說,幾乎不到2年就至少有一次文獻記載的移民活動。可想而知,沒有文獻記載的,比較零星的移民活動應該更多。

陳政、陳元光率兵入漳的直接目的是平叛「蠻獠嘯亂」,平叛成功後,按照唐代的府兵制度,本應將歸於朝,兵散於府。但是,為了更有效地開發和統治閩南地區,鞏固唐代在此地的統治,陳元光上書朝廷,請求在泉、潮之間新置一州。垂拱二年(686年),朝廷準元光之請,在泉、潮之間置漳州,令陳元光任漳州刺史。陳元光及其所率之兵正式移民漳州。所以,陳氏父子移民漳州實具偶然性,是為了保障軍事勝利果實的後續工作。

不過,若將此次移民和唐代的人口環境、移民政策,以及漳州的社會狀況等社會背景聯繫起來進行分析,就可以看出陳氏父子領兵移民漳州,在偶然性的表象下隱含著必然性。

在中國古代社會,統治階級出於安定社會、鞏固統治等目的,並不允許人們經常流動,常常用安土重遷的觀念引導人們安居。但是,出於某些政治利益的考慮,也會有意識地使用「移民」這一工具。唐代就是如此。唐代移民種類非常多,既包括邊疆少數民族的內遷,也包括內地人口向邊疆的遷移。既有政治移民,也有經濟移民,還有軍事移民。唐代移民的出發點雖然各不相同,但是在安置移民時,唐朝廷多從土地資源的配置角度考慮問題,比較強調或鼓勵在寬鄉安置,即用移民解決人口分布不平衡的社會現實。

唐統治者的這一移民思路在唐朝建立初期就已現端倪,貞觀元年有大臣提議「戶殷之處,聽徙寬鄉」,雖然此議遭到反對,認為若此議透過,則畿內丁壯之民,很可能移轉出關外,會造成虛近實遠之憂。因此,這個提議最終作罷。[127]唐代初期,由於長期戰爭的影響,整個社會戶口普遍減損嚴重,但就在這種情況下,朝廷中就已經有了用移民平抑人口不均的提議,其比較開放的移民思路由此可見一斑。

此後,隨著唐代社會經濟的發展,人口越來越多,唐人從狹鄉移民寬鄉也越來越多。如天授二年(691年),徙關內雍、同、秦等七州戶數十萬,以實洛陽。開元七年(719年)唐朝廷頒布法令:「樂住之制:居狹鄉者,聽其從寬,居遠者,聽其從近,居輕役之地者,聽其從重。」(晉)劉昫:《舊唐書》,中華書局,1975年版,第1174頁。

唐代的這一移民令極具辯證意味。狹鄉地少人多,但往往處於經濟發達之處,因此賦役必重;寬鄉恰恰與之相反,地多人少,卻往往處於邊遠之地,經濟不如狹鄉發達,生活條件也沒有狹鄉好,但賦役相對也輕。唐朝廷允許人們從狹鄉移往寬鄉,既有利於開發當地,也有利於減輕個人徭役,但是移民者要遷入比較落後的邊遠之地;允許人們從遠徙近,則既滿足了個人樂住繁榮之鄉的天性,也有利於提高國家的賦稅收入,還避免了虛近實遠之憂;允許人們從輕役之地遷往重役之地,其作用基本等同於從遠徙近的人口遷移。所以說,唐朝廷的這一移民令是在綜合分析社會現實的基礎之上提出的,既有利於國家的經濟開發和社會發展,同時也考慮了不同階層的不同需求。相比於單純的「禁遷」或不負責任的「任遷」,這一移民令的現實性和深遠性不言而喻。

不僅如此,唐代還從全局出發,頒布一些優惠的政策,為移民方向提供一定的導向,主要是鼓勵人們遷往邊地,如唐令規定:「人居狹鄉,樂遷就寬鄉,去本居千里外復三年,五百里外復二年,三百里外復一年」[128]即根據外遷的遠近免除不同時長的徭役。開元年間,唐朝廷又頒令:「諸州客戶有情願屬緣邊州府者,至彼給良沃田安置。」[129]這一政令是針對那些暫時居住在邊遠州府之人,若改暫居為永居,則應給予良田安置。針對屯邊的士兵,其服役將滿時,「有願

留者，即以所開田為永業。家人願來者，本貫給長牒續食而遣之」。而對內遷的少數民族，唐令規定：「化外人歸朝者，所在州鎮給衣食，具狀送省奏聞。化外人於寬鄉附貫安置」，並「給復十年」[130]即十年內不用承擔徭役。總而言之，唐朝廷採取各種辦法鼓勵人們遷往邊地。

安史之亂之後，唐代國力大衰，朝廷對國家的控制力也隨之減弱，但是開放的移民態度基本沒變。寶歷元年（826年）再次敕令：「黔首如有願與所在編附籍帳者，宜令州縣優恤，給與閒地，二週年不得差遣。」[131]由於唐朝廷一直奉行相對比較開放的移民政策，且對移民方向進行一定的引導，所以唐代的移民活動非常多。唐代移民對唐代社會的人口布局、經濟開發，乃至文化融合交流等都發揮了很大影響。[132]

將陳政、陳元光率軍移民「入漳」放在唐代社會移民狀況的大背景下進行分析，顯然可以看出，偶然性只是表面現象，他們從光州遷到漳州，正是從人口密集的地方遷到人口稀疏的地方。陳氏父子領兵徙居漳州，既有軍事移民的本義，也有從窄鄉移往寬鄉的現實考慮。當然，還有開發漳州、欲在蠻荒之地建功立業的豪情壯志。陳元光的《龍湖集》最能表達他的情志，其中雖然多次提到「開漳」過程中的艱辛和痛苦，但是絲毫沒有抱怨的情緒，充斥其中的是立志代天巡狩，欲在此地宣威教化、建功立業的豪情壯志。

綜上所述，陳政、陳元光父子受命遠征福建漳州，並定居下來，看似偶然，其實是唐代開放移民政策的必然結果。

二、陳氏家族遷移與唐代移民的家族性

為了平定叛亂，陳元光家族可謂傾全族人之力，先後出征的有三輩人：陳元光之祖母魏敬，陳元光諸父陳政、陳敏、陳敷，陳元光的堂兄弟等。在這些人中，陳敷、陳敏及其子「出師未捷身先死」，在增援途中先後病死；陳政殫精竭慮，歷經艱辛，終致積勞成疾，也病故於軍中；其餘陳姓族人不顧失去親人的痛

苦,在陳元光的帶領下繼續領兵作戰,終於平定了叛亂,建立了漳州。陳元光之後,子陳　、孫陳酆、重孫陳謨接任漳州刺史,繼承祖輩功業,繼續開發漳州,造福當地百姓。可見,在開發漳州的過程中,陳元光家族以國家利益為重,幾乎是全族移入漳州。並且,先後有幾代人付出辛勤努力,對漳州進行了百餘年的治理和經略,使中原文化得以傳播到東南邊荒地區。

限於史料,其他將士的移民情況雖然不如陳氏家族那麼清晰,但是,根據民國《雲霄縣誌》、《臺灣省通志‧氏族》等記載,跟隨平叛唐軍入漳的,還有很多隨軍家眷。這些家眷中,可考姓氏者就有40餘個,可見人數必然不少。這些隨軍家眷和府兵將士一起,在漳州一帶繁衍生息,共同開發當地。

由上可以看出,在陳氏父子帶領下入漳的,除了將士這些軍事力量之外,還有大量的非軍事人員,這就使此次移民帶有一定的家族性特點。其實,對漳州當地人來說,唐軍這個群體也就相當於一個「大家族」。以家族為單位進行的移民在唐代非常多,如少數民族內遷就是以部落為單位。部落和家族雖然有很多不同,但在強調群體性、內部關係密切性等方面,部落和家族實有異曲同工之處。而唐朝廷在進行移民安置時,也往往考慮將移民按部落集體安置,甚至頒布飭令,形成定規。貞觀四年(653年),唐太宗採納中書令溫彥博的建議,對內遷民族「全其部落,順其土俗,以實空虛之地,使為中國扞蔽」,並「即其部落列置州縣。其大者為都督府,以其首領為都督、刺史,皆得世襲」。[133]

實際上,早在這一政令頒布之前,唐就已經聚部落安置少數民族移民,如貞觀二年(651年),約有1萬餘名契丹和奚人內遷營州,就屬於按部落集體安置。政令的頒布使這一移民安置方式合法化了,同時也常態化了。此後,唐代安置移民多用此法。在行政區劃及管理上,唐代對這些內遷民族皆有別於內地中原,稱之為羈縻府州。因此,隨著內遷少數民族的增多,唐行政區劃中也出現了很多羈縻府州。據學者研究,唐代的羈縻府州有八九百個之多。[7]羈縻府州是羈縻政策的一個重要內容,其「因俗而治」的管理思想和管理手段,對安撫內遷少數民族,保證移民社會的穩定發揮了重要作用。

可以說,以家族或部落為單位進行移民活動和移民安置,是當時社會發展的

必然要求。首先，在中國傳統社會中，家族的興衰和個人的榮辱關係密切。尤其從魏晉南北朝開始，士族門第是個人身分的重要標誌，是個人能否順利發展的前提和基礎。同時，家族也擁有一定的能力以制約控制個人行為。唐代時，門閥士族勢力雖然已經大衰，其賴以存在的九品中正制也被科舉制代替，而朝廷也經常打擊原有顯姓望族，但唐最高統治者也想建立以皇族為核心的新的門第序列，唐貞觀十二年（796年）和顯慶四年（659年）編修的氏族志就是明證。武德年間，甚至出現了一個因熟悉當時的氏族，因而被稱為「肉譜」的人。[134]由此可見，家族門第在唐代仍有很強的影響力。因此，移民若以家族為單位進行，唐朝廷即可以借助家族力量加強對移民者的管理和控制；同時，移民者攜家屬親人同往，不僅可以免除後顧之憂，同時可以壯大移民力量，使家族獲得更多的發展機會。

其次，移民活動的艱難性要求，若移民以家族或部落為單位進行，則成功的幾率會增強。從古至今，移民都是一項艱難困苦的社會行為。移民路途中需要長途跋涉，和天災人禍進行鬥爭；確定移民地後需要熟悉、適應新環境，在處理和土著民族或其他移民群體之間的關係時，有時是和平交涉，但更多的則是流血鬥爭。因此，移民史也往往是一部血淚史。如陳元光的叔伯、堂兄雖貴為領兵首領，但也在途中病逝。其他普通將士的傷亡自然會更嚴重。因此，為了增強移民力量，提高移民成功的幾率，移民者自然選擇了以群體對抗群體，依賴群體的力量保證移民的順利進行。

陳氏父子領兵攻入的漳州地區，自然環境和社會環境異常惡劣複雜。陳元光在《請建州縣表》中提出：「此鎮地級七閩，境連百粵，左衽椎髻之半，可耕乃火田之餘。原始要終，流移本出於二州。窮凶極暴，積弊遂逾於十稔。元惡既除，餘凶復起……所事者搜狩為生，所習者暴橫為尚，誅之不可勝誅，徙之則難以屢徙，倘欲全生，幾致刑措。」[135]因此，歷經17年堅苦卓絕的征戰，陳氏父子才基本平定叛亂，獲得了相對安定的社會環境。此後，在漳州發展過程中，作為統治者進入的唐人或自覺或不自覺地強化家族勢力的影響，借助家族的力量為自身謀求更多的政治經濟利益。以至於「當中原地區門閥士族趨於瓦解的時候，福建的巨家大族們仍以門第相高，以世閥自豪」[136]

三、陳元光「開漳」與唐代

　　移民工程的系統性根據史籍記載，從兩漢開始，就不斷有北方士民移居福建，但是唐代以前福建的開發程度很有限。直到唐代，經由陳政陳元光父子和王潮王審知兄弟的經略，福建才逐漸進入大發展時期，陳元光因此被尊稱為「開漳聖王」，王審知被尊稱為「閩王」。換言之，唐代的移民獲得了巨大成功。這是為什麼呢？我覺得這和唐代移民政策息息相關，是移民工程的系統性使然。

　　陳氏父子入漳的首要目的是平息獠亂，但平息獠亂不是最終目的。唐高宗皇帝《詔陳政鎮守故綏安縣地》明確要求陳政「綏安地方，相視山原，開屯建堡」，以達到「靖寇患於炎荒，奠皇恩於絕域」的目的。可見，消滅叛亂勢力只是陳政入漳的第一目的，「開屯建堡」「奠皇恩於絕域」才是最終目的，而這個最終目的的取得，決不能單靠武力取得。陳政陳元光父子也深深領會皇帝的意圖，在陳元光自述志向的詩作中，屢次喟嘆「寇戎不測紛如雪，甲冑何時不出門」[137]並且立志一旦平息叛亂，將「夜祀天皇弘德澤，日將山獠化縞民。」[138]可見，在陳政陳元光入漳這次移民中，上從政策的制定者皇帝，下到政策的實施者陳氏父子，一致認為戰爭只是不得已而為之的策略。治民靠的不是武功，而是政治教化和經濟開發。

　　在這種思想指導下，陳元光制定實施了一系列措施，首先，用軍事威懾保證社會局面的安定。陳元光在基本平定叛亂後，為進一步保障軍事勝利果實，陳元光「奏立行臺於四境，四時親自巡邏，命將分戍」，把所屬軍隊分布於閩南各地。這些兵將且戰且耕，成為保障漳州社會安定的中堅力量。

　　其次，用行政建制強化「蠻獠」人民對唐朝廷的歸屬感。陳元光在平息叛亂之後的第一時間就上奏請求建立漳州，在得到允許後快速建立漳州的各級行政機構，使漳州的日常管理逐步完善，為漳州的發展提供了組織上的保證。此後，陳元光作為漳州首任刺史，不僅本人以身作則，勤於政事，文治武功兼備，而且用同樣的標準要求部下，教育兒子。在其《示　》一詩中，要求兒子　「載筆沿儒

習，持弓纘祖風。袪災剿猛虎，溥德翊飛龍。日閱書開士，星言駕勸農。勤勞思命重，戲謔逐時空。」陳元光之後，他的子孫歷任漳州刺史，都能秉承家訓，勤於政事。

第三，在治理方略上，陳氏父子從入漳起就不斷思考、不斷實踐。如在九龍江北溪浦南一帶辟「唐化裡」，在雲霄漳北建「火田屯」，開荒生產，營建村寨，安置軍眷，不僅解決了軍糧問題，同時又用中原先進的耕作方法影響噹地土著，教會他們從事農業生產，使之也過上村落定居的生活。叛亂平息後，治漳方略基本成熟，正所謂「其本則在創州縣，其要則在興癢序。蓋倫理謹則風俗自爾漸孚，治理彰則民心自知感激。」[139]因此，對漳州的開發，陳元光重點抓四個方面：政治上，敦促官員勤政實幹，保證政治清明；經濟上，減免賦稅徭役，實行休養生息，使人們生活日益富足；文化上，在職官中設「文學」一職，負責文化教育事業，教育土著各種文化禮儀，並「興庠序」，請一些飽學之士到學校講學。陳元光自己也寫了很多通俗易懂、朗朗上口的教化詩，如《真人操》、《恩義操》、《忠烈操》、《教民祭臘》等，提倡忠孝禮儀觀念，進行文化滲透；民族關係上，陳元光強調招撫感化土著民族，實行民族通婚，給與經濟優惠，教給文化禮儀等，緩和了漳州地區的民族矛盾。綜上所述，陳元光實行的這些治理措施，既各自獨立，又互相支撐。經過努力，漳州的社會狀況發生了可喜的變化。「民風移醜陋，土俗轉醇醇」。[140]

追本溯源，陳元光這些治理策略的形成，和當時的社會特點，尤其是最高統治者的思想導向分不開。唐代是個開放的時代，經濟繁榮，民族眾多。統治階級大多能用開闊的胸懷接納少數民族，用開明的方法處理民族關係。如唐太宗就曾自豪地說：「自古皆貴中華，賤夷、狄，朕獨愛之如一，故其種落皆依朕如父母」。[141]因此，「前王不辟之土，悉請衣冠；前史不載之鄉，並為州縣」[142]治理上，要恩威兼施，剿撫並用，才能「使窮發之地盡為編戶」。因此，在唐統治者在處理民族問題和邊疆問題時，逐漸形成了較為系統的民族政策：「開疆拓土，懷柔撫納為第一層次；輸出儒學，漸陶聲教，以達同化之目的，為第二層次；在具體實施過程中，和親、冊封、賞賜、任用等多種手段則綜合運用，以達到『懷柔遠人』、『皇恩廣被』的最終目的。」[143]

陳元光既生活在這樣的時代，又曾宿衛長安，跟隨皇帝左右，因此，他必然深受這些思想的影響，他開發治理漳州就是唐代這種邊疆政策和移民政策的具體體現。其實，在當時除陳元光之外，積極推行安境實邊政策的，還大有人在。如高宗麟德二年（665年），百濟叛亂，帶方州刺史劉仁軌率軍擊敗叛軍後，劉仁軌統兵鎮守，「葺復戶版，署官吏，開道路，營聚落，復防堰，賑貧貸乏」，使「民皆安其所」。[144]顯然，劉仁軌的治理也取得了極大成功。當然，在強調社會環境對個人作為有重大影響之外，個人的主觀能動性也是很重要的。具體到陳元光，他的知識水平以及行政能力也是此次移民安邊取得成功的重要保障。從這個意義上說，稱陳元光是唐代重要的軍事家、政治家，是非常正確的。他在領兵平叛和開發漳州的過程中，不畏艱辛，努力進取，在促進當地社會發展的同時，也實踐了自己的政治抱負，實現了個人的人生價值。

綜上所述，陳元光領兵移民漳州，是唐代多次移民中的個例。其表現出來的開放性、家族性以及移民工程的系統性等特點，既是此次移民的特點，同時也是唐代移民的共性，這些特點的形成，和當時的社會環境息息相關。離開了社會大背景，就不可能更深刻地理解此次移民。

（本文作者孫煒為信陽師範學院歷史文化學院講師）

南朝地下流民社會與客家形成初探——兼談客家形成過程中的「固始符號」

崔振儉　戴吉強

隨著近年國內外華人尋根熱的興起，作為漢民族中很具特色的一支——客家人及客家文化，也越來越引起人們的廣泛關注，參與研究人士日眾，發表論文、著作漸多，這不論是對於客家文化，還是傳統文化，都是一件好事。但依筆者愚見，目前研究客家文化的專家學者，大都偏重於客家文化形成的「節點」[145]或客家文化自身特點，而對於客家文化形成的歷史大背景及在這種大背景下，北方

特別是江淮移民群體及在不同歷史時期、在不同遷入地所衍生的不同地域文化，最終形成客家文化及其他地域文化的因果關係，涉及相對較少。因此，筆者認為：在探索客家民系形成過程中，我們僅僅重視遷徙過程、經歷「節點」是不夠的，一種民系、一種文化的形成，與「一次到位」還是「多次到位」[146]並無直接的因果關係，它一定是在一種特定的歷史、文化環境中，由於獨特的地域環境、生產生活方式、內部亞群體文化的強弱，以及不同文化群體長期鬥爭融合的結果。這種思考，不僅可以解釋在南北朝同樣動盪的歷史大背景下，北方軍閥政治的統治環境中，軍事塢堡形態無法形成客家或類似的文化族群；也同樣可以解釋，即使在南方相同的門閥政治的統治環境中，同樣從中原、從江淮南遷的士民群體，在與當地的土著文化鬥爭、融合中，有的成了「廣府人」，有的成了「福佬人」等等，也只有在贛閩粵交界地區，能形成漢民族中一個全新的支系——客家人。以上，正是本文所選擇的切入點。

一、南朝政治格局與地下流民社會

南北朝時期，是中國有文字記載的歷史上最動盪、持續時間最長的時期。就這一時期的南朝而言，更是社會政治動盪，經濟傾落。中央政權始終把持在士族和庶族地主階級手中，政治黑暗，任人唯親；經濟上橫徵暴斂，民不聊生。特別是中央統治集團「禪讓」連連，你唱罷了我登場，使整個南朝社會動盪不安，平民百姓痛苦不堪，加上連續不斷的戰爭和農民起義，更加重了一般百姓的負擔。據熊德基先生考證：南朝一般「編戶」除了承擔繁重的租調、徭役和兵役外，那說不清的雜調及臨時派租就足以讓平常農戶傾家蕩產，賣兒賣女[147]因此，在整個南北朝大分裂時期的近一個世紀裡，由於政治、經濟等原因，南部小朝廷始終處在動盪之中，下層百姓除了負債、出家、參加農民起義隊伍，只有逃亡山澤，成為地下流民。時任會稽內史的著名大書法家王羲之說的最貼切：「軍興以來，征役及充運，死亡叛散，不返者眾……百姓流亡，戶口日減，其源在此。」[148]東晉時期已經如此，此後更每況愈下，在冊編戶漸少，地下流民漸多，這種現狀

不僅成為南朝官府的心病,更是南朝社會的一大特色。

由於流民社會多處於「地下」,當時及後來正史及其他歷史資料對此記載很少,我們只能從與之相關的史料中去收集,並作以綜合分析。南朝地下流民社會的主體應是當地和南遷的平民百姓,而其核心則是由北方向南「下行流動」[149]的士族著姓。因為在那兵荒馬亂的封建年代,只有士族著姓才能擁有族眾,才有能力保護族眾平安遷徙到上千里、數千里之外,才有實力在生疏荒涼的新居地披荊斬棘,開闢新的家園,這是單門小戶和平民之家所無法實現的。南遷後的士族著姓,由於其固有的經濟、文化和管理等方面的經驗和優勢,必然成為領導核心。所以張承宗、魏向東認為:魏晉南北朝時期的宗族組織分為:士族地主階段經營的莊園,以宗族為核心的流民集團,由族長控制的武裝塢壁[150]為了實現他們南遷後平安、富裕的生活目標,面對南朝動盪的政治局面和門閥統治,面對當地百姓民不聊生的實際,南遷後的士族著姓大都會選擇逃避官府,隱入山澤,招集族眾與流民過上一種沒有稅役、團結奮鬥、自滿自足的隱民生活。之所以說這種隱形、半隱形的地下流民社會的統治核心只能是南遷的士族著姓,而不可能是當地的名門望族,是因為南朝是門閥政治社會,皇族名義上是統治者,皇帝手中既無軍隊,也無錢糧,更無人才,他只好與諸姓門閥共天下,但諸姓門閥擔心皇權做大,威脅他們的政治、經濟利益,因而會在經濟、人才等方面加強控制,皇族從門閥貴族那兒得到的錢糧人力很少,只好對佃民重稅重役。在皇權與門閥治權的雙重監督下,當地的名門望族一般情況下,一方面因為既得利益沒有逃亡的必要,另一方面戶名在冊也沒有進入「地下」的可能,一旦不得已逃亡「地下」且被官府捕獲,那後果不堪設想。正因為如此,大名士陶淵明歸隱後,既不想與劉宋王朝為伍,也無法到地下流民社會去安居,無奈之下,只好「結廬在人境」,悠然「盼」南山了。顯然那南山裡面,有他理想的生活,但他卻是可望而不可即。

南朝地下流民社會如何管理,如何生產生活,由於沒有史載,詳情我們不得而知。也許,陶淵明的《桃花源記》可以給我們一點啟發。正如當代考古證明,秦始皇的阿房宮根本沒有完工,杜牧的《阿房宮賦》是用實筆寫了一件沒影子的史事一樣,我很贊同韓撲先生對於《桃花源記》的看法,陶是用虛筆給我們展現

了南朝地下流民社會的真實生產生活場景，以及與官府爭奪生存權的鬥爭。[151]現選取《桃花源記》中幾個細節演繹放大，以分析那「桃花源」中有怎樣的景緻與玄機——

布景：武陵山區，江南一處偏僻、秀美的地方，一個地下流民聚居地

人物：漁夫，官府尋查地下流民的密探，桃源中人，地下流民人群

開場：漁夫沿著武陵某處一個小溪出發了，他「緣溪」上行進山，看來不是為了捕魚，是別有目的。他行到一處「極狹才通人」的洞口（洞裡與外界有聯繫），然後進入「桃花源」。他所見到的「男女衣著，悉如外人」，只是這裡更富裕一些。這漁夫所見，正是桃源人們正常的生產生活。

接著明顯了，桃源人見到漁夫「大驚」（見了生人，不明來意），「問所何來」（揣測來意及後面是否有人），「便要〔邀〕還家」（把他看管起來），「設酒殺雞作食」（穩住他），「村中聞有此人，咸來問訊」（小民驚慌，頭領避後），「自云『先世避秦時亂，率妻子邑人，來此絕境，不復出焉，遂與外世間隔。問今是何世，乃不知有漢，無論魏晉……』」（這就忽悠了！「無論魏晉」，怎麼都身著當時裝，口說當時話？強調自己「避秦時亂」，意在說明這裡不歸本朝管轄）。

接下來雙方都開始揣著明白裝糊塗：漁夫給桃源居民講「外面的故事」，桃源人們也都跟著「感嘆」。漁夫裝糊塗，他明白自己身分可能暴露，隨時都有被滅口之險；桃源人們裝糊塗，意在拖延時間，給他們的核心層有足夠的時間商討如何應付眼下危險形勢，如何處置這個探子。

漁夫在桃源住了幾天，雙方表面上都很平靜。桃源上層商討結果，擔心漁夫臨行前有所交代，他如果失蹤，家人會報官，或官府要追查下落，於是決定把他放歸，臨行前還專門告知「不足為外人道也」。但這個漁夫一脫險境，馬上原形畢露：「便扶向路，處處志之。及郡下，詣太守，說如此。」行動非常迅速，他覺得這次探險收穫很大，會得重賞。太守也很重視，「即遣人隨其往，尋向所志」。可一回去漁夫才發現，自己的記號已被破壞，去桃源的路也被隔絕，「遂迷，不復得路」。很明顯，一定是漁夫從洞口出來，就有人跟蹤，見到記號就立

即毀掉,並堵死桃源出口,就像阿里巴巴對付四十大盜。

　　閉幕:桃源平安,官府無獲,回歸往常。

　　這一幕筆者根據《桃花源記》胡編的情景劇,至少給我們以下啟示:其一,地下流民社會由於沒有官府壓迫、剝削,人們生活富足,社會安定;其二,由於處在一個極不安定的大環境中,人們警惕性很高,團結互助,同甘共苦,一有險情,共同對外;其三,地下流民社會管理有序,長幼有禮,正是中原文化的傳承與延續;其四,地下流民社會由於生產和生活需要,與外界經常發生必要的生產、生活資料交換,只是這種生產和交換是在沒有官府稅賦情況下進行,屬於逃稅和走私。這應當是當時地下流民社會的管理和文化形態的典型註釋。

二、南朝地下流民社會是客家形成的源頭

　　地下流民社會聚落的不斷增多,給南朝中央和地方造成了嚴重的政治、經濟困境,因此,他們想方設法收買、取締地下流民群體。同時,由於南北朝之間及內部持續不斷地發生戰爭,地處戰爭前沿的中原、江淮士民不斷南遷,因而不斷有北方移民進入地下流民行列,造成地下流民群體這邊消亡,那邊產生,成為整個南朝社會的痼疾。在這種形勢下,南朝地下流民社會必然呈現多向發展態勢。

　　與北方軍事塢堡一樣,南朝地下流民社會也應是一個社會機構比較健全的隱形民間組織,也應有軍隊或叫武裝的自衛組織,以及其他生產生活管理系統。在南朝中央和地方官府的收買、封鎖、圍剿等多種政策高壓下,有的地下群體領導層被收買,率領流民走出大山,成為官府的剝削對象;有的被官府軍隊攻破,流民改為「編戶」,也成為官府的奴役對象。只有少數地處偏僻深山、或武力足以與官府抗衡一時的流民群體生存下來,並不斷吸納來自北土或本土的士族百姓,壯大實力。其內部文化因為多方移民的加入,更顯得豐富多彩。這種相對穩定、特殊的「地下」、「半地下」生產生活環境,不斷吸納北方士族百姓,並以北方文化為主體,長時期吸收融合多種文化因素,正是客家文化形成的關鍵。

也正是在這種特殊的歷史環境下，地處贛閩粵邊境地區由於其封閉的地理環境，獨特的人文生態環境，逐漸彰顯其獨有的特質。在這片以北方特別是江淮移民為主體的地下群體中，由於生活在共同的地域，進行著共同的社會經濟生活，經過長期的矛盾、融合，用近於共同的語言交流，並形成了共具地域特色的社會心理和文化認同。具體到客家而言，他們共同生活在贛閩粵交界地區，形成了一種有別於相鄰各民系語言的方言系統，過著帶有顯著山區特色的農耕經濟生活，還形成了以團結奮進、吃苦耐勞和強烈內部凝聚力及自我認同意識為主要特徵的族群心理素質。具有上述典型特徵的文化就是客家文化，其居民共同體成員就是客家人。[152] 按照目前學術界通行的看法，客家民系大約在宋代形成，並逐漸從「地下」走向社會。在與外界交往中，客家人那種吃苦耐勞、講信重禮的品格漸漸被外人所認可，同時客家人族群為上、團結對外的秉性也為外界所重視，特別是官府。目前，許多學者只看到因為客家聚居地生存空間有限，隨著客家人口的增加，一定要外遷謀生，這只是原因之一。那些載入史志一連串的客家抗稅、聚眾起義和大規模械鬥事件，使得官府必須用打擊和分化的手段，迫使客家人外遷和分散，以便統治，這才應該是客家外遷的深層次的社會政治原因。當然，這只是筆者私見，未免貽笑大方。

三、客家形成過程中的「固始符號」

客家先民來自中原，來自江淮，史界已有定論。作為中原移民中轉站和江淮移民出發地的「光州固始」，在客家先民南遷和客家民系形成過程中，又發揮怎樣的作用呢？

在客家歷史文化研究中，譚元亨、嚴雅英諸學者都用「節點」來表述客家先民遷徙中經過的主要地方，其中第一個「節點」就是「光州固始」，並這麼描述「光州固始」這個「節點」的特殊地位：光州是屬於中原的，固始更一直是客家、福佬兩大民系共同擁有的「節點」。要強調自身的中原文化身分，這個節點

具有異乎尋常的意義，因為它位於河南東南部，再往東南走出幾十公里，也便進入了安徽，傳統上被視為江淮地區，也就不再是中原了……可以說，固始成為兩大民系最後告別中原的地方，他們正是在這中原的邊地作了最後的停留，才惜別了中原，進入江淮。見[153]其實，這些學者對固始與中原、江淮的地理歷史淵源不夠瞭解，造成這些描述有一定的疏漏。現略作介紹：固始地域在三代前及夏商、西周初期屬禹貢荊揚二州，為堯封皋陶之地，東夷文化是基本文化，光州及以東的安徽都屬其文化範圍。西周中後期，隨著中央王朝及楚、吳、越政治勢力進入該地區，相關文化也開始影響這裡，並形成多種文化融合的地域特徵。固始於秦屬九江郡，漢與三國時屬豫揚二州，隋屬弋陽郡，唐屬淮南道，北宋屬淮南西路，直到元代，固始方屬河南江北行省。歷史政區與文化，一直把固始指向東南，至今固始地方習俗同於江淮而不類中原，其方言仍是江淮方言。把固始入於中原、離於江淮是對固始歷史沿革不瞭解。至於南遷先民如何理解固始及其文化，則是可探討的。

固始及江淮地區先民在元代以前定向南遷，是由其歷史原因造成的，漢武帝三遷閩越之民處於江淮間，溝通了閩越之地與固始（江淮）的聯繫，從永嘉之亂八姓入閩到唐初陳氏將軍奉詔入閩，唐末「三王」義軍入閩，再到兩宋之季士民因循入閩，在長達千年的時間裡，固始士民定向入閩成為中國移民史上的特例。當然，在南遷後的日子裡，一定會有一些先民或後裔先後進入贛閩粵地區，成為客家先民。據嚴雅英考證，[154]固始入閩先民與客家有明確聯繫的有如下記載：

《客家姓氏源流匯考》載：唐初，有餘氏族人自河南固始隨陳元光入閩而至贛，後輾轉入粵……

《武城曾氏重修族譜》載：武城曾氏向南方播遷的有唐光啟年間（885-888年）隨王潮由光州固始入閩，初居於漳、泉、福州之間，後經「宋元兵擾，不能安居」，遷長汀、上杭、永定……

《〔武平〕平川謝氏族譜》載：謝姓入閩西有多支：一支是唐末（約893年）隨王審知入閩的謝澄源與祖正吉、父得權，由河南固始遷邵武，復遷寧化石壁……

《客家姓氏源流匯考》載：唐末黃巢起義後，高綱為避亂由淮南西路光州固始遷江南福唐郡（福州懷安縣）為高姓入閩始祖。

《〔連城雙溪山濟陽堂〕柯氏族譜》載：唐僖宗光啟二年（886年），柯敦頤受命由河南固始縣入閩平亂（黃巢農民起義）後，留守福建，定居晉江南壙。另一支柯紹安，隨王審知入閩，居泉州西水巷（俗稱柯厝）⋯⋯

周氏入閩多支，有唐中和五年（885年）周崇車隨王潮、王審知兄弟南下入閩⋯⋯

《〔連城四堡龍足〕四修鄒氏族譜》載：鄒勇夫，河南光州固始人，唐末隨王審知入閩開基泰寧，為該支鄒氏入閩祖⋯⋯

《〔永定〕蘇氏大宗族譜》載：唐末，蘇氏105世裔孫蘇益，字世進，又名利用，河南固始人，隨王潮入閩，為蘇氏入閩始祖⋯⋯

《中華莊氏族譜》載：唐光啟年間（885-888年），河南光州固始縣人莊文盛，諱森，名一郎，隨舅王潮入閩，開基永春縣桃源裡善政鄉之蓬萊，為莊姓入閩桃源派始祖。

從上述族譜可知，固始南遷移民確有一些後裔先後進入贛閩粵交界地區，成為客家民系形成的有生力量，因而，不少學者都認為固始是福佬人、客家人公認的鄉關祖地，南遷的第一站，是符合歷史實際的。

綜上所述，筆者認為，客家民系的形成，既有其大的歷史原因，也有其特定的地理、文化背景，它的最終形成，是地下流民社會發展變化的必然結果。只有在這種大的歷史背景下，去認識客家民系的淵源、形成過程、文化特色，才能全面深刻地認識客家人與客家文化，也才能深刻認識「光州固始」在客家形成中特殊的符號意義。

（本文作者崔振俊為中共固始縣委常委、統戰部部長；戴吉強為固始縣史志研究室主任、河南省中原姓氏文化研究會副祕書長）

豫閩方志中所見之陳元光籍貫及相關問題再探討

毛陽光

在唐代閩南地區開發歷史上具有傳奇色彩，被後世譽為「開漳聖王」的唐代將領陳元光，在新舊《唐書》中卻隻字未提，而《資治通鑑》與《冊府元龜》中也未見其蹤跡。筆者曾檢索了唐代數量眾多的筆記小說和墓誌資料，也沒有發現有價值的線索。作為唐代數量眾多的地方刺史之一，尤其是當時經濟和文化尚不發達的漳州而言，正史忽略陳元光並不奇怪。但這對學術界研究陳元光的生平造成了很大的困難。而關於陳元光的記載之中，方志資料是非常重要的一部分內容，尤其是明清以來福建與河南地區傳世的方志資料。儘管從史源學的角度而言，史料的記載是越早越好，用明清時期的方志來探討唐代歷史人物的事跡存在著先天的不足。但在目前，在唐代流傳下來的陳元光相關資料匱乏的情況下，明清豫閩地區的方志資料無疑是我們瞭解和研究陳元光的第一手資料，至少我們可以瞭解明清時代作為歷史人物的陳元光在當時豫閩地區人心目中的形象。

一、關於陳元光的籍貫問題

關於陳元光的籍貫問題，學術界進行了熱烈的討論。肖林《陳元光籍貫窺探》、貝聞喜《陳元光原籍考》等文章力主光州說。郭聯志《陳元光籍貫有定論》認為陳元光籍貫為河東。楊際平《從〈潁川陳氏開漳族譜〉看陳元光的籍貫家世——兼談如何利用族譜研究地方史》則主廣東揭陽說。[155]最近的研究見李喬的《「開漳聖王」陳元光籍貫辨析》，認為陳元光的籍貫為光州固始。[156]筆者認為：河東地區應是陳元光家族的郡望所在，和具體的著籍地不能混為一談。而揭陽說出現較晚，而且缺乏有力的證據。而爭論最多的是光州以及固始兩地之間的爭論。

在光州的記載方面，主要見於清代以來的河南地區方志，如順治《光州志》卷九《人物考·鄉賢》陳元光傳記中記載：「光州人，字廷炬。」並詳細記載了陳元光的生平以及隨其父陳政進入福建，之後建立漳州的情況。其後還有其孫陳酆的列傳。[157]順治《光州志》卷九《人物考·鄉賢》還記載，明萬曆初，舉人陳華任光州守。因他到先祖陳元光的故籍當州官，與先祖後裔和當地士紳黎庶非常友善，勤政惠及百姓，後人將陳華祀入宦祠。《光州志》也給予列傳留世。傳云：「其先人元光，本州人，有功唐代，世守閩，始居於閩，以故華視光之紳士黎庶猶其親姻比黨也。」乾隆《光州志》卷一一《壇廟》稱陳元光為「郡人」。卷五六《忠義列傳》稱之為「弋陽人」，弋陽是光州的古稱。《河南通志》卷六三《忠烈》也記載：「陳元光，字廷炬，光州人。」

而記載陳元光為固始人的多是明清以來的福建地區方志，如萬曆年間漳州知府羅青宵等撰修的《漳州府志》卷四《漳州府·名宦》載陳元光：「其先河東人，後家於光州之固始，遂為固始人。」崇禎年間何喬遠撰修的《閩書》卷四一記載陳元光為「固始人」。[158]乾隆《龍溪縣誌》卷一五《人物·列傳》：陳元光子陳 「先固始人也」。康熙《漳浦縣誌》卷十四《名宦志》記載：「陳政，光州固始人。」嘉慶《雲霄廳志》卷十一《宦績》記載：陳政「光州固始人」。但明嘉靖《固始縣誌》、清順治《固始縣誌》以及乾隆《重修固始縣誌》都沒發現記載陳元光的事跡。

由於目前所見陳元光的文獻資料出現都比較晚，因此這裡僅僅列舉材料來求探討清方志中陳元光的籍貫，而真正坐實陳元光的籍貫問題還有待於更多新資料，尤其是考古資料的出現。另外，陳元光無論是出自光州，抑或是固始，都是作為出自中原大地的一位值得我們驕傲的歷史名人，在研究考證的時候不要有過多狹隘的地域色彩，只有認真、細緻地蒐集資料，用開放的眼光去研究，才能更進一步推進和促進陳元光的研究。

二、方志中記載的豫閩地區陳元光的祠廟及信仰

陳元光創建漳州的業績，這裡的百姓始終沒有忘記，因此其父子二人在閩地威望甚著。《雲霄縣誌·祀典》中評價說：「公開建漳邦，功在有唐，州民永賴。」「漳人至今思之」。根據明清方志記載，早在唐代嗣聖年間，漳州城已經出現了祭祀陳元光的祠廟。此後，漳州治所遷往龍溪，該廟也隨之遷附，「民多祀之」。[159]雖然在方志中沒有明確記載陳元光祠廟的情況，但在唐代，地方盛行為有政績的地方官建立生祠或祠廟祭祀。這一時期漳州地方存在紀念陳元光的祠廟是合理的。從五代一直到南宋，陳元光一直得到朝廷的褒贈，如五代時吳越王追贈其為保定將軍、太尉、尚書令。尤其是到了宋代，陳元光受到歷朝的封贈，如神宗熙寧八年封他為忠應侯。宣和四年封他為忠澤公。到了南宋時期，先後加「顯佑」、「英烈」、「英烈忠澤顯佑康庇公」。紹興十六年進封靈著王，二十三年加封「順應」二字，紹興三十年加封「昭烈」二字。孝宗乾道四年，陳元光被封為靈著順應昭烈廣濟王。[160]因此，紹熙年間的漳州知州、著名學者朱熹指出：「陳公沒而為神，今以王封廟食。」[161]明代規範祀典後，改封陳元光為昭烈侯。而陳元光也逐漸被神化，漳州地區也出現了大量紀念、祭祀陳元光的祠廟。因此，宋代官員呂就有「唐史無人修列傳，漳江有廟祀將軍」的詩句。[162]從目前的方志資料來看：早在唐宋時期，這裡就出現了許多祭祀陳元光的祠廟。

　　而漳州地區祭祀陳元光的祠廟數量相當大。大多數祠廟稱為威惠廟，威惠廟是北宋徽宗政和三年頒賜的陳元光廟額。[163]光緒《漳州府志》記載「屬邑皆有威惠廟」。[164]作為漳州府的治所，龍溪縣城北門外嘉靖年間就有威惠廟，《嘉靖龍溪縣誌》卷三《祠祀一》記載：「威惠廟，城北門外，祀唐將軍陳公元光。」南宋高宗建炎四年建於此。據南宋淳熙年間在這裡擔任知州的章大任《靈著順應昭烈廣濟王廟記》記載：「食於彰歷年數百，祭血未嘗一日乾也。」此時的威惠廟已經是春秋二祀，由地方百姓捐田以供應。此後章大任又將幾所廢寺的六頃田產劃歸威惠廟。[165]

　　此後，該廟在明正統、景泰、成化、嘉靖年間經過多次重修。廟中還有多景樓和覽勝亭。而漳州士民對此也持肯定態度，如明初洪武時文人劉馹就指出：

「所謂靈著王,乃唐開創此州陳元光也。亦宜有司立廟,官自為祭,民間不宜瀆祀。」[166]一直到清朝乾隆二年,知府童華修又主持進行了重修。[167]則此祠廟從南宋初年建立後一直到清代,香火綿延不絕,受到鄉民祭祀。

漳州城北二十里的松洲石鼓山下也有威惠廟,這裡有陳元光的墳塋。由於致祭不便,南宋時又在漳州城北門外建威惠廟。但鄉民仍舊在此祭祀。[168]

《明一統志》卷七八記載:漳州「各縣皆有廟」。這些都是陳元光的行祠,即主廟之外的祠廟。而各地祭祀陳元光的祠廟方志中多有詳細的記載。如漳浦縣建有威惠廟,廟在縣城西門外三里,宋代就已經存在。百姓春秋祭祀陳元光。弘治、嘉靖多次重修,清初祠廟「傾圮殆盡」。一直到康熙二十六年,知縣楊遇又進行了重修,「前殿後寢,俱重建一新」。該廟還祭祀陳元光的妻子種氏。[169]

長泰縣東人和裡也有威惠廟,據《乾隆長泰縣誌》卷一二《雜誌‧祠宇》記載,該廟是宋代縣令王朝俊建立。此後明嘉靖、崇禎年間又經過兩次重修。到了清代,此廟仍舊存在,但損壞嚴重,祠廟僅存一間。[170]

而海澄縣也有三處陳元光祠廟,一處是儒山廟,在儒山,「廟宇極崇大」;而威惠廟在槐浦,南宋時期,龍南縣令陳兢募建。還有一處稱為西峰廟,在五都西峰嶺下,據記載:嶺側山頂有大石壁立,「禱雨多應」。因而當地人「禱雨名山」。[171]

另外,在唐代曾為漳州治所的雲霄威惠廟歷史也非常悠久,只是年代久遠,位置已經不可考。清嘉慶年間建制的雲霄廳也有威惠廟,在縣城西門外,只是當時「祀典未舉」。而縣城外的溪尾保還有陳王廟,也祭祀陳政和陳元光父子以及其子孫,這是清初,由陳氏子孫聯合建立的。[172]另外,據方志記載:雲霄各地還有許多的陳聖王廟,「王有啟土功,各鄉社皆立廟,不能備載」,也是祭祀陳元光的。如小將軍、上下營、高溪保、後坪保、宅兜庵、洋下、火田、菜埔、莆美城內、南山尾、下壇鄉等處都有陳聖王廟。[173]

龍岩縣的威惠廟稱為西廟,在縣城西門外。[174]此廟清代又稱威惠祠,而州治西還有威惠廟。[175]詔安縣城城西有祈山廟、城東有靈侯廟,都是祭祀陳元光

及其部將的廟宇。[176]

除了漳州地區以外，福建其他地區也有一定數量祭祀陳元光的祠廟。如漳州以北泉州的仙遊早在南宋時期，縣城東南的風亭市南北就有兩座祭祀陳元光的威惠靈著王廟。[177]仙遊縣的靈著王廟一直到清代還存在。[178]而《福建通志》卷十五《祠祀》還記載，福州的福清縣城西隅後王山也有靈著王廟，也是祭祀陳元光的祠廟。[179]由此可見，宋以來福建地區祭祀陳元光的普遍。

遍布漳州各地的威惠廟在漳州地方信仰中占據著重要的地位，許多地方官和百姓將其作為漳州地方的保護神，能夠為百姓消災避禍、救苦救難。南宋初年，中書舍人張擴《東窗集》卷九《漳州威惠廟神英烈忠澤顯佑公加康庇二字制》記載：「爾神自唐以來廟食一方，捍患御災，民實賴之，利物之功，久而彌著。」如漳州府城的威惠廟，劉克莊《後村集》卷三七《卓推官墓誌銘》記載：漳州大旱，長官傅公令龍溪縣主簿卓先「禱靈著廟，返命雨至」。

漳浦縣的威惠廟也非常靈驗，《八閩通志》卷五九《祠廟志》記載：北宋慶曆年間，有群寇自汀州和虔州到達漳浦地區，百姓四散奔逃。縣令呂在陳元光廟祈禱，「俄而空中有金鼓之聲，賊徒斂手就縛者三百七十餘人。自言四顧皆神兵無路可逸」[180]據宋余靖《武溪集》卷二十《宋故殿中丞知梅州陳公墓碣》記載：「邑西有陳將軍祠者，《郡圖》云：儀鳳中，勳府中郎將陳元光也。年少強魂，邦人立廟享祠甚謹，日奉牲幣無算。歲大旱，遍走群望弗雨，公乃齋潔詣祠下禱云：政不修者令之負，禱無驗者神之羞，國家崇祀典所以祈民福也。祀苟不應，何用神為？即鑰扉與神約曰：七日不雨，此門不復開，叢祠為燼矣。行未百步，霆風拔巨樹僕於道。俗素信鬼，及是吏民股戰神之怒。公徐曰：民方瘁，何怒之為？乃援鑾截樹而去。果大雨，田收皆倍。」南宋紹定年間，「汀、邵寇犯縣境，居民競奔走哀告於神。俄而廟有大蜂千百為群，飛集道路，盜不敢過，邑賴以全」[181]這些都說明了陳元光祠廟在漳州民間社會生活中的重要作用。

有意思的是：明代以前的光州本身似乎並沒有陳元光的祠廟，南宋周必大《文忠集》卷九四記載：光州城西有威惠廟，供奉神靈是威惠顯應侯、昭惠順應侯、孚惠靈應侯。有學者認為此就是陳元光的祠廟。[182]筆者認為缺乏具有說服

力的依據。宋代的威惠廟並非專指陳元光的祠廟，如當時的四川地區也有威惠廟，祭祀的並不是陳元光。宋代的會要中就記載了漳州和四川地區的威惠廟。此廟在清初的光州仍舊存在，據順治《光州志》卷二記載：光州北城西門裡有弋陽三公廟，祭祀三神中就有威惠侯、昭惠侯和孚惠侯。[183]而乾隆《光州志》卷十一《壇廟》載稱之為三侯廟，分別是靈應侯、順應侯和顯應侯。這與前引周必大文集中的光州城西當為同一處祠廟。而此三神到底是何方神聖呢？志書也沒有記載，稱「未詳其姓氏由來，今遂湮沒不可考」[184]這樣看來，即便此威惠廟祭祀的神祇中有陳元光，但到了清代，當地人對該廟神祇的來歷已經無從知曉了。

而方志中明確記載光州城中存在著祭祀陳元光的祠廟。該祠廟位於光州儒學之東的祠廟，是在明代萬曆年間修建的。當時來到這裡擔任知州的陳燁是陳元光的後裔，由於他對待光州士民宛若自己的鄉親，在這裡推行一條鞭法，延請官員修訂光州地方志，「士大夫感公德」。因此才為其先祖陳元光建祠廟於儒學之東。[185]據順治《光州志》的記載：「三十六世孫陳燁（一作華）來為光州知州，表揚先德，士民為立廣濟王祠於學之左。」[186]該祠廟在順治年間還存在，「廣濟王祠在儒學前」。順治《光州志》卷二《祠廟寺觀》，第279頁，這樣看來，光州原本並沒有陳元光祠廟，其建立是受到福建漳州地區陳元光信仰的影響而建立起來的。康熙年間「有司春秋祀之」，有祭田七畝。之後由於年久失修而坍塌，直到乾隆九年知州高鑒又予以重修。在光緒年間還在，名稱為陳公祠。[187]另外，光州的忠義祠中也有陳元光的名位。可見明清時期，光州百姓是將陳元光作為本土的鄉賢來對待的。

正是由於陳元光在開發閩南地區的重要貢獻，因此宋元明清以來，漳州地區祭祀陳元光的香火非常旺盛，許多地區都有祠廟，因此與當地百姓生活聯繫密切。而河南只有光州地區有陳元光的祠廟，將其作為在外地開創功業的鄉賢來對待。可以看出古代民間信仰的實用性和地域性差別。當年陳元光開闢漳州，促進了福建東南部的開發，而到了明代，其後裔陳燁又在光州仕宦，多行惠政，使得光州百姓又瞭解了陳元光這位先賢的事蹟，這也譜寫了古代豫閩地區文化交流的一段佳話。

（本文作者毛陽光為洛陽師範學院河洛文化國際研究中心主任、歷史學博士）

大槐樹移民與光州固始移民之比較研究

劉國旭

「閩人稱祖皆曰自光州固始來」和明代山西大槐樹移民在中國移民史上都具有重要的歷史地位。就大槐樹移民來說，他們雖然來自山西地多人稠的不同區域，但歷史的記憶與文化擴散、文化認同致使在口口相傳的歷史中變成了都是在洪洞縣的一棵大槐樹下集結出發的。於是這些移民後裔都稱自己來自洪洞「大槐樹」，如：「要知祖先來何處，山西洪洞大槐樹。」「閩人稱祖皆曰自光州固始來」與大槐樹移民有不少的類似之處，它們可以被看做是歷史事實的一種反映，但更應該被看做是一種文化現象。

一、兩次移民概說

被學者廣泛引用的大槐樹移民的證據是據《明史》、《明實錄》等文獻所載的18次大的移民事件而來的：[188]

1.洪武六年（1373年），徙山西真定民屯鳳陽。

2.洪武九年（1376年）十一月，遷山西及真定民無產者於鳳陽屯田，遣人賫冬衣給之。九年十一月，遷山西及真定民無產者田鳳陽。

3.洪武十三年（1380年）五月，山西民為軍者二萬四千餘戶，悉還為民。

4.洪武二十一年（1388年）八月，徙山西澤、潞二州民之無田者，往彰德、真定、臨清、歸德、太康等閒曠之地。二十一年八月，徙澤、潞民無業者墾河南、北田，賜鈔備家具，復三年。

5.洪武二十二年（1389年）九月，後軍都督朱榮奏：「山西貧民徙居大名、廣平、東昌三府者，凡給田二萬六千七十二頃。」

6.洪武二十二年（1389年）九月，山西沁州民張從整等一百一十六戶告願應募屯田，戶部以聞，命賞從整等鈔錠，送後都督僉事徐禮分田給之。

7.洪武二十五年（1392年）八月，馮勝、傅友德帥開國公常升等分行山西，籍民為軍，屯田於大同、東勝、立十六衛。二十五年八月，馮勝、傅友德等在大同等地屯田。計平陽選民丁九衛，太原、遼、沁、汾，選民丁七衛……每衛五千六百人。

8.洪武二十五年（1392年）十二月，後軍都督府僉事李恪、徐禮還京。先是命恪等往諭山西民願遷居彰德者聽。至是還報，彰德、衛輝、廣平、大名、東昌、開封、懷慶等七府徙居者凡五百九十八戶。

9.洪武二十八年（1395）正月，山西馬步官軍二萬六千六百人往塞北築城屯田。

10.洪武三十五年（1402年）九月，徙山西民無田者實北平，賜之鈔，復五年。洪武三十五年九月，戶部遣官核實太原、平陽二府，澤、潞、遼、汾、沁五州，丁多田少及無田之家，分其丁口以實北平各府州縣。

11.永樂元年（1403年）八月，定罪囚於北京為民種田例。其餘有罪俱免，免杖編成裡甲，並妻、子發北京、永平等府州縣為民種田。禮部議奏：山東、山西、陝西、河南四布政司就本布政司編成裡甲……上悉從之。

12.永樂二年（1404年）九月，徙山西民萬戶實北平。永樂二年九月，徙山西太原、平陽、澤、潞、遼、汾、沁民萬戶實北平。

13.永樂三年（1405年）九月，徙山西民萬戶實北平。永樂三年九月，徙山西太原、平陽、澤、潞、遼、汾、沁民萬戶實北平。

14.永樂四年（1406年）正月，湖廣、山西、山東等郡縣吏李懋等二百十四人言願為民北京。命戶部給道裡費遣之。

15.永樂五年（1407年）五月，命戶部從山西之平陽、澤、潞，山東之登、萊等府州五千戶隸上林苑監，牧養栽種。戶給道裡費一百錠，口糧五斗。

16.永樂十二年（1414年）三月，上以其（隆慶）當要沖，而土宜稼穡，改為隆慶州……而以有罪當遷謫者實之。本州原編東南，西南，東北，西北四隅，紅門，黃報，白廟，版橋，富峪，紅寺六屯，謂之前十里，謫發為事官吏充之。榆林、雙營、西桑園、泥河岔道、新莊、東園、寶林、阜民九屯，連關廂謂之後十里，遷發山西等處流民充之，每戶撥田五十畝，任種辦納糧差。

17.永樂十四年（1416年）十一月，徙山東、山西、湖廣流民於保安州，賜覆三年。永樂十四年十一月，徙山東、山西、湖廣流民二千三百餘戶於保安州，免賦役三年。

18.永樂十五年（1417年）五月，山西平陽、大同、蔚州、廣靈等府州申外山等詣闕上言「乞分丁於北京、廣平、清河等寬閒之處，占籍為民，撥田耕種，依例輸稅，庶不失所」，從之。仍免田租一年。

上述證據中，移民的源地涉及最多的是平陽（治今山西臨汾）、太原（治今山西太原）兩府和澤（治今山西晉城）、潞（治今山西長治）二州等地，其中並沒有直接提到大槐樹。

據相關史料載：《明太祖實錄》卷一四。洪武十四年，河南人口1891000人，河北人口1893000人，山西人口為4030454人，大約是河北、河南兩省人口的總和。山西人口稠密，是當時移民活動的源地當無疑。但不少學者再以平陽府以及洪洞縣的人口情況以及洪洞縣的交通地理位置等因素推測洪洞縣城北賈村驛旁的廣濟寺為「編排隊伍、集中移民、發放川資」的移民起點，屬於是先假定歷史事實，再尋找證據，在邏輯上是顛倒的。按照這種思路，「廣濟寺大門前的漢植大槐樹，就成了各地移民薈萃，開拔外遷的集散之地」。

總體來講，相關的研究幾乎都是在把民間流傳的「祖先是明初從山西洪洞來的」說法作為研究的一個既定的前提。關於這個問題，喬新華先生的研究比較能說明問題，[189]他認為：「許多作者為了論證的需要，就渾然不覺地把它認定為洪洞移民的史實了」，「這樣的研究是不認真、不科學的」，把洪洞大槐樹移民

「僅僅作為一個真實的歷史事件而進行的研究也許遠遠不能合理真實地揭示這一現象蘊藏的豐富內涵」。

海外華人和臺灣同胞中，相當一部分人的祖籍是福建和廣東的，其中又以閩粵沿海地區的漳州、泉州、潮州、福州等地及所轄地區的人最多。追溯歷史，閩粵絕大多數人的祖先是歷史上從中原遷移過去的，當無異議。其中組織最好，對今河南固始影響最大的兩次移民是在唐初和唐末，也就是學者認同較多的陳政、陳元光父子和王審知兄弟為首的兩次移民事件。除歷史文獻的相關記載外，閩臺地區眾多的家譜也是光州固始移民的證據，而且也成為目前許多學者研究的重點之一。

必須指出的是，大槐樹和光州固始一樣，在移民過程與遷徙不定的途中，真正的源地其實已經不太重要，重要的大槐樹和固始一樣成了一個文化符號。對於這個問題的形成，早先的史學家就有相當深刻的見解：

鄭樵家譜後序云：吾祖出滎陽，過江入閩，皆有沿流，孰為固始人哉。閩人稱祖皆曰自光州固始來，實由王潮兄弟以固始之眾從王緒入閩，王審知因其眾克定閩中，以桑梓故獨優固始人，故閩人至今言氏族者皆曰固始，其實濫謬。[190]

另：

曩見鄉人凡諸姓志墓者僉曰自光州固始來，則從王氏入閩似矣。又見舊姓在王氏之前者亦曰來自固始。詰其說則曰固始之來有二唐光啟中王審知兄弟自固始諸同姓入閩，此光啟之固始也。前此晉永嘉亂林王陳鄭丘黃胡何八姓入閩亦自固始，此永嘉之固始也。非獨莆也，凡閩人之說亦然。且閩之有長材秀民舊矣借曰衣冠避地遠來，豈必一處而必曰固始哉？況永嘉距光啟相望五百四十餘年，而來自固始，前後吻合，心竊疑之，及觀《鄭夾漈先生集》謂王緒舉光壽二州以附秦宗權，王潮兄弟以固始之眾從之，後緒拔二州之眾，南走入閩，王審知因其眾以定閩中，以桑梓故獨優固始人。故閩人至今言氏族者皆云固始，以當審知之時尚固始人，其實非也。[191]

尹全海先生指出：「閩臺移民，甚至更為廣泛的周邊地區對中原的認知是一

個相對、動態的寬泛概念。其相對性表現為中原與邊疆、中央與四周的關係。其動態性表現為空間與時間兩個向度，時間意義上的中原並非前後重合，如先秦之中原與隋唐之中原、明清之中原與近代之中原均存在較大差異，甚至有邊疆變中原之滄海桑田；空間意義上的中原則呈現為一種向四周擴散之趨勢。閩臺移民觀念深處的『中原』是相對福建而言，這裡的『中原』是對邊疆的否定，即福建或臺灣與『光州固始』之相對關係，當然還蘊涵有祖上來自中原，並非生為蠻夷之意。換言之，這裡的『中原』具體所指就是移出地『光州固始』，在閩臺人的心目中『光州固始』就是原鄉，就是中原，就是他們永遠的根」。[192]

對光州固始移民和大槐樹移民的比較大致可以從以下幾個方面進行：移民方式與組織、移民持續時間與移民範圍、動力與機制、兩個移民事件歷史作用的異同等。

二、移民方式與組織

遷移的形式一般可分為政府組織、自發個體遷移、舉家遷移和集體遷移。不同的移民方式和組織形式則視移民的具體背景而定。大槐樹移民的直接背景是明朝初年戰爭與災荒造成的在中國北方廣大地區的人口大量減少，「大槐樹移民」是移民墾荒、發展生產的歷史，生動地描述了一個新興王朝在定鼎之初是如何恢復戰爭與災荒創傷的。不少學者認為，這次移民事件堪稱中國移民史上第四次大移民。移民墾荒、發展生產在當時不僅是社會、百姓之需，更是明初統治者「今日之急務」，大槐樹移民在一定程度上是明初將「狹鄉」無地少地之民遷往「寬鄉」這一現象的集中和具體體現。就移民形式而言，大槐樹移民屬於官方移民為主的移民事件，決定了其是有組織、有計劃、有目的地移民。

光州固始移民的歷史背景則不同與大槐樹移民，類似中國古代歷史上三次大的移民事件，戰亂和避亂成為移民的主要誘因，在移民方式上表現為自發性強，組織性差，目的性弱，偶然性大。如永嘉南渡、安史南遷和唐末王審知三兄弟入

閩都是如此，必須指出的是，光州固始移民之所以能在今天引人矚目，唐初陳政父子以及唐末王審知三兄弟靠武力入閩並定居於斯，造成了決定性的作用，由此決定了光州固始移民英雄人物或者著名的歷史人物較多，如陳政、王審知。而「大槐樹移民」相關的著名人物則少之又少，偶見於家族式的記錄之中，多數在口口相傳的歷史中被遺忘。

三、移民持續時間與移民範圍

一般來說，洪洞移民從洪武三年到永樂十五年，歷時五十餘年，僅見於正史記載的有18次之多，遷民涉及18個省市。固始移民以唐代陳政、陳元光以及王審知兄弟入閩為最突出的歷史事件。應該說，大槐樹是其所代表的移民活動（事件）的一個文化符號，正如「開漳聖王」和王審知兄弟在固始移民中的符號作用一樣。實際上，我們所說的這兩次移民事件在時間、空間、源地、靶地等方面都應該是複雜的、多樣的。如趙世瑜先生認為：「大槐樹移民傳說反映了華北社會從金元到民國一個重塑漢族正統性的民間的做法」，[193]意即大槐樹移民的持續時間不僅是明代初年。

同樣，光州固始移民的時間以唐初和唐末最為顯著，涉及範圍主要是唐代光州和福建地區，學界討論也最多。實際上，這個移民事件的複雜程度可能出乎想像。鄭樵對此的評論也在一定程度上反映了這個問題：五代時王審知據有閩地，優待同鄉，一些原本並非來自「光州固始」的閩人冒充固始籍等。應該說，雖然不能排除有部分「冒籍」現象，但是遷入閩地的中原漢人不可能全是固始籍人，也不可能全是光州籍人。應以「光州固始」及其附近人居多。另外，光州固始由於它的區位優勢，成為中原人南遷的聚集地或中轉站，中原漢人的南遷，大多由淮河支流汝潁河東南下進入淮河，或者從淮河上游沿河而下，都是光州固始移民源地複雜的原因。從時間上講，這個移民事件不僅限於唐初和唐末，豫閩兩地各自的特點決定了中國歷史上移民活動的多時段性，中原地區戰亂頻仍，而閩地風

景獨好使得自永嘉至明清間斷的移民活動時有發生。

四、動力與機制

中國歷史上三次大的人口遷移（永嘉之亂、安史之亂和靖康之難）各有其不同歷史背景，決定了各自移民事件在特定歷史背景下的動力和機制。這裡借用文化地理學的一些方法和理論來做簡要分析。

在文化地理學中，文化擴散（cultural diffusion）是指文化從一地擴散到另一地的空間過程。它與文化傳播有著一定的區別。文化傳播是更寬泛的概念，既包括文化的代際傳承，還包括文化的空間擴散，也即文化擴散。文化擴散是文化發展和繁榮的基本途徑之一，又可以分為兩類：遷移擴散（relocation diffusion）和擴展擴散（expansion diffusion）。人是文化的主要載體，沒有特定人群承載的文化是沒有生命的文化。文化事象的擴散是由於初始承載者進行人口遷移造成的，是由這些人群從源地帶到了新的靶地，這樣的文化擴散為遷移擴散。如果在文化擴散的過程中，文化事象發生了空間轉移，而文化的初始承載者並沒有遷徙，這類文化擴散就屬於擴展擴散。文化特質的擴散不一定需要大批的人遷移到新的地方來實現，大規模的人口遷徙所造成的則是文化綜合體或文化體系的遷移。大槐樹移民和光州固始移民就屬於後者。

美國學者赫克托（Michael Hechter）在1975年出版的《內部殖民主義》（Internal Colonialism）中將文化擴散的模式歸結為兩種類型：

1.「擴散模式」（Diffusion model）。「擴散模式」整個的發展過程可以大致分為三個階段：第一階段是兩個地區之間基本沒有聯繫，在經濟活動上各自有自己的傳統（如有的族群在邊疆草原地區從事畜牧業，主體族群從事農業和製造業），各自有自己的傳統市場，生活方式和消費水平有很大差距，各自的社會結構和分層有自己的特點。第二階段是在工業化過程中相互之間的聯繫逐漸增加，核心地區的行政機構、經濟商業機構、各類社會組織機構、文化形式、消費方式

逐漸向邊緣地區擴散，原有的地區經濟差距在縮小，邊緣地區開始步入工業化的進程，擴散的過程也就是先進族群控制的核心地區的政治、經濟、文化逐漸滲透到周圍地區的過程。第三階段，邊遠地區的工業化和經濟得到了充分發展，各個地區的財富均勻分布，在社會結構、經濟結構方面的差異已經消失，殘存的文化差異也隨著失去了其社會意義，建立起全國性的政黨，各族群、各地區都平等地有代表參與，核心地區和邊緣地區在政治、經濟、文化等方面完成了整合。

2.「內部殖民主義」（Internal colonialism）。「內部殖民主義」是指中央政權採取一種與殖民主義相似的統治形式。歐美國家的殖民主義政策，原來是施諸海外殖民地的，但是政府也完全可以把這種思路引入對境內一些邊遠地區的治理。由國內發達族群控制的中央政府，可以把這些少數族群居住的地區也當作「殖民地」對待，「核心地區」與「邊遠地區」在國家政治體制中（立法、司法、行政、經濟等機構）處於不平等的地位。「核心地區」對「邊遠地區」在政治上進行控制，在經濟上進行掠奪。

赫克托文化擴散模型是基於現代社會和工業化趨勢基本事實的考察，中國學者就這一理論模型在中國的應用展開了不少的研究也多是在工業化的基本框架內進行的，如馬戎先生對西藏問題的研究。[194] 對於中國古代歷史的移民與文化遷移，該模型的應用，我們認為是可以的：移民活動所帶來的不僅有文化特質的遷徙，同樣有文化綜合體的遷移。

在赫克托的模型中，文化擴散理論強調文化因素在實現國家發展中的絕對重要性，社會擴散理論在試圖透過說明社會結構變遷來解釋國家的發展。赫克托透過分析文化擴散理論和水結構擴散理論，認為這兩種擴散都不能解釋西方發達國家社會發展中出現的獨立於發達國家核心地區之外的相對落後的邊緣地區存在的問題，但這兩種擴散理論對於解釋中國歷史上的國家、疆域、民族和文化的形成具有一定的借鑑意義。如：漢武帝三次將閩粵漢民遷徙到「江淮之間」，建立了地處該區域的固始與閩地間的歷史聯繫的先導條件，唐初朝廷派陳政等入閩、明初中央政府的移民政策與移民活動都屬此類。一方面，在中央政府為主導的核心地區（人口稠密區）向邊緣地區（人口稀少區）的經濟、政治結構的擴散快速推

進的同時，積極創造條件，如減免賦稅、建邦封王，使擴散到邊遠地區的社會、經濟、文化逐步融入到當地發展的內在邏輯；另一方面，創造有利於不同群體間個體層次上交往的條件和機會。透過這種互動，文化的擴散和融合才易於進行，並逐步透過社會化和繼續社會化把擴散的結果內化到個體意識中去。這種長期的作用結果，就是形成一個全國性的經濟、政治、文化等各方面相互融合發展的局面，而在各民族的層次上，其各自文化又可能在與其他民族一致的基礎上保持一定的民族特色。用費孝通先生的話說，即為：「中華民族多元一體化」的發展。

五、歷史與現實的影響

　　人口遷徙與流動也是民族融合與形成的重要因素之一，就光州固始移民而言，歷史時期北人南遷多為衣冠士族，與當地土著相比，具有較高的生產技能和文化素質，加快了閩地的發展，閩地發展為移民開發臺灣做好了人力資源和技術等方面的準備，其功勞更為後人所重視，也是歷史上固始對閩臺開發和臺灣最終進入中華版圖所做出的貢獻。無論大槐樹移民還是光州固始移民，歷史——文化符號——文化認同——根親文化建設成為時代重新賦予歷史的新的涵義和詮釋。大槐樹移民與光州固始移民的歷史影響各有千秋，但對中華文化與漢文化圈的形成與留布方面都將光照永存。

　　請容許我坦率地說，我對這個格局的認識是不夠成熟的，所以拙作只能說是我對這問題研究的起點，並沒有構成一個完整的見解。

　　（本文作者劉國旭為南陽師範學院環境科學與旅遊學院講師、歷史學博士）

第二編　固始移民與閩臺文化研究

關於陳元光與閩南開發研究的幾個問題

湯漳平

　　適值由陳政、陳元光率領的中原87姓民眾戍閩1340週年之際，在其故鄉河南固始舉辦「固始與閩臺關係學術研討會」，確實很有意義。閩臺兩省，都是主要由中原移民及其後裔為主要居民形成的省份，其不同點僅僅在於福建人無論閩北、閩東、閩南或是客家人，均宣稱其祖居地為中原地區的河南，尤以光州固始為多。而臺灣則主要是由中原移民的後裔，閩南人與客家人共同開發的寶島，其中以閩南人為主。其實，不僅上述兩省，中國較晚成立的海南省也是如此，其居民構成中，也以閩南人居多。當然，還有粵東的潮、汕、惠與雷州半島、浙南的溫州地區、港澳乃至東南亞各國，均活躍著閩南人的身影。可知，唐初由陳政、陳元光父子帶領的這次中原民眾入閩，所產生的影響何等重大。但是，我們必須承認，由於閩南文化研究開展的時間還不長，許多相關問題的研究還不夠深入，因此，如何進一步凝聚各方面的力量，大力開展這一領域的研究，取得新的突破，仍然是一項十分艱巨的任務。下面我想就這一問題，談點個人的看法。

一、回顧

　　雖然在20世紀1920-1930年代，已有一些著名學者如林語堂、葉國慶等，在

開展福建的地方史研究中,初步涉及陳政、陳元光平蠻獠的一些傳說和史事,林氏於1926年撰《平閩十八峒所載古蹟》一文(載廈門大學《國學研究院週刊》第二期,1926年),葉氏則於1935年發表了《平閩十八峒研究》的長篇論文(載《廈門大學學報》第三卷第一期,1935年11月),對清代中期出現的這部通俗章回小說做了研究,葉氏直接認為這部小說是借用通俗小說《楊家將演義》中的人物,實際附會了唐初陳政、陳元光父子率領中原士民入閩,平蠻獠、建漳州之史事。然而。此後的半個世紀,這一領域的研究一直處於沉寂的狀態。

上世紀的1980年代初期,是在我們黨的解放思想、實事求是的思想路線指引下,這一沉寂狀態才得以被打破,這近三十年的研究狀況,大體可以分為三個階段:

上世紀1980年代為第一個階段,是研究的發軔與發展期,至1990年底在漳州召開的陳元光國際學術研討會,形成了第一次研究的高潮。由於禁區的被打破,加上舊有評價的徹底被顛覆,引發了學術界的一場空前激烈的爭論。爭論中主要圍繞史料的真偽、人物的評價、歷史的貢獻等問題展開。雖然從總體上講,本次爭論大體還是在學術研究的領域中展開的,各方都亮明各自的觀點,擺出可能挖掘到的各種材料來進行討論,但不可否認,其中也確有意氣用事的成分存在。

1990年代是這一研究的第二個階段。這一時期的特點是研究的氣氛相對平靜。雖然第一階段爭鳴中提出的許多問題並未達成共識,但各方在保留各自意見的基礎上進行探討,沒有出現第一階段那樣激烈的交鋒。與此同時,閩豫兩地開始建立互動關係,固始縣與雲霄縣建立了友好縣關係,並同時在兩地成立「陳元光開漳史研究會」,舉行學術研討活動。一些歷史文化遺址得到了修繕和保護,如雲霄縣的將軍山陳政陵園,漳州市的陳元光陵園,漳浦和雲霄的威惠廟等都有計劃地在修建中。

新千年以來的十年是研究的第三階段。隨著閩南文化研究的開展,陳政、陳元光及其率領的中原民眾在閩南文化形成中的作用和影響進一步得到研究者的關注和認同。由於中央對閩臺關係的重視,對閩南文化在兩岸和平統一中可能發揮

的作用等問題越加關切，因而各級政府也積極參與和推動閩南文化的研究，從而出現了第二次高潮期。作為唐初中原移民落腳點與開漳發生地，漳州市大力加強這一領域的研究工作，2005年第三屆閩南文化研討會在漳州召開時，漳州市政協專門組織編寫了一套《漳州文化叢書》，以被稱為「開漳聖王」陳元光的開漳史及其在閩南文化中的地位作為本次會議討論的重點。鑒於民間信仰對下層民眾更具號召力，這一時期特別重視「開漳聖王文化」的研究（「開漳聖王」在臺有數百萬信眾和300多座廟宇）。其標誌即2006年成立漳州市閩南文化研究會的同時，成立世界開漳聖王聯誼會。聯誼會自2006年起，先後在新加坡、臺灣地區舉行了第一、二屆聯誼活動，明年將在漳州舉行第三屆聯誼會。固始與雲霄也分別舉辦幾屆研討會，這些對於擴大「開漳聖王文化」的影響，加強閩臺乃至海外僑胞的交流和相互瞭解，增進相互之間的感情，無疑具有十分重要的作用。

二、存在的問題

經過了這三十年的研究和宣傳，可以說，目前對唐初以陳政、陳元光為首的87姓中原移民入閩，開發泉潮地區，傳播先進的中原文化，促進民族和睦，發展社會經濟與文化所起的積極作用及促進閩南文化的形成方面的意義，已經形成了共識，但是這一領域的研究仍然存在著一些值得討論的問題，主要有如下三個方面：

一是研究的深度與廣度不足，難以有效地取得突破。雖然這一課題的提出已有30年時間，但總體而言，後二十年的研究進展相對遲緩，研究的水平提高不快，對前十年研究中所提出的相關問題尚缺乏更深入的研究，因而雖然召開過多次會議，但尚未取得令人信服的突破性的進展，究其原因，是研究力量的不足形成的。目前的研究，停留在一般性的號召，沒有專門從事該項研究的人員和設立相關的項目，這樣就難以出現高質量的成果，自然也就談不上真正意義上的突破了。

二是田野調查的力度不夠。應當承認，近三十年來，我們的文物考古部門作了不少工作，例如相關的文物普查，一些歷史遺蹟的保護和修繕，相關景點的建設等（如雲霄有開漳史蹟陳列館，固始有元光廣場，漳州正在大張旗鼓地建設元光文化公園和陳元光紀念館等），但如何透過田野調查與重點文化遺址的發掘，提供更有力的證據，這一方面的工作應當說還是有待加強的。「空口說白話」不行。無論河南還是福建，歷史上都經過多次的戰亂，歷史文物大量被損毀，造成現今研究資料的不足（河南歷史上的大規模人口遷徙，福建明清以來的遷界復界等），因此有必要透過田野調查取得第一手的資料。

三是研究方法的相對陳舊。目前這一領域的研究，大多停留於使用原有的一些研究方法和研究手段，這也是研究水平難以得到提高的原因之一，如何採用跨學科的綜合研究方法分工協作，以便取得一些突破性的進展，也是值得認真思考的問題。有些需要自然科學部門的配合，例如歷史上關於氣候變化的資料。陳元光的《龍湖集》中有一首詩寫到雪景，但漳州現在的氣候條件，冬天只見霜而不見雪。因此，一些學者（包括本人在內）懷疑此詩是後人所作，且作詩地不在漳州。但是，龍岩的郭啟熹先生就不同意我的意見。他說，今龍岩地區當時屬陳元光軍隊管轄區，閩西每年都下雪，所以不能因此懷疑此詩的真實性。近讀《漳州市志》，其中也有古人詠雪詩，所以諸如此類的問題，實在應當有其他學科的學者參與研究，否則，以今律古，恐怕未必盡然。

當然，還有一點是觀念的更新問題，說起來話就長了，等第三部分再展開來談。

三、對下一步工作的幾點建議

加大研究的力度，提高研究的水平，努力突破研究中的難點，是所有研究者的共同願望，也是豫、閩、臺及所有關心這一領域研究進展的人士的共同願望。召開本次會議也體現了這一點。但是，僅憑良好的願望是解決不了問題的，對於

1000多年前發生的歷史事件,史料的缺載造成我們今日的研究困難。但是,「唐史無人修列傳」並不等於就沒有其他途徑可尋了。我想我們應當儘量拓展思路,透過多方面的努力來尋求一個比較切合實際的結論。下面我想就這一問題談點我個人的想法。

(一)在中原文化和閩南文化研究與閩南文化生態保護的大背景下,大力開展這項研究工作。

新世紀以來的十年,中原文化與閩南文化研究的重要性及其現實意義已經越來越為各方所重視,閩南文化生態保護區也是在這樣的背景下優先得以建設並開展工作。但是,如同客家文化研究一樣,當前對閩南文化的形成期問題並未達成一致的意見,雖然多方面的研究(方言、民間風俗和信仰、民間藝術的傳承、族群心理等)已經表明,閩南文化的形成與唐代中原文化南遷關係最為密切,但是這種形成的過程整體脈絡還不是很清晰,如何透過各方面的努力來使之更加清楚,更具說服力,是下一步研究中應當做的工作。這兩年來,漳州市政協組織編寫《漳州姓氏》一書,對全市範圍內各種姓氏的分布、入閩、肇漳、聚居地、遷徙等情況作了比較翔實的調查與考察。我在認真閱讀之後,覺得其中提供了許多珍貴的有價值的資料和各方面的訊息。把多方面的資料收集起來,透過綜合考察和分析,其可信度就會高得多。豫閩兩地如能配合起來,加強訊息交流和溝通,那就更好了。目前中原地區居民,多數是明清時期由外省遷來的,但也仍有部分是原住地的居民,如能找到一些原始資料,那就很有價值了。明清時期遷豫的各族,與閩臺方面也不是完全沒有關係,認真考察的話,照樣可以找出許多有參考價值的史料。當然,這是一項較大的工程,涉及面廣,因此需要多方面的通力協作。人員、經費、機構的設置、項目的設計等都是必不可少的,這需要政府的支持和民間力量的投入。現在開展這項工作,條件比過去好得太多了,有各方面的積極性,事情就會好辦得多。不僅閩豫兩省共同做這項工作,盡可能讓所有閩南文化圈的民眾,包括廣東的潮汕、浙南、海南和臺灣的閩南人共同關心這項工作,「禮失而求諸野」,臺灣雖然是後形成的閩南人的聚居地,但它保存的中華文化仍是相當豐富的,我曾提出以「保護我們的共同家園」作為兩岸合作、共同保護閩南文化生態的建議,隨著兩岸關係的緩和,從加大文化交流的角度講,我

們也應當這樣做。

（二）加大田野考察和文物的收集力度。雖然這些年來，中國加大文物普查的工作，取得不少成績，但就專項工作進行調查，還是做得不夠的，尤其過去經歷許多戰亂，文物或散失或損毀，怎樣注意收集，使之不至於再度流失，這一方面仍有大量的工作可做。有時，一塊碑記，一篇墓誌銘，就能解決許多問題。

我特別希望能夠結合建設中的需要，對一些重點文化遺址進行必要的考古發掘，許多古代的懸案，往往能在考古發掘中獲得解答。古希臘神話中的特洛伊戰爭，曾經被認為是神話傳說，未必實有其事，也未必實有其地，但經過考古學家的發掘，特洛伊古城遺址找到了。目前已得到大量文物，充分證實這場戰爭的真實性。中國這些年實施的夏商周斷代工程，多學科的綜合考古發掘，取得了可喜的成績，許多問題得到答案，堯舜時代的考古發掘也成績斐然，正在提出「走出堯舜傳說的時代」。相比之下，發生在1000多年前的事件，時代更靠近，能夠保存下來的東西也會更多，因此，在政府相關主管部門的組織下，如果能有選擇地重點發掘一些地方，取得第一手的資料，相信對於這一項目的研究能夠有新的推動作用。

（三）關於研究方法和觀點更新的問題。這些年在研究中經常碰到的一個問題就是資料的鑑別問題，許多研究者雖面對眾多資料卻不知所從，時常可以聽到有人詢問：「這資料能引用嗎？不是說族譜資料都不可靠嗎？」對於古代傳世的資料，尤其像族譜這類民間流傳的史料，採取比較謹慎的態度並沒有錯。但是，如果因為有一些疑義便不敢問津，那就不對了。自20世紀初年，疑古風大煽，古代典籍動輒受到「偽作」的指責，各種傳世資料亦不能倖免，族譜資料更是懷疑的對象，批評者往往根據其中的某些訛誤動輒否定全部資料的真實性，這其實是更不慎重的態度。中國的私家族譜編纂是北宋時方形成的普遍風氣，編譜人為尋找本族祖先，往往到史書中去找一些知名人物，以光大本族門面。因此往往導致張冠李戴的謬誤。學界普遍認為，族譜資料中，年代越遠的，資料可靠性越差，而年代越近的，其可信度越高。因此，我們應當採用分析的方法，不能動輒一概否定。顧頡剛先生是「疑古派」的代表人物，但他依然對族譜資料的價值給

予很高的肯定。因此，要充分利用這些資料。就筆者所閱讀的漳州眾多家族的族譜資料看，其中保存有大量珍貴的史料，可供我們去綜合分析和研究，不能因為某一部族譜資料中有問題，就把所有傳世族譜資料都一棍子打死。我們現在的史料整理，不僅需要將所有傳世的資料妥善保存下來，還要整理沒有文字資料的「口傳史」，因為其中也保存有許多有價值的研究資料。

史學界當前正在開展的關於怎樣認識20世紀以來「疑古派」的是與非，也對當前流行的「走出疑古時代」的提法開展爭鳴，甚至有人對「二重證據法」也持不同評價，大家應該關心這場爭論，它對於我們拓展視野、重新審視我們研究的思路與方法、更新觀念是大有好處的。

（本文作者湯漳平為漳州師範學院閩臺文化研究所所長、教授）

論固始移民對閩南文化形成及傳播的影響

何池

閩南文化是中華文化的重要組成部分，屬於區域文化，它源於中原文化，是中原漢文化與東南海疆古閩越族文化在幾個世紀漫長的歷史進程中相互碰撞與交融而逐漸形成的。隨著閩南人口的遷徙，這一區域文化首先隨著閩南人在明清時期開發臺灣而延伸到了寶島，成為臺灣的主流文化。還隨著閩南人的漂洋過海遠播到東南亞各國的閩南方言區。據有關資料統計，至今全世界使用閩南方言的人口在一億五千萬人以上。那麼，古閩越文化究竟是透過什麼渠道與中原文化產生碰撞與交融而形成閩南文化的呢？又怎麼傳播到臺灣呢？本文就此作一粗淺探討。

一、歷史上的中原移民入閩

(一)中原地區是中華文明的發源地

現在我們所說的中原,一般指河南省(廣義的中原指黃河中游地區),故河南有「中州」、「中土」之稱。4000多年前,河南就是中國「九州」中心之豫州,現在簡稱為「豫」。史學界普遍認為:河南是中華文明的發源地。這裡是自三皇五帝到北宋中國長期的政治、經濟和文化中心所在地,因此古有「得中原者得天下」之說。

中原地區是華夏民族的搖籃。據有關統計資料表明,僅起源於河南的姓氏就占了中華姓氏的五分之一。尤其是固始,該縣地處江淮之間,自古是中原人口第一大縣。隋末唐初固始縣就有人口4-5萬人,[195]居當時河南地區縣級之冠(現全縣有160萬人口,仍是河南人口第一大縣)。這裡有許多諸侯封國,是中華民族許多姓氏的源頭。又因地處古代中原人南行東部大通道的樞紐地帶,從這裡大量輸出人口和姓氏便成為歷史的必然。據固始地方史記載,西漢初年,漢武帝北遷閩越人於江淮間,閩固兩地的血緣紐帶由此搭起。之後從固始移民入閩便源源不絕,僅從東晉至五代比較大規模的對閩南較有影響的就有三次,一是東晉永嘉之亂,中原八姓衣冠南渡,半數以上從固始入閩;二是總章二年隨陳政、陳元光入閩南平亂及其隨後跟魏媽入閩增援的唐府兵大多為河南固始籍子弟;三是五代的「三王」(王緒王潮王審之)入閩。如今來自海內外各姓氏宗親紛紛到固始的「尋根熱」成為全國最獨特的一大景觀。

(二)固始三次較大規模的移民入閩

1.永嘉之亂,中原士族大量南遷,其中固始人居半

晉武帝於公元290年逝世後,從晉惠帝永興元年(304年)開始,北方匈奴貴族劉淵、羯族石氏、鮮卑族慕容氏、氐族符氏、羌氏姚氏相繼稱帝,分據中原,爭戰不已,史稱「五胡之亂」。光熙元年(306年)晉惠帝死,司馬熾嗣位,是為懷帝,改元永嘉。晉懷帝永嘉年間(307-313年)是「五胡之亂」最劇烈的時期,故稱「永嘉之亂」。永興元年(304年),劉淵在左國城(今山西離石)起兵反晉,遣石勒等大舉南侵,屢破晉軍,勢力日益強大,永嘉二年(308年)正式稱帝。劉淵死後,其子劉聰繼位。次年,劉聰遣石勒、王彌等率軍攻

晉，在平城（今河南鹿邑西南）殲滅十萬晉軍。永嘉五年（311年），匈奴兵攻陷西晉京師洛陽，俘虜了晉懷帝，縱兵燒掠，殺王公士民三萬餘人。之後，懷帝被匈奴人所殺，其侄愍帝被擁立於長安，西晉王朝名存實亡。公元316年，匈奴兵攻入長安，俘虜了愍帝，西晉至此宣告滅亡。晉元帝司馬睿東渡於建康（今江蘇南京）建立東晉，收輯人心，義安江左，南方荊、揚、江、湘、交、廣之地，比起烽煙四起的中原安靜得多。於是中原士民相率舉族南遷，避難斯土。

「永嘉之亂，衣冠南渡，始入閩者八族」，[196]《三山志》載有林、黃、陳、鄭、詹、邱、何、胡八姓，這八姓是中原大族，入閩後先在閩北（今南平地區）及晉安（今福州）定居，而後逐漸向閩中和閩南沿海擴散。這些南遷的中原士民，有多少人來自固始，有多少人入閩？史料缺乏明確記載，但可以肯定的是，固始移民占一定數量，也有不少進入閩地。根據是《閩中記》記載：「永嘉之亂，中原士族陳、鄭、林、黃四姓先入閩，今閩人皆稱固始人。」又據固始《黃氏宗譜》記載：固始黃姓「永嘉之亂，中原板蕩，流閩者百五十餘戶」。[197]

2.唐初陳政、陳元光奉詔入閩南平亂與開發

唐高宗執政初年，閩南一帶還是中央政府管理的盲區，這裡的「蠻獠」山越族酋長聯結漢族中的一些反唐勢力，在福建的泉州（治在今福州）和潮州中間中央政府政令鞭長莫及的雙不管地帶，攻城略地，嚴重影響了當地群眾的生產生活，給經濟社會帶來很大破壞。唐總章二年（669年），陳政奉詔率領府兵三千六百名，將領一百二十三員，風塵僕僕從中原千里戍閩南安邊，拉開了唐王朝綏靖與開發東南邊陲戰略部署的序幕，年方13歲的陳元光隨行。之後，因唐軍「兵困九龍山」，陳政母親魏（箴）太夫人親率3000援軍來援，戍閩唐軍才得以進軍蒲葵關（今盤陀嶺），打開了蒲葵關天險，進軍雲霄地界，屯營火田。從總章二年起，到永隆元年（680年）八月陳元光最後在蒲葵關消滅「蠻獠」部隊主力，基本肅清動亂根源，前後達11年之久，陳元光也在殘酷的戰爭烽煙中成長起來。

這前後兩次分別由陳政、魏媽率領赴閩南的固始「河洛郎」連同家眷、隨軍

能工巧匠共達萬人左右，可考的姓氏有陳、馬、王、沈、李、盧、戴、湯、何、陸、林、楊、方、張、吳等85姓。而當時閩南「泉潮之交」的漳州區域，還是地廣人稀的「炎荒絕域」，當時這片地區才有人口1690戶，[198]以平均每戶5人計算，才有人口8000多人。也就是說，陳政、陳元光所帶來的戍閩將士及其家眷、能工巧匠總人數在當時已超過本地居民數。

3.唐末五代「三王」（王緒、王潮、王審之）的移民入閩

唐末王潮是光啟元年（885年）統兵來閩的。《新唐書·僖宗紀》載：光啟元年正月，「王緒陷汀、漳二州」。王緒起義軍進入福建後，發展很快，「八月，緒率部至漳浦，有眾數萬」。部隊一直活動在漳浦至潮州一帶，因道路崎嶇，籌糧困難等原因，王緒下令，軍中「無得以老弱自隨，犯者斬！」可是，王潮兄弟不忍離棄與自己同甘共苦、千里相隨的老母親，於是，與王緒產生了矛盾。隨著部隊的壯大和發展，王緒忌才多疑的性格也逐漸暴露出來。「見將卒有勇略逾已及氣質偉岸者皆殺之」。瘋狂到連自己的妹婿、前軍先鋒劉行全也不能倖免，搞得軍中人人自危。結果，王潮聯絡一些將士在南安篁竹中設下伏兵，殺掉王緒，眾將奉潮為首領。

王潮領軍後一改王緒「所至剽掠」的作風，軍風整肅地過境泉州，給泉州的老百姓留下了良好的印象。那時泉州的百姓正飽受刺史廖彥若貪暴的苦難。耆老張延魯等眾奉牛、酒趕到沙縣請求王潮解救泉州百姓於水火之中。王潮順應民心，圍攻泉州，時間長達一年，至唐僖宗光啟二年（886年）八月，城破，殺刺史廖彥若，遂有其地。光啟四年（888年）十一月，唐王朝正式敕授王潮為泉州刺史，加檢校右散騎常侍；翌年又晉封為工部尚書，唐昭宗大順元年（890年）加戶部尚書。大順二年，任命王潮為福建觀察使，王審知為副使。至此，王潮、王審知完成了對福建省的統轄。

跟隨「三王」入閩的將佐、軍校、兵士、眷屬、民眾究竟有多少姓氏，歷來說法不一。明嘉靖《固始縣誌》記載稱有18姓，清代福建《柘榮溪坪謝氏族譜》裡，有名諱可考的25個姓。從連橫的《臺灣通志》又可查找到27個姓。新編《固始縣誌》據現存族譜與其他資料統計後，增為34姓。

《泉州文庫》的楊清江先生從1996年起就對這一情況進行細心考核和增補，他先後從新舊《五代史》、《八閩通志》、《閩書》、《福建通志》、《十國春秋》、《泉州府志》、《八閩掌故‧姓氏》等史志、史書和族譜中艱苦查尋，共考證出隨「三王入閩」的共有王、陳、林、劉、李、吳、郭、謝、鄭、周、張、黃等67姓。[199]而關於「三王」率領入閩的固始人數，清末固始進士何品黎考證結果為「王審知帶領固始鄉民5000人入閩」。[200]《新唐書‧僖宗紀》載：進入福建後發展很快，許多老百姓加入義軍，「有眾數萬」，可見，該起義軍是進入福建之後，貧苦農民紛紛加入起義軍，才發展到「數萬人」。

二、陳元光開漳活動是閩南文化形成的主要影響源

（一）三次移民入閩對閩南文化形成的不同影響

實際上，歷史上中原人民大量南遷還有南宋時期，因北方土地先為金朝所據，後為蒙古族建立的元朝占領，南宋朝廷偏安江南一隅，於是又一次出現中原人口南遷浪潮，其規模之大，人數之多，超過以前各次南遷。其中當然也包括固始士民，但其遷徙之地以江浙為主，也有一部分進入閩粵地區。

這數次的南下移民都帶去了中原文化，都對閩文化的形成產生了深刻的影響，但因以下情況而導致對閩南文化影響的程度各有不同：

1.「永嘉之亂」入閩的中原人士遍布「江東」各處。當時的「江東」是一個很大的地域概念，因為靠近中原地帶的長江在九江到南京這一江段是從南（偏西）向北（偏東）流向，故當時有「江東」與「江西」之稱。漢初的江東指吳中一帶，中心在今天的蘇州；三國時，孫權以太湖一帶作為根據地，當時把吳統治下的整個地區稱作江東。從廣義上講，當時的「江東」指整個江南地區，狹義上指太湖一帶；相對而言，當時的「江西」也不是今天的江西，廣義上講是指長江以北直至中原一帶，而狹義上是指淮河以南長江以北地區。唐開元年間，江南道分為東西二道，簡稱江東道、江西道，由此出現了具有行政建制意義的「江

西」，原來以長江為標誌、與江東對稱的「江西」便逐漸被歷史所淘汰。由此可見，中原士民南遷「江東」的地點十分廣泛，包括今天的安徽東南部、江蘇、浙江、江西、湖南、廣東和福建等省。在福建則多集中在閩北、福州、莆田等較早開發的地區，有一些人也到達今泉州地區，中原文化對這些地區的影響比較顯著，現在這些地方還有（福州）晉安區、（泉州）晉江縣、晉江等地名可以佐證。因此，《福建省志》載：「相傳中州八姓（林、黃、陳、鄭、詹、邱、何、胡）入閩，主要聚居在閩北建溪、富屯溪、閩江下游以及晉江沿岸，交通方便、土地肥沃的地方」。[201]漳州地區其時尚未開闢，屬「化外之地」，是刀耕火種、以漁獵為主的剽悍的山越人聚居之處，地理上又有戴雲山山脈阻擋，故能夠進入漳州地區的中原士族極少。所以這次的中原移民帶來的中原文化對這片土地影響微乎其微。

2.唐末至五代的「三王」入閩，雖然帶來的起義部隊基本上都是固始士民，也有五千多人，但這些人被安置到全省各地，其時福建漳州已創建220多年，全省有福、建、泉、汀、漳五個府級建制。大部分的固始移民集中到生活環境較好的福州，對閩文化的形成有較大影響。而當時漳州、汀州相對於福州而言生活環境較差，又被列為下州。因此到漳州定居的固始人士也就相對少一些，來自中原文化的影響自然就比較弱。

3.唐高宗總章二年（669年）陳政、魏（箴）太夫人相繼率領的固始軍眷入閩南平亂與開發，這是歷史上進入閩南人數最多的一次中原移民。這次移民因朝廷指示的平亂和開發雙重任務，地點也指定在「泉潮之間」的閩南地區。於是，這片號稱炎荒絕域的「化外之地」首次有近萬名中原固始移民（比本地土著居民人數還多）集中在這裡進行戰爭、生產和生活，而且戰爭結束後就在這片土地上定居生活、世代繁衍，成為這裡的永久居民，其所帶來的中原文化影響力理所當然也就達到最大化，效果也最為顯著。

（二）陳元光卓著的開漳功績

1.實施剿撫結合、區分首惡脅從的平亂政策。陳元光自幼飽讀經書，深受儒家忠君報國、王道仁政的影響，當乃父陳政在奉詔入閩南平亂八載，憊極勞瘁而

逝之後，在平亂戰爭中長大的他承父職代領戍閩唐軍，總結了父親過度殺戮的平亂政策帶來的消極後果：「元兇既誅，餘凶復起，法隨出而奸隨生，功愈勞而效愈寡」……「誅之則不可勝誅……」[202]實行了剿撫結合、恩威並施的新政策，區別首惡與脅從，重點打擊首惡，即「落劍唯戎首，游繩系脅從」[203]對參與動亂的廣大「蠻獠」山民，則以撫綏為主。透過多種渠道，下力氣招撫流亡。這一政策的實施贏得了人心，緩和了民族矛盾，很快擊潰了「蠻獠」主力，取得了平亂戰爭的勝利，結束了閩南一帶從總章二年開始長達十多年的動盪局面。土著群眾「負耒耜皆望九龍江而耒」[204]荒涼的九龍江兩岸「漸成村落，拓地千里」，為創建漳州奠定了社會基礎。

2.實行「畿荒一德、胡越和同」的民族融合政策。對歸附的「蠻獠」山民，陳元光「撫而籍之」，免除其賦稅徭役，促進了生產。為了進一步促使當地山越民族改變陋習，融入主流社會，促進「胡越百家，愈無罅隙」，陳元光提倡民族通婚，鼓勵部將與當地女子結為秦晉之好。這些政策的施行，極大促使了漢族和當地土著民族的融合，並推進了還處於部落時期的山越土著的封建化進程。

3.用中原先進生產技術取代刀耕火耨的落後生產方式。唐初，生活於「泉潮」之間的山民仍處於氏族社會末期，其生產方式十分落後，他們「伐山而營，依山而獵」，「火田畬種無耕犢」[205]針對這一現狀，陳元光則積極推廣中原先進的生產工具與技術，如鐵器農具、牛耕和曲轅犁，大力提倡精耕細作，興修水利，使用筒車提灌農田，實行雙季稻生產方式。

正是由於這些來自中原先進生產工具與技術的應用，漳州地區農業生產得到初步發展，生產力水平第一次得到提高，沿襲數千年的刀耕火種生產方式至此畫上了句號。

4.創辦學校，傳播中原文化藝術，化矇昧為敦倫。作為一代儒將的陳元光，深知「兵革徒威其外，禮讓乃格其心」「其本在創州縣，其要在興庠序」[206]的道理，因此，當戰亂甫定，他就向朝廷上了《請建州縣表》的奏章，朝廷批准了這一奏章。垂拱二年（686年），漳州得到正式創建，由此唐王朝各種制度法令和中原文化在這裡得以推行和傳播。「化蠻貊之俗為冠帶之倫」，使「荒陬蠻獠

盡沐皇恩」。他在州郡職官中設專司教育的「文學」一職，主持鄉校事宜，還讓其子陳珦在新創辦的松州書院主持講授，聚生徒40人，成為漳州學校教育的源頭。學校的創辦，不僅達到「民風移醜陋，土俗轉醕醇」[207]之目的，而且使漳州邁進封建科舉制度的軌道。他還與部將詩賦唱和，其留下的《龍湖集》成為福建現存最早最完整的一部古詩集。他「教民祭臘」，成為閩南除夕過大年習俗的最早源頭。另外，固始軍民帶來的中原戲劇藝術、飲茶文化、歲時風俗、宗教、祭祀文化都開始在那裡扎下了根，並與那裡的閩越族文化相互交融與碰撞，成為今天閩南民俗的發端。而他們帶來的中原古音與那裡的土著方言相互交融，成為今天閩南方言形成的最初源頭。至今閩南方言所保存的諸多中原漢唐古音，仍讓許多語言學者如獲至寶、激動不已。

5.通商惠工，發展經濟。建置漳州之後，陳元光十分重視發展經濟，他勸農、通商、惠工，教育兒子和部屬要「日閱書開士，星言駕勸農」（陳元光《龍湖集》）。在他政策的感召下，官民開荒墾田，種稻種茶養蠶，發展多種經營，形成熱潮，處處是「鮫斧開林驅虎豹，施罟截港捕魚蝦」[208]在漳州大地上，呈現出：「火田黃稻俱甘旨，綱水金魚洽醉釃」[209]「農郊卜歲豐，帥閫和民悅」[210]的喜人景象。此外，曬鹽、造船、製瓷、製陶、冶鐵、織染、農機具製造等中原手工業技術也在這裡得以傳播。「海船近通鹽」[211]既道出了當時船舶製造技術的進步，也反映了製鹽業的發展和海上貿易的初步繁榮。

由此可見，正是唐初陳元光及其部將和固始移民的開漳活動促成了閩南文化的產生，成為閩南文化的最初源頭。

三、閩南文化是聯結海峽兩岸的重要精神紐帶

（一）閩南文化的基本內涵

閩南文化產生於晉唐，成熟於南宋，並在明清時期隨著閩南經濟社會的發展得到進一步發展。閩南文化的內涵博大精深，十分豐富，以至於至今許多學者對

什麼是閩南文化,閩南文化的內涵等問題仍沒有統一的定論。我粗淺的看法是:閩南文化是所有閩南人在社會活動中所創造的物質財富與精神財富的總和,就其外延來說,閩南地域是閩南文化的載體和發祥地,它隨著閩南人向臺灣和海外的遷徙而傳播到臺灣,傳播到海外各國閩南人聚居之地。就其內涵來說,閩南文化離不開閩南的人、事、物。「人」即閩南人物,主要是歷史人物,包括僑居海外的閩南人物;「事」即發生於閩南地域、閩南人當中的事,包括歷史事件、歷史故事以及語言、著述、藝術、制度、組織、民風民俗、思想思維、人文性格、宗教信仰、民間故事等等。「事」又可分為實事、虛事(即精神方面的事);「物」即閩南實物,包括自然存在物和人工製造物等。它包括了產生於閩南人中、閩南地域上的一切,涵蓋了政治、經濟、軍事、文化等方方面面。既有物質的,又有精神的;既有古代的,又有現代的。我覺得它雖然還比較粗糙,但大體能圈出閩南文化的本質內涵。

(二)閩南文化隨著臺灣的開發傳播入島

明清時期,隨著閩南人大量進入臺灣開發墾殖,具有地域特色的閩南文化就傳播延伸到了寶島,成為今天臺灣的主流文化。其中僅陳元光後裔「開漳聖王派」的陳姓,在明末清初開發臺灣的熱潮中大舉遷臺,就有霞葛派(以詔安陳為主)、溪南派、赤湖派(均以漳浦陳為主)、大溪派、蘆溪派(均以平和陳為主)等20-30個宗支,他們雖分居臺灣各地,但世代相傳的族譜都寫著「固始衍派」,以陳元光為「唐山祖」。據1953年臺灣戶籍統計資料稱:當年臺灣全省戶數在500戶以上的100個大姓中,有63個姓氏的族譜上均記載其先祖來自河南固始。這63個姓氏共有670512戶,占當年臺灣總戶數828804戶的80.9%,[212]他們當中,絕大部分的開臺祖來自閩南漳州,而這些開臺祖的先祖就是唐初跟隨陳政、陳元光入閩南平亂和開發的中原將士。正因為如此,今天的許多臺灣同胞不僅回漳州謁祖,甚至不辭辛苦,千里迢迢到河南固始尋根。

(三)閩南文化成為今天臺灣的主流文化

1.國學儒家文化傳入臺灣,深深影響了臺灣一代代人。在明末清初臺灣的大開發過程中,國學儒學思想文化和科舉制度隨著大陸移民傳入臺灣,儒學的核心

要義「修身、齊家、治國、平天下」的人生價值，既與清政府管理臺灣社會、促使安定的需要相適應，又與移民社會族群建功立業、光宗耀祖的倫理規範相吻合，於是，儒家文化很快被臺灣社會所接受，儒家思想成為臺灣文化的精神核心與人們的道德規範。它最先由漳籍的陳永華在臺南建立第一座文廟，並首次把大陸的科舉制度推廣到臺灣。臺灣歸清後，儒學教育得到清政府仕臺官員的鼓勵和引導，所教內容更為全面深入。另外，社學的普遍設立，「番社」子女得到教育機會更多。這些措施使得儒學得以在臺灣全面而普遍地傳播開來。

2.閩南民間宗教文化的傳播。臺灣的民間宗教信仰非常盛行，這是由於臺灣艱難的自然條件和社會條件等原因使然。大陸民眾到臺灣要渡過波濤洶湧的海峽黑水溝，古時臺灣又是一個瘴癘肆虐之地，加上地震、臺風等自然災害頻繁，大陸群眾到臺灣真正能活下來、留下來的不多。入臺開發的墾民面對著不可抗拒的自然力、瘟疫等自然災害，只能祈求冥冥之中各種神祇的庇佑，宗教信仰應運而生。

開臺王、漳人顏思齊最早在臺灣傳播了家鄉的媽祖崇拜，他們在笨港所創建的媽祖廟，今天已成為臺灣的開臺媽祖，成為全臺灣所有媽祖廟的分香祖廟。如今全臺灣共有媽祖廟1000多座，信眾達1700多萬，占臺灣總人口70%以上。

除了媽祖崇拜之外，臺灣還是多神崇拜的地區，擁有信眾比較多的還有「開漳聖王」（陳元光）以及「保生大帝」（吳　）和關帝崇拜。陳元光去世後在歷代朝廷的敕封中升級為「開漳聖王」，陳元光也從人演變為神，之後，「聖王」香火隨著開發臺灣的漳籍鄉親傳播到了臺灣，如今臺灣島內有祭祀陳元光的廟宇300多座，信眾800多萬人，在臺灣民間四大宗教崇拜（媽祖、開漳聖王、關帝、保生大帝）中居第二位。

此外，從漳州傳入臺灣的神祇還有「保生大帝」和關帝信仰等。現在，媽祖、開漳聖王、保生大帝、關帝四大神祇崇拜已成為臺灣民眾最主要的宗教信仰。

3.漳州腔閩南話成為臺灣的主流方言

現臺灣島內80%多的人講閩南話，而其中約占全島總人口一半左右的人是講

漳州腔的閩南話。有專家記錄了臺灣同胞講的閩南話單詞，發現常用的單詞有四千個左右，而其中竟然有3500個單詞與漳州話的腔韻相同。這就是今天臺灣主流方言的腔調最接近漳州話的原因。

4.中華文明及閩南民俗文化在臺灣扎根

明清時期大量閩南移民促使了中華傳統文化及閩南區域民俗文化在臺灣的傳播與扎根，這方面內容豐富，現僅介紹如下四個方面。

一是婚姻儀式：臺灣民眾締結婚姻，嚴格遵循「父母之命，媒妁之言」，並按照如下程序進行，即：問吉（互送甲庚卜吉）、探家風、訂盟、納采、請期、迎親、拜堂。這不僅是漳州一帶的傳統婚嫁習俗，而且是中華民族的婚嫁禮俗，即「六禮」。「六禮」是從西周開始形成的婚姻成立的必經程序，這一締結婚姻的程序因其相對的合理性而受到廣泛的接受，至今仍在海峽兩岸的民間得以流傳。

二是喪葬儀式：基本上與閩南漳州一樣，人死後要搬鋪、請水、洗淨、飯祭、守靈、哭棺、停柩、入葬、七七轉紅收魂、七七之後親友畢至止吊，百日卒哭除靈謝吊，分胙於吊者，謂之答紙。這些喪儀基本與閩漳無異。

三是歲時民俗：康熙三十四年（1695年）臺廈道兼理學政高拱乾編纂的《臺灣府志・風俗》對當時臺灣的歲時民俗作了詳細記載：

「除夕祀先，禮神，爆竹之聲不絕，謂之『辭歲』，老少圍爐坐以待曙，謂之『守歲』。正月元日早起，少長咸集，禮神，祭先，飯後，詣所親及朋友故舊賀歲，俗謂之『賀正』，至五日乃止，謂之『隔開』。」

至今，除夕日，臺灣民眾家家戶戶在操辦「圍爐飯」之前，都要先煮一桌酒菜祭拜祖先。這與漳州民俗完全一樣。

此外，歲時的「端午節」門懸蒲艾，吃粽子，划龍船；六月一日（農曆）吃「半年圓」；七月七日「乞巧節」；七月十五「中元節」做「普度」；「中秋節」製大餅，進行「博餅」活動；「冬至」吃湯圓；臘月二十四「送神上天」；正月初四「迎神」下地等等。與漳州歲時民俗毫無二致，在漳臺兩地代代相傳，

完整地保留至今。

綜上所述，經過大陸移臺墾民及其後裔近四百年的代代傳承、熏陶與發展，中華民族傳統文化及其子文化——閩南文化已經完全在臺灣扎下了根，成為如今臺灣的主流文化。而它的源頭，正是起於明末清初以漳籍人士為主力軍的大規模開發活動，如若再往前追溯，則是唐初開漳活動中從固始傳播過來的中原文化。

（本文作者何池為中共漳州市委黨校教授）

論開漳聖王信仰體系的特點

鄭鏞

陳元光，出生於唐顯慶二年（657年），字廷炬，號龍湖，唐代河南光州固始人。陳元光自幼聰穎，好讀書，喜騎射；通儒術，精韜略，文武雙全。唐總章二年（669年）其父歸德將軍陳政率中原子弟兵入閩平亂。唐儀鳳二年（677年），陳政逝世，21歲的陳元光繼承父親的職務，率領部將平定叛亂。唐垂拱二年（686年）朝廷準陳元光將軍之奏批覆建置漳州，陳元光擔任首任漳州刺史，勵精圖治，「畿荒一德」，為閩南的開發和發展立下了不朽的功勳。景云二年（711年），陳元光與少數民族「蠻獠」酋首藍奉高於岳山交戰時中伏殉職。

一、陳元光開發建設閩南的貢獻

陳元光的主要貢獻在於採取有力而得當的措施，開發建設閩南。

（一）寓兵於農，發展生產。因為閩粵離中原遙遠，不實行寓兵於農，進行屯田，就無法維持這支近萬人隊伍的給養，所以，陳政父子把部隊開進「梁山之雲霄鎮」後，就著力進行屯田，創建第一個村落——火田村。他把軍隊分為上、

中、下三個營。上營部署在火田村附近的岳坑；中營在西林；下營在雲霄。發動部下辟草莽，開阡陌，建宅第，開展大規模生產建設活動。士兵們「平居則狩搜，有役則戰守」[213]這就是所謂的「且戰且耕」、「以養以教」的耕戰政策。垂拱二年建州後，陳元光在州的行政機構中設司倉、司戶等四參軍事，掌管軍中農事。同時，陳元光把六朝以來故綏安、蘭水的無主地、荒地按照民戶人丁進行分配。閩、粵、贛的窮苦農民都被吸引而來，故有「負耒耜者皆望安仁而來」之說。所以，漳州人口一時增加很多，湧現出大批的自耕農，有力地推動了漳州農業生產的發展。

（二）輕徭薄賦，惠工通商。陳元光認為「善政在於養民，養民在於寬賦」。在轄區內實施輕徭薄賦，減輕百姓負擔。對待來歸附的「蠻獠」，不僅「不役不稅」，還大力推廣中原先進的犁、耙、壓等農業生產技術，改變他們「刀耕火耨」的古老耕作習慣。部分土著因此得以安定，減緩了與南下漢人的矛盾。此外，陳元光還十分重視興修水利，築陂壩灌溉農田。如今雲霄火田村西北二公里處的漳州上游橫江殘存的一段約三十米的滾水壩（俗稱「軍陂」），就是陳元光重視水利建設的見證。他還「興陶鑄，通貿易，因士民誘而化之，漸減村落，拓地千里」。[214]幾十年間，漳州社會經濟面貌煥然一新，平原地帶普遍種上雙季水稻，至於像荔枝、龍眼、柑橘、香蕉、甘蔗以及花卉等經濟作物，人們已廣為種植，成為農家經濟補充。手工業也初具規模，近海多從事曬鹽、捕撈、航運；內地則從事制茶、燒瓷和織染。西林城既是政治中心，也是商業重鎮，坐商、行旅、攤販聚集一起，每日正午擊鼓開市，日落鳴鉦收市，經營有方，官民稱便。

（三）建立臺所，保境安民。唐初閩南地曠人稀，陳元光將軍的軍事管轄區方圓數千里，地連閩、粵、贛三省，如果措置無方，很可能變成動亂之淵藪。要保境安民，非建立行臺和堡所不可。所以，就在創置州縣伊始，陳元光便奏請朝廷在四境建立四個行臺。「一在泉之遊仙鄉松州堡，上游直抵苦草鎮；一在漳之安仁鄉南詔堡，下游直抵潮之揭陽縣；一在長樂里佛潭橋，直抵沙澳里太母山止；一在新安裡太峰山回入盧溪堡，上游直抵太平鎮而止」[215]此外，還先後在境內要塞地段建36個堡所。陳元光不僅分兵戍守巡哨、四境和所有堡所，還經

常親自巡視,「教誨捍禦」,於是乎「北距泉建,南逾潮廣,東按島嶼,西抵虔撫,方數千里」,幾十年間「無桴鼓之警」[216]。

(四)安撫「蠻獠」,和集百越。陳元光適時建立「唐化里」,實行區劃自治,積極地推行民族融合政策。對待居住在西北諸峒「蠻獠」,因道路險阻不相通,陳元光便「開山取道,剪除荊棘,遣士人誘而化之。」[217]陳元光還積極鼓勵部下與「蠻獠」通婚。他在《候夜行師七唱》中,把自己的這一心聲吟了出來:「男生女長通蕃息,五十八姓交為婚。」[218]由於陳元光積極推行民族融合政策,漢人與「蠻獠」的關係得到了迅速的改善,時有諸如「化蠻獠之俗為冠帶之倫」、「變椎髻而復倫序」、「辭國來諸屬,於茲締六親」、「土音今聽慣,民俗始知淳」的種種詠唱。

(五)興學重教,傳播文化。當時漳州這一帶文化教育落後,「左衽居椎髻之半」,「民風醜陋」。所以陳元光把興儒教、辦學校視為「救時之急務」,倡導建置鄉校,並在州治行政機構中設專司教育文學一職,以主持鄉校事宜。還籌辦了松洲書院,聚諸生而教之,使「縵胡之纓,化為青衿」《全唐文》卷之一九,獨孤及《福州都督府新學碑銘序》。中原文化迅速傳播。故千百年來閩南民眾感念其功德,奉為神明。

二、陳元光將軍的神化

據《陳氏家譜》稱:陳元光戰歿之後,「百姓聞之,如喪考妣,相與制服哭之,畫像祀之,追思之甚」。這是民間奉祀陳元光的開始。陳元光遇難的消息傳到京師長安。次年,唐玄宗先天元年(712年),朝廷就詔贈陳元光為「豹韜衛鎮軍大將軍兼光祿大夫中書左丞,臨漳侯,謚忠毅文惠」,並賜享廟祀。及安葬完竣時,陳元光的塑像入祀於專建的祠廟中。從此,陳元光將軍的廟祀一直香火不斷。一般地說,民間信仰的神靈,往往是先出於民間信奉,其中有的繼而得到官府認可,而開漳聖王信仰,則是先官民同祀,官祀重於民祀。爾後,民祀又重

於官祀。

歷代帝王對陳元光先後有21次追封。唐開元四年（716年）州治遷至李澳川（今漳浦縣城），朝廷追封陳元光為「潁川侯」，賜建「盛德世祀」坊。據《陳氏家譜》稱：「有詔重修廟宇，並賜彤簫、器皿及『盛德世祀』六字以旌。」而有司遂以「民間捏像之廟」，經過重修成為州官奉祀之廟。又據康熙《漳浦縣誌·祀典》「威惠廟」答稱：「始建於雲霄（大峙原），後隨邑治遷今所（指今漳浦西廟）」，條稱：「廟下有綽楔，題曰：『盛德世祀之坊』，唐時詔立」《宋會要輯稿》第二十冊，《禮·二》。唐貞元二年（786年）州治再北遷龍溪（今漳州市區）。據《陳氏家譜》稱：「議以公之體魄捏塑於峙原，不免輕褻之，殊非禮重崇祀之意」，於是奉敕改葬州治之北的松州堡高坡上。南宋建炎四年（1130年），建漳州北門外威惠廟。據《宋會要輯稿》載：威惠廟「在漳州漳浦縣。神宗熙寧八年六月封忠應侯，徽宗政和三年十月賜廟額威惠，宣和四年三月封忠澤公。高宗建炎四年八月加封顯佑二字，紹興七年正月又加英烈二字，十二年八月加封英烈忠澤顯佑康庇公，十六年七月進封靈著王，二十三年七年加封順應二字，三十年又加昭烈二字。王父政，母吐萬氏。紹興二十年六月封父曰助昌侯，母曰厚德夫人。王妻種氏，建炎四年八月封恭懿夫人，乾道四年九月加封靈著順應昭烈廣濟王；考胙昌侯加封開佑侯；妣厚德夫人，紹興二十年六月加封肅雍二字。王子餉，紹興二十七年四月封昭睍侯。靈著順應昭烈王，孝宗乾德流慶夫人；妻恭懿肅雍夫人加封恭懿肅善護夫人；子昭睍侯加封昭睍通感侯；曾孫永封昭仁侯；謨封昭義侯；訐封昭信侯」。[219]閩南理學名家陳淳云：「惟威惠廟，為死捍患於此邦，國朝之所封錫，應禮合制，號曰忠臣義士之祠，邦人之所仰。」[220]明太祖洪武二年封昭烈侯，明萬曆七年（1579年）封為「威惠開漳陳聖王」，清乾隆四年（1739年）封為唐高封祀典開漳聖王。又相傳乾隆五十五年（1790年）蔡新返鄉時帶回皇帝敕賜皇燈一對，御書「開漳聖王」唐高封祀典。

入宋，有關陳聖王的神話開始多了起來。北宋余靖《武溪集》中《宋故殿中丞知梅為陳公墓碣》文中載：陳坦然曾於天聖年間（1023-1031年）任漳浦縣令。「邑西有陳將軍祠者，郡圖云：儀鳳中勛府中郎將陳元光也，年少強魂，邦

人立廟享祠甚謹，日奉牲幣無算。歲大旱，遍走群望弗雨。公乃齋潔詣祠下，禱云：『政不修者令之負，禱無驗者神之羞。國家崇祀典所以祈民福也。祀苟不應，何用神為。』即鑰扉與神約曰，七日不雨，此門不復開，縱祠為燼矣。行未百步，霾風拔巨樹，僕於道。俗素信鬼，及是，吏民股戰神之怒。公徐曰，民方鷔，何怒之為？乃援轡截樹而去。果大雨，田收皆倍。邑人刻詞以紀其異。」[221] 這一史料說明北宋初漳浦即有官府祭祀的陳將軍祠，且香火鼎盛，信眾甚多。「宋慶歷中有郡寇自汀虔抵邑，居民皆竄匿，令呂許禱於神（指漳浦西廟陳元光神像），俄而空中有金鼓之聲，賊徒斂手就縛者三百七十餘人，自言四顧皆神兵，無路以逸。紹定間，汀、郡寇犯縣境，居民竟奔走哀告於神。俄而廟有大蜂千百為群，飛集道路，盜不敢過，邑賴以全。」[222] 更有甚者，明人記載有開漳聖王唐末時在閩北的「神蹟」。《明一統志》中的《延平府·祠廟》云：威惠王廟在「府城外西南，其神未詳，廟有古碑云：唐廣明中（880-881年），黃巢兵經延平，有風雷雨雹自廟而出，賊大恐，引去。其廟宋天聖中（1023-1031年）修。」[223] 而粵東在南宋嘉定年（1208-1224年）前早就建有威惠廟，《潮州趙希蓬重修威惠廟題記》可為明證。威惠廟不但閩南、閩中、閩北及粵東等地士民皆祭祀之，而且還時現「祥瑞」。據《八閩通志》載：「紹興四年春，威惠廟燕堂中山茶葉上下吐兩花如龍爪，一本五出，一本八出，青綠色而有異香。」[224] 至遲在南宋淳熙年間（1174-1189年）。漳州地方官府就定例在威惠廟春秋二祀。南宋淳祐八年（1248年），浙江金華人章大任以朝散郎知漳。到任解決的一件事就是有關威惠廟春秋二祀的開支費用問題，之後撰寫了《威惠廟記》。文曰：「靈著順應昭烈廣濟王廟食於漳，歷年數百，祭皿未嘗一日乾也。然豐殺視情，不度於禮，或者尊奉之典猶有所未備，狃於俗歟？淳祐乙巳，郡侯方公因祠者之請，於是定為春秋二祀。其行事也，以仲月之吉，春曰祈歌載芟，秋曰報歌良耜，如周人之祀社稷焉。又取黃、汪二公祀神曲次第歌之，籩豆簠簋，粢醴牲幣，即仿諸古，其有宜於今者，亦不盡廢。禮視州社而微殺焉。行之四年，余適守是邦。貢士蕭桂芳與其眾請曰：『禮之始行，費以緡計者百，桂芳給其半，餘則預廟事者其助之。嗣是以哀資為例，懼弗克久。頃白於郡，將出眾力置田助祭，使奉祀者遞掌其租入，以給厥事。即得之而餘，桂芳復捐田以助，

計其費幸可以無乏。盍識之以遺後人？』余謂漳介泉潮間，其初惟荒徼如也。自王惠綏茲土，始創為州，夷群盜之藪，聚邑居之繁，屹然為閩壯藩。建邦啟土之功，誠不在社稷下。至於以死勤事，使聖人復生，亦當以殺身成仁歸之。然則方侯俾邦人以祀社稷者祀王，宜矣。夫自古禮不存，世之人憚於周旋登降之勞，而習於侈美遊觀之飾。其祀神也，以瀆為恭，豈理也哉！方侯當為從臣，是舉誠知所本也。後之人其毋忘經始之艱云。」[225]文中追記淳祐乙巳年（淳祐五年，1245年）以集英殿修撰銜知漳州的方來應縣尉陳首龍及眾善信之請[226]定威惠廟春秋之祀。這時官府所祀之廟應是漳州城之北門外的威惠廟。因感念陳將軍「辟疆開郡」之功，「漳人處處尸祝之」。南宋以降，漳州各縣的威惠廟越建越多。詔安良峰山的威惠廟建於元代，漳浦赤湖威惠廟、雲霄十二峰保威惠廟、西門威惠廟都建於明代。清代龍溪、海澄、漳浦、雲霄、詔安五縣農村到處都有威惠廟，以雲霄、漳浦最為集中。1984年普查資料表明，在雲霄歷代建造的大小開漳聖王廟約有200座，至今香火鼎盛的開漳聖王廟仍有70多座。漳浦大小開漳聖王廟也有102座。陳元光廟祀還遍及閩南，如泉州的安溪、南安、廈門、金門。閩西的龍岩、漳平、莆田的仙遊，福州的福清，南平，廣東的潮州、饒平、南澳，惠州的海陸豐，浙江樂清、蒼南等地均有威惠廟。

三、開漳聖王信仰體系的形成

　　明清時期是開漳聖王信仰的濫觴階段。這時閩南人口驟增，村社繁衍，兼之寇警時有發生，百姓希望有安邦護土的神靈保佑，於是各村社，相繼建起了符合自己心理需求的祠廟。人口較多、氏族觀念較強的村社則把隨從陳元光入漳的開基始祖奉為「神明」，單獨立廟。如李姓奉祀「輔勝將軍」李伯瑤（俗稱「輔勝公」），沈姓奉祀「武德侯」沈世紀（俗稱「沈祖公」），馬姓及鄰近雜姓奉祀「輔順將軍」馬仁（俗稱「馬王公」），許姓奉祀「順應侯」許天正（俗稱「許元帥」），但也有單獨奉祀陳元光夫人種氏或其女兒「柔懿夫人」的。

宋代朝廷封錫陳元光將軍五代，女則不見封錫。至明末，地方志載：朝廷封錫陳將軍七代，澤及女兒「女，柔懿夫人」[227]《潁川陳氏開漳族譜》載之更詳，爰及僚佐。

陳克耕陳元光之大父，唐開國元勳，追封濟美嘉慶侯。

魏氏陳元光之大母，追贈為濟順嘉淑夫人。

陳政陳元光之父，追封祚昌開祐侯。

司空氏陳元光之母，追贈為厚慶啟位夫人。

陳元光追封為開漳主聖王，加諡忠毅文惠王。

種氏陳元光之妻，追贈為恭懿肅雍夫人。

陳　陳元光之子，蔭封為昭貺通感文英公。

陳懷珠陳元光之長女，蔭封為柔姬廣濟夫人。

陳懷玉陳元光之次女，追封為柔懿慈濟夫人。

陳懷金陳元光之季女，追封為柔徽克濟夫人。

盧伯道陳元光之長婿，蔭封為軨轄司崇儀使郡馬都元帥。

戴君冑陳元光之季婿，蔭封為軨轄司崇儀使郡馬都元帥。

許天正追封為殿前都統太尉翊忠昭應候。

馬仁追封為殿前都檢使威武輔勝上將軍。

張伯紀追封為殿前親軍副指揮使威武輔應將軍。

沈世紀追封為殿前親軍副指揮使威武輔膿大將軍，贈武德侯。

歐哲追封為殿前親軍副指揮使威武輔德上將軍。[228]

康熙間漳州城內已有專祀陳將軍部將的祠廟，「又有靈侯祠、祁山廟、沈（世紀）李（伯瑤）二公廟，俱祀將軍裨將」。[229]其中，奉祀輔勝（一作輔順）將軍馬仁的馬公廟，始建於洪武間，名聲遠播。明清時期，民間信仰已雜糅

釋道，各路神佛聚於一堂。如漳浦赤湖威奕廟，中殿正中奉祀陳政及陳元光神像，後面奉祀種夫人、柔懿公主及陳 神像，前面則奉祀土地公與「粟母王」（神農）神像，使遠祖神與開基祖神、家神與社神、宗廟和社廟合而為一。可以肯定的是，這一時期的陳聖王信仰已形成較獨立而獨特的神靈體系，即以開漳聖王為核心，以其父陳政將軍及配偶、其子 、其女懷玉等為輔助，以許天正、馬仁等將佐為拱衛的神系出現於閩南，並影響至今。

明清時期漳州人大批移徙臺灣，隨身攜帶開漳聖王香火護佑。至乾隆年間，漳人在臺墾殖有成，即建威惠廟，奉祀開漳聖王，作為漳人聚落的保護神。道光《彰化縣誌》「威惠廟」條載：「漳人祀之，渡臺悉奉香火。乾隆二十六年，建廟於縣城西。」[230]在臺灣，開漳聖王廟祀始於明而盛於清，至今遍及全臺，有漳州籍民眾聚居的地方就有聖王廟。據統計，有登記奉祀開漳聖王的廟有300多座。在東南亞地區也有30多座威惠廟。

四、開漳聖王信仰體系的特點

（一）眾認其祖，跨越血緣關係

早在宋代，閩南地區就出現了一種相當特殊的人文現象，即「漳州多祖元光，興（化）、泉（州）人多祖審知，皆稱固始。」[231]引發了學者鄭樵的注意，他分析這一現象出現的原因並下結論，認為這是肇始於五代閩國王氏執政時的一種攀附鄉黨，以邀富貴的陋習。其實，漳州人認陳元光為祖，是追隨其南下的五十八姓軍校對軍事首長的忠誠、愛戴之情所轉化，與唐末五代的固始王氏並沒有直接關係。在集體性的記憶中一些負面訊息或集體性的傷痛往往被淡化甚至刪除，而一些正面的訊息則被強化和放大，歷史就在真與詩之中前行。由於陳元光將軍的功德被南遷漢人永久地追憶，特別是將軍身後演化成神，人們想像生前率領他們開疆拓土的領袖，勢必在另一個空間裡護佑著他的後代和部屬。經世代傳承，陳元光的事跡和開漳聖王的「神蹟」日益「靈著」，這方面的訊息不但在

口口相傳中得到膨脹、擴量，而且還在各姓氏的族譜、宗譜中加以確認，以文本的形式傳播後人。集體性記憶的強化莫過於構築紀念性建築物——祠廟，五十八姓軍校的後裔在建祠廟上的確也是煞費苦心。始建於宋元時期的漳州天寶路邊威惠廟即為典型的案例。該廟實際上是集廟、庵、祠為一體，分前、中、後三殿。前殿奉祀開漳聖王陳元光以及威武輔順將軍馬仁、其妻策應妙英夫人韓氏。中殿供奉觀音菩薩。後殿則為韓氏祖祠，名為「崇德堂」，奉祀韓氏閩南開基祖、隨陳元光南下府兵隊正、後封為昭德將軍的韓器以及列祖列宗。如此將祖先崇拜與開漳聖王崇拜直接聯繫起來的物化形式無疑強化了集體性記憶。同時透過祭祀儀式等信俗將陳元光同等於祖先。天寶鎮韓氏分布在十多個自然村，在路邊自然村另有輅軒韓氏大宗祠，堂號為「遹追堂」，始建於元至順元年（1330年），明萬曆丙午年（1606年）擇地再建。祠中祀唐韓器的第十六代裔孫韓鋐（曾任宋朝戶部尚書，稱開基中祖）以及天寶的肇基祖韓觀佑（稱開基次祖）等神主。輅軒世系以觀佑為一世，觀佑一本四根，開十三枝現人口近八萬人。明清時韓氏播遷臺灣、東南亞等地。現存《印尼韓氏族譜》也以天寶路邊威惠廟為標誌。閩南相當一部分姓氏也與天寶韓氏相似，均將入閩始祖與陳政、陳元光聯繫起來，視開漳聖王陳元光如祖先，從而實現祖先崇拜與先賢崇拜的耦合。根據耆老所述，以陳聖王為祖表達了三層意思：一是本族來自中原，非當地土著居民之裔，血統上直屬華夏；二是表明本族為將門之後，隨主帥開疆拓土而聚族而居，入閩時間長，對所居所耕土地擁有合法的權益；三是祈望世世代代得到聖王的佑護，安居樂業。

（二）廟宇廣布，超出邑郡範圍

一般說來，地方性神祇祭祀圈、信仰圈相對侷促，只限於一鄉一邑，或為家族保護神，或為擋境土地神。而開漳聖王的信仰圈卻隨著閩南族群的遷徙得到擴張，由漳州輻射泉郡、潮汕、臺灣、南洋，成為區域性神祇，廟宇也遍布信眾聚集地，這是其他地方性神祇難以比擬的。

今漳州地區香火依然旺盛的威惠廟有：雲霄威惠廟，在雲霄縣蘭陵鎮亨堂村，素稱「開漳第一廟」。雲霄燕翼宮，原系陳元光故居，俗稱「王府」。始建

於唐開元年間的漳浦威惠廟，俗稱西廟。始建於唐貞元年間的松州威惠廟，在今薌城區浦南鎮松州村。還有東山銅陵的東嶺大廟，薌城區的官園威惠廟、新橋頭威惠廟等等。

在今泉州市、廈門市仍有一些奉祀開漳聖王的廟宇。如位於泉州市豐澤區城東街道西福社區的西福宮。西福宮據傳始建於五代，建築面積300平方米。主祀開漳聖王，配祀朱、邢、李三王爺以及武安尊王許遠。當地信眾以農曆八月十五日為聖王生。廈門昭惠宮位於廈門市思明區洪本部。始建於明末，原為供奉廣澤尊王的小廟，清順治十三年（1656年），同安丙洲九世陳士朝率家族遷入，先是把開漳聖王神像寄祀於廟，至乾隆間陳姓人丁興旺，號「丙洲陳」，陳聖王遂反客為主，成為廟中主神。越四十年，丙洲陳之十五世福建水師提督陳化成捐資倡修，擴廟宇而增亭閣，並定廟名為昭惠，該廟2006年重修，為廈門市涉臺文物。廈門思明區圓海宮，又稱陳元光紀念堂，位於思明區美仁後社，始建於明末。相傳斯時漳州水患，大水將新橋威惠廟的聖王神像沖走，沿九龍江西溪入海飄至廈門，退潮時擱淺在浮嶼北面沙灘，當地人抬之不動，漲潮後又漂移至美仁後社的沙灘，為當地陳氏族人迎請上岸，建圓海宮奉祀，當地人稱神為「公祖」。該宮於1992年重建，建築面積400多平方米，占地358平方米，現為廈門市陳元光學術研究會所在地。

開漳聖王在臺灣又稱為威惠王、聖王公、威烈侯、陳聖王、陳聖公、陳府將軍，臺灣的閩南與粵東籍陳姓絕大多數奉其為入閩始祖。威惠廟「漳人祀之，渡臺悉奉香火」，開漳聖王成為遷臺漳州人最重要的保護神。

臺北市碧山岩開漳聖王廟，香火源自漳州威惠廟。據傳是明末清初一黃姓漳人隨鄭成功入臺後，將隨身佩帶的開漳聖王及輔勝公李伯瑤、輔順公馬仁香火懸掛於碧山尖頂石洞中膜拜，後由附近黃、郭、林、簡、鄭等五姓漳人建廟而祀。

大溪仁和宮為北臺灣最早的開漳聖王廟，也是桃園大廟祖廟之一。據史料載，清康熙四十八年（1709年）間，有閩南漳州籍兄弟二人帶著開漳聖王神像從閩南渡海來到臺灣北部，擇地於此開基所建。

宜蘭永鎮廟始建於清乾隆九年（1744年），時漳州府的陳元光後裔陳鎮

民、陳福老等人渡臺拓土，墾耕立業後，為求不忘源流，隨迎祖籍地松州堡高陂山威惠廟的開漳聖王分靈金身，以作護安之祖神，祈請聖王護鎮鄉梓，永保平安，故定廟名為「永鎮廟」，地亦稱為「永鎮村」。

臺北市芝山岩惠濟宮始建於清乾隆十七年（1752年）。清初，閩南漳州移民即來此定居，見此山小丘屹立，蔥蘢獨秀，狀若祖地漳州的芝山，故名之。據傳，平和縣人黃澄清渡海遷臺至此，將從祖地帶來的聖王公香火掛於此山樹上，後人屢求皆靈驗，乃由鄉紳黃某獻地建廟而成。

鳳山縣城西郊的開漳聖王廟為清嘉慶六年（1801年）由漳州籍移民張元音募建。據傳，大陸漳籍移民遷臺，最先集居於鳳山縣城西郊龍仔地段，俗名竹巷口。陳姓漳籍移民帶來先祖開漳聖王香火，於此立廟供奉朝拜。聖王廟前的雙湖俗稱龍穴，是為一方寶地。因此聖王廟威靈顯赫，四方來朝，香火鼎盛。

新店太平宮始建於清嘉慶十二年（1807年），是新店市最古老的廟宇。其香火由閩南漳州籍王三財等9人奉攜入臺，並捐集洋銀一千餘元，向原住民墾主購地闢建。

桃園景福宮，俗稱桃園大廟，創建於清嘉慶十八年（1813年），為全臺灣最大最豪華的開漳聖王廟，也是臺灣全島最大的漳州移民信仰中心，列為臺灣省三級古蹟。漳民入墾桃園之初，因瘟疫盛行、械鬥激烈，為避禍求福，乃從祖籍地分請開漳聖王神靈入臺建祀景福宮。

此外，據連橫著《臺灣通史》記載，清雍正十年（1732年），漳籍多人出資在彰化縣南門內合建奉祀陳元光的威惠宮；乾隆五十三年（1788年），漳籍人士吳慶三等人在臺北建惠濟宮，祀開漳聖王；咸豐元年（1851年），漳籍紳商在臺南大南山內建祀奉陳元光的開漳聖王廟；光緒十九年（1893年），漳籍紳士陳一尊在雲林縣西南倡修廣福宮，祀開漳聖王。臺灣島上最早奉祀開漳聖王的祠廟「香火」，均從閩南祖廟分靈渡海而入。

漳臺兩地人民同宗共祖，其廟祀文化源流也一脈相承。這從臺灣許多奉祀開漳聖王祠廟裡的對聯可以找到例證。如：臺北新店太平宮大門兩側對聯為：「太乙辟洪荒威鎮漳州允文允武，平人眾信仰靈分寶島亦王亦聖」；中和市奉祀開漳

聖王的廣濟宮對聯為：「廣德啟南閩鬱鬱文章冠固始，濟恩敷北淡巍巍節鉞辟霞漳」；宜蘭縣集惠廟對聯為：「集五八姓軍開拓漳州成沃土，惠萬千赤子分靈鵠嶺振威風」等，在這些開漳廟宇的對聯中，大多嵌帶「雲霄」、「漳江」、「霞漳（漳州）」等字樣，足見漳籍臺胞對故鄉故土的眷念之情。[232]

新加坡保赤宮始建於清光緒初年（約1875年），二進三開間正殿主祀開漳聖王，舜帝、清水祖師、虞思公、孫真人、太丘長、元侯陸公、陳靖姑、北極真人、孫大聖。左殿奉祀玉皇天尊、四大天王、南極上帝、南北星君。右殿奉祀媽祖、關帝、清主聖君、觀音菩薩、李鐵拐、濟公、孔夫子等。保赤宮祠廟合一，其後座是供奉祖先祖位的祠堂，懸掛「舜冑衍派」匾額。寫明姚虞陳胡袁田孫陸聯宗，強調八姓同宗，血脈相連。宮中石雕、影雕等均出自閩南能工巧匠之手。一百多年來保赤宮成為新加坡華僑華人感情聯繫的重要平臺，也成為闡揚中華民族傳統文化的一個重要載體。從保赤宮中懸掛的「輔世長民」、「敷澤閩漳」、「勘定功高」等上百年匾額看，開漳聖王信仰在這裡有著長遠廣泛的影響。

（三）親屬部將，共享奉祀香火

在閩南民間信仰的神祇中主神大都有若干「助手」配祀，如關帝像旁，必有周倉侍立。天下第一海神的媽祖，手下有千里眼、順風耳二神；保生大帝有弟子飛天大聖張聖侍從。廣澤尊王的扈從甚眾，傳說郭忠福成神化冥婚而生十三個兒子，曰十三太保，另有四位護法。但配祀或稱隨從性的神極少單獨立廟供奉。在閩南至今只有一個特殊的案例，即龍海角美鴻漸村的太保廟，供十三太保中的紅臉、黑臉太保，有人因明初下西洋的鄭和、王景弘被稱為太保，故將二尊神像視為鄭和、王景弘之化身。其實，這一帶原有廣澤尊王廟，明末清初因自然災害廟宇塌圮，周圍信奉郭聖王的七個社，各分二尊神像回去建廟供奉，鴻漸村遂有二太保廟。不論是千里眼、順風耳還是十三太保均屬於子虛烏有、憑空想像之神，由歷史人物演化成神的惟開漳聖王信仰神系最多、最完備。上文已述歷朝封錫陳家，至明清敕封七代，爰及部將，而民間敬奉為神的開漳先祖更是人數眾多，衍為信俗，蔚為大觀。

在雲霄縣雲陵鎮東南近郊有始建於明正德年間的華廟。據傳，該廟的倡建者

為陳元光將軍的部屬、光州固始人方子重的後裔。為昭顯祖先開漳功德，特別是為報陳將軍祖母魏媽當年對方子重的厚愛獎賞，特建華廟以祀。據廟名推測，廟不稱「威惠」而稱「華」，華古義同花，帶有女性色彩，主祀之神應是魏媽，配祀有陳政、陳元光將軍及開漳主要將佐。今河南省固始縣陳集鄉也有奶奶廟，主祀陳元光將軍祖母魏媽。

位於東山縣康美鎮銅缽村的淨山院，始建於萬曆十七年（1589年），主祀陳元光將軍之次女柔懿夫人陳懷玉，俗稱夫人媽、玉二媽，配祀開漳聖王之妻恭懿夫人種氏、附祀註生娘娘、注壽娘娘和觀音菩薩、天后聖母等。

陳元光將軍之部將馬仁被敕封為輔順將軍。位於漳州城東東園的馬公廟，始建於洪武元年（1368年），主祀馬仁將軍和其妻策應妙英韓氏夫人。

在臺灣，有主祀武德侯沈世紀的斗南泰安宮，其香火於清代由詔安沈氏移民傳入；有主祀輔勝將軍李伯瑤的廟宇和神明會，基隆竹圍的福海宮，主祀輔勝公李伯瑤，清代由臺灣人民到漳浦分靈金身過海建祀。臺灣奉祀輔順將軍馬仁的廟宇據說有18座，大部分為漳州籍移民所建（農曆六月二十三日為馬王例祭）。臺中烏日鄉的永興宮，清代所建，由漳州馬公廟分香傳入。臺南市開山路馬公廟，原稱馬王廟，明鄭時代已建，乾隆四十二年（1777年）重修。宜蘭頭城竹安裡也有輔順將軍廟，人們稱馬仁為馬使爺，或稱舍人公，又稱馬舍公，簡稱馬公。據康乾時所修《臺灣縣誌》及《臺灣府志》載：「輔順將軍又稱馬王及馬祖」。還有人把李伯瑤叫做輔信（輔勝之音誤）將軍，把許天正叫做輔顯將軍，把武德侯沈世紀稱為輔義將軍。故臺灣民間將輔順將軍、輔顯將軍、輔信將軍、輔義將軍奉為開漳聖王駕前的四大神明。

此外，臺灣也多有奉祀陳元光部將劉氏三兄弟的九龍三公宮，作為行船的保護神，平日香火旺盛。[233]

陳元光將軍以及親屬、部將均被神化，世代崇祀的現象在閩南地區是絕無僅有的，在全國範圍也極為罕見，這一現象反映的是閩南族群對先輩規模性開發閩南的集體記憶以及對入閩開基祖的崇拜之情。

（四）融入民俗，民眾世代傳承

圍繞著陳聖王神系信仰，閩南信眾將信俗融入了民俗，並世代傳承，成為當今非物質文化遺產的重要組成部分。

農曆二月十五日是「開漳聖王」陳元光誕辰的日子。雲霄縣「開漳聖王」廟宇每年的這一天都要舉行閩南特色的民俗活動來紀念陳元光，閩南話稱「洮神爺」。洮神節主要有「辦大碗」、「洮神」等民俗活動。

在「辦大碗」這一民俗活動中，要在雲霄縣將軍廟「開漳聖王」神像前擺上各式各樣的供品：高達2米的「菜碗」，直徑約60釐米的大年糕，數百隻披紅戴綠的雞，祭祀物品琳瑯滿目。令人驚嘆的是，民眾透過巧妙的藝術創作，把雞鴨魚肉等供品做成了別具一格的藝術品。獨特的創意和濃厚的鄉間氣息，是任何一家餐館的廚師都難以企及的：將肥肉片精心黏成2米來高的「肉柱」，當地人稱「擺菜碗」，在「菜碗」上纏上紅色綵帶，頂部插著青翠欲滴的榕葉，中部分別綁上海參、鮑魚、人參等山珍海味，紅、白、綠相間，蔚為壯觀；將木耳貼在豬肚上，做成「牛」的造型；金針菇變成了「蓑衣」，披在閹雞肥碩的身體上，閹雞變成了「漁翁」；以麵粉、糯米粉及蔬菜類捏塑而成的飛禽、海產品供品栩栩如生，還分別塑有「風調雨順」、「國泰民安」字樣。

「開漳聖王」信眾在廟內祭拜後，隨即進行「洮神」民俗活動。廟前先表演舞龍、舞獅、折子戲等節目，隨後，洮神活動正式登場，「開漳聖王」神像所乘輦轎由6名年輕人扛著，輪番在廟前廣場上快速奔跑，場面相當壯觀。

「洮神」的第一個環節稱為「巡城」。繡旗在前引導，4名身著戲裝的童男抬一對宮燈先行，神像依次「巡城」：土地神居前開道，繼以元帥馬仁、軍師李伯瑤、王子陳　、王女陳懷玉、聖王祖母魏敬、夫人種氏，聖王陳元光殿後。抬神隊伍由鼓樂隊簇擁，伴以鑼鼓笙笛。所到之處，鞭炮爭鳴，並擺設香案於各地恭迎。凡當年的新婚或新生男兒之家，必恭請神像至家門首，置香案、供獻金棗茶。禮拜畢，主人盛情請抬神者、鼓樂手吃蜜金棗、烏龍茶等，以此紀念當年陳將軍創建漳州後，常年帶兵在閩南各地巡察四境，保障人民安居樂業的恩德。

「巡城」後，各廟宇進行「走尪公」。當祭拜盛典進行至高潮時，由村社中之耆老帶領預先選定的數十位輕壯男子，每6人編成一組，各組共擎一尊巨型木

離神像，列隊待發。起點與終點各有兩位禮炮手，專司放「三拜槍」（即三聲連響的禮炮，由鐵管製成，裝火藥燃放），而神像前另有兩人鳴鑼開道，其後又有一個執羅傘者撐遮神轎，值聞鼓擂炮響，各組健兒分別共舉各尊神像，奔馳如飛，至終點時停止，禮炮再連鳴三聲。這一環節形象地再現了當年開漳將士馳騁疆場的威武雄壯場景。

　　為了參與迎神賽會，各神廟都備有雕龍的坐輿和神杠。較大的廟宇的神像則分成雙套，一套是固定的硬身雕像，一套是可以活動的軟身雕像。漳浦金塘廟的大型「開漳聖王」泥塑神像，還是從河南固始運回泥土裝塑的。祭祀諸神的禮儀也是相當隆重。州縣的「將軍廟」（威惠廟），每歲仲春和仲秋，由地方官員按禮祭以「三牲」（全牛、全豬、全羊）及菜之屬，並有祭文稱：「惟公開創漳邦，功在有唐。州民允賴，廟食無疆！」而民間對諸神祭祀日期各有不同：「開漳聖王」有祭生辰（農曆二月十五日）的，有祭忌辰（農曆十一月五日）的，有祭封王日（農曆四月十日）的，有祭上元（農曆正月十五日）的，有祭中秋的。後來信眾日多，大家爭著在神像前上供，實在無法容納，為解決人多廟小的矛盾，只好把祭日分開，按村落輪流祭祀，就這樣各村落有了自己特定的祭祀日。於是「開漳聖王」的「生辰」、「忌辰」及「封王日」的祭祀活動也就延伸開來。如漳浦縣城「慶祝開漳聖王壽誕」這一神節自農曆元月二十四日開始至二月十九日終止，時間長達一個多月。其他的如馬仁、李伯瑤、沈世紀、許天正、種夫人、柔懿夫人等廟神的祭祀日也有節期延伸的情況。這就形成了開漳聖王神靈信仰體系的神誕多而長的現象。至於民間的祭祀儀式也是相當隆重的，敬神的祭品除了村落集體供上全豬、全羊外，在漳浦縣區，家家戶戶還要供上「紅龜粿」（印有龜紋的糯米甜粿及雞、鴨、魚、肉、飯菜、面條等），同時要點燭、上香、放鞭炮、燒銀紙。鄉里還請戲班在神像前通宵演戲。神節過後，家家戶戶還得提籃攜盒，到親友家中分甜粿等供品，並以此作為聯絡感情的紐帶。[234]

　　開漳聖王信仰是中原地區祖先崇拜、英雄崇拜觀念在閩南的延續，以開漳聖王為核心的神靈體系的形成與演化則是中原文化與楚文化、閩文化相融合所產生的社會意識的曲折反映。對遠祖的記憶是迢遙模糊的，對入閩始祖的追思則為明晰甚至誇張，集團性或規模性移民事件將集體記憶分為前後兩個時期，前期日趨

淡化，後期世代加強。它表明一個族群成熟分 後，移植於他地，其生存方式和觀念意識會發生若干變化，並逐漸形成有自己個性特徵的文化形態，然後成為母株再度分 ，顯示出同源異流、各呈異彩的生命奇觀。以此觀照中原文化、楚文化、閩文化與閩南文化、臺灣文化等區域文化之間的錯綜複雜的關係，脈絡當會更為浮顯。

（本文作者鄭鏞為漳州師範學院學報編輯部主任、研究員）

開漳聖王文化與聖王巡安民俗研究

湯毓賢

　　開漳文化是閩南文化的根基與核心，又是中華文化的重要組成部分。她發軔於來自河南光州固始縣唐軍將帥陳政、陳元光父子奉詔開發閩南並創建漳州的歷史，又在歷史演化中形成遠播中外、功耀古今的開漳聖王文化。漳籍同胞海外創業，帶著深厚的原鄉情結，將開漳聖王民俗文化光環演繹而成的濃烈民族鏈和中華結，維繫著海內外漳籍同胞親情和鄉誼，同閩南先民開發建設臺灣、南洋的歷史息息相關。雲霄縣作為開漳文化發祥地，是初唐建置漳州的首發地，境內悠久燦爛的歷史積澱和絢麗的文化底蘊，鑄就了聞名遐邇的「開漳聖地」美稱。開漳聖王文化涵蓋陳元光及其家族和部將開漳建漳的歷史，也包括自唐至今閩南、閩西、粵東地區及港、澳、臺和東南亞地區漳籍民眾祭祀陳元光的民俗信仰活動，是漳州歷史文化形成發展的根基與核心，也是維繫海內外同胞親情鄉誼和民族感情的精神紐帶。

一、開漳歷史鉤沉

　　在國家級歷史文化名城漳州開發歷程中，陳政、陳元光父子率領由87姓組

成的唐朝府兵及家眷分兩批從河南固始開拔，在閩粵之交大片流移地上譜寫了一曲壯懷激烈、光耀千秋的史詩。他們透過對閩南地區的經營與開發，促進了經濟文化的發展和民族融合，為唐王朝打下了實現中央集權統治的穩固根基。

　　陳氏父子入閩前，遠離中原政治中心的福建南部仍屬封閉落後，《閩書》載，時梁山犀象患稼，到處有異獸出沒。閩粵邊陲以漢關梁山盤陀嶺為界，南北分屬二郡。蒲葵關以南長期屬南海郡（國）、東官郡的揭陽縣轄。晉義熙九年（413年），析揭陽立綏安縣，屬義安郡轄。隋開皇十二年（592年）綏安併入龍溪縣，雲霄始屬龍溪。但政權分合更迭，醞發地方勢力的割據征戰，中央政權鞭長莫及。唐總章二年（669年），泉州（今福州）、潮州之交的蠻荒地帶，爆發了土著割據勢力的武裝嘯亂。唐高宗緊急詔命玉鈐衛翊府左郎將、歸德將軍陳政為嶺南行軍總管，率中原三府之兵南下平亂。這批由123員將校、3600名府兵組成的部眾自中原出征，經江浙直抵閩南。隊伍行至九龍山受阻，以兵少紮營求援。次年朝廷增派陳政的胞兄中郎將陳敏、右郎將陳敷率府兵及軍眷5000多名南援，不料將入閩境，兩人病歿於浙江江山縣。陳政北上行葬二兄於閩北浦城，迎乃母魏敬（魏媽）及子元光（一作隨父入閩）回到駐地。唐軍反守為攻，越過九龍山，突破蒲葵關，進屯故綏安縣地雲霄平原，在軍事上取得決定性勝利。儀鳳二年（677年）四月，陳政病逝。陳元光承襲父職，兩次率部入潮陽打敗硐州人（今雷州灣地區）陳謙及峒蠻苗自成、雷萬興等割據勢力，旋奏准於松州堡、南詔堡、大峰山、太武山設4個行臺巡視戍境，功封鷹揚將軍。

　　為確保閩南長治久安，陳元光於永淳二年（683年）呈奏《請建州縣表》，向朝廷提出定國安邊之策。垂拱二年（686年）十二月九日獲准，建漳州治所於雲霄漳江之濱，下轄漳浦、懷恩二縣，陳元光受命為刺史。[235]透過綏靖與開發，「由是北距泉興，南逾潮惠，西抵汀贛，東接諸島嶼，方數千里無烽火之驚，號稱樂土。」[236]景雲二年（711年）十一月，復叛的蠻獠藍奉高潛入岳山（拜岳山）伏殺陳元光。陳　襲任父職，率部眾夜襲獠峒，斬藍奉高及餘黨。開元四年（716年）瘟疫流行，治所北徙李澳川（今漳浦縣綏安鎮）；二十九年（741年）劃泉州龍溪縣來屬，懷恩併入漳浦。天寶元年（742年），陳酆續任刺史，改漳州為漳浦郡，乾元元年（758年）復稱漳州。大曆十二年（777年）

又劃汀州龍岩（初名新羅）來屬，轄漳浦、龍溪、龍岩三縣。大曆十四年（779年），陳謨再襲父職，為方便轄區管理，再於貞元二年（786年）將治所自漳浦北遷九龍江下游平原龍溪縣桂林村（今薌城區）。經陳氏四代百年連續經營，漳州從單純軍事化管理轉化為地方行政管理，唐王朝對閩粵邊陲地區有效治理目標得以實現。

按唐代府兵制，府兵平時以軍戶就地務農，遇戰勤入伍為兵，事畢將歸於朝，兵散於府。但陳氏父子所率唐軍聚族而行，舉家南遷，分上中下3營落籍屯田，完成平亂任務後久戍不歸。由此可見，這次南征平蠻夾帶著軍事移民和政治遷徙性質，可視為唐廷羈縻政策的縮影。深諳農事的開漳將士們且戰且耕，亦兵亦農，忠實地執行唐高宗「相視山原，開屯建堡」[237]的詔命，帶領民眾於火田駐地開墾農田，興修水利，把荒地墾殖為稻田蔗圃，成了「雜卉三冬綠，嘉禾兩度新」的富庶區域，出現「男生女長通蕃息，五十八氏交為婚。火田黃稻俱甘旨，綱水金魚洽醉醺」[238]的昇平景象，實現了真正意義上的漢越和融。中原農耕文明的傳入，推動封建經濟快速發展和社會富庶，促進閩南地區商品經濟的興起，吸引了遠到而來的胡商前來交往貿易。明《八閩通志·山川》「溫源溪」條引《圖經》云：「據史料載，唐嗣聖間（684年）胡商康沒遮經此，將浴，投十錢，泉為漲溢。浴畢，泉復如故。」[239]這則軼事，雖然記載胡商來閩經商時曾在雲霄後埔溫源溪沐浴，但仍折射出漳州建置前已有對外商貿交流，增設州縣大勢所趨。另從後來州治自梁山下西林村往李澳川、龍溪縣兩次遷移情況，也可看出地區開發後的穩定和繁榮。越唐中後期到宋初，漳州的發展與福建其他地區同步。

二、開漳史蹟積澱

陳政、陳元光在長達40年平亂和建設中，遵照朝廷「靖寇患於炎荒，奠皇恩於絕域」[240]的大政方針，剿撫並用，以撫為主，一邊剿除禍患，穩定地方，

一邊開郡建衙，淳風俗，開庠序，教化黎庶，將中原先進文化帶到閩南荒蠻之地，對地區開發造成重要示範和帶動作用，為後來閩南社會繁榮發展奠定了堅實基礎。這批中原府兵是一支規模較大的開發力量，不僅能征善戰，而且具有較高文化素質。陳政將軍麾下許天正、李伯瑤等，都是世習儒術、智勇雙全的將士。陳元光13歲領鄉薦第一，是位有文韜武略的將才，著《玉鈐記》、《龍湖集》傳世，《全唐書》收錄其詩作。陳　更是文士出身，舉明經及第，授翰林院承旨直學士，曾應龍溪知縣席宏所聘，教席松州書院，主管漳州學政。陳酆與陳謨亦為儒士出身，均治漳有功。

《新唐書》云：「漳州，垂拱二年析福州西南境置，以南有漳水為名，並置漳浦、懷恩二縣。」[241]眾所周知，漳州取名來自漳江，是一條流經雲霄東注入海的古綏安溪，為漳州文化的母親河。歷史追溯到總章三年（670年）某日，當陳政率部至雲霄西林江邊時，望著這條匯合清濁分明的南、北支流潋成章、汨汨流淌的古綏安溪水，不禁想起先輩河東故地那條清漳河，慨然嘆道：「此水如上黨之清漳」，漳江便由此得名。後來陳元光請建州縣，遂以江取名漳州和漳浦。《雲霄縣誌》載：「唐垂拱二年，元光請於泉潮間建一州，以抗嶺表。朝廷以元光父子入牧茲土，令其兼秩領州，並給告身，即屯所建漳州郡。領漳浦、懷恩二縣。」[242]漳州最早的治所，即設在漳江畔西林村，周長約4公里。今村內猶存唐代部分城牆殘基、隔江烽火臺、城南古渡口碼頭遺蹟。又從東城門甕、水門、軍營山、演兵壇、點將臺、炮臺山、軍營巷、郡衙等地名舊稱，可領略當年大亂初定、建城安居的情景。位於雲霄火田溪中游的軍陂俗稱「聖王坡」，系開漳將士興建的築堰攔水工程，至今還灌溉著千畝良田，是中原文化在閩南傳播的歷史見證。[243]

雲霄將軍山是「開漳始祖」陳政安息處，境內尚存大量開漳文物史蹟和古老民俗文化風情。雲霄威惠廟是閩、粵、臺等地迄今保存年代最早、結構最完整、祭典最隆重、影響最深遠的開漳聖王宮廟。云陵鎮王府社區燕翼宮系開漳陳聖王故居，因稱「王府」，又稱開漳祖廟，陳元光有「筮宅龍鍾地，承恩燕翼宮」，[244]載其創建情況。其他如陳政故居、戴郡馬亭、陳元光原葬處、停柩臺、將軍廟，以及上百座開漳聖王宮廟和「開漳聖王巡安」民俗等等，都是一道

道獨具特色的民俗文化風景。在漫漫歷史長河中，蘊含中原固始文化源流的閩南話接近隋唐時代的官音《切韻》。這種語言流行於閩南、粵東、臺灣及海外星洲等地，被著名語言學家王力、黃典誠等確認為中原古音河洛話的活化石，顯示了華夏文化的血脈淵源。如今漳州大地處處可見中原文化遺風，如醇厚明快的漳州錦歌、節拍豪邁的大鼓涼傘舞、矯健奔突的走王習俗等，既有北方豪放粗獷氣質，又有南方端莊秀麗韻味，都是重要的非物質文化遺產代表作。

三、開漳聖王信仰

陳元光（657-711年），字廷炬，號龍湖，唐垂拱二年漳州的創建者。他從小隨父南下安定閩粵邊陲，實施綏靖開發，維護中央集權統治，實現民族和睦，而贏得了民眾景仰。他殉職後，歷代帝王對其開漳功業推崇備至，屢贈封號；民眾則感其恩德奉為開漳聖王，廟祀馨香，千秋不替。

關於陳元光廟祀的肇始時間，據《雲霄廳志》載：「威惠廟祀將軍陳元光，唐嗣聖間（684年）建，遺址莫考。」《福建通志》、《漳州府志》與《漳浦縣誌》均載「始建於雲霄」。公元686年，陳元光才獲準建州，故該廟最早安奉乃父陳政將軍暨「浮光世澤」陳氏列宗神主的潁川家廟。陳元光戰歿後，權葬於雲霄大崎原（今葛布山）。雲霄山美《潁川陳氏開漳族譜》載：「景云二年（711年）十一月（元光）卒，百姓聞之如喪考妣，相與制服哭之，復將遺體捏像而廟祀之。」[245]從山下火田盧仔坑村陳聖王廟及廟前停柩土臺遺蹟可知，昔日軍民為陳將軍結廬守制時，即按其遺容捏塑像廟祀於此，民間廟祀隨之發端。該譜又載：「先天元年（712年）詔贈（元光）豹韜衛鎮軍大將軍兼光祿大夫臨漳侯，有司遂以民間捏塑像崇建官廟。」漳浦舊鎮《陳氏族譜》曰：「雲霄下西營有廟塑像崇祀，春秋致祭。」另據《福建通志·廟壇志》、《雲霄廳志》載，下營廟因建於小將軍山下營駐地而得名。廟原為陳氏家廟襟連佛寺（漳州開元寺前身），後由官方增祀陳元光及部屬，才擴建為官廟。1997年底，福建省博物館

與雲霄縣博物館對該遺址進行探掘，發掘出「嗣聖元年」、「垂拱二年」、「太極元年」三件唐代紀年陶鼎及石佛像殘件，並伴隨大量宋代建築瓦飾構件出土，[246]可知此廟曾歷唐宋兩代的興盛。元初陳吊眼發動漢畬抗元起義，毀於元軍戰火。待清初重建，此廟基已東偏並覆壓在唐宋基址上；抗戰初期又毀於兵災，近年重建，為今之將軍廟與開元寺。

　　開元四年（716年），陳　徙州李澳川後，在西宸嶺另建西廟。康熙《漳浦縣誌》對此事載曰：「威惠廟在西門外三里許，祀唐將軍陳元光，始建於雲霄，後隨邑治遷今所……廟下有綽楔，題曰盛德世祀之坊，唐時詔立。」貞元二年（786年），陳謨將州治北徙龍溪，並奉敕從大峙原移葬陳元光於松州堡之蘇坑，立官廟於石鼓山下（今松州書院原址）。當時漳潮泉三州各屬縣增建將軍廟多座。按《宋會要輯稿·陳元光祠》載：「徽宗政和三年（1113年）十月，賜廟額威惠。」這是得到朝廷正式批准的時間，各地威惠廟名稱都由此而來。宋建炎四年（1130年），「州人以松州廟長城十里，信祭艱於往返，遂改建廟於城北門。」[247]俗稱北廟。淳熙間（1174-1189年）各州縣先後設地方官春秋二祭，加收祭租，並經朝廷冊封後，列入官家祭典，祭禮日趨隆重。嘉熙二年（1238年）重修北廟，知州李韶作《重修威惠廟碑》。直至明季，陳元光廟祀再度興盛。因下營將軍廟湮毀於元兵戰火，成化間（1465-1487年），戶部左侍郎吳原之父吳永綏在雲霄鎮城西門重建威惠廟，方便地方官就近致祭開漳聖王。廟歷明弘治、崇禎和清道光、光緒多次維修，迄今保存完好。

　　開漳聖王廟祀文化根植於閩南豐厚的文化沃土，作為民族遺產的一部分，已昇華為一種民俗道德文化，凝聚著中華民族祖先開疆拓土的創業精神。陳元光從功臣到神祇的演化，融入漳州民眾深厚的民族感情；其廟祀落籍海外，更融入漳籍華人對故國的無盡思念。千百年來，人們對陳元光的景仰和懷念有增無減，或組團立會瞻仰紀念，或建堂設廟供奉祭祀。官方的倡導和人民的緬懷，實現了陳元光由人到神的文化嬗變。明清兩代，陳氏父子帶領的87姓將士後裔追隨著大規模開發臺灣和南洋的腳步渡海創業，為當地經濟的繁榮發展立下卓越功勳，也成為後來臺海地區主要住民的祖先。在開臺歷程中，他們把祖居地的神祇和宗祠移植到新居住地營建宮廟祠堂，寄託對開漳先賢和故鄉熱土延綿不絕的緬懷和眷

念，使華夏宗教信仰和宗族文化傳承海外，架起民俗親緣紐帶與文化橋梁，具有很強的宗教文化號召力和民俗文化凝聚力。目前登記在冊的漳屬地區聖王宮廟有251座；臺灣島內聖王宮廟已癒380座，有80多座組成「臺灣區開漳聖王廟團聯誼會」；南洋諸島也有30餘座，如今海內外聖王信眾達8000萬人，「開漳聖王」成了漳籍後裔思念故鄉的精神寄託和愛國報本的精神動力，也成了維繫兩岸同胞與海外僑胞的精神紐帶。這種移民和移神現象，既是移墾者對祖先榮譽的珍惜，又是中華民族優秀傳統文化從大陸往海外的衍播和融合。開漳聖王信仰是臺灣民眾四大信仰中唯一有血脈傳承的祖根文化，以親緣與神緣為紐帶的開漳聖王文化，奠定了兩岸同胞血濃於水的民族感情。

四、聖王巡安民俗

雲霄縣共有開漳聖王廟宇100多座，祀典隆重，香火鼎盛。開創漳州的功臣陳元光將軍為發展閩南立下的豐功偉績惠及萬民，民眾遂以「開漳聖王巡安」這一特殊的民俗活動來紀念和緬懷開漳先賢建漳立郡的豐功偉績，表達對陳元光及其將佐的崇仰和懷念情懷。聖王巡安民俗起源於故郡雲霄，在福建、廣東、臺灣及東南亞地區廣為流傳，系民間祭祀開漳聖王陳元光的傳統節日風俗。每年農曆元宵節期間，凡立有聖王廟的城鎮或村社，民眾必入廟焚香禮拜，並約請戲班演戲娛神，抬舉神像巡遊，以表達民眾對開漳聖王的尊崇和懷念。具體表現為巡城、鑒王和走王這種奇異的歲時祭祀民俗。雖然各地祭俗大同小異，而此民俗古風在雲霄威惠廟得到較好的承續。這項活動共啟動陳政、陳元光、種氏、魏媽、陳　、陳懷玉、馬仁、李伯瑤、許天正神像9尊，神轎9頂，神杠18對，精裝帶頂木雕神轎1頂，方形木製和圓形手提香爐各1個，布製橫批1面，錦繡龍旗4面，長方形豎旗8面，錦幛4幅，神轎墊椅18只，供桌120張等。祭祀儀式分巡城、鑒王、走王三個環節。

一曰巡城：新春正月十三至十五日，雲霄民眾到威惠廟焚香禮拜，舉行隆重

的娛神儀式。廟祀畢，民眾抬擴神像出廟開始巡遊各社區村莊福社。抬神隊伍繡旗前導，4名身著戲裝的童男抬一對宮燈先行，土地神居前開道，繼以元帥馬仁、軍師李伯瑤、王子陳　、王女陳懷玉、夫人種氏，聖王陳元光殿後。抬神隊伍由鼓樂隊簇擁，伴以鑼鼓笙笛。所到之處，鞭炮爭鳴，沿途民眾擺設香案恭迎聖王鑾駕一行。男女老少奔走相告，歡呼雀躍，甚是熱鬧。凡當年新婚或添新丁者必恭請神像至香案前，焚香禮拜，供獻金棗茶，再盛情敬請抬神者與鼓樂隊員吃蜜金棗、品烏龍茶等，謂之「巡城」或「巡安」。此環節系犒勞陳將軍建漳後常年巡察閩南四境、安撫民眾、安定社會、保障人民安居樂業的恩德，再現聖王巡邊戍境、備受民眾愛戴的場景。

　　二曰鑒王：巡城禮畢，神像集中排列於高踞戲臺對面彩旗吉幡、笙歌鼓樂環繞的「王棚」內。棚前香案高置，供桌蟬聯，供品如山。主供桌上擺列青瓷花缸8只，缸上聳立著以竹竿麥篙紮成的草柱。柱表密封肥豬肉片，柱頂插飾甘杞木，取甘棠遺愛、世代紀念之意。柱前端放雞、鴨、魚等祭品。而最具特色的莫過於供案前方擺列的以麵粉、糯米粉、熟豬肚及蔬菜類捏塑成飛禽、海產品形狀的工藝供品，塑著「風調雨順」、「國泰民安」字樣，俗稱「辦大碗」。各家各戶也備酒肉糕果加入獻供禮拜之列，供品如山，人似湧潮，表達了民眾祈請開漳先賢庇護他們康莊幸福的樸素願望。

　　三曰走王：午後，接以「走王」活動。當祭拜獻供盛典達到高潮，村社耆老帶領預先選定的數十位青壯男子，每6個健兒編成一組，各組共擎一尊巨木雕像，按先後順序排列於特定地段起點處列隊待發。起點與終點各有兩位禮炮手專司鳴放「三拜槍」（三根鐵管製成的三聲連響禮炮）。神像前另有兩人鳴鑼開道，其後有一執羅傘者撐遮神轎。值聞鼓擂炮響，各組健兒分別共舉各尊神像依次擎跑，奔馳如飛，至劃定終點乃止。禮炮再連鳴三聲，以時速、勢壯、姿美者為勝。這一環節，再現了當年開漳先賢馳騁疆場的威武雄壯場景，實為一種特殊形式的民間體育運動，俗稱「走王」。民國版《雲霄縣誌》載：「本邑為唐將軍陳元光開屯舊區，民人崇祀惟謹。每年正月十五日高抬神像遊行各社，奔馳如飛，謂之走王。」[248]此風俗千百年來興盛不衰，足見雲霄民眾對開漳功臣惠烈與恩德萬世不忘。

開漳聖王巡安民俗形式古樸典雅，隊形壯觀，民間信仰氛圍濃厚，參與人數眾多，舉辦時間固定，祭祀方式雅緻，供品製作精細，頗具藝術特色，可視為一種另類地方飲食文化。崇敬的歷史功臣吻合歷史，開展活動深富內涵、健康向上，具有積極意義。其學術價值在於傳承中原文化，紀念對社會發展作出貢獻的歷史名人，綜合展現當地傳統建築、雕塑、刺繡等工藝風格和生活習慣特徵，印證唐代初期中原地區向閩粵沿海大規模移民的史實。這一活動既滲透著古代儒家思想，又融入道釋世俗化跡象，是研究中華文化傳播、衍變、繼承和發展狀況的鮮活資料。明清以來，開漳聖王民間信仰伴隨開漳府兵後裔播遷至臺灣及東南亞的新加坡、馬來西亞等地，在他們生生不息的開拓史上成為安邦護土的保護神，架設了聯結海內外民俗交流最直接、最友好的文化橋樑，演繹成濃烈的唐山文化鏈接，是中華民族神緣文化往外延伸的精神紐帶和文化載體，凸顯傳統民俗文化的審美魅力。開漳聖王巡安民俗文化活動是開漳聖王文化的重要遺產之一，這種獨具特色的非物質文化遺產的民俗傳承，發揮著兩岸乃至海內外民間民俗文化互動的紐帶作用。

五、餘論

　　陳政、陳元光父子是福建陳氏後裔引以為榮的入閩肇基者。但研究開漳史，有關州郡取名和陳元光身世兩大疑惑，一直是學界所關注的問題。實際上，漳州、漳浦郡縣取名來自發源於平和靈通山的漳江，其由來是陳政對征戰地山川景色的移花接木，表達的是他對河東故土的拳拳眷念。而歸德將軍是陳政與元光的世襲封號，難免讓人聯想為朝廷對「北夷來附者」[249]所賜的武散官名。至於陳氏父子是否為鮮卑人，又為何隱為河東人，筆者認為，中華民族兼容並蓄，博大精深，對其族屬的質疑既不必諱言，也無需過度訟議。漢化的少數民族也是泱泱中華大家庭的成員，並不影響河洛姓氏根在固始這眾所公允的事實！大唐建國後，龐雜的帶功軍將是不可能毫無隱患地集中於首都長安，分流和遣居四遭亦在情理之中。作為陳政這批世代協助唐高祖反隋起義、經略河東的將士，在天下大

定後被遣籍於北原南山人口過渡地帶，這古稱「楚之寢丘」的河南僻地浮光山下固始縣，爾後復因戰事舉族戍閩漳而不歸，或許與歷史事實更為貼近和容易接受。陳元光作「浮光昂岳望，固始秀民鄉」[250]詩句，抒發了對這浮光故土的日夜思念。這支中華民族大家族的文化載體，以來自固始的中原各姓軍校兵士為群體，在閩南辛勤勞作，生息延續，其族裔早就遍布閩粵，並經數代繁衍後又陸續播遷臺灣、東南亞及世界各地，在海外形成「漳州文化圈」，既擴大了華夏文化的影響，又輻射著璀璨奪目的民俗文化之光。當然，有關開漳史課題因現有史料有限，尚有待進一步考古發掘和研究。

值得一提的是，改革開放後祖國大陸經濟和文化蓬勃發展，使臺胞感到高興和自豪。他們對祖國的認同感和歸屬感與日俱增，加上和平統一中國大政方針的施行，海峽堅冰逐漸解凍，兩岸間經濟和文化交流呈現不可逆轉的發展趨勢。經「臺灣區開漳聖王廟團聯誼會」、「中華（臺北）兩岸事務交流協會」牽針引線，多批臺胞進香團、謁祖團到故郡雲霄尋根謁祖、探親旅遊、經商貿易，開展經濟文化交流。同時遠在中原腹地與雲霄締為友好縣的「唐人故里」固始，也架起閩臺祖地根親文化金橋。1997年，雲霄威惠廟開漳聖王神像蒞臺巡安12天，引發萬千信眾頂禮膜拜；2001年4月，臺島48間宮廟158名負責人組團拜謁雲霄威惠廟；2007年臺灣中部廟團9間宮廟266位信眾蒞臨雲霄將軍廟，其中南投陳府將軍廟與其結為兄弟廟。2009年雲霄將軍廟組團40多名回訪諸廟，受到盛情接待。連戰、吳伯雄、王金平、江丙坤等臺灣政要相繼為故郡雲霄惠贈題匾。據不完全統計，自1998年以來，雲霄縣接待臺胞進香團組逾4萬人次。同時，縣有關部門或民間社團也先後10多次組團參訪寶島。這些活動，在臺灣掀起一次又一次文化尋根熱潮，使廣大臺胞進一步瞭解大陸，更增強了文化認同感，溝通了兩岸民族感情，形成文化交流新熱點。

雲霄縣眾多開漳史蹟，獨特的民俗古風和豐厚的文化積澱，為弘揚開漳文化、打造聖王文化品牌提供了得天獨厚的優勢，雲臺民間交流和交往方興未艾。值得欣慰的是，這些雙向交流團組的數量與規模歷年均有新的增長，大大拓寬了兩岸民間交流合作的良好格局。雲霄縣適時加大文化基礎設施建設，充分挖掘和利用「開漳聖地」歷史文化特色，採取「文化搭臺，經貿唱戲」聯誼形式，從

2007年起，每年都舉辦中國雲霄海峽兩岸開漳聖王文化節。為配合節慶活動，縣政府在將軍山公園文化中心建設開漳歷史紀念館，以大量實物為載體，再現開漳先賢開發閩南的光輝歷程，展示開漳祖地物質與非物質文化遺產的豐厚積澱和開漳將士後裔移墾海外、兩岸民眾根系相連的歷史文化內涵，使開漳文化精粹得到更好的繼承和弘揚。透過這些有益的活動，不僅促進海峽兩岸的交流合作，而且形成一個新的經濟增長點。在海西建設中，進一步弘揚開漳聖王文化，促進兩岸經濟文化交流，加快閩南文化生態保護工作的步伐，將有利於激勵大眾繼承先賢業績，構建團結和諧的社會氛圍。而對於可持續增進臺港澳僑胞珍視愛國愛鄉、崇賢尚德的優良傳統，發揮中華民俗文化凝聚力，推進祖國和平統一大業，實現中華民族偉大復興，仍具有廣闊的發展前景。

（本文作者湯毓賢為福建省雲霄縣博物館、開漳歷史紀念館館長、研究館員）

「開漳聖王」信仰形成原因分析

李喬

「開漳聖王」信仰的形成有其歷史、政治和社會諸方面的原因。陳元光有功於國，有恩於民，是「開漳聖王」信仰形成的內在因素；閩人好巫尚鬼，是「開漳聖王」信仰形成的民俗基礎；移民祈求平安，是「開漳聖王」信仰形成的心理基礎；朝廷不斷封贈，是「開漳聖王」信仰形成的政治基礎。

一、陳元光有功於民，是「開漳聖王」

信仰形成的內在因素為陳元光建廟，歲時祭祀，並將其列入官方祀典，符合中國傳統信仰的理論基礎。《禮記‧祭法》有：「夫聖王之制祭祀也：法施於民則祀之，以死勤事則祀之，以勞定國則祀之，能御大災則祀之，能捍大患則祀

之。是故厲山氏之有天下也,其子曰農,能殖百谷,夏之衰也,周棄繼之,故祀以為稷……此皆有功烈於民者也。及夫日月星辰,民所瞻仰也;山木川谷丘陵,民所取材用也;非此族也,不在祀典。」[251]《禮記》認為那些對於國家、社會、百姓有大功勞的、大貢獻的人應該得到祭祀。陳元光符合《禮記》所規定應該得到祭祀的條件,因此應該得到祭祀。

陳元光在開發漳州過程中,寓兵於農,發展農耕;發展教育,傳承文明;安撫蠻民,和輯百越。在其統治的後期,漳州地區「北距泉興,南逾潮惠,西抵粵贛,東接諸島嶼,方數千里,無烽火之驚,號稱樂土」[252]而且改變了「荒榛如是,幾疑非人所居」[253]的荒涼面貌,出現了「雜卉三冬綠,嘉禾兩度新」的繁榮景象。陳元光不辱使命、倡導文明、保境安民,維護民族團結和國家統一的歷史功績,正是其成為祭祀對象的內在因素。南宋理學家、朱熹弟子陳淳曾經猛烈抨擊民間信仰中的淫祀泛濫的情況時說:「自聖學不明於世,鬼神情狀都不曉,如畫星辰都畫個人……泰山只是個山,安有人形貌。今立廟儼然垂旒端冕,衣裳而坐,又立後殿於其後,不知又是何山可以當其配而為夫婦耶?」但他還是將威惠廟列入正祠之列,他說:「古人祀典,自祭法所列之外,又有有道有德者死,則祭於瞽宗,以為樂祖。此等皆是正祠。後世如忠臣義士蹈白刃衛患難,如張巡許遠死於睢陽,立雙廟……漳州靈著王以死衛邦人,而漳人立廟祀之。凡此忠臣義士之祠,皆是正當。」[254]他又說:「此邦之所崇奉者大抑皆非此族,其無封號者固無根原來歷,而有封號者亦不過出於附會而貸取,何者而非淫祀。惟威惠一廟,為死事捍患於此邦,國朝之所封賜應禮合制,號曰忠臣義士之祠,邦人之所仰。」[255]

二、閩人好巫尚鬼,是「開漳聖王」

信仰形成的民俗基礎[256]

自古以來,閩人就有好巫尚鬼的傳統。《史記‧封禪書》說:「是時既滅兩

越，越人勇之乃言『越人俗鬼，而其祠皆見鬼，數有效。昔東甌王敬鬼，壽百六十歲。後世怠慢，故衰耗』。乃令越巫立越祝祠，安臺無壇，亦祠天神上帝百鬼，而以雞卜。上信之，越祠雞卜始用。」[257]在閩越人看來，東甌王由於祭祀鬼神而健康長壽，其後人侍奉鬼神懈怠招致國祚傾移。受這樣思想的影響，閩越人尚鬼成風，應劭《風俗通義》對當時閩地信巫事鬼的狀況做了如下描述：「會稽（註：漢代閩地屬會稽郡）俗多淫祀，好卜筮，民一以牛祭，巫祝賦斂受謝，民畏其口，懼被崇，不敢拒逆；是以財盡於鬼神，產匱於祭祀。或貧家不能以時祀，至竟言不敢食牛肉，或發病且死，先為牛鳴，其畏懼如此。」[258]閩越人祭祀鬼神的虔誠以至於「財盡於鬼神，產匱於祭祀」的程度。閩越族消失後，這種「俗鬼」的風氣仍在閩地社會中存續下來，到唐宋時期，好巫尚鬼已成為閩地重要習俗，劉禹錫在《唐故福建等州都團練觀察處理使薛公神道碑》中說：「閩有負海之饒，其民悍而俗鬼。」[259]《宋史》亦稱：「其俗信鬼尚祀，重浮屠之教。」[260]蔡襄說邵武軍（治今邵武縣）「其俗鬼而不醫」[261]宋代《仙溪志》載：「俗敬鬼神，則受巫覡蠱惑之欺」、「閩俗機鬼，故邑多叢祠」[262]而閩南地區漳、泉等地，巫鬼神靈崇拜更加強烈，南宋漳州名儒陳淳就指出：「南人好尚淫祀，而此邦尤甚。自城邑至村廬，淫鬼之名號者至不一，而所以為廟宇者，亦何啻數百所？逐廟各有迎神之禮，隨月迭為迎神之會。」[263]嘉慶時期在福建任官的姚瑩曾說：「閩俗好鬼，漳、泉尤盛。小民終歲勤苦，養生送死且不足，輒耗其半以祀神。病，於神求藥；葬，於神求地；以至百事營為不遂者，皆於神是求。愚民之情，亦可哀矣。」[264]在這樣的普遍心理氛圍中，生前叱吒風雲，鎮守閩南一帶，保一土平安，英勇就義後又埋葬於漳州的陳元光，身後受到當地人民的祭祀是十分自然的事情。人們自覺為他建廟，並祭祀，不僅僅是為了紀念他，更主要的在於祈望英雄還能像生前一樣繼續庇護一方的生靈，為該地區謀福利。

三、移民祈求平安，是「開漳聖王」

信仰形成的心理基礎初入閩地的中原移民，無論是惡劣的自然環境，還是當地土著的侵擾，都給他們的生活帶來了無盡的煩惱。

帶給中原移民的最大挑戰，便是氣候上的不適應。福建地處亞熱帶，氣候炎熱潮濕，在古代被視為瘴癘之地。西漢時期，淮南王劉安描述當時閩越地區險惡自然環境時稱：「夏月暑時，歐泄霍亂之病相隨屬也。」[265]就是到了宋代，漳州一帶春冬季節的瘴癘依舊很猖獗，王安石《送李宣叔倅漳州》詩就說：「閩山到漳窮，地與南越錯。山川郁霧毒，瘴癘春冬作。」[266]有關瘟疫流行，死者枕藉的記載在古代福建方志中隨處可見，《八閩通志》記載元至正十四年（1354年）泉州大疫時的慘狀時說：「死者枕藉，（趙）深道造舟，施輪其下，會眾僧以長繩挽拽，沿街搜索，或遇門閉，輒排以入，舟挽各城門外埋葬之，日不下數次。」[267]閩地惡劣的自然環境，對於北方人的危害尤大，漢武帝時淮南王劉安上書反對出兵閩越時說：「夏月暑時，歐泄霍亂之病相隨屬也……近夏癉熱，暴露水居，蝮蛇蠚生，疾癘多作，兵未血刃而病死者什二三。」[268]在這樣惡劣的環境下，還沒有開始打仗，就有二三成的士兵因染病而死亡。唐朝初年，跟隨陳政父子入閩的中原將士中不適應瘴癘之鄉的惡劣氣候，染病去世的具體人數史籍雖無記載，但從陳政的兩個哥哥陳敏、陳敷被瘟疫奪走性命來看，當不在少數。儘管唐時中原地區的醫術已相當發達，但入閩將士中精通醫術的人可謂是鳳毛麟角，加之中藥匱乏，一旦染病，十有九死，人們極度恐懼，惶惶不可終日，只有希望借助超自然的力量來消弭瘟疫，逢凶化吉。

當地土著的侵擾是中原移民遇到的另外一個挑戰。儘管陳元光對叛亂的「蠻獠」山民，採取以撫綏為主的策略，除對首惡分子予以打擊外，從事反抗的普通民眾則寬大處理，即「落劍唯戎首，游繩系脅從」[269]他還推行民族融和的懷柔政策，重視招撫，加強「唐化」工作，緩和族群矛盾，改善漢蠻關係。但隨著漢人墾區的不斷擴大，為維護本族利益，出於本能，土著人視漢人為異族，與漢人間的矛盾逐漸激化，雙方衝突不斷，社會極不安寧。唐中宗景龍二年（708年），爆發了一次最大規模的蠻漢戰爭，「蠻獠」首領苗自成、雷萬興之子和藍奉高等人於潮州糾集大批民眾起事，陳元光率兵鎮壓，卻被「蠻獠」首領藍奉高

「刃傷而死」,後藍奉高等人又被陳元光之子陳□率兵鎮壓。唐昭宗乾寧元年（894年）,又爆發了一起聲勢浩大的「黃連洞蠻二萬圍汀州」的事件,「福建觀察使王潮遣其將李承勛將萬人擊之。蠻解去,承勛追擊之,至漿水口,破之,閩地略定」[270]到了宋代,漢民與土著的矛盾依然存在,土著侵擾的記載常常見諸史籍。宋真宗天禧年間,福建武平縣「洞獠久為民害,（陳）闡立斥堠訓練士卒以防備之」[271]高宗紹興十年（1140年）,「山寇竊發」,（仙溪）知縣陳致一「築城浚濠以御之」[272]「紹興十五年,山寇出沒汀、虔,浸及惠、潮、漳、泉,命統制劉寶將兵討之」[273]紹興間,吳南老「知（汀）州事,修學宮,繕城壁、倉廩。會葛畬有逋寇。南老縛其渠魁,餘黨悉散」[274]光宗紹熙年間,「上杭峒寇結他峒為亂,（趙）師瑑廉其狀,為擒渠魁,郡賴以安」[275]宋理宗紹定二年（1229年）,「汀、贛、吉、建昌蠻獠竊發」[276]然而,僅靠政府的武裝鎮壓,卻無法結束長期動盪不安的生活,外來移民只得祈求神靈保佑自己平安。

對新的生活環境、氣候等地理條件的不適應,當地土著的侵擾,再加上開拓的艱險,都使外來移民深感家鄉原有的神明已是遠水不解近渴,他們只得在當地找到新的神明來保佑,陳元光以祖先和鄉賢的身分順理成章成了崇拜的偶像。

四、朝廷不斷封贈,為「開漳聖王」

信仰的形成造成了引導作用陳元光入閩平亂是奉朝廷之命,嘯亂平定後,又被委任為首任漳州刺史,這期間陳元光盡心盡職,始終履行著一個忠臣的使命。他在《謝准請表》中表達自己忠君報國的堅定決心說:「粉身未足報深恩,萬死實難酬厚德」,「持清淨以臨民」,「守無私以奉國」[277]他創作的多首詩歌也袒露了自己忠君報國的思想,《南獠納款》中的「筮辰貢龍顏,表予躬逢吉」,《酬裴使君王探公》中的「冰鑒秋霄察,君門萬里遙。驪騑歌四牡,諤諤答清朝」,都表現出他對朝廷的忠心。他從不居功自傲,總是認為自己所取得的成績都是朝廷的功勞:「聖恩宏海甸,邊臣效芹說」[278]「九五垂衣裳,千萬監忠

樸……誥敕常佩吟，酒色難酒惑」[279]他所有的工作都是為了報答朝廷，是「庶補聖皇功」[280]他認為為「忠」之道是「忠勤非一日，箴訓要三拈」[281]不僅如此，他還以「忠」作為對一個人品行如何的評價標準，在《和王採訪重九見訪》中，他高度讚美了王採訪對朝廷的忠心：「公忠豈古饒」。對於這樣的忠臣，朝廷是不會放棄他的示範作用的，為此，歷代朝廷都對陳元光進行加封，並層層加碼，封號從侯到公，從公到王，並由官方舉辦祭祀儀式。唐光大元年（712年），唐玄宗賜贈陳元光為「豹韜衛鎮軍大將軍」、「臨漳侯」，諡「忠毅文惠」，並於漳江畔之州治為其建立祠廟，賜樂器、祭器。開元四年（716年）州治由綏安溪遷李澳川（今漳浦縣城），詔建陳將軍祠（俗稱西廟），御書「盛德世祀坊」牌坊以旌表，封「潁川侯」，明正祀典，派地方官員春秋二祭；規定凡地方官員行至廟前馬頭橋牌坊止步，文官下轎、武官下鞍，步而恭祭之。貞元二年（786年）州治再遷龍溪（今漳州市），復於州治之松州建廟，迨南宋建炎四年（1130年），繼於州治之城北又修一廟（俗稱北廟）。

自唐以來，除於州治所在地為其立廟崇祀之外，歷代又續有封贈。宋熙寧八年（1075年）封「忠應侯」。政和三年（1113年）封「忠澤公」，賜廟額「威惠」，此後通稱陳元光廟為「威惠廟」。南宋建炎四年（1130年）加封「顯佑」，紹興七年（1137年）又加「英烈」，十二年封「英烈忠澤顯佑康庇公」，十六年進封「靈著王」，二十三年加封「順應」，三十年又加「昭烈」。孝宗乾道四年（1168年）加封「靈著順應昭烈廣濟王」。明代，洪武二年（1169年）封「昭烈侯」，萬曆七年（1579年）封「威惠開漳陳聖王」，清代乾隆四年（1739年）封「開漳聖王、高封祀典」。至於陳元光之父母、妻子亦曾於南宋高宗、孝宗兩朝蒙受封賜，父陳政封「祚昌侯」，後又加封「祚昌開佑侯」；母吐萬氏封「厚德夫人」，後又加封「厚德流慶夫人」；妻種氏封「恭懿夫人」，後又加封「肅雍」、「恭懿肅雍善護夫人」；子　封「昭貺侯」後又加封「昭貺通感侯」；曾孫永封「昭仁侯」、諶封「昭義侯」、龥封「昭信侯」。世稱陳元光為「陳聖王」、「開漳聖王」、「陳將軍」、「陳府將軍」、「聖王公」、「威惠王」、「威烈侯」。[282]

總而言之，開漳聖王陳元光由人到神的過程中，其本人的豐功偉績是其走向

神壇最重要、最根本的原動力,而國家、閩南土著以及移民的功利目的,是其最終完成由人到神的外部推動力。

(本文作者李喬為河南省社會科學院文學研究所副研究員)

唐史無人修列傳　漳江有廟祀將軍——陳元光開漳與聖王信仰

馮大北　張秀春

開漳聖王,又稱陳聖王,或稱廣濟王,或稱靈著王。祭祀開漳聖王的信仰習俗,盛行於今閩南地區、潮汕地區和臺灣地區。開漳聖王信仰,根據祭祀場所的不同,主要分為三大類:廟祭、墓祭和家祭。家祭是指陳姓後裔在家廟裡祭祀其先祖,屬於祖先崇拜系統。廟祭則屬於民間信仰的範疇。

就廟祭來說,每年農曆二月十五日,是開漳聖王的生日;十一月初五是開漳聖王的忌日;正月十五是「走王日」。在這三個特定的日子內,各神廟所在的村落都要舉行隆重的祭祀活動。每逢聖王誕辰,居民都要請來戲班,演劇酬神。名為娛神,實則娛人。祭祀開漳聖王的規格非常高,民間按照王禮來祭祀他。「羊豕曰少牢」,古代天子祭祀社稷和宗廟用太牢,祭四時陰陽之神用少牢。既然陳元光被敕封為「開漳聖王」,其神格高於公、侯,所以人們在備牲獻祭時用少牢禮,即全羊、全豬各一頭。

每到此時,家家戶戶宰鵝殺雞,宴請親朋,非常熱鬧,漳人形象地稱之為過小年。有的地方還要舉行盛大的「鑒王」、「走王」活動。在這一天,信眾抬著開漳聖王的神像出遊,隊伍浩浩蕩蕩,沿著固定的路線巡遊。每年各宮廟都要舉行祀神活動,大多由當地的村莊或街坊輪流承擔。有的宮廟還要請來僧人道士,唸誦《開漳聖王武德真經》。

民間祭祀開漳聖王這一習俗由來已久,大體上肇始於唐,初盛於宋,明清時

期達到極盛。近年來開漳聖王信仰在民間又開始活躍起來。

供奉開漳聖王的廟宇，大多沿襲歷史上的稱謂，或稱陳王廟、靈侯廟、將軍廟或聖王廟，但稱威惠廟的居多。據不完全統計，明清時期，閩南地區有大小威惠廟200多座。其中，漳州市的北廟、漳浦縣的西廟和雲霄縣的威惠廟最為著名，被信徒視為「祖廟」。其他各地的威惠廟，則是開漳聖王的行祠，是分廟。海外漳籍移民歸國尋根問祖，往往到祖廟拜謁進香，其香火非常旺盛。

臺灣的開漳聖王信仰也非常興盛。據1992年臺灣省文獻委員會重修的《臺灣通志》統計，臺灣現有主祀陳元光的開漳聖王廟71座，主要分布在臺北地區。另外在潮州地區有開漳聖王的行祠。河南潢川也有威惠廟。陳元光的後裔陳謨之子陳泳任光州司馬，在其地建立威惠廟。據宋周必大《文忠集》卷九十四記載，威惠廟，在光州城西，廟中供奉了三尊神像，這三位神在宋代均得到朝廷的加封。中尊威惠顯應侯，加封英格威惠顯應侯；東位昭惠順應侯，加封武格昭惠順應侯；西位孚惠靈應侯，加封忠格孚惠靈應侯。儘管其他兩位神的記載情況不詳，但這顯然是一座以陳元光為主神的廟宇。明萬曆初年，陳元光的後裔、漳州舉人陳華，任光州太守，為了紀念其先祖，在光州學宮之左建立了「廣濟王祠」。

歷史上的陳元光是「禮法施於民」、「以死勤事」的功臣。南宋莆田人劉克莊，淳熙七年為漳州守，寫下了一首題為《靈著祠》的七絕詩，其中有云：「甘寧關羽至今傳，名將為神自古然。」此語固然很有道理，但又不盡然。問題是在什麼情況和條件下，現實中的人就能夠順理成章地實現向神靈的轉化？

開漳聖王即唐代的陳元光，是實實在在的一個歷史人物。開漳聖王信仰的由來，是在歷史人物的基礎上塑造和加工，最終使之變成人們向他祈求福報的神靈。「開漳聖王」這一稱謂不同於世俗的爵號和諡號。古代中國，朝廷常常對於一些功臣、重臣在生前封公封侯，死後或追封，或加諡號。後來朝廷的神祠封號制度中亦借鑑和沿用了這一慣例。為了懷柔百神，褒獎靈驗，朝廷往往對靈異甚著的神明進行敕封。一般的男性神靈封侯，或封公，再後來是封王，最高的級別是封帝。典型的是關羽，清初被封為「忠義神武關聖大帝」，封帝以後就達到極

點了，不能再封了。一般的女性神靈先封夫人，再封為妃，再後或後或母。敕封的諡號，初封的字號一般是二字、四字、六字，也有更多的。典型的是湄州媽祖，元代敕封的字號達二十二字。歷宋至元，民間神靈身上的封號越來越多，越來越複雜。明初，朱元璋釐定祀典，一律革除前代的封號，簡稱「某某之神」。朝廷對大臣封爵、加諡號和對神明封爵、加諡號顯然是性質不同的兩種行為，其意義不能夠混同。

陳元光生前的官職是嶺南行軍總管，繼而進正議嶺南行軍總管，其後又贈懷化大將軍，任漳州刺史。死後，唐廷下詔追贈陳元光為豹韜衛鎮國大將軍。玄宗開元四年（716年），追贈為潁川侯，加諡號為「昭烈」。宋代再追贈為輔國將軍。其封爵諡號與所謂的「靈著順應昭烈廣濟王」或「威惠開漳聖王」等封號有本質的區別，意義完全不相干。前者是對陳元光生前功績的一種價值肯定，而後者是陳元光演變成為神以後，朝廷為了褒揚他甚著靈感而加封的神號。

「開漳聖王」這一稱謂始於明初，是明廷頒給神靈的封號，所以它不是民間所謂的尊稱。唐宋元明時期，民間許多神靈都被朝廷敕封為王，封為帝。唐代封泰山為天齊王，到了宋代，以東方主生，加「仁聖」二字，並封為帝，稱「天齊仁聖帝」。玄天上帝，其實就是北七星，宋代封為真君，明成祖時封為「北極鎮天真武玄天上帝」。福建民間的很多神，如泉州郭忠福，先封公，再封王，稱「威鎮忠孚惠威武烈保安廣澤尊王」。陳元光被奉為神明後，與其他神一樣，在宋明兩朝分別封為「廣濟王」（陳淳又稱靈著王）和「開漳聖王」（或陳聖王）。基於這一點，有學者說陳元光是「政治家中的佼佼者得稱為王」，並把陳聖王這一宗教封號與孔子稱「素王」相提並論，是完全錯誤的。

陳元光是一個真實的歷史人物。儘管後來人們把他神化、宗教化了，把他變成了一個民間神，但是他的生平事跡以及歷史功勳，由於有文獻的支撐還是可供查考。

陳元光，字廷炬，號龍湖，光州人（一說河東人，《元和姓纂》持此說；一說揭陽人，順治《潮州府志》、《廣東通志》執此說），出生於唐高宗顯慶二年（657年），死於唐睿宗景云二年（711年）。陳元光自幼好讀書，善騎射，13

歲領鄉薦第一。其父陳政時任嶺南行軍總管。15歲時，陳元光隨祖母魏氏，伯父陳敏、陳敷率府兵與陳政會合。陳政死後，年僅21歲的陳元光代領其眾，任玉鈐衛翊府左郎將。潮人陳謙與少數民族首領苗自成、雷萬興勾結，發動叛亂，攻陷潮陽，陳元光率輕騎平定之。朝廷下詔贈嶺南行軍總管。垂拱二年（686年），陳元光上疏，請建州治於泉、潮之間，以控嶺表，設刺史主其事。其後，建漳州於綏安地，贈懷化大將軍。陳元光是漳州第一任刺史。不久，雷萬興、苗自成的餘黨又在潮州發動叛亂，陳元光以步兵為後援，率輕騎前往，為賊將藍奉高所傷，死於軍中。朝廷聞訊，詔封為鎮國大將軍，謚號「忠毅」。一說謚號「昭烈」（此說見於《廣州通志》）。

對於漳州地區的開發和社會發展，陳元光造成了非常重要的作用。其不朽的功勳，並不在於他平定了幾次叛亂，取了多少賊人的首級，因為要使一個地方持久地穩定和發展，除了「威」，還更需要「惠」。清人曾文虎詩云：「變夷用夏到閩漳，唐代將軍陳聖王」，此詩句可謂一語中的。這也是陳元光與其父施政的不同之處。開漳第一祖陳政，唐總章年間為玉鈐將軍，他在漳浦一帶鎮戍，忙於開屯建堡，未遑他務。

陳元光帶領兵眾，討平叛亂取得初步勝利後，立即向朝廷提出了一個非常重要的建議：請在泉潮之間建州置吏。透過什麼樣的方式才能保持地方永久的穩定，陳元光作為一個軍事家、政治家，認識得非常清楚，他說：「兵革徒威於外，禮讓乃格其心……誅之則不可勝誅，徙之則難以屢徙。倘欲生全，幾致刑措。其本則在創州縣，其要則在興庠序。」

其後，陳元光率所部披荊斬棘，開府營城，化家為郡。任漳州刺史期間，興農積粟，招撫流亡，興修水利，通商惠工，設庠序，施教化，啟愚昧，移陋習，選賢才。在「胡越百家，愈無罅隙；畿荒一德，更有何殊」的民族平等思想的指導下，陳元光極力提倡民族間通婚，陳元光本人娶了當地女子種氏為妻，其部下也與當地的土著通婚。這些政策不僅收攬了民心，也大大緩和了民族矛盾，改善了民族關係。

漳州地處泉州和潮州之間，自漢代以來，久成荒徼，蠻獠紛亂，民不知禮，

號稱難治。經過陳氏四代人的苦心經營，漳州「方數千里間，始則無伏戎之警，終則政教大行，將略吏治可謂兼之矣」。陳元光對漳州的開發有著重大的歷史貢獻，清薛凝度在《雲霄縣誌‧祀典》中評價說：「公開建漳邦，功在有唐，州民永賴。」

這樣一個對閩南、潮州地區歷史產生過極大推動作用的歷史人物，沒有列入正史，無論在歷史上，還是在今天，均令人抱憾。宋代呂《威惠廟》詩云：「當年討賊立殊勳，時不旌賢事忍聞。唐史無人修列傳，漳江有廟祀將軍。」詩人有感而發，隨意而至，詩句倒或許沒有錯。如果是因為陳元光沒有被列入新舊唐書，從而產生「時不旌賢」的錯覺，不僅有青史留名的功名思想作祟的嫌疑，同時，「時不旌賢」的說法也不符合歷史。陳元光生前累有褒封，死後又追封加謚，一般官員很難有此殊榮。「時不旌賢」的說法不能成立。

陳元光的傳記為什麼沒有被列入新舊唐書，後人有種種的推測。或言唐王朝視漳州為羈縻州，又處邊遠，訊息不通；或言陳元光容不下武周的改朝換代，其詩文中有影射亂臣賊子的言語，不見容於唐宋二朝史家等等。儘管正史失載，陳元光的事跡並不是默默無聞的。在地方史志、族譜中還是有記載的，儘管有不少的錯訛，但保存了一些最基本的材料。陳元光所著的詩集《龍湖集》完整地保存在陳氏後人所編寫的族譜之中；《全唐文》卷一六四收錄了陳元光上書皇帝的《請建州縣表》和《漳州刺史謝表》；《全唐詩》卷四五收錄了陳元光的詩三首以及陳元光副使許天正的一首詩。《河南通志》、《福建通志》、《廣東通志》以及《漳州府志》、《潮州府志》均有陳元光的傳記。《朝野僉載》、《太平廣記》、《說郛》等亦有陳元光的記載，多為小說家言，不可信。

宋代呂的「唐史無人修列傳，漳江有廟祀將軍」兩句詩只是分別道出陳元光未列入正史和民間祭祀開漳聖王的兩個事實，之間並無前後或因果的關係。北宋末年，還有一位南安籍詩人劉濤也題了一首名為《威惠廟》的詩，云「史書失記當年事，野老豐碑語不同」。前面一句仍是講陳元光沒有列入正史，唐書失載；後一句的意思是說關於陳元光的歷史出現了兩個不同的版本。我認為，其真正原因在於：一個是作為歷史人物的陳元光，而另外一個是作為神明的陳元光。既然

如此，出現「野老豐碑語不同」的情況，是非常自然的。

在民間信仰中，神明透過人格化轉化成人，具有人的情感、形貌和人的品性，或附會成某一個具體的歷史人物，或者某一個歷史人物經過人們的塑造和加工而轉化成神明，這些都是常見的現象，例子很多。陳淳，漳州人，字安卿，號北溪，是朱熹的得意門生。他曾經猛烈抨擊民間信仰中的越分而祭、祭非所祭。他說：「自聖學不明於世，鬼神情狀都不曉，如畫個星辰，都畫個人」，又說「泰山只是個山，安有人形貌。今立廟儼然垂旒端冕衣裳而坐，又立後殿於其後，不知又是何山，可以當其配而為夫婦耶？」陳淳所批評的，正是中國民間信仰最有意思的地方。

絕大多數的民間神明都是由真實的歷史人物而來。這些歷史人物各個階層的都有，可以是鄉賢人物，可以是佛道人士，也可以是巫覡術士。這些人物最終成為一個什麼樣的神明，常常是五花八門，千奇百怪。比干被奉為文財神，趙公明、關羽被奉為武財神。張巡、許遠被奉為保儀尊王，與岳飛同塑在一個廟中，稱「三忠廟」。葛洪被視為染坊業的祖師，呂洞賓被奉為理髮業的祖師，麻瘋院塑嚴嵩為神。這些歷史人物與民間所奉的神明之間毫無關係，全是民間的附會。

歷史人物之所以能夠向神轉化，是先秦以來「神道設教」的重要發明。早在上古三代，「厲山氏之有天下，其子曰農，能殖百穀；夏之衰也，周棄繼之，故祀以為稷；共工氏之霸九州也，其子曰后土，能平九州，故祀以為社」，而帝嚳、堯、舜能效勞民眾，大禹能治水患，黃帝正名百物，顓頊、契、冥皆勤於民事，湯除民之虐，周文、武去民之災，皆有功烈於民，後人均奉其為神靈。

南方自古就有「重巫鬼，尚淫祀」的宗教氛圍，這是培育陳元光由人而神的土壤。範曄說：「會稽多淫祀，好筮卜。」唐朝的狄仁傑在江南毀淫祠達1700餘所。宋代陳淳在《上傅寺丞論民間利病六條》說：「南人好尚淫祀，而此邦尤盛，自城邑至村廬，淫鬼之名號者至不一，而所以為廟宇者，亦何啻數百所，逐廟各有迎神之禮，隨月迭為迎神之會。」黃仲昭說：閩俗好巫尚鬼，祠廟寄閭閻山野，在在有之。林紓《鐵笛亭瑣記》也說：淫祠南方為盛，猴犬豬狐均有小廟，曰王曰侯曰聖母曰仙姑，為類至多。在這種宗教氛圍下，陳元光被轉化成神

明，一點都不稀奇。

在福建，王審知、周樸、林浦、李堪等歷史人物均被民眾奉為神。據統計，在明萬曆以前福建的造神過程中，由人物神化而來的神明就有249個。陳元光演化成神明，也只是其中之一。在《潁川開漳族譜‧唐列祖傳記》中，陳元光顯然被賦予了「神人」性格。族譜說：「元光，字廷炬，號龍湖。行百五二，生於顯慶六年丁巳二月十六日子時。狀貌魁梧，豐采卓異。其表二十有九，天頭地足，鳳眼龍髯，斗唇均頤，輔喉犀齒，眷龜，掌虎，澤股，聲雷，阜睫，方腸，林背，淵臍，準末三山，口含一字，色如傅粉，眼若流波，耳綴雙珠，眉生八彩，後看如輕，前望如軒，手垂過膝，髮立委地，身高七尺四寸二分，腰大九圍一寸三分，胸前文曰：輔世長民。」陳元光從一個歷史人物，演變成一個民間神，有一個緩慢的過程。《潁川開漳族譜》記載說：「已而蠻寇復枳，公率輕騎往討之，卒後期，為賊將藍奉高所刃，百姓聞之，如喪考妣，相與制服哭之，畫像祀之，追思之甚，將遺體捏塑於綏安溪之太崎原。」這似乎說明，陳元光死後，漳人就為之塑像立廟，奉為神靈。實際上，陳元光最終變為民間神，是在南宋時期。唐代陳元光信仰明顯帶有英雄人物崇拜的特徵。

作為祭祀場所的「祠」和「廟」在功能、意義上有著本質的區別。祠是人們用來寄託對某一偉烈先賢的哀思，寓「昭德報功，使民不忘本始」以及「慎終追遠」之意。如忠賢祠、賢守祠、崇德祠、名宦祠等，不應該視為宗教場所。廟基本上是民眾祈福禳災、媚神邀福、求得福報的地方，屬於宗教場所。

今天可考的最早的一座威惠廟，建於唐嗣聖年間，祀奉陳政及其部將，陳元光死後也入廟。《福建通志‧金石志》卷三收有《威惠廟記》，不錄碑文，撰於唐垂拱二年，是今天所見威惠廟最早的一則碑記。到了741年，朝廷下詔褒封，修建祠宇，官方即以民間捏像之廟為官廟。由此可見，唐代的威惠廟，不是民廟，意義同功德祠一樣，唐王朝為陳元光建廟，歲時祭祀，並把它列入官方祀典，是對陳元光生前功績的一種價值肯定。

自古以來，中國就有聖賢崇拜和忠臣義士崇拜的傳統。《禮記‧祭法》中說：「夫聖王之制祭祀」也，法施於民則祀之，以死勤事則祀之，以勞定國則祀

之，能御大災則祀之，能捍大患則祀之。又說：「及夫日月星辰，民所瞻仰也；山林、川谷、丘陵，民所取財用也，非此族也，不在祀典。」

《禮記·祭法》明確指出風雨雷電、山川河谷應該祭祀，因為日月星辰是人們賴以識別春夏秋冬、便於耕耘收藏的事物，山林川谷丘陵，是人民生活資源所在的地方。那些有功於民的、死於政事的、有安邦定國之勤勞的、為大眾抵禦災害的、解民於倒懸的人，也應該得到祭祀。

《禮記·祭法》中還為此列舉了一個應該祭祀的清單：厲山氏之子農、周棄、共工氏之子后土、帝嚳、堯、舜、鯀、大禹、黃帝、顓頊、契、冥、商湯、周文王、周武王。在祭祀對象的選擇上，《禮記·祭法》都是從「人性」而非「神性」的角度去界定的，也就是說，祭祀對象必須在現實生活裡具有「法施於民、以死勤事、以勞定國、能御大災、捍大患」的功德和品行，而不是將其視為神的職能或功能。

根據這些標準，陳元光符合「法施於民、以死勤事、以勞定國、能御大災、捍大患」的條件，應該得到祭祀，這沒有問題。陳淳對民間祭祀極為苛刻，但也認為威惠廟是正祠，云：「如張巡、許遠死於睢陽，立雙廟，蘇忠勇公於邕州死節，甚偉，合立廟於邕。今貢侯立廟於本州，亦盡如漳州靈著王以死衛邦，而漳人立廟祀之，凡此等忠臣義士之祠，皆是正當」，明確指出「惟威惠一廟，為死事捍患於此邦，國朝之所封賜應禮合制，號曰忠臣之祠，邦人之所仰然」。

不久，威惠廟變成了一個官民祭祀的宗教場所。「崇德報功」的意味越來越淡薄。據載，北宋慶曆中，漳浦知縣呂因寇亂向陳元光之神禱告，神顯靈平定了寇亂。宋余靖《武溪集》也記載漳浦縣令陳坦然向神禱雨，云：「邑西有陳將軍祠者。郡圖云：儀鳳中勳府中郎將陳元光也。年少強魂，邦人立廟，享祠甚謹。日奉牲幣無算，歲大旱，遍走群望，弗雨。公乃齋潔詣祠下……即鑰扉與神約曰：七日不雨，此門不復開，叢祠為燼矣。行未百步，霆風拔巨樹僕於道。俗素信鬼，及是吏民股戰神之怒。公徐曰：民方，何怒之為？乃援彎截樹而去。果大雨，田收皆倍」。

呂在其詩中說：「靈貺賽祈多響應，居民行客日云云」，說明當時威惠廟就

以靈感著稱了，當地的居民以及過往的人開始到處談論和宣揚了。五代至宋，朝廷累封為「靈著順應昭烈廣濟王」，封號中有「靈著」二字，也說明威惠廟不是原來所謂的功德祠了，陳元光這一歷史人物，終於成為了民間神。

南宋初年，陳元光之神一躍而成為一個頗具影響的區域性神，供奉陳元光的廟宇也普遍修建了起來。《平和縣誌·祀典》對此記載說：初漳郡未有建廟，嗣聖間廟在雲霄，貞元二年遷州治，宋建炎四年郡始立廟，而各縣鄉村皆設廟矣。南宋淳年間，列入官方祀典，令官民春秋二祭。至明代，朝廷改封為開漳聖王，漳人稱其為州主王。後來，漳人足跡所至，多建威惠廟以祀州主陳元光。

（本文作者馮大北為忻州師範學院五臺山文化研究所講師）

閩臺民間信仰的「光州固始」情結

唐金培

「獨具特色的中國民間信仰，是中國多民族文化史發展的固有根基或根源，是中國多民族民間文化史的活潑生動的百科全書，是各民族祖先創造積累下來的文化財富。」[283]廣義上的民間信仰是指民間的一切拜神活動，狹義上專指佛教、道教、伊斯蘭教、基督教等正式宗教以外的各種民間拜神活動，如對天地神明、雷電風云、水火山石以及動植物等自然物和自然力的崇拜，對神、鬼、精靈等幻想物的崇拜，對神人、仙人、聖人、巫師等附會以超自然力的人物崇拜等等。限於篇幅，本文僅對閩臺民間神人崇拜與「光州固始」的歷史淵源做些簡要分析。在分析當代閩臺民間信仰交流頻繁的原因基礎上，進一步探討「光州固始」與閩臺民間信仰的歷史淵源與互動關係，對增進固始與閩臺民眾的相互瞭解與彼此之間的情感，促進固始與閩臺經濟文化的交流與合作等都有重要現實意義。

一、當代閩臺民間信仰交流頻繁的主要動因

改革開放以來，特別是近年來，閩臺民間俗神廟宇之多、香火之盛、活動之頻繁，實為新中國成立半個多世紀以來所少見。究其原因主要有以下幾個方面。

1.兩岸民間信仰文化交流合作的環境越來越寬鬆。從新中國成立至改革開放前夕，由於眾所周知的原因，臺灣與大陸民間信仰文化之間的交流一度中斷。福建和臺灣雖然隔海相望，近在咫尺，可是連親生骨肉都不能彼此相見和相互往來，同根同源同民間信仰的普通同胞只能望洋興嘆了。改革開放以來，特別是近年來，隨著兩岸關係的日趨緩和與經濟文化交往的不斷增多。中國在加大傳統民間文化挖掘和整理力度的同時，積極倡導和平解決臺海關係，爭取早日實現中華民族的偉大復興。臺灣各黨派儘管在一些重大問題上政見不一，但在對待媽祖等民間信仰問題上的態度卻相當接近。這給兩岸特別是閩臺民間信仰文化的融合與繁榮提供了一個寬鬆的環境與比較和諧的氛圍。

2.兩岸同胞的民族意識和文化認同感越來越強烈。閩臺民間信仰文化蘊涵著豐厚的中華民族傳統文化積澱，具有鮮明的民族品格和強烈的民族意識。一方面在心理上能夠給那些在他鄉謀生或創業的人以更大的寄託和保障；另一方面，在觀念上能夠造成維繫人們對故土和祖先的認同。臺灣同胞和海外僑胞在某種程度上正是以媽祖崇拜等民間信仰文化為紐帶，在年復一年的迎神、祭神、娛神等民間慶典活動中進一步強化了自己的民族意識和歸屬感。富有認同感的閩臺民間信仰已經開始成為海峽兩岸團結合作的基石、橋梁和紐帶。

3.臺胞及海外僑胞認祖歸宗的願望越來越迫切。由於當今臺灣絕大多數民眾都是福建移民的後裔，臺灣眾多的民間信仰幾乎都是透過分靈、分香、漂流等途徑「原版」移植到臺灣的，閩臺兩地民間信仰崇拜的對象、時間、程序、儀式等都如出一轍。許多福建的神靈化歷史人物，在臺灣各地都廣為奉祀，特別是從福建祖廟分靈到臺灣的媽祖、保生大帝、關帝、臨水娘娘等「桑梓神」更是受到特別敬奉。據考證，臺灣現存各神廟中供奉的神祇多達300多種，其中80%以上是福建先民開臺時帶去的。從1989年5月6日，224名臺胞衝破臺灣當局禁令直航抵

達湄洲朝拜媽祖後，每年都有大量臺胞到福建四大祖廟進香朝拜[284]據統計，截止到2004年，僅赴福建莆田市湄洲島朝拜媽祖的臺胞累計已達130多萬人次，使湄洲島成了臺灣同胞到大陸旅遊、觀光、朝聖的一個集中點[285]近幾年更是有增無減。

4.包括民間信仰在內的地域文化交流在經濟發展中的作用越來越明顯。民間信仰不僅以「神聖」名義保存和承載豐富的傳統文化基因，而且擁有數量不菲的信眾。相當多一部分民間信仰及其表現形式和外在實體已被列為文物保護對象和非物質文化遺產，開始成為發展觀光旅遊業和文化產業的重要載體。改革開放後，宗教信仰自由政策真正得到落實，港澳臺民間信仰文化與內地的交流與往來越來越密切。一些臺灣同胞、海外僑胞及其他信眾紛紛捐資翻修民間宗教場所。在地方政府的支持和引導下，各地積極組織開展各種形式的民間宗教活動。這些民間宗教活動的開展，一方面吸引了海外和內地眾多的參與者，為當地土特產品走向市場甚至走出國門提供了便利渠道；另一方面，為地方政府招商引資，繁榮發展地方經濟搭建了重要平臺。

二、閩臺民間信仰的「光州固始」淵源

臺灣的民間信仰絕大多數是從閩粵等地移植過去的，閩臺民間信仰文化中無處不彰顯著深深的中原印記和綿綿的「光州固始」情結。

1.臺灣民眾普遍尊奉的觀音、關帝、土地公等神祇信仰主要是從中原經由「光州固始」這一肇始地和中轉站「一傳」到福建，再從福建等地「二傳」到臺灣。中國的道教、儒教都起源於中原，佛教的最先傳入地也是中原。作為儒道釋混合體的傳統民間信仰文化也發軔於中原。

觀世音全稱尊號為「大慈大悲救苦救難觀世音菩薩」，其梵文的意思是「觀照世間眾生痛苦中稱念觀音名號的悲苦之聲」。唐朝時因避唐太宗李世民的諱，略去「世」字，簡稱觀音。觀世音的名字蘊含了菩薩大慈大悲濟世的功德和思

想。觀音菩薩與文殊菩薩、普賢菩薩、地藏菩薩一起，被稱為四大菩薩。觀音菩薩在佛教諸菩薩中，位居各大菩薩之首，是中國佛教信徒最崇奉的菩薩。在閩臺地區信眾多，影響大。

在福建、廣東、臺灣等地，對關帝爺的信仰也相當普遍。福建、廣東等不少地方的臺商企業和餐館中都可以看到供奉著關帝爺的神位。近年來，無論是臺灣還是福建等地城鄉的關帝廟數量都呈上升趨勢。關帝爺既是道教之神，即玉皇大帝的近侍，又是佛教之神，即護法伽藍；同時還是儒教之神，即文昌帝（文教守護神）。以「忠勇仁義」著稱的關帝爺，經過歷朝褒封，成為一個神通廣大、有求必應的神明。據1960年調查，臺灣供奉關帝的廟宇共有192座之多。

土地公是最基層的地域神，又稱福德正神。相傳土地公原名張福德，自小聰穎至孝，擔任過朝廷總稅官，為官清廉正直，體恤百姓之疾苦，做了許多善事。102歲辭世，死了三天其容貌仍未改變，有一貧戶以四塊大石圍成石屋奉祀，過了不久，即由貧轉富，百姓都相信是神恩保佑，於是合資建廟並塑金身頂禮膜拜。人們相信「有土就有財」，於是被奉為財神和福神。據統計，現今臺灣以土地公為主神的祠廟多達669座[286]在福建等地城鄉尤其是農村至今仍有不少人家把土地公迎進家裡逢初一和十五祭拜。家中沒有供奉土地公的，也在每月的初二和十六，在自家門前設香案、燭臺、供品祭拜。

2.閩臺民間信奉的神祇中不少是有功於國、有恩於民的歷史人物的神格化。這些歷史人物有的本身就是固始移民，如陳光遠，王審知等；有的是固始移民的後裔，如鄭成功、施琅等。

「開漳聖王」陳元光，河南固始人，因唐代開創閩漳郡縣，置立社稷，去世後，漳州人紛紛建廟紀念陳元光，「廟祀遍境內」。在開發臺灣的過程中，「隨漳人來臺為守護神，後建廟塑像祀之」[287]由於跟隨陳政、陳元光父子入閩的將士與後援的58姓軍校及其家眷約萬餘人，多是光州固始縣人。經過千餘年的繁衍，後裔遍布閩、粵、臺灣和海外，他們都尊崇陳元光為「開漳聖王」，奉其父子為神靈，設神廟祠堂常年祭祀。據不完全統計，僅福建漳浦縣至今仍有「開漳聖王」廟102座，在福建比較著名的有雲霄威惠廟、漳浦威惠廟、燕翼宮、漳州

威惠廟、天寶威惠廟、泉州威惠廟等。臺灣有300多座，比較著名的有桃園縣福仁宮、桃園景福宮、基隆市奠濟宮、宜蘭縣永鎮廟等。東南亞諸國有30多座[288]唐宋以後，歷代對陳元光不斷封贈諡號，加上方志家譜對其形象的神化，歷代州官、縣官每年都要率當地士紳到威惠廟舉辦春祭、秋祭，儀式莊嚴而隆重。除陳元光外，漳州市的漳浦、雲霄等地還供奉魏夫人、陳政以及陳元光父子的手下部將。其中，輔勝將軍李伯瑤、輔順將軍馬仁、武德侯沈世紀、順應侯許天正等都來自「光州固始」。據統計，僅漳浦一縣，就有「輔勝公」（李伯瑤）廟24座，「馬公」或「馬王爺」（馬仁）廟6座，「許元帥」（許天正）廟2座，「沈祖公」（沈世紀）廟1座，「王媽」（種夫人）及柔懿人（陳懷玉）廟13座，「王子」（陳　）廟3座[289]

　　唐朝末年，出生於光州固始的王潮、王審邽、王審知兄弟帶領鄉民入閩。王審知開發閩地有功，被後梁朱溫封為閩王。據文獻記載，福清縣、南平縣、沙縣、長汀縣、清流縣、福鼎縣等地，各建有忠懿王廟、白馬王廟、白馬廟、閩王廟，奉祀閩王王審知。此外，福州和泉州分別有奉祀王潮的「水西大王廟」和「王刺史祠」。建州有多處奉祀王審知養子、建州刺史王延稟的英烈王廟、白渚靈感廟等。隨王潮、王審邽、王審知兄弟入閩的固始籍部將屬下，只要有功於百姓，在各地也都有專廟祭祀，如沙縣有奉祀崇安鎮將鄧光布的衛靈廟、奉祀攝縣事曹朋的曹長官廟，閩縣有奉祀權務使張睦的權務廟，龍岩奉祀宣府校尉鄒馨的通靈廟；惠安縣有奉祀監倉陳國忠、鄭濟時的靈應廟，福安縣有奉祀江州司戶羅漢沖的忠惠廟，永福縣有奉祀張大郎、李大敷的協濟廟等等[290]

　　祖籍今河南固始的鄭成功和施琅，因為統一祖國有功，而被閩臺一帶奉為神明。鄭成功去世後，臺灣人民在清初即建「開山聖王廟」作為紀念。清乾隆時在原來基礎上擴建，道光二十五年（1845年）重建。光緒元年（1875年）清廷賜鄭成功延平郡王稱號。據統計，今天臺灣共有鄭成功廟五六十座。施琅原為鄭成功部屬，後投清任水師提督，有功於朝廷，封靖海侯。在福建石獅市、晉江衙口和臺灣澎湖縣都有施琅祠（施琅廟）。

　　3.原產福建的神祇不少是古代南方閩越族傳統信仰和中原漢族傳統信仰相撞

擊、匯合、交融，以儒、釋、道三家互補為基本框架，結合當地生活特點塑造出來的。他們幾乎都有人物原型，而且這些人的姓氏和生活習俗都與固始移民不無關係。

被尊為海上保護神的媽祖信仰是閩臺地區最廣泛的民間信仰之一。關於媽祖來歷的傳說有很多，具體細節不一，但一般認為媽祖是福建莆田人，原名林默，閩王部下固始籍人林願的女兒。自宋至清，歷代朝廷先後褒封媽祖多達36次，封號由「夫人」、「妃」、「天妃」直至「天上聖母」、「天后」，使她成為閩臺地區的最高祭典。據不完全統計，目前全世界共有媽祖廟近5000座，信奉者近2億人。其中，臺灣就有大小媽祖廟800多座，信仰人數超過臺灣總人口的三分之二。近年來，每年專程從臺灣到湄州媽祖廟朝拜的民眾均在10萬人以上[291]。

被奉為潔白公平之神的清水祖師，相傳俗姓陳，名應（一說為陳昭或陳昭應），法名「普足」，宋仁宗慶歷四年正月初六誕生於福建省永春縣小姑鄉。陳應自幼在大云院出家，因不堪寺院的虐待，於是到高太山結茅築庵，閉關靜坐，後經大靜山明松禪師指點，參讀佛典三年，終於悟道。他在安溪清水岩圓寂後被民眾奉為神靈，並多次受到朝廷褒封。如今臺灣有清水祖師廟100多座，僅臺北地區就有60多座[292]。

被稱為保生大帝或吳真人的吳　，原本是宋代泉州同安縣拜礁鄉（屬今漳州龍海縣）的一名行醫濟世、德藝雙馨的醫生。也是從固始避亂南遷人的後代。據統計，全臺奉祀「保生大帝」的廟宇「多至112所」，「年中信徒膜拜不絕」[293]。

被尊為婦幼保護神的臨水夫人（又稱大奶夫人或順懿夫人），原為福州下度一位名叫陳靖姑的農村婦女。傳說她做過斬蛇和保護婦女生產之類的事，被福建和臺灣等地民眾奉為地方守護神和送子娘娘，並立廟奉祀。據姓氏譜牒研究表明，臺灣陳姓來自福建，福建陳姓祖根在「光州固始」。

三、固始與閩臺民間信仰互動的積極意義

改革開放以來特別是近年來，固始在挖掘本地歷史文化資源，推進與閩臺地區民間信仰等傳統文化交流與合作等方面做了大量工作。這對進一步增進固始與閩臺地區的「同根同源」的瞭解與認同，促進固始與閩臺的經濟交流與合作，弘揚優秀傳統民間文化，促進精神文明建設和固始社會的和諧與安定都有重要現實意義。

1.透過固始與閩臺民間信仰互動，進一步加深閩臺地區對固始祖根地的認同，增強固始人與閩臺人的親和力和凝聚力。固始不僅是「開漳聖王」陳元光、「開閩聖王」王審知的家鄉，而且是「開山聖王」（或「開臺聖王」）鄭成功和「平臺大將軍」施琅等人的祖籍地。在這塊古老的土地上，既有浮光陳氏家廟，王堂村閩王故里，修復一新的雲霄廟（魏敬廟），還有鄭成功故里真墓葬等遺蹟。透過這些遺蹟可以進一步增進閩臺對固始這塊祖根地的認同。固始不僅是閩臺地區共同的「祖源」，而且是閩臺地區共同的「神源」。民間信仰活動儀式在地方民間具有區域認同、社會整合的功能，可以造成加強內部團結和外部聯繫的作用。浮光山頂的雲霄殿的修復就曾得到福建漳州民間信仰組織和有關人士的捐助。透過這些活動不僅有助於強化海外華僑的地域、家族認同意識，而且有助於加強海內外華人的社會聯繫和經濟合作。

2.透過固始與閩臺民間信仰互動，進一步加強固始與閩臺地區的經濟交流與合作。充分利用固始有關民間信仰方面的傳統文化資源，吸引更多的福建、臺灣、廣東、港澳及海外僑胞到固始尋根問祖和觀光旅遊，透過舉辦研討會、文化節等各種形式的活動，邀請相關人員到固始走一走、看一看，有利於促進和帶動固始地方經濟的發展。一是發展以「尋根游」為龍頭的旅遊經濟。從1987年福建雲霄縣首次組團到固始尋根迄今為止，固始縣先後接待閩臺人士2600多人，其中臺胞300多人。二是吸引福建、臺灣等地人士到自己的祖籍地投資興業。據

統計，固始縣現有臺資企業15家。其中固定資產過億元人民幣的臺資企業2家。這些企業為固始地方經濟發展注入了新的活力。同時，透過開展民間信仰中的廟會等文化活動形式還可以促進物資交流，發展商貿經濟。

3.透過固始與閩臺民間信仰互動，進一步弘揚優秀傳統民間文化，豐富群眾精神文化生活。民間信仰作為民間文化的重要組成部分，具有一定的藝術價值與美學價值，它在發展民間文化、豐富人民群眾的精神文化生活等方面具有一定的積極作用。許多民間寺廟就像一座藝術宮殿，一些民間祭祀的物器本身就是一件精美的藝術品，而那些民間信仰的神話傳奇故事、活動儀式等都包含有豐富的文學藝術與美學價值。在當前農村文化生活仍然比較單調的情況下，透過一些民間的祭祀、表徵儀式，來開展一些有地方特色的文化活動，或者透過將民間信仰的傳奇、神話故事改編成富有地方特色的文藝節目等等，不僅可以彰顯民間信仰的文化內涵，提升民間信仰的文化品格，而且可以使廣大群眾體會民間信仰活動的文化情趣，豐富群眾業餘文化生活。

4.透過固始與閩臺民間信仰互動，進一步推進精神文明建設，實現固始和諧與安定。優秀的民間信仰是人們生活的精神支柱。民間信仰所宣揚的一些世代相傳的良風美德和傳統優秀道德價值觀念，不僅能夠約束人們的行為，而且能夠規範人們的生活方式。深入挖掘民間信仰的積極成分，如對創世神的崇拜、對英雄祖先的崇拜、對愛國志士的崇拜等，使社會主義精神文明建設的寶貴思想資源，不僅能占有輿論，而且還能造成一些法律、法規所起不到的作用，有利於維護社會的和諧與穩定。透過科學管理和正確引導，使民間信仰在滿足一部分信仰者精神需要的同時，挖掘和發揚其中的積極成分，克服和清除其中的封建糟粕，充分調動廣大民間信仰者建設和諧家園與社會主義新農村的積極性，為構建平安固始、和諧固始、富裕固始貢獻自己的力量。

（本文作者唐金培為河南省社會科學院歷史與考古研究所助理研究員）

由人到神：陳元光形象變遷的文化解讀

孫煒

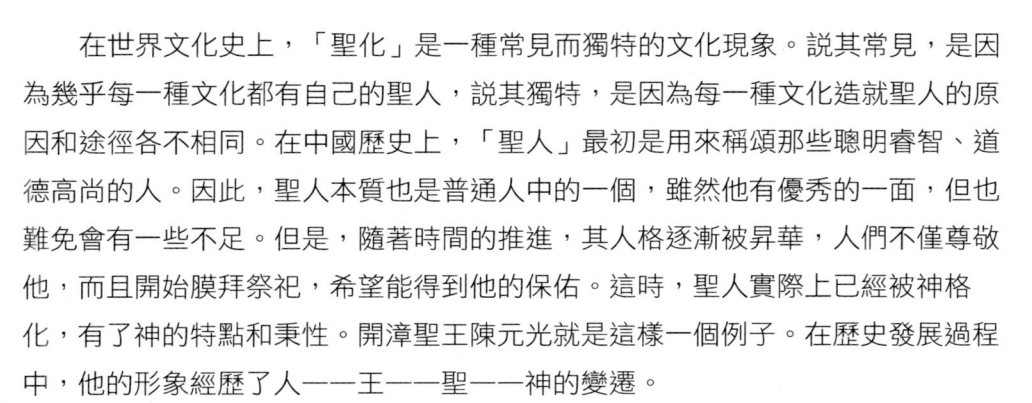

　　在世界文化史上,「聖化」是一種常見而獨特的文化現象。說其常見,是因為幾乎每一種文化都有自己的聖人,說其獨特,是因為每一種文化造就聖人的原因和途徑各不相同。在中國歷史上,「聖人」最初是用來稱頌那些聰明睿智、道德高尚的人。因此,聖人本質也是普通人中的一個,雖然他有優秀的一面,但也難免會有一些不足。但是,隨著時間的推進,其人格逐漸被昇華,人們不僅尊敬他,而且開始膜拜祭祀,希望能得到他的保佑。這時,聖人實際上已經被神格化,有了神的特點和秉性。開漳聖王陳元光就是這樣一個例子。在歷史發展過程中,他的形象經歷了人——王——聖——神的變遷。

　　陳元光(657-711年)是唐朝的一名將領。唐高宗時,繼父陳政之後領兵平定了泉、潮間「蠻獠」(即山越人)的地方叛亂;為促進當地的發展,在平定叛亂以後奏請建立了漳州,並任首任刺史,期間他厲行法治,興辦學校,興修水利,發展農桑,對山越人以招撫為主,恩威並重,使荒蠻落後的閩粵地區迅速發展起來。因為陳元光為漳州的開發做出了重大貢獻,因此被稱為「開漳聖王」。20世紀1980年代以後,隨著尋根潮流的興起,河南、福建、臺灣學術界爭相展開了對「開漳聖王」陳元光的研究。一時間,陳元光聲名鵲起,被譽為唐朝傑出的軍事家、政治家和邊塞詩人。但是在一片讚揚聲中,也有學者根據某些記載指出,陳元光其實還有兇殘的一面,如唐人張鷟《朝野僉載》卷二就記有一個陳元光濫殺無辜並煮屍待客的故事,五代人王定保編撰的《唐摭言》將陳元光列為「四凶」之一。可見,陳元光作為「人」的形象並不全是光明美好的一面。有關陳元光的事跡,唐代正史中少有記載,說明在當時,陳元光的影響還不是十分大。其聲望可能也不是十分高。

　　公元711年,陳元光被敵將藍奉高傷及腰部,因傷勢過重不治而死。死後,在歷代朝廷的一次次追封下,陳元光完成了從「人」到「王」再到「聖」的轉變。

　　嚴格地說,由人到王不應該稱為轉變。因為「王」只是一個稱號,仍然在廣義「人」的範疇內,拜侯封王只是反映了歷代朝廷對其卓越功績的承認和讚賞。

陳元光受到的加封包括：唐睿宗詔贈其為豹韜衛鎮軍大將軍，並詔令立廟；唐玄宗開元四年（716年）追贈其為潁川侯，賜樂器、祭器，春秋享祀，建「盛德世祀」牌坊；南宋加封其為靈著順應照烈廣濟王，明代封其為威惠開漳聖王等。從歷代朝廷的加封中，可以清晰地看出陳元光的地位越來越高：先是大將軍，繼而是侯，再是王以致最後上升為聖王。這些加封無疑增加了陳元光的知名度，但是對陳元光真正的尊敬和崇拜還是來自民間，陳元光形象神格化的實現和完成也是在民間。

民間對陳元光的紀念和供奉是從陳元光逝世以後開始的。據《潁川陳氏開漳族譜》記載，陳元光逝世的消息傳開以後，「百姓聞之，如喪考妣，相與制服哭之，畫像祀之」。宋代晉江人呂季玉在任漳浦縣知府時曾寫七律《威惠廟》一首，詩云：「當年平賊立殊勛，時不旌賢事忍聞。唐史無人修列傳，漳江有廟祀將軍。亂螢夜雜陰兵火，殺氣朝參古徑雲。靈貺賽期多響應，居民行客日云云。」可見，雖然史書無載，但是在老百姓心中，陳元光不僅保護了一方安寧，還改善了當地的生活，因此為他建廟祭祀，作為對死者的紀念。

因為陳元光的影響有一定的地域性，因此也只有一些特定的地方會祭祀他。從大的方面說，這樣的地方有二。一是陳元光的家鄉：河南信陽固始。陳氏家族從東漢開始累世居此，陳元光和他父親陳政就是從這裡出發入閩平叛的。陳元光死後，他的孫子陳酆回到固始祖籍修建了祠堂，即「陳世將軍祠」，時至今日該祠堂仍然存在。不過已經不是原來的了，而是清嘉慶年間重修的。該祠堂正堂匾額為「塵淨東南」、「威震閩粵」，堂聯為「開閩數十年烽火無驚稱樂土，建漳千百載香火不斷祀將軍」，充分說明了固始人民對陳元光功績的認可。

再就是陳元光影響所及的地方，這包括福建、廣州、臺灣等地的一些縣市。在福建漳州、雲霄等地，民間修建了大量的「威惠廟」和「陳王廟」，把對陳元光的崇拜納入宗教神系，定期供奉祭祀。明清時期，隨著鄭成功收復臺灣，閩人大量向臺灣遷移，對陳元光的信仰和崇拜也隨之傳向臺灣。據有關資料統計，在臺灣，較大規模的「開漳聖王」廟就有70多座。他們都是由漳籍移民帶來的。

如果仔細分析的話，可以發現，雖然河南固始和福建、廣州、臺灣等地都有

對陳元光的祭祀，但是他們祭祀的性質並不一樣。簡而言之，河南固始人只是把陳元光當做一個卓有貢獻的先人，像祭祀祖先那樣時不時上香供奉。而在福建、廣州、臺灣等地，陳元光的形象逐漸神化，逐漸變成了可以予人庇佑的神靈。有的學者稱之為「開漳聖王」信仰，並指出此信仰在臺灣的情況是，「伴隨著臺灣社會形態由『移民社會』向『安定社會』、『現代社會』的不斷演進，臺灣開漳聖王信仰的社會職能也不斷演變」，發揮著撫慰移民心理、凝聚漳籍人心、供人消災祈福等作用。（林國平、吳云同《開漳聖王信仰與臺灣社會的變遷》，《漳州職業大學學報》1999年4期）

正是因為有上述形象的不同，「陳氏將軍祠」雖然仍屹立在河南固始，但是拜祭的情況沒有福建、臺灣等地興盛。在福建、臺灣等地，有很多信奉開漳聖王的家族，且一般都供奉有開漳聖王的小神龕，在日常生活中隨時祭拜。此外，還經常到附近的開漳聖王廟宇上香，或問事或謝恩。在一些特殊的日子裡，比如每年農曆二月十五日的聖王誕辰日，往往還舉行大型活動，稱「聖王生」。屆時，神廟所在地的村子都要舉行隆重的祭祀儀式，有的地方還要舉行盛大的「鑒王」、「走王」活動，即抬神像巡遊，希望能夠得到「聖王」永久的保護。顯而易見，陳元光在他們的眼裡，已經由一個普通人變成了擁有法力的神明：人們畢恭畢敬地供奉祭祀求保佑，並相信他會盡心盡力地保護供奉者。

那麼，為什麼陳元光的形象在福建等地完成了神化的轉變，而其他地方並非如此呢？主觀方面應有以下幾方面的原因：第一，陳元光雖然祖籍河南固始，他率領的將士大多是固始人，且是從固始走出去的，但是福建才是他們的主要活動地，才是他們建功立業的地方。所以，固始人會為有陳元光這樣一個名人驕傲，而福建等地則因為有陳元光而受惠，兩處人對陳元光的感情當然不一樣。第二，陳氏家族開發潮漳的卓越貢獻。從陳元光的父輩開始，數代陳氏人（包括陳元光的父輩陳政、陳敷、陳敏兄弟，陳元光子陳　，孫陳酆，甚至曾孫陳謨等。陳元光是他們家族的卓越代表）在長達一個半世紀的時間裡，一直致力於潮、漳等地的開發和建設，為當地的建設和發展作出了卓越貢獻。第三，對陳元光及其部將勇猛戰功的承認。「蠻獠叛亂」非常兇殘，陳元光及其將士不畏艱險，擊潰了叛亂之軍，給人們帶來了安定的生活。陳元光又是這批優秀軍士的代表。第四，陳

元光的個人品行。陳元光不僅對叛亂進行武力征服，還用各種方法感召「蠻僚」之人。比如他實行撫綏為主的策略，區別叛亂中的首惡與脅從。「落劍唯戎首，游繩系協從」，對歸順者「撫而籍之」，緩和了民族矛盾，陳元光對漳州的影響是全方位的。首先他制定了正確的民族政策和治理方針。其次，在實踐上，他傳播中原先進生產技術，創辦學校，促進當地經濟文化各方面的發展。他對當地民俗發展方面也有貢獻。所以，陳元光既有威力又有能力，既能斬妖除魔，又能促進一方幸福。第五，現實生活的需要。陳元光的精神主要是一種開拓進取的精神，一直激勵著閩人，尤其是移民臺灣的閩人。

從客觀方面講，在中國傳統文化中，聖人崇拜自古有之，且有神化的趨向。《孟子·盡心下》說：「可欲之謂善，有諸己之謂信。充實之謂美，充實而有光輝之謂大，大而化之之謂聖，聖而不可知之之謂神。」孟子在這裡講的是人格美的問題，他把人格美分為六個等級：善、信、美、大、聖、神，逐步升級、逐步完善，聖和神祇是一步之遙。其不同，只在祭祀之人心而已。

和西方的宗教信仰不一樣，我們的宗教信仰有很大的「實用性」，即「用則祭」、「祭則用」。也就是說，祭祀一般都有一定的現實功利性。人們祭祀供奉神靈的目的是希望得到神靈的保佑和幫助。《國語·魯語上》「展禽論祀爰居」條，記載了展禽反對臧文仲祭祀海鳥的故事。其中，展禽提出了幾條祭祀原則：法施於民則祀之，以死勤事則祀之，以勞定國則祀之，能御大災則祀之，能捍大患則祀之。《禮記·郊特牲》記載：「迎貓，為其食田鼠也；迎虎，為其食田豕也。」所表現的，是同展禽相同的祭祀傳統。

顯而易見，陳元光的形象、事跡正符合以上標準，他恩威兼施，既有仁慈的一面，也有威嚴的一面。仁慈的一面能幫良善民眾，威嚴的一面能抗魑魅魍魎。加上現實中他確實為人們消除了寇亂，帶來了安定的生活，因此受到人們的祭祀就成為可能了。當人們把陳元光不僅僅當成一代英雄，而是當成一個可以庇佑一方的神靈去祭祀的時候，陳元光也就完成了從人到神的轉變。

（本文作者孫煒為信陽師範學院歷史文化學院講師）

閩國文學評述

何綿山

　　五代十國之一的閩國，為王潮、王審知所建，首府為福州。盛時轄境為福州、建州、汀州、泉州、漳州，約為今福建省全境。唐光啟元年（885年）光州固始人王潮、王審邽、王審知兄弟在福建南安發動兵變自立，次年攻占泉州，福建觀察史陳巖表王潮為泉州刺史。景福二年（893年）王氏兄弟攻入福州，旋又先後占據汀州、建州、漳州。唐朝先後封王潮為福建觀察史、威武軍節度使。乾寧四年（898年）王潮卒，王審知繼位。唐朝於天祐元年（904年）封王審知為琅琊王，開平三年（909年）後梁太祖朱溫又封王審知為閩王。後唐同光三年（925年）王審知卒後，閩傳五主為：嗣王王延翰在位不足一年，惠宗王昶在位三年，景宗王曦在位六年，天德帝王延政在位三年。如從898年王審知繼位到925年卒，王審知共在位27年；如從907年到945年南唐滅王延政，共39年；如從898年王審知任威武軍節度使至945年，共48年；如從893年王氏兄弟占據福州至945年，共52年。

　　王審知在位是閩國的黃金時代。王審知採取保境息民的立國方針，對外稱臣納貢於中原朝廷，對內則勤修政事，致力於發展經濟，在拓展水陸交通，擴大內外貿易、鼓勵農業生產、大力發展手工業和商業等方面做出了很大貢獻。王審知極為重視文化教育，注意延攬人才，曾組織大批知識分子蒐集繕寫各家遺書，如《琅琊郡王德政碑》所論：「次第簽題，森羅捲軸」，「嘗以學校之設，足為教化之源。」「又拓四門學以教閩中秀士」，以致教育較為普及，府有府學，縣有縣學，鄉僻村間設有私塾。當時中原四分五裂，戰亂不斷，而閩國卻成為安定的綠洲，堪稱「世外桃源」。因此，地僻一隅的閩國文化盛極一時。

一

文學興盛是閩國文化的主要特點之一。五代閩國之前的福建，還處於開發時期，雖然隨著中原人士的南遷，一些如江淹等重要文人入閩，推動了福建的文學創作，但遠沒有形成氣候。唐代鄭露、薛令之、歐陽詹等，都寫出了一些詩文，無疑在福建文學史上有其一定地位，但福建文學的興盛，應從五代閩國開始。

閩國文學興盛的標誌，是有較多數量的人加入文學創作的行列。其主要為：

（一）王族成員。其詩作皆收入《全五代詩》。如王審知孫王繼鵬《批葉翹諫書紙尾》寫道：「春色曾看紫陌頭，亂紅飛盡不禁愁。人情自厭芳華歇，一葉隨風落御溝」。據《全五代詩》卷七十五轉引《五國故事》載，王審知弟王延彬「雅能詩，辭人禪客謁見，多為所屈」，王延彬任泉州刺史時，「徐寅每同遊賞，及陳郯、倪曙等賦詩酣酒為樂，凡十餘年」。王延彬《春日寓感》云：「兩衙前後訟堂清，軟錦披袍擁鼻行。雨後綠苔侵履跡，春深紅杏鎖鶯聲。因攜久醞松醪酒，自煮新抽竹筍羹。也解為詩也為政，儂家何似謝宣城。」描述了官宦之餘對生活的感受，表現了一種怡然自得的心情。武肅王審邽之孫王繼勳《贈和龍妙空禪師》云：「白面山南靈慶院，芳齋道者雪峰禪。只棲雲樹兩三畝，不下煙蘿四五年。猿鳥認聲呼喚易，龍神降伏住持堅。誰知今日秋江畔，獨步醫王闡法筵。」表示了對禪師的崇敬。

（二）外地宦遊流寓閩地的文人。五代時期，中原動亂，福建地處東南一隅，在王審知治理時期較為安定，可謂世外桃源。不少中原文人相繼入閩，促進了閩地文學的發展。正如《福建通志》的總纂陳衍在《補訂〈閩詩錄〉敘》所說：「文教之開興，吾閩最晚，至唐始有詩人。至唐末五代，中土詩人時有入閩者，詩教乃漸昌。」[294]進入閩地著名文人如：1.韓偓，字致堯（一作致光），小字冬郎，京兆萬年（今西安市）人，擢進士第，官兵部侍郎，為唐室忠臣。因憎惡朱溫，經湖南、江西入閩，自汀州入永春，至南安，再經永安、沙縣、尤溪、南平到邵武，再掉頭，一直住在南安。韓偓一心思念恢復唐室，故既不上福州，也不聞閩國政事，閩王也不勉強，正如韓偓詩題解云：「己巳年（909年）正月十二日，自沙縣抵邵武軍，將謀撫信之行，到才一夕，為閩相急腳相召。卻請赴沙縣。」韓偓於後梁龍德三年（923年）卒於南安豐州東郊。其詩收入《全五

代詩》，共345首，入閩前較多為抒寫時尚的綺靡之作，入閩後詩風為之一變，寫出不少傷時憂世和慷慨憤激的作品。2.崔道融，荊州（今湖北江陵）人，自號東甌散人，累官右補闕，因不事朱梁，入閩後依王審知，與王滔善，卒於閩。《全五代詩》存其詩79首，除律詩一首外，餘皆絕句。詩風清麗通暢，沖淡閒雅，語言樸素自然，不假雕琢。據《五代詩話》卷六載，黃滔稱其「識通龜策，耀握靈珠。國風騷雅，王佐謀訏，袁安之涕泣泫然，劉氏之宗祧莫扶」。3.劉山甫，彭城人，王審知入閩時任威武軍節度判官，終殿中侍御史，著有《金溪閒談》十二卷。4.詹敦仁，字君澤，河南固始人，初隱居仙遊植德山下，曾為清溪（今安溪）令，後隱居佛耳山。據《全唐詩話》、《五代詩話》載，中原入閩文人還有：王滌、李絢、王標、夏侯淑、王拯、楊承休、楊贊圖、王倜、歸傅懿、鄭璘、鄭戩、陳誼、黃子稜等。

（三）在閩國任官職的閩地文人。有代表性的如：1.黃滔，字文江，莆田人，唐昭宗乾寧二年（895年）進士，昭宗光化年間（898-900年）除國子四門博士，因朱全忠篡唐，憤而歸閩。昭宗天復元年（901年），王審知主閩，表請朝廷授滔為監察御史里行，充威武軍（今福州）節度推官。當時入閩中原文人聚集黃滔門下，使其無形中成為當時福建文壇盟主，著有《泉山秀句集》。《全五代詩》收其詩201首，《全唐文》收其文集四卷。據《五代詩話》卷六載：「洪邁序滔文贍蔚典則，策扶教化，詩清淳豐潤，若與人對語，鬱鬱有貞元、長慶風。祭陳、林先輩諸文，悲愴激越；《馬嵬》、《館娃》、《景陽》、《水殿》諸賦，雄新雋永，使人讀之如身生是時，目攝其故。楊萬里稱滔詩，如《聞新雁》『一聲初觸夢，半白已侵頭，餘燈依古壁，片月下滄洲。』《游東林》『寺寒三伏雨，松偃數朝枝』，《上李補闕》『諫草封山藥，朝衣施衲僧』，《退居》詩『青山寒帶雨，古木夜啼猿，』與韓偓、吳融輩並游，未知何人徐行後長者也。」2.徐寅，字夢昭，莆田人，曾為王審知禮聘入幕，官祕書省正字。《全五代詩》收其詩266首，更長於賦，《全唐文》、《唐文拾遺》各收其賦一卷，《四庫全書總目》稱其賦「句雕字琢，不出當時程試之格，而刻意鍛練，時多秀句。」3.黃璞，字德溫，莆田人，為王審知幕府，有《閩川名士傳》等。4.翁承贊，字文饒，福清人，曾為閩相，著有《晝錦詩集》48首，《全唐詩》卷703編

其詩為一卷。5.鄭良士,字君夢,仙遊人,屢舉進士不第,唐昭宗景福二年(892年)獻詩500首,授國子四門學士。後梁貞明元年(901年)王審知闢為左散騎常侍,有《白岩集》、《中壘集》。6.徐昌圖,莆田人,初仕閩,陳洪進歸宋,命昌圖奉表入汴,宋太祖命為國子博士,累遷殿中丞,好作詞,惜多散佚。

二

閩國時居閩地文人所創作的詩歌,因作者不同而內容較為豐富。主要有以下幾個方面:

(一)對閩地秀麗山水的描繪。不少閩地文人,對故鄉山水有一種特殊的親切感,倘佯於清幽的山水中,使他們忘卻了世俗的煩惱,寫出了許多讚美大自然的詩篇。僅以仙遊九鯉湖為例,如徐寅《春入鯉湖》:「到來峭壁白雲齊,載酒春遊渡九溪。鐵嶂有樓霾欲墮,石門無鎖呼還迷。湖頭鯉去轟雷在,樹杪猿啼落日低。回首浮生真幻夢,何如此處傍幽棲。」詩人春日遊九鯉湖,被湖光山色所陶醉,流連忘返,萌生了隱居此處之念。鄭良士的《游九鯉湖》開頭寫道:「仄徑傾岩不可通,湖嵐林靄共溟濛。九溪瀑影飛花外,萬樹春聲細雨中。」對九鯉湖地形和瀑布作了形象描繪。陳乘的《游九鯉湖》全詩為:「汗漫乘春至,林巒霧雨生。洞莓黏屐重,岩雪濺衣輕。窟宅分三島,煙霞接五城。卻憐饒藥物,欲辨不知名。」寫出了九鯉湖的環境和詩人的感受。對閩地其他名勝,也有不少佳作。如黃滔的《壺公山》中:「八面峰巒秀,孤高可偶然。數人遊頂上,滄海見東邊。」「谷語升喬鳥,陂開共蒂蓮」「白雲長掩映,流水別潺緩」等詩句,洋溢著詩人對故鄉山水的欣喜之情。陳陶《上建溪》云:「雲樹杳冥通上界,峰巒回合下閩川。侵星愁過蛟龍國,采碧進逢婺女船。」不但形象狀寫了建溪曲折險幽的特點,還寫出詩人所見,文筆清麗。

(二)抒發內心的感慨。面對世態的變化,詩人往往抑制不住內心感情,發出慨嘆。如韓偓入閩地後,想到中原戰亂,寫下了不少感嘆詩。丙寅秋(906

年）在福州所作《向隅》云：「守道得途遲，中兼遇亂離。剛腸成繞指，玄髮轉垂絲。客路少安處，病床無穩時。弟兄消息絕，獨斂向隅首。」表現出一種孤寂的心境。910年在南安桃林溪所作《桃林場客舍之前池半畝，木槿櫛比……因作五言八韻以記之》，詩中有：「虛無無障處，蒙閉有開時」「世間多弊事，事事要良醫」，反映了詩人當時閒適的生活情趣，並流露出濟世之志。其《己巳年正月十二日，自沙縣抵邵武，軍將謀撫信之行，到才一夕，為閩相急腳相召，欲請赴沙縣，郊外泊船，偶成一篇》詩中云：「半明半暗山村日，自落自開江廟花」，透過荒僻、冷落的畫面，創造出一種孤寂的意境。其《安貧》寫於晚年在南安時的內心感慨，表現了作者希望有所作為，但現實卻使他無可作為，只好歸結為自甘安貧等複雜思想，結尾云：「舉世可能無默識，未知誰擬試齊竽」。由此發出質問：世上怎麼沒有人將選拔人才默記於心，誰會像齊湣王聽竽那樣認真拔人才呢？表現了無可奈何的感慨，滿腔憤懣化為一聲嘆息。作者題作「安貧」，其實是不甘安貧，希望有所作為，但現實卻是無法有所作為，只能自甘安貧。其《殘春旅舍》，透過對唐朝滅亡的感傷，抒發了念舊之意，於自幸不做貳臣的同時懷有復興故國之意。其《傷亂》云：「故國幾年猶戰鬥，異鄉終日見旌旗。交親流落身羸病，誰在誰亡兩不知。」表達了亂離之苦。其《春盡》：「惜春連日醉昏昏，醒後衣裳見酒痕。細水浮花歸別澗，斷雲含雨入孤村。人間易有芳時恨，地迥難招自古魂。慚愧流鶯相厚意，清晨猶為到西園。」借「春盡」抒懷，由惜春引出身世之感、家國之悲，一層深似一層地抒發，使全詩沉摯動人。徐寅的《北山秋晚》「心閒緣事少，身老愛山多」，表現了歸隱山林之意。其《逐臭蒼蠅》表示了對逐肉者的蔑視和厭惡。《楚國史》借歷史興亡抒心中塊壘，有一股歷史滄桑之感。

（三）寄贈唱和。這類詩在閩國文人詩作中占有一定比例。如韓偓於丙寅年作於福州的《贈吳顛尊師》，徐寅的《贈黃校書先輩璞閒居》、《溫陵殘臘書懷寄崔尚書》，黃滔的《寄林寬》、《送翁員外承贊》，林寬的《送李員外之建州》等，都頗有特色。

（四）對閩地現實社會的描寫。這類詩在流寓入閩的詩人中較為突出，如韓偓《自沙縣抵龍溪縣，值泉州軍過後，村落皆空，因有一絕》：「水自潺湲日自

斜，盡無雞犬有鳴鴉。千村萬落如寒食，不見人煙空見花。」如實地描寫了從沙縣到龍溪沿途所見閩北農村荒涼蕭條的景象，也表達了作者對泉州軍的不滿。其庚午年（910年）所作《桃林場客舍之前有池半畝木槿櫛比於水遮山，因命僕夫運斤梳沐豁然清朗，復睹太虛，因作五言八韻以記之》最後嘆道：「世間多弊事，事事要良醫。」

（五）詠物詩。這類詩大都借詠物表達詩人內心的感情，如韓偓辛未年（911年）於南安縣所作《火蛾》：「陽光不照臨，積陰生此類。非無惜死心，奈有賊明意。粉穿紅焰焦，翅撲蘭膏沸。為爾一傷嗟，自棄非天棄。」借火蛾的遭遇，表達了心中不平之氣。其己巳年（909年）寫的《寒食日沙縣雨中看薔薇》云：「通體全無力，酡顏不自持。綠疏微露刺，紅密欲藏枝。」以擬人手法寫雨中薔薇，別有情趣。其於福州所寫《荔枝三首》以「應是仙人金掌露，結成冰入茜羅囊」，表示了對荔枝的讚歎。徐寅所作大量的詠物詩，涉及之廣，可謂無所不包。如《詠筆》、《詠扇》、《詠燈》、《梅花》、《菊花》、《松》、《柳》、《竹》、《苔》、《萍》、《蒲》、《草》、《鶴》、《鷹》、《鵲》、《燕》、《蟬》、《螢》、《猿》等，一些詩句比喻新穎，形象地描繪出所詠之物，如《蕉葉》：「綠綺新裁織女機，擺風搖日影離披。只應青帝行春罷，閑倚東牆卓翠旗。」陳黯的《自詠豆花》等，也別有情趣。

（六）與佛教有關的詩。五代閩國佛教盛行，詩人留下大量與佛教有關的詩篇。其內容為：1.對僧人生活的描繪。如韓偓的《僧影》：「山色依然僧已亡，竹間疏磬隔殘陽。智燈已來餘空盡，猶逢光明照十方。」傳達出一種江山依舊而人事已非的恍然隔世之感。2.與僧人的贈答。如王繼勳的《贈和龍妙空禪師》，韓偓的《寄禪師》、《寄僧》、《與僧》，徐寅的《寄僧寓題》，黃滔的《送僧歸北岩寺》、《送僧》；鄭良士《寄富洋院禪者》等。3.瀏覽寺廟的題記。如徐寅的《題僧壁》、《寺中偶題》、《題福州天王閣》，劉乙的《題建造寺》等。4.閩國僧人的詩偈。如慧稜的《口占》，常雅的《胥山伍相廟》，文炬的《偈》，清豁的《歸山吟》，耽章的《辭南平鐘王召》等。

三

　　閩國時居閩地文人創作的詞，收入《全唐五代詞》有19首，其代表性詞人如陳金鳳、韓偓、徐昌圖等。

　　陳金鳳為福清人，善歌舞，通音律，王審知召為才人，其子延鈞封為淑妃，閩惠宗龍啟元年（933年）封為皇后。陳金鳳曾創作《樂游曲》二首，其一曰：「龍舟搖曳東復東，採蓮湖上紅更紅。波淡淡，水溶溶，奴隔荷花路不通。」其二曰：「西湖南湖鬥彩舟，青蒲紫蓼滿中洲。波渺渺，水悠悠，長奉君王萬歲游。」據徐熥《金鳳外傳》稱：「二月上巳閩主延鈞脩禊桑溪，金鳳偕後宮新衣文錦，列坐水次，流觴娛暢，沉麝之氣，達於遠近。途中絲竹管弦，更番迭奏。端陽日造彩舫數十於西湖，每舫載宮女二十餘人，衣短衣鼓楫爭先，延鈞御大龍舟以觀。金鳳作《樂游曲》，使宮女同聲歌之，人士綺綃，夾岸雜沓如市。」[295]《歷朝名媛詩詞》卷十二稱：「不言怨而怨自在，善於用筆，伸縮如意。」[296]謝章鋌在《賭棋山莊集詞話》卷六中稱：「按《樂游曲》，諸家選詞概不收錄。然其音節與張志和《漁歌子》極相類，是個絕妙詞者。紅友《詞律》據以為譜，真不為無見也。《天籟軒詞譜》收及遼蕭後《回心院詞》，而獨置此曲不登，是殆一時失檢耳。」[297]徐棨在《詞律籤榷》卷一中稱：「《詞律》謂《樂游曲》與《漁歌子》『松江蟹舍』相近，想其腔則各異，杜氏校勘記謂疑即《漁歌子》。余按所謂《漁歌子》者，謂張志和《漁父》也。《漁父》之調，張志和詞乙、已成四體，而其句平易近似近體詩，此則兩首皆用古詩句為之。若僅以『龍舟搖曳』一首比『松江蟹舍』猶可譬諸近體詩之有拗句，無如其更有一首絕難與《漁父》相比者，故拙譜一似古體詩也。」[298]

　　韓偓《憶眠時》其一曰：「憶眠時，春夢困騰騰。展轉不能起，玉釵垂枕稜。」其二曰：「憶行時，背手挼金雀。斂笑慢回頭，步轉欄杆角。」其三曰：「憶去時，向月遲遲行。強語戲同伴，圖郎聞笑聲。」《生查子》其一曰：「侍女動妝奩，故故驚人睡，那知本未眠，背面偷垂淚。懶卸鳳凰釵，羞入鴛鴦被。時復見殘燈，和煙墜金穗。」沈雄在《柳塘詞話》卷三稱：「『時復見殘燈，和

煙墜金穗』,如此結構方為含情無限。」[299]陳廷焯在《閒情集》卷一稱此詞:「柔情蜜意。」[300]震鈞在《香奩集發微》中稱此詞作者:「一腔熱血,寂寞無聊,惟以眼淚洗面而已。」[301]《生查子》其二曰:「秋雨五更頭,桐竹鳴騷屑。卻似殘春間,斷送花時節。空樓雁一聲,遠屏燈半滅。繡被擁嬌寒,眉山正愁絕。」賀裳在《皺水軒詞筌》中將此詞與它詞對比時稱:「凡寫迷離之況者,止須述景。如『小窗斜日到芭蕉』、『半林斜月疏鐘後』,不言愁而愁自見。因思韓致堯:『空樓雁一聲,遠屏燈半滅。』已足色悲涼,何必又贅『眉山正愁絕』耶?」[302]《浣溪沙》其一曰:「攏鬢新收玉步搖,背燈初解繡裙腰,枕寒衾冷異香焦。深院下關春寂寂,落花和雨夜迢迢。恨情殘醉卻無聊。」陳廷焯在《閒情集》卷一稱此詞:「上下闋結句微嫌並頭,然五代人多犯此弊。」[303]《浣溪沙》其二曰:「宿醉離愁慢髻鬟,六銖衣薄惹輕寒,慵紅悶翠掩青鸞。羅襪況兼金菡萏,雪肌仍是玉琅玕。骨香腰細見沈檀。」沈際飛在《草堂詩餘別集》卷一中稱此詞:「慵紅悶翠,易安之祖。」[304]丁紹儀在《聽秋聲館詞話》卷一中評道:「韓致堯遭唐末造,力不能揮戈挽日,一腔忠憤無所泄,不得已托之閨房兒女。世徒以香奩目之,蓋未深究厥旨耳。」[305]《謫仙怨》其一曰:「春樓處子傾城,金陵狎客多情。朝云暮雨會合,羅襪繡被逢迎。華山梧桐相復,蠻江豆蔻連生。幽歡不盡告別,秋河悵望平明。」其二曰:「一燈前雨落夜,三月盡草青時。半寒半暖正好,花開花謝相思。惆悵空教夢見,懊惱多成酒悲。紅袖不干誰會,揉損聯娟淡眉。」其三曰:「此間青草更遠,不惟空繞汀洲。那裡朝日才出,還應先照西樓。憶淚因成恨淚,夢遊常續心游。桃源洞口來否,終節霓旌久留。」韓偓有的詞作中不乏感情深遠的句子,如《玉合》:「開緘不見新書跡,帶粉猶殘舊淚痕。」《金陵》:「彩籤麗句今已矣,羅襪金蓮何寂寥。」《木蘭花》:「嬌嬈意態不勝春,願倚郎肩永相著。」

徐昌圖《木蘭花》曰:「沉檀煙起盤紅霧,一箭霜風吹繡戶。漢宮花面學梅妝,謝女雪詩裁柳絮。長垂夾幕孤鸞舞,旋炙銀笙雙鳳語。紅窗酒病嚼寒冰,冰損相思無夢處。」楊慎在《詞品》卷二稱此詞:「縟麗可愛。」[306]李廷機在《草堂詩餘評林》中稱:「以梅妝柳絮二女人之事,包含冬景,可謂善形容者。旋炙銀笙見寒之極處,酒消致寒冰,又見寂寞無興意。」[307]沈際飛在《草堂詩

餘正集》卷一中稱此詞:「寒氣如逼,末意出入。」[308]其《臨江仙》曰:「飲散離亭西去,浮生常恨飄蓬。回頭煙柳漸重重。淡云孤雁遠,寒日暮天紅。今夜畫船何處,潮平淮月朦朧。酒醒人靜奈愁濃。殘燈孤枕夢,輕浪五更風。」《詞譜》卷十稱:「此詞前後段第一、二句,俱六字兩句,較張(泌)詞減一字,兩結俱五字兩句,較張詞添一字。宋晏幾道、陳師道、陸游、史達祖、高觀國、趙長卿、元詹正諸詞俱本此填。」[309]俞陛云在《五代詞選釋》中稱此詞:「狀水窗風景宛然,千載後猶想見客中情味也。」[310]其《河傳》:「秋光滿目,風清露白,蓮紅水綠。何處夢迴,弄珠拾翠盈盈,倚蘭橈,眉黛蹙。採蓮調穩,吳侶聲相續,倚棹吳江曲。鷺起暮天,幾雙交頸鴛鴦,入蘆花,深處宿。」《詞譜》卷十一稱:「按徐昌圖宋太祖時人,在柳永之前。柳永淮岸向晚詞,前段第五、六句,後段第四、五句,句法皆即本詞填也。至前後段第五句俱不押韻。黃庭堅詞及《梅苑》無名氏詞,皆宗之。但兩句俱不押韻,則為正體。或前段不押,或後段不押,則為變體耳。」[311]徐昌圖作為五代與宋初之交的詞人,其作品應有其獨特的地位。

四

閩國文人所寫的散文,內容較為豐富,形式多樣,其有代表性的作家如:

陳黯,為流寓入閩作家,晚年隱居同安,其代表作如《送王棨序》,對王棨的賦作了評價:「輔文(王棨)早歲業儒,而深於詞賦,其體物諷調,與相如揚雄之流,異代同工也。」其《御暴說》指出行刑法的重要:「權倖如之何能御也?曰:『刑法』,曰:『彼秦漢其弛刑法耶,何趙高王莽之肆暴而不能御哉?』,曰:『彼秦之高漢之莽得肆其暴者,皆由刑法之不明也。』」其《本貓說》嘆貓之後代不搏而有食,故捕鼠本領退化,以致「反與鼠同為盜。農遂嘆曰『貓本用汝怒,為我制鼠之盜。』今不怒鼠,已是誠失汝之職。又反與鼠同室。遂亡乃祖爪牙之為用,而誘鼠之為盜,失吾望甚矣。」其《答問諫者》對「直諫

不君之君者」表示了由衷的讚歎；其《辯謀》將古代的聖賢不為己謀與近世利祿薰天者進行比較，作者讚歎道：「夫古聖賢未始無謀，而不求利於身也。不求利於身，而利自及也。何以明之？堯舜有大寶之位，不傳於子而傳於他人，是為天下之謀得其君也。大禹疏鑿橫流，過其門而不顧啼嬰，是為天下之人謀出其溺也。后稷勤耕，播植百穀，是為天下之人謀粒其食也。其謀信何如哉……近世之謀則不然，小者不過於謀衣食，大者不過於謀祿位。督之利天下者或未見謀。」其《詰鳳》、《華心》、《禹詰》、《拜獄言》亦表達了作者對歷史人物的褒貶和自己的愛憎。

　　黃滔的散文內容龐雜、形式多樣。最主要的有以下幾種：（一）表現當時佛教的興盛。有代表性的如《泉州開元寺佛殿碑記》，文章全面描述當時泉州開元寺的盛況，並對此寺的來歷作了記載：「垂拱三年，郡儒黃守恭宅桑樹吐白蓮花，舍為蓮花道場。後三年，升為興教寺，復為龍興寺，逮元宗之流聖儀也，卜勝無以甲茲，遂為開元寺焉。」為後人研究開元寺的珍貴文獻；其《大唐福州報恩定光多寶塔碑記》，在近三千字的篇幅中，詳細地介紹了報恩定光多寶塔建造的經過和緣由，並涉及當時福州許多佛教史實，為研究閩國佛教的重要文獻；其《靈山塑北方毗沙門天王碑》，以近兩千字的篇幅，介紹了乾寧四年至天祐二年於開元寺之靈山塑北方毗沙門天王的過程；其《丈六金身碑》以兩千字篇幅，詳盡介紹了王審知鑄造佛像的規模：「我公粵天祐三年丙寅秋七月乙丑，鑄金銅像一，丈有六尺之高，後二十有三日丁亥，繼之鑄菩薩二，丈有三尺高。」對王審知的崇佛也有具體描寫：「我公神之而露其夢，於是迎入府之別亭，磨瑩雕飾，克盡其妙，朝夕瞻拜，時不之怠。冬十有二月丙申，會僧千千，以幡以幢，以幡以磬，引歸於開元寺壽山之塔院，獨殿以居之。」其《莆山靈岩寺碑銘》記載了南山廣化寺（唐五代時稱靈岩寺）的歷史，介紹了與此寺有關的十餘位僧人；《龜洋靈感禪院東塔和尚碑》，生動地描繪了慧忠和尚的一生；《華岩寺開山始祖碑銘》，記載了行標祖師創建華岩寺的經過；《福州雪峰山故真覺大師碑銘》，記載了義存大師的生平。這些文章，皆為研究五代閩國佛教極為珍貴的文獻。如龜洋寺歷史上雖然多次重建皆有碑記，按理應有不少碑銘，僅可查考的就不下六篇之多，但歷代所立碑碣俱已湮沒，碑文散失幾盡，通篇完整者，僅黃滔

所撰《龜洋靈感禪院東塔和尚碑》，可見彌足珍貴。（二）書、啟、序、贊、祭等。這類文體占黃滔散文的一大部分。其書如《與楊狀頭書》、《與王雄書》、《答陳磻隱論詩書》、《與羅隱郎中書》，大都借書表達了自己的政治見解和文學主張。其啟如《薛推先輩啟》、《刑部鄭郎中啟》、《南海韋尚書啟》、《謝試官啟》、《盧員外潯啟》、《侯博士圭啟》、《與蔣先輩啟》、《與楊狀頭贊圖啟》、《代鄭郎中上興道鄭相啟》、《代鄭郎中上靜恭盧相啟》、《代陳益蜀謝崔侍郎啟》、《西川高相啟》、《與蔣先輩啟》、《與沈侍御啟》、《段先輩啟》、《工部陸侍郎啟》、《翰林恭舍人啟》、《賀楊侍郎啟》、《薛舍人啟》、《趙員外啟》等，這類短札式的書信用詞華麗，大多為奉迎之作。其價值有二：一是可考察出黃滔的社會交往；二是可看出當時文人的學術取向。其序如《潁川陳先生集序》，對陳黯生平作了詳細描述，認為：其「與同郡（指泉州）王肱、蕭樞，同邑林顥、漳浦赫連韜，福州陳蒇、陳發、詹雄同時，而名價相上下……先生之文，詞不尚奇，切於理也，意不偶立，重師古也。其詩篇詞賦檄，皆精而切，故於官試尤工。」其一部分贊，如《龍伯國人讚》、《一品寫真贊》等。其祭，一部分代閩王所寫，如《祭錢塘秦國太夫人》、《祭南海南平王》等，大多為所祭者歌功頌德，用辭典雅。另一部分為作者所熟悉者作祭，代表作如《祭崔補闕》，對崔道融的命運發出深切慨嘆，文中不乏「閩中三月，煙光秀絕。脂轄赴闕，鯤鳳嘈囋，其猶南清魂斷，北梁涕咽」等佳句。其《祭陳先輩》、《祭林先輩》、《祭右省李常侍》、《祭司浦孫郎中》、《祭宋員外》等，都寫得較為感人。（三）雜文。黃滔散文創作中，最有成就的要算這類小短文。這類文章往往更貼近社會，折射出社會現實。代表作如《巫比》，從人們為什麼喜聽巫言不愛聽士言的現實說起，透過層層設問和問答，指出不聽忠言聽讒言的危害。最後嘆道：「嗚呼！設直士世用之如邪巫，鯁辭國納之如簧言，則有國有家者，何逮乎患？」其《吳楚二醫》，以治病喻治國，表達了該幫什麼樣國家和不該幫什麼樣國家的態度，批評比干和李斯，指出：「比干知殷之不救而救之，仍藥之以九竅。李斯目秦之救而不救，卒鴆之二世。」最後提醒統治者：「殷之亡也，疾之甚矣；秦之亡也，醫之罪也。後之有國有家者，得不慎乎醫？」其《唐城客夢》、《夷齊輔周》、《文柏述》、《公孫甲松》等，大都借

古喻今,語言簡明。

傑出的記、志、銘散文代表作家和代表作,如:詹敦仁,其代表作為《清隱堂記》,文中記道:「去邑西逾百餘里,有山曰佛耳。峭絕高天,遠跨三郡,有田可耕,有水可居,予卜而築之。榜堂曰清隱,若夫煙收雨霽,云卷天高,山聳髻以軒騰,風梳木而微動,寒泉聒耳,戛玉鳴琴,非宮非商,不調自協,非絲非桐,不撫自鳴,春而耕,一梨雨足;秋而斂,萬頃雲黃。饑餐飽適,遇酒狂歌,或詠月以嘲風,或眠雲而漱石。」全文簡潔平靜,使讀者感受到作者一塵不染的心境。康宗王繼鵬和清源節度使劉從效都曾要詹敦仁出任官吏,詹屢堅持不受,後隱居佛耳山。這篇散文是他心境的最好寫照。其《初建安溪縣記》詳細記錄了安溪的地形物產,敘述了安溪建縣的原委和經過,極具文獻價值。王瞻的《高蓋名山院記》用筆工整典雅,簡潔明快;林同穎的《堅牢塔記》,記載了建塔的過程,由此可看出當時佛教的興旺。五代陳岩為閩地舉足輕重人物,他曾占據福州多年,王潮、王審知攻下泉州後,他表奏王潮為泉州刺史;黃璞《觀察使檢校司徒兼御史大夫陳岩墓誌》,介紹了陳岩的生平及其子女,為研究陳岩的珍貴文獻。

五

唐律賦至五代而別開生面,一些表現某種特定生活經歷的抒情之作被引進律賦的領域,使律賦與科舉功令相脫節。五代律賦家輩出,而五代閩國文人如王棨、黃滔、徐寅等占有重要位置。正如霍松林在《論唐人小賦》一文中所言:「晚唐時期,不為參加考試而寫的律賦極多,而社會千態、人生百感,亦隨之進入律賦創作領域。王棨的《貧賦》、《江南春賦》、《秋夜七里灘聞漁歌賦》,黃滔的《館娃宮賦》、《明皇回駕經馬嵬賦》、《以不貪為寶賦》,徐寅的《寒賦》、《口不言錢賦》、《人生幾何賦》、《過驪山賦》等,都有感而發,從不同角度反映了晚唐士人的心態和社會面影。」[312]下面就以上三人做一簡要評

析。

　　王棨所著賦，收入《全唐文》卷七六九，共為46篇，是存賦最多，也是創作表現特寫生活經歷的抒情賦最多的作家。王棨不把律賦當做獲取功名的手段，而是用以抒發自己的感慨，使賦成為一種不受約束的文體。其《松柏有心賦》云：「彼木雖眾，何心可持。惟松柏其生矣。稟堅貞而有之，所以固節千歲，凝芳四射。」借松柏表現自己的志向。《跬步千里賦》云：「彼道雖遠，惟人可行。積一時之跬步，臻千里之遙程，亦如塵至微而結成山嶽，川不息而流作滄瀛。」表達一種鍥而不捨的精神。《貧賦》云：「有宏節先生，棲遲上京，每入樵蘇之給長甘藜藿之羹。或載渴從載饑，未嘗挫念，雖無衣而無褐，終自怡情。其居也，滿榻凝塵，侵階碧草。衡門度日以常掩，環堵終年而不掃。荒涼三徑，重開蔣詡之蹤，寂寞一瓢，深味顏回之道。先生跡似蘋泛，家如磬懸，且何道而自若？復何心而宴然？先生曰：子不聞蜀郡長卿，漢朝東郭，器雖滌以無愧，履任穿而自樂，蓋以順理居常，冥心處約。」作者極為推崇這種君子固窮卻能安貧樂道的境界。《秋夜七里灘聞漁歌賦》云：「七里灘急，三秋夜清，泊桂棹於遙岸，聞漁歌之數聲。臨風斷續，隔水分明，初擊楫以興詞，人人駭耳，既艤舟而度曲，處處含情。」作者生動地描繪了秋夜江邊聽歌的環境，令人如臨其境，如聞其聲。《白雪樓賦》云：「天未秋而氣爽，景當夏以寒生。風觸梦楣，彷彿雜幽蘭之音，煙分井邑，依微聞下里之聲。」把一個私家樓閣描繪得如此搖曳多姿，可謂別開生面。其《樵夫笑士不談王道賦》、《耕弄田賦》、《三箭定天山賦》、《離人怨長夜賦》、《夢為魚賦》等，都委婉曲折地表現作者對人生的看法。一些詠物詠景賦也寫得生動活潑，毫無板滯之感，如《珠塵賦》、《魚龍石賦》、《燭籠子賦》、《琉璃窗賦》、《沈碑賦》、《芙蓉峰賦》、《曲江池賦》、《水城賦》等。其最有名的要數《江南春賦》，作者並不僅只侷限於江南春色，而是既寫歷史，又寫現實，將二者有機地結合起來。作者先描寫江南春光，從春天的氣象、物候著墨，透過泛寫再到具體，用「有地皆秀，無枝不榮」，寫出江南無處不是春；接著發思古之幽情，「遠客堪迷，朱雀之航頭柳色；離人莫聽，烏衣之蒼裡鶯聲。於時衡岳雁過，吳宮燕至」，將歷史上的人物事件巧妙地編織於江南春的長卷中，表現了對歷史的評價與慨嘆，進一步推進了

全文的深度。最後回到對現實的批判：「豔逸無窮，歡娛有極。齊東昏醉之而失位，陳後主迷之而喪國。」在對誤國的昏君進行貶斥同時，也表現了作者對時局的慨嘆。作者在放筆揮寫過程中，時時不忘寫志，雖層層鋪排，卻不覺累贅，而是把感情表達得更充沛。「此賦義既明雅，詞又巧麗，且又富於情韻，故為不朽之作。」[313]

　　黃滔所著賦，收入《全唐文》卷八二二，共為22篇，內容廣泛，不獨追求對工精巧，而是隱透出作者的情感。如《送君南浦》劈頭就是：「南浦風煙，傷心渺然，春山歷歷，春草綿綿，那堪送行客。」一下子把讀者帶進一種淒涼的環境。《陳皇后因賦復寵賦》云：「瓊樓寂寂，空高於明月和風；瑤草淒淒，莫輾於金輿玉輅」，讀來悲涼至及。《明皇回駕經馬嵬賦》云：「六馬歸秦，卻經過於此地；九泉隔越，幾淒惻乎平生。」透出一種帝王末路的哀思。作者還借賦表達了自己對人生的見解，如《知白守黑賦》云：「聖人所以立言於彼，垂訓於後，將令學者，得韜光養晦之機，不使來人，有實矜華之醜。」《秋色賦》開篇起句就是：「白帝承乾，乾坤悄然，潘岳乃驚素髮。感流年，抽采筆，疊花籤，驅走群言，寫抑鬱之懷矣。」接著一瀉千里，從各個方面極力渲染悲秋之情。《誤筆牛賦》以賦的形式鋪陳王獻之「失手而筆唯誤點，應機而牛則真成」的軼事，別有情趣。《魏侍中諫獵賦》表現了唐太宗時魏侍中「恐羽獵以失德，采風騷而屬詞」的形象，用賦的形式來表現，似還不多見。《以不貪為寶賦》明確表明：「以玉為寶兮，寶之常名；以不貪為寶兮，寶其可驚。」其《景陽井賦》、《課虛責有賦》、《水殿賦》、《狎鷗賦》、《戴安道碎琴賦》等，因脫離功利，也都或多或少表現了作者對生活的感受。即使一些從題目上看像是應試的作品，如《省試王者之道如龍首賦》、《御試曲直不相入賦》、《御試良弓獻問賦》等，也都隱透出作者對現實的關心。黃滔最為著名的賦為《館娃宮賦》，作者開頭就寫道：「吳王歿地兮，吳國蕪城；故宮莫問兮故事難名。門外已飛其玉弩，座中才委其金觥。舞榭歌臺，朝為宮而暮為沼；英風霸業，古人失而今人驚。」一下將讀者帶進一種歷史的滄桑之感中，接著極寫館娃宮的繁華，先寫布局，接著寫氣候，再寫吳王在宮中的恣意享樂，最後寫吳宮破敗景象，與上面成鮮明對照。作者正是透過這種興廢之嘆，要統治者以夫差為鑑，被雕牆峻宇之

君,宜鑑邱墟於茂草。黃滔曾任王審知主閩時的威武軍(今福州)節度推官,他留心吏治,提倡廉政,規勸王審知「為開門節度,不為閉門天子」,崇節儉,減賦役,使閩境多年平安。《館娃宮賦》所以被稱為是一篇好賦文,「好就好在以賦的形式總結了歷史教訓,說出了很多人要說的話」。[314]

徐寅所著賦,《全唐文》卷八三收有28篇、《唐文拾遺》卷四五收有21篇。絕大部分為律賦。因其賦在當時名重一時,竟有人私刻其賦。其《斬蛇賦》、《御溝水》、《人生幾何》三賦,曾為渤海國所重。代表作如《寒賦》,以帝王之寒與戰士之「寒」、農夫之「寒」、儒者之「寒」相對比,表現了對人民疾苦的瞭解和同情,其寫農夫的云:「荷鋤田裡,勞乎農事。草荒而耒耜無力,地冷而心將悴。賦役斯迫,鋤耰何利!凍體斯露,疏蓑莫庇。東皋孰憫其耕耘?北闕但爭其祿位。今則元律將結,元冬已繼。此農者之寒焉,大王曷知其憂愧」,可見作者對農夫生活有著深刻的體察。《過驪山賦》表面上描述了秦王朝時「貴螻蟻於人命,法豺狼於帝德」,「家有子兮誰得孝,國有臣兮孰效忠」的狀況,實則借此反映當時混戰頻繁的社會現實。徐寅還常借賦來表達自己的治國主張,如在《均田賦》中,他提出:「將損多而益寡兮,齊民之歸一;相爾疇之紛紛兮,欸為數其秩秩。露田之四十兮,配桑田之二十,定盈縮於還與受兮,各分半以自給。強不敢於占奪兮,弱猶得以播殖。」認為實行均田就可以消除貧富不均,使人民生活安定,天下太平。《外舉不避仇》提出在薦人時,「不可疾其賢而失公論,庇其善而顯私仇」。《口不言錢賦》抨擊了爭侈之風,《人生幾何賦》、《首陽山懷古賦》、《朱虛侯唱田歌賦》、《垂衣裳而天下治賦》、《豐年為上瑞賦》等都不同程度地表達了自己的政治主張。徐寅還借賦抒發自己清高不願從俗的情感,如《澗底松賦》,借贊喻澗底松「翠鎖山椒,心凌碧霄,生風而虎豺吟嘯,拂衣而龍蛇動搖」,表達了作者高傲不屈的氣概;《隱居以求其志賦》云:「大人之隱兮,隱以求志,索其居而棄世捐俗,達其義而伺時藏器。」表達了作者隱居的願望,作者最後終於歸隱山間,故可看成是作者心情的寫照。

六

五代閩國的文學理論，以黃滔、徐寅為代表。

　　黃滔的文學理論思想，大都嵌夾在他的詩、文中。其詩如《省試一一吹竽》，作者從一一吹竽聯繫到文學創作，認為文學創作也要「個個吹」，詩云：「齊竽今歷試，真偽不難知。欲使宮商別，須令個個吹。後先無錯雜，能否立參差。次第教單進，宮商乃異宜。凡音皆竄跡，至藝始葉奇。以此論文學，始憑一一窺。」作者認為既要注重對每個作家的考察，也要對作品一一考察，這樣才能宮商有別，分出高低。其文最有代表性的如《答陳磻隱論詩書》，黃滔透過此文表示了以下幾個內容：（一）詩歌應刺上化下，文聲相應。黃滔指出：「且詩本於國風王澤，將以刺上化下，苟不如是，曷詩人乎？今以世言之者，謂誰是如見古賢焉？況其籠絡乎天地日月，出沒其希夷恍惚，著物謂之文，動物情謂之聲。文不正則聲不應。何以謂之不正不應？天地籠萬物，物物各有其狀，各有其態，指言之不當則不應。由是聖人刪詩，取之合於《韶》、《武》，故能動天地，感鬼神。」王運熙、楊明在《隋唐五代文學批評史》中對黃滔這段話有很好的闡述：「黃滔強調文正則身正，即詩的思想內容要合於正道，才能達到刺上化下的作用。他指出天地間萬物各有其狀態，詩人指言時應恰當。他所謂恰當，不是指藝術表現的準確，而是指思想內容的純正。」[315]黃滔在詩歌的功能方面與《毛詩序》中的「詩教源」一脈相承，他強調詩歌要注意諷刺統治者的過失，顯然受到白居易風雅比興說的影響。（二）衡量詩歌的主要方面在於其內容而不在題材。黃滔對有人否定婦女題材的作品，表達了自己的看法：「然自李飛數賢，多以粉黛為樂天之罪，殊不謂三百五篇多乎女子，蓋在以所指說如何耳。至如《長恨歌》云：『遂令天下父母心，不重生男重生女。』此刺以男女不常，陰陽失倫，其意險而奇，其文平而易，所謂言之者無罪，聞之者足以自戒哉。」他批駁了婦女題材不能入詩的論調，表明自《詩經》以來詩歌多以婦女為題材，卻沒有人表示過非議，關鍵看其內容如何。《長恨歌》旨在刺上化下，可使人聞之自戒，應予肯定。（三）評價了六朝和唐代詩歌。黃滔對六朝詩歌評價不高，認為：「不知百卷之中，數篇之內，聲文之應者幾人乎？」黃滔高度評價了唐李白、杜甫、元稹、白居易的詩，認為他們的詩：「信若滄溟無際華嶽於天然。」其主要原因，正是因為他們的詩長於諷刺。在黃滔另一篇《與王雄書》中，痛斥

無病呻吟和駢儷之風，認為：「夫儷偶之辭，文家之戲也，焉可賁其戲於作者乎？是若揚優喙干諫舌，啼妄態參婦德，得不為罪人乎？是乃掃除聲律，直寫一二。」尖銳地指出儷偶文章的浮艷庸俗，諂媚做作。黃滔讚賞王雄之文，是因為王雄能「揭元次山、韓退之風」，注重質樸而不注文辭的華美。在《送外甥翁襲明赴舉序》云：「詩言簡，賦詞飾，不可以敘事。」表示了對文體的看法。在《祭崔補闕（道融）》、《穎川陳先生集序》、《與楊狀頭書》等文中，也或多或少表達了自己的文學主張。

徐寅《雅道機要》為五代閩國最為重要的詩學理論著作。其內容前半部分為「明門戶差別」、「明聯句深淺」、「明勢含升降」、「明體裁變通」，實為對《風騷旨格》的闡發，如「明門戶差別」抄錄《風騷旨格》「四十門」中的二十門；「明聯句深淺」抄錄《風騷旨格》「二十式」；「明勢含升降」及「明體裁變通」也把《風騷旨格》的「十勢」、「十體」抄錄於後。其他部分則敘述了詩歌中的「意」和「象」、律詩各聯和字句錘煉、詩歌的通變和分剖、詩與禪等。其有代表性的觀點，如在「明體裁變通」中認為詩如「人之體象」，形神豐備，而風骨不外露：「體者，詩之象，如人之體象，須使形神豐備，不露風骨，斯為妙手矣」；在「明意包內外」中認為「內外之意，詩之最密也。苟失其轍，則如人之去足，如車之去輪，何以行之哉？」在「敘搜覓意」中認為意象的創造，區別於物象的描寫，不應是先有「意」而去找一個「象」來對應，情感意像是意與象交融契合而生：「凡為語，須搜覓。未得句，先須令意在象前，象生意後，斯為上手矣。不得一向只構物象屬對，全無意味。凡搜覓之際，宜放意深遠，體理玄微，不須急就，惟在積思，孜孜在心，終有所得。」《雅道機要》較多接受了皎然的《詩式》的論詩方法，也與當時社會現實有關。如講詩為「儒中之禪也，一言契道，萬古咸知」，是皎然以禪悟詩之法在五代閩國詩論中的延續，也表現了當時文人好禪理的風氣，這也與閩國佛教盛行分不開。這種觀點對嚴羽《滄浪詩話》中的「妙悟」說乃至清代王漁洋的「神韻」語等，亦有一定影響。[316]

五代時期，中原板蕩、戰亂不斷，而「世外桃源」的閩國成為安定的綠洲，閩國文學也盛極一時，無論詩、詞、文、賦、文學理論，都出現了一批極具特點的代表作和代表作家，不同程度地為宋代文學的興盛作了準備。研究閩國文學，

對於進一步研究中國文學史，無疑是有益的。

（本文作者何綿山為福建廣播電視大學閩文化研究所所長、教授）

閩南歌謠起源年代及其流變——論漳州《排甲子》在閩南語區的影響嬗變與發展

張嘉星

引子

中國是詩的國度，自古便有「古謠諺」。然而，民間歌謠是口傳文學作品，一般未引得歷朝政權和文人太多的關注，以至於閩南方言歌謠的源頭在哪裡，哪些閩南歌謠是可以考釋其最早的產生年代或流傳年代的？要想用實例來證明其源流，並不容易。閩南方言歌謠的源頭在河南，筆者借此「首屆固始根親文化節」的機會，特地做一番為閩南方言歌謠「尋根」的嘗試。需要特別申明的是，本文的閩南歌謠「尋根」只找到陳元光拓閩開漳伊始的作品，雖距固始老家的歌謠尚有一步之遙，但由於陳元光本身是固始人，反映其開漳拓閩史實的作品肯定是閩南方言歌謠的源頭。

一

要考察閩南方言歌謠的源頭，有必要直接切入漢族移民福建的歷史源頭。查《全唐詩》所收「開漳聖王」陳元光詩作及其《龍湖集》涉獵歌舞笙樂的詩句，

计有《落成會詠》「昆俊歌棠棣」、《漳州新城秋宴》「縹緲纖歌遏」、《半徑尋真》「飄然歌一曲」、《題龍湖》其一「扣扉歌三疊」、《酬裴使君王探公》「驪駓歌四牡」、《候夜行師七唱》「拍落梅花歌未殘」、《旋師之什》「采芑歌言旋」（采芑，「詩三百」之一）和《晚春旋漳會酌》「兵歌暖日怡」，卻不見閩南方言歌謠起源的蹤跡。有專家將發源於宋元、流傳在九龍江中下游的「錦歌」，後來發展為閩南歌謠的「歌仔」視作閩南歌謠的源頭，但這畢竟只是一種附就和推測，不能作為實證來代替古代閩歌之原貌。反而是最近發現的泉州市惠安縣崇武鎮《排甲子》歌，有可能露出漳州——閩南方言歌謠源頭之一端。請看：

排咾排甲子，入軍門，整軍紀。軍去東，軍去西，西下路，南下一支軍，拍半路。一再擊，二再擊，漳州娘仔吼咩咩。派支軍，挨戶找，找來找去，將軍哈啾！（見《大典石業有限公司網站》「崇武風采‧方言歌謠欣賞」欄目）

網頁原注稱：「（此謠）據傳是明初軍戶自漳州帶入的，反映陳元光入漳州時漢閩兩族的戰爭。」由於歌謠及其注文是明初漳州軍戶及其後裔代代口耳相傳的零星、斷續而又鮮活的「民間記憶」，這種民間口述史料的真實性較為特殊，要作為科學研究的實證，必須得到有關地方史及其文獻史料的印證。

（一）文獻史料的印證

據載，明初漳州設有漳州衛、鎮海衛和六鰲、銅山、懸鐘三個守禦千戶所，衛所的軍士為軍籍，「世代為軍」。[317]署名「牧雨」的博文亦稱明洪武二十年（1387年）「從漳州府所屬十縣抽調了一千三百零四軍籍戶」遷崇武，繁衍至今。牧雨：《天風海濤看崇武：古要塞裡的軍戶後裔》。石奕龍教授引地方史料[318]云：「洪武二十七年（1394年），為調撥官軍事，將玄鐘（又作懸鐘，筆者注，下同）所軍調移崇武，十人為隊，隊一小旗，五隊則一總旗，共一千一百二十名。」（《崇武所城志》，第20頁）這些官兵以軍戶身分攜家眷來崇武，如潮洛村文獻黃氏的始祖黃四，漳州龍溪人，洪武二十七年自玄鐘所攜妻林氏調崇武（見崇武《文獻黃氏族譜》），同村西河林的祖先來自漳浦烏石，魏氏的先祖魏萬卿為漳州溝裡人，洪武三十年遷潮洛（見崇武《鶴山魏氏家譜》）。這就是

說，明洪武年間漳州軍戶攜眷入崇武確有其事，人數為一千多。如此看來，《排甲子》歌應該就是在那個時候由漳州軍戶及其家眷帶入崇武並流傳下來的。

（二）歌謠解讀與地方史和婚俗的相互印證

首先，崇武本《排甲子》「漳州娘仔吼咩咩」和有關「將軍」的語句，寫的是漳州人和開漳事，表明此謠在明初之前曾長期存活於漳南軍戶間。儘管筆者查遍漳州各地歌謠，並無此篇，估計已因斗轉星移而丟失了，卻不能否認它是明初從漳州軍戶傳至泉州市惠安縣崇武鎮的漳州歷史歌謠，它所綽約反映的戰事及一些細節可以在地方史得到有力的印證：陳元光長期驅馳征戰，「在潮州、漳州、泉州、興化間立行臺於四境」，[319]與歌謠中的主人翁即軍隊指揮者「排甲子」運籌帷幄，部隊開拔，往東、往西，西路軍半路伏擊，一擊、再擊打勝仗的內容符契相合。

其次，歌謠「漳州娘仔吼咧咧」的細節描寫讓我們聯想到本地特有的婚俗與傳說：陳元光對土著民族實行招撫政策，推行漢畬通婚，讓將士們與畬族婦女互為婚配，並且帶頭娶了「種」姓（種諧鐘，畬族四大姓氏之一）夫人；因畬家男子剛剛戰死，畬女便議定內著白色襯衣褲悼死者，外面罩上大紅新婚禮服赴婚禮，這就是本地新娘至今仍須預備的「內白外紅」婚服的婚俗和傳說。這套婚期貼身穿的白衣白褲，新娘須長期妥為保存，以便死後貼身穿著進棺材，據說這樣便能回娘家與陰間的親人團聚……。（參見《龍海資訊網》）資料稱，「內白外紅」婚服現仍通行在臺灣的漳州移民後裔中，也是將「內白」襯衣作為日後的壽衣使用。由此我們不難想像，當時畬女的父兄夫君新死即進漢族唐軍的洞房，豈能不悲從中來肝腸寸斷？而「漳州娘仔吼咩咩」描寫的，正是畬家婦女葬別親人即完婚的這種大悲大痛歷史事件的具象化，其細節的真實性，很難憑空杜撰，它屬於代表著地方的、非主流的、側面反映了傾向於少數民族立場的「小傳統」，可有效彌補、完善代表著「大傳統」的正史文獻資料的不足。

第三，陳元光家族四代治漳，所部將士及其後裔絕大多數落籍閩南，成為閩南民系的祖先。而文波、李輝等《遺傳學證據支持漢文化的人口擴張模式》[320]有關現在的南方漢族多半是北方漢族男性同南方外族女性通婚留下的後代，融到

南方漢族中的南方原住民族女性遠遠多於男性的結論，也支持我們對《排甲子歌》的文本解讀，此論從遺傳學科視角同「漳州娘仔吼咩咩」的文學學科特有的表述方式，共同反映了閩南拓疆伊始的重大歷史事件，兩者都反映了當地的歷史真實。為此我們認為，崇武本《排甲子》是以歌謠和民間集體記憶的特定記述方式記錄了中古時期漳州地區發生的歷史大事件，儘管這首歌謠的當前流傳地在泉州地區崇武，但仍不能改變其為漳州歌謠的區域屬性；內容和民間世代口傳的歷史時代背景表明，它產生於陳元光入閩建漳初期的中唐，既是漳州——閩南方言歌謠之源，也是漳州——閩南方言歌謠第一篇。

二

民間歌謠的一個重要特點是「語無定句，文無定本」，在歷代群眾口頭傳播中，會因吟唱者的記憶障礙、理解障礙而增損、訛變某些句子，因即事寫景、抒情言志的需要而增添、刪改某些句子、段落，甚至對原歌謠進行整體性的改編和再創作，同時也存在因文學記述的目的和表現角度的不同而產生同題（題目、篇名，在歌謠作品中為首句和篇名）異事（事，這裡指內容）作品的現象。這便形成同一種歌謠在本地和別地往往有著多個異文和不同「版本」的局面，此即口頭文學的變異性。開漳初期流傳至今的崇武本漳州《排甲子》是目前閩南方言歌謠溯源中唯一可以根據內容及其有關歷史文化背景的傳說而考訂其創作年代的作品，其語言是純正的閩南方言。由於同一時代的歌篇不會是孤本獨立的，為此，我們集中調查了漳州、泉州、臺灣等閩南語區民間歌謠，發現崇武本確非唯一從中唐時期遺存至今的閩南方言歌謠，而是在閩南方言區[321]尤其在陳元光建漳伊始的漳南三縣，都不約而同地保留著各自的《排甲子》，它們同崇武本的語言並無二致，內容也與後者有著或隱或顯、似同又異的種種聯繫。以此推論，漳南《排甲子》可能也是從建漳伊始便流傳至今的作品。

排咾排甲子，甲子西，西南雨，一支香，管葫蘆。葫蘆貯水飼觀音，淹的

淹，飲的飲。頭狀元，賣掃帚；偷掜雞，配老酒，一百將軍哈洞啾。

（雲霄《排甲子》，引自《中國民間歌謠集成‧福建卷‧雲霄縣分卷〈兒歌‧遊戲歌〉》首篇，雲霄縣民間文學集成編委會，1991年編。按：淹〔im1〕：本作同音字「音」，現根據上下文意徑改。以下歌謠改字體例同此）[322]

（排咾排甲子），甲子東，甲子西，西南烏，下南雨，一支香，管葫蘆，葫蘆貯水飼鴛鴦。淹的淹，飲的飲。偷牽牛，食藥酒；偷掜雞，使倒手，一百將軍哈洞啾。

（漳浦《排甲子》，引自《中國民間歌謠集成‧福建卷‧漳浦縣分卷〈兒歌‧遊戲歌〉》，漳浦縣民間文學集成編委會，1993年編。按：首句「排咾排甲子」原本缺，現根據雲霄本補正。淹：本作同音字「音」，疑非徑改）

排咾排甲子，甲子東，葫蘆排，排來排去是靈犀。靈犀佬，侃大嫂。大嫂是靈客，山蓓蕾，苦咧咧，本枝生，土哩莙。莙啊莙，扭啊扭，動起腳，動起手，浪蕩揪扭。

（詔安《排甲子》，引自《中國民間歌謠集成‧福建卷‧詔安縣分卷》，1992年編）

上面三首漳南《排甲子》與崇武本漳州《排甲子》同題異事、異中有同，之間呈現著近源或共源的關係。崇武本有（1）（2）（5）三項關鍵語句（參見附表）也出現於漳南三傳本：第（1）項是首句和篇名，「排」同指比對、排配，「排咾排」即反覆地比配、排列、演示，全句意即運用天干地支來排演、計算、預測，是中國古代相面測命運、看風水、論凶吉相背、預測天象氣候等多方面術數的重要方法，用在軍事上專指研究敵方的衰敗特徵處於何時何方，以便借助天時地利，克敵制勝，因而在崇武本引申為權謀運籌的意思，而在漳南各本，則為預測天氣的意思。崇武本第（2）項「軍去東，軍去西，西下路，南下一支軍，拍半路」及「一再擊，二再擊，派支軍，挨戶找」等軍事詞語、方向用語表現了軍事行動和軍旅生活，漳浦和雲霄本雖然也有類似的方向詞語，卻分別改造成「甲子東，甲子西，西南烏，下南雨」和「甲子西，西南雨」，其「甲子+方向詞」強調的是「排甲子」活動對某一方向的晴雨預測，崇武末句「將軍哈啾」則

增衍為「一百將軍哈洞啾」。詔安本僅首句「排咾排甲子」句同於崇武本。次句「甲子東」同於云、浦本。漳南的題材與崇武本存在較大差異，後者是表現成人化的軍事題材，前者無關軍事，或嬗化作兒童遊戲歌謠，如云、浦本在該縣「中國民間歌謠集成」分卷都列於《兒歌·遊戲歌》，雲霄本甚至列為首篇，詔安本則為民俗性題材，僅「葫蘆排，排來排去是靈犀」殘留一定的遊戲色彩，其餘為民俗內容。總的說來，漳浦本比雲霄本更接近崇武本，而詔安本的嬗異最大。

從方言語種看，漳州四種《排甲子》的語氣詞「咾」〔lo3〕含反覆意味，崇武本「拍」〔pah7〕義打，「娘仔」「娘」指姑娘，「仔」是名詞詞尾，「吼咩咩」〔hau3 ms1 ms1〕4義哭咧咧，現閩南方言「哭」仍用「吼」，哭聲也說「吼嗎嗎、吼咧咧」、「嗎嗎」與「咧咧」同「咩咩」一為雙聲一為疊韻，打噴嚏聲「哈啾」讀〔tshiu5〕而非字面音〔tsiu1〕，是典型的閩南方言說法。云、浦本「貯」〔te3〕義盛chēng放，「飼」〔tshi6〕義餵養，「音淹」〔im1〕同音，「飲」〔lim1〕義喝，其打噴嚏聲「哈洞啾〔tshiu5〕」的「啾」與崇武本一樣不讀字面音〔tsiu1〕；漳浦本之「烏」義黑、「烏雨」同韻，「搦」〔liah8〕義捉，使倒手〔sai3 to5 tshiu3〕指用左手；詔安本「侃」〔kham3〕義憨傻、「蜇」義埋，都是地道的閩南方言說法。這表明，漳南《排甲子》同崇武本漳州《排甲子》是起源於同一地區、產生於相同或相近年代，採用相同的方言語種來表達，反映著諸多共有的社會生活、民俗事項和話語的一組歌謠，只不過，這一組歌在流傳的過程中因表意的需要而異流分敘，形成目前既有軍旅題材、又有遊戲題材（浦、云）和民俗題材（詔）的樣子，是民歌「語無定句，文無定本」的特點在漳州《排甲子》組歌流變中的具體表現。因此我們說，漳南《排甲子》和崇武本漳州《排甲子》是同一時代共生共源的作品，都是從中唐時代流傳至今的古歌謠。不過，漳南各本《排甲子》本身並不具有明顯的時代性，其產生年代依賴於崇武本《排甲子》的年代確定；反過來說，假如我們無法確認崇武本的創作年代，便無法得知漳南《排甲子》的年代。

三

如果我們放大眼界，將方言歌謠的視野擴展至整個閩南方言語區，就會發現這些地方都有類似漳州《排甲子》的歌系，它們在形式或內容上都發生了或明或晦或隱或顯的流變和發展，即便這種流變和發展的脈絡草灰蛇線、鴻爪雪泥，但仍可從中找到一些演變的蹤跡和流向。

（一）泉州三首《排甲子》

排的排甲子，排到新年二月止，揪瓜藤，挽瓜子。瓜子栽，栽沿路；一支香，點半路。一路屑，兩路屑。三公羊，吼咩咩。

（泉州《排甲子》，引自《泉州茶館》。按：「挽瓜子」句義不通，但閩南語區多篇歌謠同作此語，以下不另注。「屑」音不詳，原注「掉下來」）

算的算甲子，算啊正月二月起，揪瓜藤，挽瓜子。瓜子栽，栽葫蘆。葫蘆一支須，擔水飼鴛鴦。一百個將軍仔，據你搦一個。

（泉州《算甲子》，引自《泉州茶館》。）

點啊點甲子，正月二月起，落花園，挽瓜子。瓜子蔥，蔥葫蘆，葫蘆擔水飼鴛鴦。冤的冤，扭的扭；將軍仔，拍出手，土地公落號是即手！

（德化縣《點甲子》，引自德化網「方言‧歌謠‧兒歌」之遊戲歌。按：冤，爭吵鬧矛盾，本作同音字彎）

上面泉州（含屬縣德化）三種「×甲子」與漳州《排甲子》也是有同有異，對照附表不難看到漳州《排甲子》共有7個項目對泉州地區「×甲子」歌謠發生影響，其中第（1）項是漳州四種《排甲子》共有的，崇武本的特有影響力主要表現在（3）（4）兩項，崇、云、浦共有項是（5），漳南三本共有項是（6），連同詔安本第（7）項「扭啊扭」、漳浦第（8）項，都對德化本發生了影響。先看第（1）項篇名和首句「排咱排甲子」，這是漳本四種《排甲子》共同的特徵，漳系《排甲子》內部首句的一致性，表明它應是歌謠的初始面貌，泉州三本只保留其「動詞重疊+虛詞中綴+甲子」的句式，依次嬗化為「排的排甲子」、「算啊算甲子」、「點啊點甲子」，因其衍化似是而異呈系列性，屬於漳本對泉本的全局性影響。次看崇武本（3）（4）項的局部性影響，崇武第（3）

項「西下路、拍半路」只在泉本《排甲子》嬗化作「點半路、一路屑，兩路屑」，餘本不見蹤跡；崇武第（4）項「漳州娘仔吼咩咩」的餘緒也只見於泉本《算甲子》，嬗作「三公羊，吼咩咩」。第（5）項在崇武本是「將軍哈啾」，云、浦增衍為「一百將軍哈洞啾」，並投影於泉本，泉本這句遠引崇武、近承云、浦，衍化為《算甲子》「一百個將軍仔」，德化本再簡而化作「將軍仔」。第（6）項云本是：「一支香，管葫蘆，葫蘆貯水飼觀音」，浦本同中有異，末句為「飼鴛鴦」，影響大，詔安此項缺前半段，後半段同漳浦本作「葫蘆貯水飼鴛鴦」，到泉州《算甲子》，調整語序且簡化為「葫蘆一支香，擔水飼鴛鴦」，德化本舍「一支香」而作「蔥葫蘆，葫蘆擔水飼鴛鴦」，泉州《排甲子》餘言不見，只殘存「一支香」。第（7）項幾為詔本的「專利」，其「茗啊茗，扭的扭」投影於德化本「冤的冤，扭的扭」。第（8）項浦本「使倒手」在詔安本、德化本依稀可見，依次作「動起手」、「拍出手」，是局部性的影響。

泉州三本的從方言語種也是典型的閩南話，其「挽」〔ban3〕也指摘取；「將軍仔」名詞詞尾「仔」〔a〕的運用和漳州無異；「吼」指動物嘶叫，此語在閩南話區既可指動物的啼鳴和嘶叫，又可稱人的悲哭；「算啊」泉州話「算遘〔kau5〕」的語音弱化，「據你」〔ku5 li3〕是閩南話「據在你」的省略，意任由你；「落花園」〔loh8 hue1 h〕指去花園，落是到和去的意思，「冤」表吵架、冤彎〔uan1〕同音，「即手」〔tsik7 tshiu3〕指這手，這些都是純正的閩南方言，同漳州話幾無二致。很顯然，泉州三種「×甲子」既本於崇武本，也與漳南本有著絲絲縷縷的關係，其中漳浦本的影響力較大，云本次之，詔本影響最小。而在泉州三種「×甲子」中，德化本總體上更近漳州本，這只要將與之相似的第（1）（5）（6）（7）（8）項的每個項目設為1個點來計算，便可以看到德化本（5）（6）（7）（8）項同於或近於漳南本，而第（1）項只將崇武本「排咾排」變換為意義相近的「點啊點」，其共同的點數接近5，泉州《算甲子》與崇武本的共同點為（1）（4）（5）（6）四項，點數接近4，泉州《排甲子》的相同相近項僅（1）（3）（6）三項，相同相似點小於3。由此我們推測，泉州各本「×甲子」的產生年代應與漳州《排甲子》相近；尤其從德化《點甲子》韻腳字看，「鴦扭手」同韻屬泉腔，但前一個韻腳字「蘆」便無著落；如

211

果同前一韻腳「蘆」聯繫起來，扭〔iu〕手〔iu〕各為一韻，前者「蘆鴦」互押屬於漳腔，改讀泉腔則「鴦」念〔lu〕而與「扭手」合韻。如此看來，「××蘆，葫蘆擔水飼鴛鴦」肯定是受到漳南各本的影響而遺存下來的，因而，德化《點甲子》的產生年代要早於泉州《排甲子》和《算甲子》。與漳南《排甲子》相同的是，泉州「×甲子」本身也不具有明顯的時代性，要確知它們的創作、產生年代，同樣有賴於崇武本《排甲子》的年代確定。

泉州「×甲子」的內容在崇武、漳南《排甲子》的基礎上又有所發展，一是將漳本首句動詞「排」改為「點、算」，虛詞中綴由「咾」換作「的」和「啊」，二是徹底扭轉漳本（2）的話題，由方向詞語衍化為時間詞語「正月二月起」等，三是德化本在第（7）項直承並改造詔安本「砉啊砉，扭啊扭」為「冤的冤，扭的扭」，四是泉本一道興起第（9）項「挽瓜子」新項目，共同對海外本「排」「點」歌謠發生影響。從德化《點甲子》有五個項目對海外同系列歌謠發生影響的綜合表現看，在泉本組歌中最為重要，是閩南此一歌系在海外嬗變演化的又一關捩點（詳見下文）。

泉州本之重要還在於凸顯了歌謠的遊戲性，泉州茶館網站注其為「兒童遊戲歌」，《算甲子》尤其難得地說明其玩法是「三四個小孩的腳攏在一起，由一個小孩唸著歌謠，用手指點著自己的腳從第一個字數起，順時針方向一直繼續著。最後手指點在誰的腳上，誰就把腳縮回來。此時，再從頭念起。誰的兩腳先縮回就是勝利者，誰的腳最後縮回就是失敗者」，彌補了漳州相類童謠缺少有關遊戲說明的空白。

（二）海外五首「排」「點」歌謠

排啊排甲子，排到三月二月起。二月坪，挽瓜子，瓜子摁，摁啊摁落籠，落籠一支香，菜籃仔貯水飼鴛鴦。冤咯冤，綹咯綹，綹著一窟酒。大尖山，三尾鰻，炒炒咧，無三盤。

（斗六《排甲子》，引自《云林縣民間文學集·閩南語歌謠集》第四冊，斗六市默林小區活動中心，2003年。按：冤，本作同音字「鴛」。註：大尖山，在臺灣汐山，是臺灣的旅遊勝地）

點啊點葫蘆，葫蘆滴水飼鴛鴦。冤啊冤，扭啊扭，拍恁將軍大出手。

（高雄《點甲子》殘本，引自高雄縣96年度修編鄉土語言教材。按：冤，本作同音字「鴛」）

點啊點古井，點到二月起，上瓜棚，挽瓜子。瓜呀瓜子摁，摁啊摁浪蕩，浪蕩一支香，葫蘆貯水飼鴛鴦。冤啊冤，綹啊綹，請恁大姑大出手：土地公伯仔食飽未？食飽啦！配啥貨？配飯包，今年古井佇誰兜？

（旗津《點古井》，引自舒蘭編《中國地方歌謠集成・臺灣兒歌〔二〕》，臺北市：渤海堂，1989初版。按：摁、浪蕩、冤、綹，原本為音同音近的獅、隆動、鴛、柳）

排啊排古井，三月動，四月起，上瓜棚，挽瓜子。瓜子摁，摁呀摁垠壙，一支香，點葫蘆，葫蘆貯水飼鴛鴦。冤啊冤，紐啊紐，請恁將軍大出手。金，銀，銅，錫，瑪瑙珠，跤落壁；烏狗偷；白狗挖：土地公伯睏醒未？睏醒咯咧。開大門未？開咯咧。點香點燭未？點咯咧。洗面未？洗咯咧。食飽未？食咯咧。食飯配啥貨？配飯包，今年古井佇啥人兜？

（屏東《排古井》，引自李獻璋《臺灣民間文學集・歌謠・童謠》，臺北：文充出版社，1970。按：摁、冤，原作同音字司、鴛，臺北市：渤海堂1989初版《中國地方歌謠集成・臺灣兒歌〔二〕》163頁訛作同音「獅」；飼，原作文讀同音字似，因裝了水的葫蘆不會像鴛鴦，疑非逕改）

排啊排，排果子，排到正月二月起。上瓜藤，挽瓜子，瓜子師，上鹽滷，一支香，插大路。大路直，鶯哥鳥，拍飛翼。飛翼股，鷹仔拍　因某。　因某　因某嫁，蜘蛛牽花帕。花帕烏烏，二丈娶二姑。二姑茹㾷㾷，加令拍粟鳥。粟鳥飛上山，鎖匙交　因倌。　因倌白褲白咪咪，　因嫂嘴唇摸胭脂。

（新加坡《排果子》，引自周長楫《新加坡閩南話俗語歌謠選・歌謠・童謠》，廈門大學出版社，2003年）

上面五個海外歌謠傳本的前四種流播臺灣，末一種流播新加坡，都屬於漳泉音系閩南方言童謠。對照附表可以發現，對海外「排」「點」歌謠發生首要作用

213

的仍推漳州四種《排甲子》，比如斗六本只把漳州各本第（1）項「排咾排甲子」的句中語氣詞「咾」改為「啊」，其餘不變；屏東和新加坡同作「排啊排」，但屏東本所「排」之物變為「古井」，新加坡的句式和所「排」物都變，由五言句改作六言分句的「排啊排，排果子」，其餘高雄本、旗津本的動詞和所及物俱變，依次轉換為「點啊點葫蘆」、「點啊點古井」。由於這些海外「排」「點」系列歌謠的篇名和首句無論顯隱都離不開漳州《排甲子》，後者「定音鼓」的作用已是鑑定海外各本屬於閩南方言「排」「點」歌系的最主要標誌。漳州《排甲子》的重要性又表現在崇武本末句即第（5）項的「將軍」字眼上，它不但出現於泉州《算甲子》、《點甲子》，也同時被屏東、高雄本兒童歌體所繼承。與此同時，漳浦本在第（6）（7）兩項「一支香，管葫蘆，葫蘆貯水飼鴛鴦」的作用不可小覷，屏東本同此，高雄多所省略、只將「貯」改為「滴」而直接述為「點啊點葫蘆，葫蘆滴水飼鴛鴦」，看來是個殘本或簡本，斗六本變作「落籠一支香，菜籃仔貯水飼鴛鴦」，旗津本為「浪蕩一支香，葫蘆貯水飼鴛鴦」，新加坡本則簡化為「一支香，插大路」，其「路」又遙扣崇武本第（2）項。詔安本在漳州《排甲子》中影響似乎較小，卻也在第（7）（8）項一顯身手，前者「菪啊菪，扭啊扭」在德化本定型為「冤的冤，扭的扭」，高雄本承接其兩個動詞而改換詞嵌為「冤啊冤，扭啊扭」，既保留德化的動詞詞根，又回歸了漳南「『動』的『動』」句式，到了斗六、旗津、屏東各本，依次衍變為「冤咯冤，絡咯絡」、「冤啊冤，絡啊絡」、「冤啊冤，紐啊紐」。第（8）項雲霄本作「偷搦雞，配老酒」、漳浦本是兩句分敘的「偷牽牛，食藥酒；偷搦雞，使倒手」，詔安本為「動起手」，屏東本分作「烏狗偷」和「大出手」，高雄、旗津只作「大出手」，斗六本簡作「一窟酒」，其餘各本都遺棄第（8）項。此外，詔安本在第（10）項疊韻詞「浪蕩」也有少許影響力，旗津本承而有變作「摁啊摁浪蕩」，其疊韻形式又暗暗影響了屏東本，其句為「摁呀摁垠壙」。

　　對海外五個傳本的「排」「點」歌系發生作用的還有泉州三種「×甲子」，其中尤以德化本為突出，在第（1）（2）（7）（9）（11）各項處處顯身手：第（1）項「點啊點」為高雄、旗津本所沿用；漳本第（2）項以方向詞為共有特徵，到泉本全部幻化為時間詞，且斗六、旗津、屏東、新加坡本大多承自德化

本；德化第（7）項「冤」本訛為「彎」，「冤、彎、鴛」與其「扭」的關鍵字眼、訛錯與意緒都被臺灣各本所接受，「扭」字變異為「綹、柳、紐」；德化第（11）項興啟旗津、屏東有關「土地公伯」的話題，前一本作「土地公伯仔食飽未？食飽啦！配啥貨？配飯包，今年古井佇誰兜」的問答對話式，屏東在旗津本的基礎上又加以繁富化和文學化；德化又與泉州《排甲子》《算甲子》一道興起第（9）項「挽瓜子」的新話題，海外各傳本的每一篇都有這一句。因此我們說，德化本在泉州該系列童謠中對海外的影響最大，是漳州《排甲子》在海外「排」「點」歌系嬗變演化的關鍵。

　　海外五種「排」「點」歌謠使用的方言語種特徵鮮明，也是典型地道的閩南話，依次釋來，「飼」〔tshi6〕同樣指餵養，「冤」〔uan1〕同指吵架鬧意見、「冤鴛」同音，「扭」〔niu3〕義拉扯，「恁」〔lin3〕意你（的），「挽」〔ban3〕指摘取，「摠」〔sai1〕義煽打、「摠、西、獅、司、師」同音，「貯」〔te3〕義盛放，「綹」〔liu5〕在這裡指套住，與「柳、扭、紐」音同音近，虛詞「咯」〔loh7〕義相當於普通話連詞「就」，「一窟」〔tsit8 khut7〕指一潭，「尾」這些閩南方音和語彙與漳泉方言一致無二。

　　海外系列「排」「點」歌謠在繼承漳泉同類組歌的基礎上，多有所創新和發展，一如斗六《排甲子》將歌謠題材擴展到世俗生活，其「冤咯冤，綹咯綹，綹著一窟酒。大尖山，三尾鰻，炒炒咧，無三盤」，內容隱約可見漁家生活；旗津《點古井》增加了兒童化內容和遊戲性，屏東本在其基礎上更加遊戲化和文學化，無論是「金，銀，銅，錫，瑪瑙珠，跤落壁，烏狗偷，白狗挖」中名詞語彙所表現的珠光寶氣與世俗事項，還是反覆鋪陳的問答式結尾：「土地公伯睏醒未？睏醒咯咧。開大門未？開咯咧。點香點燭未？點咯咧。洗面未？洗咯咧。食飽未？食咯咧。食飯配啥貨？配飯包，今年古井佇啥人兜」，給人留下深刻的印象，都強有力地展示了閩南方言的文學表現力，是海內外閩南方言「排」「點」歌謠中藝術意味最濃、成就最高的一篇。新加坡《排果子》的內容走的也是世俗化之路，在第（10）項「上瓜藤，挽瓜子」之後承接「瓜子師，上鹽滷，一支香，插大路」的話頭，以下從鶯哥（鸚鵡）拍打翅膀說到「鷹仔」打老婆、蛛絲弄髒花頭巾、姑丈娶二姑、二姑瘋瘋癲癲、八哥打麻雀、麻雀飛到山上，再說到

鑰匙交給公公，公爹的白褲白燦燦，她嫂子的嘴唇抹著口紅，是自成一格、生活氣息濃烈的成人生活歌謠。因海外五種「排」「點」歌謠與其語言文化一樣，都屬漳泉合流的「漳泉濫」，是漳泉祖地這一組歌在流傳外地的過程中滋生衍化出的種種發展和嬗變。鑑於海外「排」「點」系列歌謠的「漳泉濫」時代特徵，它們只能是產生於漳泉人頻繁交往、共同開發海外新家園的年代——明清時代。為此，我們透過閩南、臺灣、新加坡的這些「排」「點」系列歌謠的合讀，認為它們與漳泉老家同類作品呈現的是近源的關係，其產生年代要晚於泉州各傳本，更晚於漳州四種《排甲子》。

附表：

項目 題材		(1)	(2)	(3)	(4)	(5)	(6)	(7)	(8)	(9)	(10)	(11)
					源流與嬗變關鍵語句							
漳州	軍事	排咅排甲子	軍去東，軍去西，西下路	拍半路	吼咩咩	將軍哈啾						
雲霄		排咅排甲子	甲子西，西南雨			一百將軍哈洞啾	一支香，管葫蘆，葫蘆貯水飼觀音	淹的淹，飲的飲	偷掇雞，配老酒			
漳浦		訛脫	甲子東，甲子西，西南烏，下南雨			一百將軍哈洞啾	一支香，管葫蘆，葫蘆貯水飼鴛鴦	淹的淹，飲的飲	偷牽牛，食藥酒；偷掇雞，使倒手			
詔安	遊戲童謠	排咅排甲子	甲子東				葫蘆貯水飼鴛鴦	誓啊誓，扭啊扭	動起手		浪蕩	
泉州		排的排甲子	排到新年二月止	點半路			一枝香，點半路			挽瓜子		
泉州		算啊算甲子	算啊正月二月起		吼咩咩	一百個將軍仔	葫蘆一支鬚，擔水飼鴛鴦			挽瓜子		
德化		點啊點甲子	排到正月二月起			將軍仔	蔥葫蘆，葫蘆擔水飼鴛鴦	冤的冤，扭的扭	拍出手	挽瓜子	土地公落號是即手	

續表

項目 題材		源流與嬗變關鍵語句									
		(1)	(2)	(3)	(4)	(5)	(6)	(7)	(8)	(9)	(10)	(11)
遊戲童謠	高雄	點啊點葫蘆				將軍	葫蘆貯水飼鴛鴦	冤啊冤,扭啊扭	大出手			
	斗六	排啊排甲子	排到三月二月起				落籠一支香,菜籃仔貯水飼鴛鴦	冤咯冤絡咯絡	綹著一宿酒	挽瓜子	摁啊摁落籠	
	旗津	點啊點古井	點到二月起			大姑	浪蕩一支香,葫蘆擔水飼鴛鴦	冤呀冤綹呀綹	大出手	挽瓜子	摁啊摁浪蕩	土地公伯仔食飽未
	屏東	排啊排古井	三月動,四月起			將軍	一支香,點葫蘆,葫蘆擔水飼鴛鴦	冤呀冤,紐呀紐	烏狗偷;大出手	挽瓜子	摁呀摁坱壙	土地公伯睏醒未
	新加坡	排啊排,排果子	排到正月二月起				一支香,插大路			挽瓜子	瓜子師	

（本文作者張嘉星為漳州師範學院圖書館研究館員）

論陳元光對泉潮地區開發的貢獻

許晶唐

總章二年（669年）陳元光於13歲時，隨其父陳政和祖母魏媽，率領中原3600名府兵與固始58姓民眾入閩，以平息泉潮間的「蠻獠嘯亂」。677年，陳政去世，年僅21歲的陳元光承襲父職，代領其眾，繼續其父未竟的事業，歷經30餘年，大小百餘戰，終於基本平息這一帶曠日持久的混亂局面，並於垂拱二年

217

（686年）上書朝廷，獲準於泉潮間增設漳州，「以控嶺表」。陳元光以嶺南行軍總管事兼領漳州刺史，集軍政大權於一身。其後在一次戰鬥中，因遭對方暗襲而不幸殉職，年僅55歲。陳元光家族的這次從中原入閩，就閩地開發史而言，是一次影響深遠的重大事件。由於他的功績和為人，當其戰歿於陣時，「漳民哀哭，相與立廟而戶祀之」。而後歷代朝廷均加以封贈，南宋高宗年間加封為「開漳州主聖王」，這是對其開漳建漳業績的肯定。漳州民眾將其作為保境之神加以供奉，並將「開漳聖王」的祭祀由閩南帶到臺灣以及東南亞各地。

從陳元光開漳至今，已歷1300餘年，怎樣全面評價陳元光的業績及其對歷史所作出的貢獻，至今仍有不同的意見和看法，有的人望文生義，以為陳元光既受封為「開漳聖王」，則其業績也就是在漳州，且成效有限。這種觀點，如果是一般民眾的認識，尚不為怪，然而，有的學者也持這種觀點，則不能不令人遺憾了。其實，陳元光入閩平亂中對閩地的多數地區以及粵東北的廣大領域的開發與發展都是作出重大貢獻的，鑑於過去研究中對其開漳建漳業績的討論比較充分，而對他在泉潮地區的影響至今研究不足，本文擬側重討論這一方面的問題。而這一問題的討論，也將能對閩南文化區的形成與發展有更加清晰的認識。

一

有關陳元光問題的討論迄今已有20多年了，儘管對其家世與生平（包括籍貫、出生地、官職等等方面）有許多不同的看法，但有關「蠻獠嘯亂」和陳氏家族在平亂中的作用問題則大體沒有多少異議（當然，對這場「嘯亂」的範圍和程度則是看法有所不同的）。今天來討論陳元光的問題，應當全面瞭解與引用前人的史料，不應有先入之見。

陳元光雖然被有的學者目為地位不高的中級武官，不可能擔任諸如嶺南行軍總管之類的重要職務。然而，我們所看到的各種資料均表明，陳政、陳元光其時作戰的範圍和所承擔的任務正與此職務相等，主要作戰地區在泉州與潮州，因

而，其奏表中自稱「泉潮守戍」，即指戍守泉潮地區的軍事統帥，而非專指某一小地方的戍主。表中的這一稱呼，明顯帶有自謙的性質。

陳氏家族與泉州有著十分密切的關係，我們來看下列三則史料：

宋代的《仙溪志》載：「威惠靈著王廟二，在楓亭之南北。按，漳浦《威惠廟集》云：陳政仕唐副諸衛上將，武后朝戍閩，遂家於溫陵之北，曰楓亭，靈著王乃其子也。今楓亭二廟舊傳乃其故居。」（（宋）黃岩孫：寶祐《仙溪志》卷三，第65頁，福建人民出版社，1989年版）

《輿地紀勝》卷九十一載朱昱的《威惠廟記》云：「陳元光，河東人，家於漳之溪口。唐儀鳳中，廣之崖山盜起，泉潮響應。王以布衣乞兵，遂平潮州。以泉之雲霄為漳州，命王為左郎將軍之。後以戰歿，漳人哭之慟，立祠於徑山。有紀功碑，靈應錄見於廟云。」（中華書局影印文選樓影宋抄本；轉引自徐曉望主編《福建通史·隋唐卷》第27頁，福建人民出版社，2006年版）

宋嘉熙二年漳州知府李韶撰《重修威惠廟碑》云：「靈濟順應昭烈廣濟王，姓陳諱元光者，系出河東，父政仕唐，為歸德將軍，領兵戍閩。王從之，因家於雲霄山。王以儒術代領文兵，任左玉鈐衛翊府左郎將。高宗永隆三年，以功進階嶺南行軍總管。中宗垂拱三年王請別置一州於泉潮間，以控嶺表，乃即屯所為州治，初置漳州，漳浦。故南唐學士吳文洽作廟記，所謂『率家為郡』者也。尋以功遷中郎將、右鷹揚衛大將軍。乃躬率部曲，剪除荊棘，開拓村落，收輯散亡，營農積穀，興建陶冶，以通商賈，以阜百貨，然後深入險阻，掃落杰黠。於是東距泉建，西逾潮廣，南按島嶼，北抵虔撫，方數千里間威望凜然，無桴鼓之警……無何蠻寇復鴟張，王率輕騎討之，援軍後至，戰歿於陣。漳民哀哭，相與立廟而戶祀之。事聞於朝，詔贈豹韜衛大將軍。」（《漳州府志》）

以上三則資料，前二則多為人引用，而第三則引用者少。其實這則史料更珍貴，因為李韶為南宋高宗時人，其任漳州刺史而寫下的碑記，保存了不僅是其時，而且有前代人的多則評價及對陳元光治漳政績的概述。

陳政、陳元光的平定「蠻獠嘯亂」歷經兩個大的階段。其第一個階段，戰場主要是在泉州（其時治所在福州）的南部展開的。陳政入閩後，在溫陵（今泉州

219

市)之北、楓亭之南的惠安一帶有過短暫時間的駐紮,因而這裡留有陳政故宅(見《福建通志》卷十五),而後唐軍便與「蠻獠」的部族展開了正面的軍事交鋒,在今仙遊、安溪、漳平一帶連續作戰,克復數處峒寨,進抵九龍江流域的龍溪北側。但由於受到「蠻獠」部族的強烈反擊,不得不退保九龍山(在今華安縣),等候援兵。在第二批中原58姓援兵到達後,陳政才集結部隊渡江南進,與敵方戰於梁山的盤陀嶺,並乘勝抵達古綏安(今雲霄縣),開屯建堡,作為長期駐守的根據地。這一過程,前後長達八年左右,也就在第一階段戰事稍告緩和之後,陳政因積勞成疾,於儀鳳二年(677年)病故,自此之後,平亂的歷史使命落到年輕的陳元光身上。

從上述情況我們看到,陳政父子入閩後,經過八年時間,初步穩定了閩南的局勢,取得了戰爭的主動權,削弱了「蠻獠」的實力和銳氣,使其不得不退至更南部的潮州、崖州地區,從而使得九龍江流域以北的閩地有了一個安定發展的環境。第一階段中,陳政及其所率領的中原府兵在南下及平亂過程中足跡遍及閩地,影響是十分深遠的,所惠及的地區,絕不僅僅是漳州一地,因此在閩南地區,有眾多祭祀陳元光的廟宇,吳幼雄先生在《泉州人祀奉陳元光考》一文中指出:「一千多年來,陳元光成為漳州的地方神祇,至今人們仍在崇奉他。泉州亦有人建廟崇奉陳元光,如今,雖然廟宇早毀,但人們仍於節日定時虔祭,這表明紀念、崇仰陳元光的地域範圍超出漳州、潮州二地。」(《陳元光國際學術討論會論文集》第220頁,廈門大學出版社,1993年版)據乾隆《泉州府志》載,泉州有兩座祭祀陳元光神祇的威惠廟。其中一座在安溪縣境的「縣北眉上鄉」(卷十六《壇廟寺觀·安溪縣·威惠廟》),另一座則在南安縣境的潘山市,《泉州府志》載:「威武陳王廟,在縣治東潘山市,祀唐豹韜衛大將軍陳元光,宋建炎四年賜額威惠」。(同上,南安縣)吳幼雄先生於1990年曾親自考察過這座廟,廟址及建築部分尚存,這是有幸留存至今的。此外,泉州還一座朋山廟,建於朋山嶺格。而歷史上今泉州地區的威惠廟當不止這些,如前文提及的,在惠安縣即有陳政故居與兩座威惠廟,只是到宋代廟已毀壞。

其實,陳氏家族以及唐初的中原移民都與今泉州有很深的淵源關係,他們中許多人的後裔移居今泉州市各縣,如陳氏家族即有直接移居泉州,並在那裡繁衍

生息，為泉州的發展作出貢獻的。我讀過一篇專門探討這一問題的文章，且其中多人在泉任過地方要職。

除泉州外，福建省內的廈門、金門，閩西的龍岩、漳平，莆田的仙遊，福州的福清及南平等地也均有祭祀陳政、陳元光的廟宇，可見其影響之廣。（鄭鏞、塗志偉編著《漳州民間信仰》，第110頁，海風出版社，2005年版）

二

陳元光繼承其父職務之後，開始了平亂的第二階段。這一階段中，陳元光集中做了以下幾項要務：

一是鞏固已取得的成果，大力開展地方建設。其中最重要的便是開漳與治漳的任務。陳氏於垂拱二年（686年）奏請朝廷於泉潮間增設一州，即漳州，並兼任首任的漳州刺史，他邊戰邊撫，同時帶領部下剪除荊棘，開拓村落，收輯散亡，營農積穀，興建陶冶，以通商阜，以聚百貨，這是其文治之效。

二是武功方面，從儀鳳年間起，唐軍進撫的戰場轉移至潮州。有幾則潮州地方志的記載可以為證：

明嘉靖《廣東通志》載：「陳元光，揭陽人。先世家潁川……儀鳳中，崖山劇賊陳謙攻陷岡州城邑，遍掠嶺左，閩粵驚擾。元光隨父政戍閩，父死代為將。潮州刺史常懷德甚倚重之。時高士廉有孫　嗣封申國公，左遷循州司馬。永隆二年盜起攻南海邊鄙。　受命專征，惟事招慰，乃令元光擊降潮州盜，提兵深入，伐山開道，潛襲寇壘，俘馘萬計，嶺表悉平。還軍於漳，奏請創置漳州。」

明隆慶《潮陽縣誌》載：「按潮州舊志載，唐儀鳳間崖山賊陷潮陽，命閩帥陳元光討之。元光伐木通道，大小百餘戰，俘馘萬計，嶺表以平。後潮人以其有功於潮，立廟於州城，名曰威惠，今廢。」（卷一《建置沿革記》）

清乾隆《潮州府志》載：「唐陳元光，揭陽人。父政，以武功隸廣州揚威

府……儀鳳二年，崖山劇賊陳謙陷潮陽，潮州刺史常懷德命光討之。」（卷二九《人物·武功》）

上述三則記載大同小異，所記內容侷限於陳元光在廣東地區（以潮州為主）的活動。其中，明隆慶之《潮陽縣誌》所載內容時間為最早，隆慶為明穆宗的年號，時間為公元1567-1573年。雖然成書年代略晚於成書於嘉靖年間的《廣東通志》，然是書明確說明其資料來源於「潮州舊志」，既稱「舊志」，則成書年代應當是早得多的。這三則資料都明確記載陳元光於唐高宗儀鳳間（676-679年）入潮攻打「崖山劇賊」陳謙（《潮州府志》更明確到「儀鳳二年」），也就是說，在陳元光代其父為將的初始，即投入平定潮州之亂的戰事中，永隆二年（681年）又再次率眾入潮，擊降「潮州盜」。這兩次戰爭打得十分慘烈，敵方攻城略地，連岡州、潮陽均陷入敵方手中，以致「閩粵驚擾」，並驚動了朝廷。陳元光在潮作戰時間長，戰爭規模也是比較大的，居然達到「大小百餘戰，俘馘萬計」的程度，從而平息了這兩場比較大的戰亂。也是為了平定潮州的動亂，陳元光付出了慘重的代價。景雲二年（711年），潮州「蠻獠」復起，潛抵岳山，陳元光輕騎迎戰，援兵後至，為蠻將藍奉高所傷而卒，時年55歲。從上述資料中我們看到，陳元光在代領父眾之後的30多年間，其作戰場所主要轉移到了潮州一帶。

許多研究這段歷史的學者往往感到迷惑不解的是，陳元光既然身為「閩帥」，何以不務正業而將大量精力花費在平定潮、泉一帶的戰亂，這主要是對當時的區域劃分情況不夠瞭解而產生的疑惑。漳潮為閩粵交界，今分屬兩省，但在唐代初年，在陳政、陳元光入閩的那個時期，它們卻是緊密相連在一起的，同受閩州都督府管轄，屬江南道。其間雖曾一度劃歸嶺南道，但時間極短，直至大曆六年（771年），廢福建節度使，才將潮州劃歸嶺南道，從此漳潮分屬兩省。而在漳州建州之前，潮州和泉州以蒲葵關（今盤陀嶺）為界，今雲霄縣境屬古代的綏安縣地，隸屬潮州，因此，陳政、陳元光入閩後，駐守在綏安地，也可說就成了潮州人了，他是一位軍事首領，潮州當時又是「蠻獠」的主要據點，因此，在穩定了泉州南部地區後，傾其全力對付盤踞於潮州的「蠻獠」主力也就在情理之中了。

陳元光長期在潮經營，因而，後來《廣東通志》、《潮州府志》及多個縣的縣誌均將陳政、陳元光的事跡載入，這是很自然的。據載，陳元光去世之後，潮州人也十分懷念他，並在多處立廟祭祀，雖經歷代戰亂（尤以宋元之際、清代遷界以及「文革」中的浩劫為甚），毀壞甚多，但在潮汕地區、惠州地區均仍保存有祭祀陳元光及其部將的廟宇，如饒平縣的聖王祠和南澳島的聖王廟宇。有的廟宇雖毀，但遺蹟仍存，如潮州西湖葫蘆山，保留有一面南宋嘉定（1212年）壬申紀年的《重修威惠廟題記》的摩崖石刻。這些狀況，均充分反映了陳元光在潮、惠等地民眾中的影響與對其歷史功績的肯定與緬懷。潮汕學者貝聞喜先生在其撰寫的《潮汕歷史文化的主要開拓者陳元光》一文中認為：

　　陳元光是唐高宗時的名將，政治家和詩人。他自15歲（公元671年）來潮至56歲，比常袞來潮（780年）早109年，比韓愈（819年）早148年。他留居潮州、漳州共41年（未成立漳州前即在潮州住了15年之久），比常袞、韓愈治潮時間長得多。陳元光身經百戰，平定潮州畬漢紛爭之亂，促進民族團結，安定社會秩序，發展潮州經濟，傳播中原文化，舉家世代立籍於潮州，最後為保護潮州犧牲了自己的生命，這一功績永世不能磨滅。因此我認為陳元光是潮汕歷史文化的主要開拓者，是值得我們學習、追念和永誌不忘的。（《陳元光國際學術討論會論文集》，第33頁，廈門大學出版社，1993年版）

　　這一評價，應當說是比較公允的。

三

　　本文側重說明的是陳政、陳元光父子率領中原民眾入閩後，不僅在開漳治漳方面作出重要貢獻，而且在傳播中原先進文化、促進民族團結與加快泉潮經濟社會發展方面均大有建樹，其活動的中心區，從今福建莆仙以南直至廣東的潮汕、惠州，西至龍岩、漳平。這一大片區域，從唐代起，便成為閩南文化的核心區，這絕不是偶然的。作為泉潮地區重要軍事統帥，陳元光即使在任漳州刺史後，其

軍事上的部署也是跨越了泉潮兩地，史料載：陳元光建漳後，「立行臺於四境：一在泉之遊仙鄉松州堡，上游直抵苦草鎮；一在漳之安仁鄉南詔堡，下游直抵揭陽；一在常樂里佛潭橋，直抵沙澳大母山；一在新安里大峰山，回入清寧里廬溪堡，上游直抵太平鎮。或參佐戍守，或時躬行巡察。由是東距泉建，西距潮廣，南接島嶼，北抵虔撫，方數千里威望凜然，數十年間無桴鼓之警，號稱治平。」（《開漳史參考資料》第81頁，雲霄縣人大常委會編）這裡所列的行臺之四境，雖以漳州為主，但其抵達之處，則或在泉州，或在潮州，當可幫助我們瞭解當時的一些軍事部署的情狀。因此，説唐初中原移民入閩，奠定閩南文化的基礎，同時也形成了閩南文化的核心區，應該是不錯的。當然，一種文化的形成，應當有一個過程，我們以為，初唐中原移民入閩後，帶來中原的先進文化，在閩粵間傳播並推廣，而後歷經一二百年的時間，逐漸融合吸收了當地的閩越文化，終於在唐中後期形成了獨具特色的閩南文化。而這一期間的一百五十年間，正是陳氏家族五代治漳的重要時期，他們對於閩南文化的形成功不可沒。

　　自明末清初以後，大陸人民大批前往臺灣開發寶島，其中尤以閩南人與客家人為多。據統計，今臺灣之漢人中，閩南人即達80%強，有1800萬之多，其數量已超過今閩南的廈漳泉三地人數之總和，從而成為閩南人最大的聚居區。閩南人民在遷臺過程中，也將他們對開漳聖王的崇拜帶到臺灣，尤其是在漳人聚居區，處處可見供奉開漳聖王的廟宇。然而我在一篇文章中卻看到一種怪現象，即漳泉粵三地民眾赴臺後各自帶去自己的保護神，漳籍為開漳聖王，泉籍為廣澤尊王，粵籍為三山國王。清代是不同地區民眾械鬥的頻繁發生期，械鬥中，泉籍或粵籍民眾「以攻占開漳聖王廟宇，奪走開漳聖王神像為最大之光榮」，其甚者則將所奪走之神像加以侮辱。（吳云山《試論臺灣的開漳聖王信仰》，載《閩臺文化交流》2007年第2期）這就不能不令人感到吃驚了。當然，後代民眾對閩南文化的形成史瞭解不多，是造成這種現象的根源。且這種現象也是數百年前發生的事情了。

　　陳元光在對泉潮地區的開發中，著力提倡民族和睦的理念，他的對「蠻獠」作戰，系當時情勢下的不得已之舉，他認為治理的方法，「其本則在創州縣，其要則在興庠序。蓋倫理謹則風俗自爾漸孚，治法彰則民習自知感激」，他希望形

成一種「秦越百家,愈無罅隙;畿荒一德,更有何殊」的和諧團結、同心同德、共創家園的和平安定的局面,這種理念,也反映了中華文化中幾千年來一直提倡的「和為貴」的精神,因此,在新的形勢下,它仍然具有其普世的價值,值得我們認真汲取與提倡。

（本文作者許晶為漳州師範學院《閩臺文化交流》常務副主編、副研究員）

唐朝開漳別駕許天正對開發漳州的貢獻[323]

許進良

一、名將之後,不辱使命

許天正（649-718年）,字允心,號雲峰,唐豫州汝陽（今河南汝南）人。許天正的先祖是河南許氏一世祖許商。據漳州詔安縣許氏宗譜許氏源流考略載:許氏為神農炎帝之後,堯太獄伯夷之胤。伯夷佐堯舜有大功,賜姓四姜。周武王封其裔孫文叔公姜姓於許,食采高陽,子孫以國為氏。迨至漢代,許商與許據（漢大司農）乃先後分南北支。北方為唐敬宗後裔所傳;南支則始自商公。許商初居高陽,後攜子許綱遷居汝南平輿。傳至六世許靖,事漢靈帝,官至尚書,到七世許選叔,為武衛將軍。從八世到十六世,世襲其職。十七世許治,任隋代司徒主簿。十八世許克華,唐初授義勇朗宣威將軍。許克華之子,十九世許陶攜子許天正,隨陳政、陳元光父子入閩。

隋朝末年,許天正的祖父許克華痛恨隋煬帝禍國殃民,義憤填膺,在河南汜水（今襄城縣東北）聚眾起兵。後歸順李世民,協助固始人陳犢（字克耕）攻下臨汾（今屬山西）等郡縣,立下戰功,被唐太宗授為京兆（今西安）別駕[324]（刺史的佐副）,封宣威將軍。許克華死後,由子許陶襲爵。陳犢死後,也

由其子陳政繼任左中郎將，封歸德將軍。許陶是陳政的副使，不久與陳政皆戰歿。許天正輔佐陳之光置建漳州，任漳州第一任別駕，官至泉漳團練使兼翊府記室，卒後追贈殿前太尉，襲宣威將軍。

二、「以儒飭吏，以勇練士」

許天正年幼受家庭熏陶，自己又勤奮好學，興趣廣泛，六藝經傳（《詩》《書》《禮》《藝》《樂》《春秋》）皆通習之。對軍事更是喜好，精研孫吳兵法和歷代的戰略戰術。664年，15歲的許天正博學能文，已經考中「明經」[325]授職為東宮「紀善」。也許受祖父輩戎馬生涯的影響，加上自己對軍事情有獨鍾。許天正投筆從戎，隨父在陳政軍中任祕書。

隋朝時期，龍溪縣（今福建漳浦）社會秩序混亂，漢族居民多次請求朝廷派兵鎮守。唐初的龍溪縣，雖然管轄著今漳州市的廣大地域，但在境內，仍居住著一些被稱為「蠻獠」的少數民族。他們以狩獵為生，經常對漢族進行劫掠，因此，和漢族的衝突不斷，社會很不安定。朝廷派到閩南的軍隊，只能駐守在柳營江，「阻江為險，插柳為營」。總章二年（669年），唐高宗派戍衛翊府左郎將歸德將軍陳政，率府兵3600名入閩，鎮守泉州，討伐寇亂。許天正父子隨軍入閩，儀鳳二年（677年），陳政病死，由兒子陳元光襲爵。許天正父親許陶戰死，許天正繼襲父職任陳元光的玉玲衛副將。陳元光見許天正既精通經史又懂軍事，即令其參與軍中要事，許天正則「以儒飭吏，以勇練士」，輔助陳元光籌劃軍務。

當時，惠陽、潮州、撫州及虔南等地寇亂不斷。許天正受陳元光之托，即刻做好出征平亂的一切準備。他「言簡慮精」，說話少，想得深刻；領導軍隊，「令不二出」，凡下令只說一次，威風凜凜，各位將領無不聽命。首先，許天正選拔各隊頭領，採取公開選拔的擂臺賽，誰武功第一，誰當頭領，這樣，選出來的頭領個個武藝超群，勇武異常，而且士兵佩服。其次，解除士兵後顧之憂，因

入閩作戰的士兵大都是從河南汝陽隨陳元光而來的，遠離家人。俗話說，「人非草木，孰能無情」，但凡家中有牽掛者，許天正一一都做了精心安排，解除士兵上戰場的後顧之憂，此舉大大振奮了士氣，提高了軍隊的戰鬥力，同時，許天正愛護士兵，和士兵同甘共苦，士兵都對他感恩，願為他效死。所以，許天正所統率的軍隊所向克捷。先後平定惠陽、潮州、撫州及虔南等地的寇亂，建置36寨堡，屯軍墾田，教化異族。許天正勝利歸來後，升為朝列大夫兼嶺南團練副使。

此時，粵東的漢族人陳謙糾結少數民族，於永隆二年（681年）起兵作亂，攻陷潮陽（今屬廣東）。陳元光再次派許天正進軍討伐。得勝回師後，陳元光賦《平潮寇》詩讚美許天正，詩中「參將許天正，是用紀幫勛」，可謂高度讚揚了許天正平寇鎮邊的功勛。

許天正升為朝列大夫兼嶺南團練副使。上任伊始，許天正採取的措施之一，是在用軍事先後平定的惠陽、潮州、撫州及虔南等地，分別置設三十六寨堡，其所統軍隊，屯軍墾田，亦軍、亦農、亦民，不忘軍事訓練的同時，也開發當地農田建設，不僅大大增加軍隊所需糧食，而且也減緩了當地農民的徭稅負擔。措施之二，是在三十六寨堡中人相對比較密集，或寨堡之間相對較近的地方設墟，每個墟有規定的墟日，如逢農曆一、五、十為墟日等，這樣，一方面有利於寨堡的經濟發展，互通有無。同時，各寨堡之間及本寨堡少數民族及漢族，透過貿易接觸，誠信經營，增進他們之間的瞭解、信任和友誼。當時，著名的有程溪墟、龍溪墟（即漳浦墟）、盤陀墟等等，許天正採取的措施之三，是允許少數民族和漢族通婚。當時，少數民族由於生活閉塞，又無文化，一些生活方式不為人所接受，被稱為「蠻獠」。兩者老死不相往來，更甭提談婚論嫁。但少數民族女青年那種單純、心地善良，吃苦耐勞的品質，也為漢族男青年所仰慕，更何況，少數民族與漢族通婚更是穩定邊境促進民族間和諧、安居樂業的民間行為。此舉不僅得到陳元光的極力讚賞，也得到朝廷的大力支持，唐高宗還嘉獎了許天正。

三、齊民以刑，不若以禮

三十六寨堡的設立，墟日的貿易，漢族與少數民族的通婚以及軍隊屯軍墾田，僅三年時間，地方即安定。但是，許天正又著手考慮制定一項地方法令來規範人們的日常行為，使「獎罰有據」。他認為「法貴簡單，使人易曉」。這樣容易理解，容易掌握。如果法律條條太多，對同樣的案情解釋不一，處罰可輕可重，就會有人鑽空子，做壞事。有時，一字可使人生，一字可置人死。所以，法律要規定得十分明確。所謂「網密則水無大魚，法密則國無全民」，即網密了，水裡大魚小魚都被打上來；法太嚴了，老百姓動不動就犯罪，沒有一個不犯法的好人了。許天正根據當地風俗民情及實際情況，制定符合三十六寨堡的法律。而且，透過普遍宣傳，百姓瞭解法律規定，就可以少犯錯誤，少犯法了。

中國人重視禮。禮是等級和秩序的規範，是武力和利罰的補充。有時禮的作用被強調，它的作用是不可替代的。禮在穩定社會秩序，改善風俗上甚至比法律和行政命令還管用。所以孔子説：「齊民以刑，不若以禮」。許天正本是飽學儒學之人，更加重視禮儀的教化作用，他集中了一批人才，以及地方中「高潔博雅之士」參加編修禮書。制定各項禮儀，比如祭天、地、日、月、社稷、先農、先蠶、各種星辰等，這些禮儀中，也包括官員百姓的衣服、居室、車馬以及婚喪嫁娶應該遵循的禮儀。透過禮義教化，三十六寨堡的少數民族越來越懂得文明處事，忠孝禮儀廉恥，民風日臻淳樸。達到「歸化服維新」和「苗民悉循紀」。

四、開辦學堂，傳播文化

經過幾年的平亂鎮定之後，這片原屬「百粵」的那種桀驁不馴、不歸王化的「蠻獠」已漸漸服從管轄，但要確保一個地方能長治之安，除了有個穩定的政權機構外，「其要在興庠序。蓋倫理講則風俗自漸孚，治法彰則民心自知畏服」。因此，對漳州這種「職方久廢，學校不興」的長久統治，必須創建一個行政管理機構，並創辦學校。許天正開始把創辦學校培養士子提上議事日程。唐中宗景龍二年（708年），在漳州浦南的松洲，創辦了松洲書院，這是全國最早的以書院

命名的學校,也是閩南地區第一所學校,許天正親自在書院講學,閩南地區第一個進士陳□(陳元光之子)就是許天正的學生。松洲書院招收學生40人。松洲書院的創辦,使漳州學子從此邁上封建科舉考試的道路,整個唐代,漳州有10多人金榜題名,光宗耀祖。

五、為人謙遜,恪守本職

唐永隆二年(681年),許天正奉陳元光之命進軍討伐起兵作亂的陳謙,得勝回師後,陳元光賦《平潮寇》詩讚美許天正,詩中有「參將許天正,是用紀幫勳」之句,許天正當即和詩一首:「抱磴從天上,驅車返嶺東。氣昂無醜虜,策妙離群雄。飛絮隨風散,餘氛向日熔。長戈收白甲,聚騎破千重。落劍帷戎首,游繩系脅從。四野無堅壁,群生赤化熔。龍湖(朔)膏澤下,早晚遍枯窮。」採訪使裴崔看到這首詩,稱讚他用詞優美,與宰相張說欲推薦他執掌國史館,許天正上表極力辭謝說:「父歿南荒,愁□懷抱,子趨上國,疏遠慈顏。惟肅玉玲軍紀之嚴,少酬金門厚養之德,躓苟文階,恐貽鯤曠」。措詞誠懇,表達了他的孝義之心。裴崔和解說看到他如此懷父、事母、戀軍,更加器重他,又不便勉強他到朝廷任職,便請高宗任命他為宣武將軍兼統府博學之事。

平潮獲勝後,許天正又協助陳元光規劃政務,上表朝廷在泉州西南地區分別設置漳州和漳浦縣,以便加強對閩南的治理。武則天垂拱二年(686年),朝廷批準建置漳州,陳元光兼任刺史,許天正任別駕。

陳元光居祖母喪,結廬於半徑山,守孝三年,事務全部託付於許天正,許天正在代理政事期間,招撫流亡,恢復生產,發展經濟,墾荒、鑿渠,植桑種穀。發展漳州農業、手工業和商貿業,把中原地區先進的農業技術透過58姓軍校,傳播到漳州等地。

垂拱四年(688年)四月,武則天詔敕漳州別駕、宣威將軍許天正領泉(州),潮(州)團練使兼翊府記室。景云二年(711年),陳元光在討寇平亂

中殉職，許天正接任漳州刺史之職，後以年老請求辭職，由陳　繼任。開元五年（717年），許天正在漳州去世，終年70歲，贈殿前太尉，葬於漳州香洲馬蘭橋（漳州浦南鎮詩朋村南），並建祠祭祀。

宋紹興二十年（1150年），追論前功，加封他為翊忠照應侯。

（本文作者許進良為中共漳州市委黨校講師）

客家人的光榮客家人的光榮——臺灣抗日英雄羅福星烈士

羅秋昭

記得我在十幾歲時，母親就告訴我，我們羅家的堂號是「豫章堂」。當我讀書知道「豫」是河南的簡稱，我就好奇地想，難道我是從河南遷到臺灣的嗎？

後來在羅香林先生的《客家源流考》一書上，我才知道客族從「五胡亂華」以後，曾有過幾次大遷徙。我的祖先真是從河南到江西，到湖南再到廣東的蕉嶺縣。

兩岸開放以後，我回到家鄉蕉嶺，看到羅家祖譜上記載著：第一世開基祖是「開獻公」，羅氏宗祠稱為「豫章堂」，堂前有副對聯：「龜山衣鉢，湘水家聲」，這副對聯也透露著，我們與河南、湖南的關係是很密切的。在祖譜上，我是從開獻公算起第二十一世，也就是說，我的祖先大約在公元1350年以前，慢慢從北方南遷到廣東。

羅家在鎮平縣（今蕉嶺縣）大地村落戶以後，保持著客家人「忠孝傳家，耕讀立業」的精神。在有限的記載裡，第十五世維揚公，曾當過清朝奉政大夫，過去家中大廳裡，還有朝廷頒賜的「奉政第」匾額，但是子孫不肖，這種榮耀早已成了傳說而已。

維揚公晚年隱居山區，除了勤儉持家，就是課子自娛。維揚公有七個兒子，老大小名超秀，接著依順序是超二、超三、超四……其中超六公本名是羅耀南。

他是一位傳奇人物，不但改變羅家的命運，還培養了一位偉大的革命家——羅福星烈士。

耀南公秉性聰慧，在父親維揚公的管教下，通識經史子集，維揚公希望他能參加鄉試，將來好到朝裡做官，無奈耀南公志不在官場，一心只想「過番」出洋，看看外面的世界。後來他真是跟著鄰居輾轉到了印度尼西亞，落腳在印度尼西亞巴達維亞（今雅加達），因為這裡從蕉嶺出來的人多，而當時印度尼西亞是荷蘭殖民地，荷蘭在這裡開發，可以看得到新興的氣象。

開始，耀南公只是幫著華僑打雜，後來憑著膽識和見識，認識一位荷蘭籍的工程師，他就轉行當了修築鐵路的工人。耀南公既有才氣又肯苦幹，不久升任領班。幾年以後，諳熟了建築鐵路工程，又學會了印度尼西亞話和荷蘭話，於是開始承包各種相關工程，錢財就像是水源一樣，源源不絕進入羅家。

超六公在印度尼西亞賺了錢，娶了二房潘氏，生了運長，於是衣錦還鄉，在「奉政第」旁建了「壽康樓」，當時這可是大地村最豪華的建築。壽康樓的門聯是：「壽祉呈祥弘桑梓，康強逢吉紹箕裘」。取其既壽且康，以象徵家道日昌，福壽康強的意思。

超六公的兒子運長跟著父親在廣東和印度尼西亞兩邊跑，後來與當地女人生了福星、祿星雙胞胎。福星、祿星成了超六公的愛孫，像是懷裡的兩塊寶玉。超六公為讓愛孫可以受到好的教育，於是在他們1歲時帶回蕉嶺，過繼給長房經邦，成了耀南公的長孫。福星、祿星5歲啟蒙。除了老師的教誨，還有維揚公在旁督促，教兩個重孫讀書，還唱和詩詞，福星公深厚的國學造詣，就是這樣打下來的基礎。

1895年福星、祿星剛滿10歲，不久，祿星得了怪病，竟然一病不起。超六公擔心福星因為失去兄弟而傷心，於是又把他帶回僑居地印度尼西亞巴城。這一年正是中日馬關條約簽字的那一年，清廷承認朝鮮獨立，割讓遼東半島、臺灣、澎湖，並賠款二萬萬兩。福星還不知道世事，但中國的恥辱已發生在他的身邊。

在巴城，福星進入中華學校繼續他的教育，同時也學習荷文。我們知道華僑大都是身在外鄉、心繫祖國的愛國人士，超六公有錢、好客，又有見識，家中自

然是坐無虛客,大家討論的,除了做生意賺錢,就是清朝廷為什麼如此之顢頇無能。福星公就是在這樣的環境下,從小耳濡目染,認識世界的廣大,培養了民主觀念,這種可貴的經驗,影響了他未來的命運。

羅福星烈士18歲(1903年)隨祖父耀南公到臺灣,當時耀南公是到臺灣勘查鐵路工程,他們居住在苗栗一堡牛欄湖莊。福星公旋即進入苗栗公學,在公學裡的同學,後來成為他抗日革命的好夥伴。

羅福星烈士20歲那年,孫中山先生在東京成立「中國同盟會」。22歲時,福星公從臺灣返回家鄉廣東蕉嶺,路經廈門加入中國同盟會,正式以行動參與國民革命的事業。

羅福星回到蕉嶺大地村,先在大地中學教體育,他受西方民主思潮影響,又受中國文化薰陶,深知只有強種才能強國,中華民族不能活在賠款割土的恥辱裡。於是自創「從軍樂」歌曲,一面跑步一面唱歌,訓練子弟愛國、強身的方法。

從軍樂,樂如何?細柳營中歡樂多,救民保種,中華兒女志氣宏。

從軍樂,樂如何?齊聚一堂笑哈哈,心結同盟,弔民伐罪建奇功。

從軍樂,樂如何?捷報傳來奏凱歌,奮勇殺敵,炎黃子孫是英雄。

1909年,羅福星因鄉親丘逢甲先生拔擢,到爪哇、緬甸、新加坡辦理僑教,並且宣傳革命。

1911年元月廣州起義,他參與廣州起義,倖免於難。同年辛亥起義,他由印度尼西亞率民軍抵廣州,旋赴上海,入蘇州。由於辛亥革命成功,民軍就在當地解散了。在蘇州,他譜出一段浪漫的戀情。

1912年,他回到蕉嶺,11月接劉士明函,相約到臺灣舉事。於是12月21日與同志11人由臺北大稻埕登陸,開始臺灣抗日的革命事業。

他以孫先生為革命舵手,效法孫先生宣傳革命、號召同志的途徑。他有一首「中華民國孫逸仙救」的嵌名詩,足以知道,他到臺灣從事革命事業,就是依著

孫先生的藍本來的。

祝我民國詞

中土如斯更富強，華封共祝著邊疆；

民情四海皆兄弟，國本苞桑氣運昌；

孫真國手著先唐，逸樂豐采久既彰；

仙客早貽靈妙藥，救我千病一身當。

他到臺灣首先以宣傳革命，建立民族主義，喚起民主意識為主要活動。其實臺灣早從1895年開始，就不曾停止過抗日的武裝革命，但是未能成功，都是源於缺乏組織，只是靠著零星的抗日活動，怎能對付整個日本帝國呢？於是羅福星把抗日活動變成全民責任，他不但整合臺灣已有的抗日團體，更與中國大陸相結合。是以他一方面喚起全民的愛國意識，一方面有計劃地與福建總督聯繫，希望結合大陸革命成功的力量，一舉推翻日本在臺的殖民政權。

所以，他先舉起民族大旗，宣傳民族意識，號召抗日的革命同志。他留下4000多字的革命宣言，以喚起臺灣同胞的民族意識，細數日本對臺灣同胞的苛虐，及對生番（臺灣少數民族）的濫殺為主；同時說明同是殖民地的安南、印度尼西亞都沒有像臺灣同胞一樣所受的痛苦，更以「我華民居留南洋群島者，十年以前即有開化之志，辨君臣之本分，知亡國之恥辱，並悉鄰國之苛政。諸君豈不見被俄國滅亡之猶太國，不出二十年，即至種族見滅，文字被廢乎？而猶太國之人口四百餘萬，面積東西六十二英里，南北百二十六英里，人口之多實為我臺灣之二倍以上，為世界開化國，而今則為俄國視為犬馬！又諸君豈不見琉球亡國之悲慘？我臺灣人民猶不省悟，恐將遭猶太人、琉球人之境遇矣。臺灣亡於日本，於茲十有九年；今人民所蒙之害，譬之身體，不過剝其皮膚；四五年後即削其骨肉；八年後必至吸其骨髓矣！」

當時臺灣同胞正受到國民革命成功的鼓舞，又受到世界民主思潮的影響，加上羅烈士是有計劃的革命，希望與閩總督合擊，一舉驅逐日本在臺勢力。是以一時風起雲湧，入社抗日的同志日益增多。當時入社同志不只是在苗栗燃燒革命火

焰，在臺北的黃光樞、臺中的林季商、東勢的賴來等人，也都號召了相當多的敢死隊，所以抗日活動一時成為燎原之火，大家奔走相告，希望早日光復臺灣。

依日本檔案留下的資料，被捕的有3000人左右，被判刑的志士有姓名、籍貫、職業、年齡詳細記錄的有420多名。在籍貫上，祖籍廣東的占67.5%，福建的有30.8%。在年齡上，34歲以下的占72.6%，39歲以下者占80%以上。在職業上，士8.3%，農42.2%，工15.5%，商13.1%，勞14.8%，可以說遍及各階層，其中還不乏教師、保甲、律師等。這些革命志士，都是不願屈服在異族統治下的臺灣同胞，都是為找回臺灣人尊嚴而願意奮鬥的勇士，他們的精神給日本當局極大的震撼。

1913年6月，羅福星曾兩次被人密告密謀革命，所幸都被化解了。到了同年9月苗栗大湖鄉的日本派出所槍枝失竊、天后宮同志開會被查獲、賴來在東勢發動革命等事件，引起日本臺灣總督府的關切，於是大舉搜索，把有嫌疑的人士都抓進監牢裡，用嚴刑逼供。

羅福星在日本警察嚴密監督、大肆搜捕下，得到同志的掩護，輾轉到達淡水，當時他與同志周齊仔密謀回大陸，以便將來東山再起。沒想到就在12月18日夜裡，在李稻穗家被小笠原支廳長所率的10名警員所圍捕。

羅福星被捕後，日本臺灣總督府在苗栗成立臨時法庭，三次審判，羅公都被判絞刑。當時被判死刑者，除了羅福星還有黃光樞、江亮能、傅清鳳、黃員敬、謝德香。其餘有200多人被判刑期長短不等的徒刑。當時由於臨時法庭設在苗栗，而且參與革命的苗栗客家人最多，所以整個事件被稱為「苗栗事件」。這個事件震驚日本政府，引起國際的關切，所以日本當時即改變對華政策，1915年日本新派臺灣第六任總督安東美貞，即將高壓統治改為懷柔政策。

羅福星到臺驅逐韃虜，反抗暴政，抱持的精神就是：「革命是不怕死的事業」，所以他豪氣地對同志說：「殺有如風吹帽，敢在世上逞英雄」。他在獄中，曾對獄吏說：「古語云：『人一世，花一春』大丈夫不為名，徒憧憬於濁世，何益之有。我生於憂患，死於安樂，以笑迎死耳。我若不被處死，有何面目對九泉下之同志。」最後於1914年3月3日泰然走上絞刑臺。臨刑時留下兩句

話：「不死於家鄉，永為子孫紀念；而死於臺灣，永為臺民紀念耳。」

1945年臺灣光復之後，苗栗縣熱心人士，將烈士靈骨從臺北帶回苗栗，並在苗栗大湖鄉由徐金福先生捐出土地，由當地善心人士捐款，興建昭忠塔，安厝烈士遺骸。塔前有一座廟宇式的「昭忠祠」，紅瓦飛檐，古色古香。該塔和祠於1952年6月27日落成，塔高七層，最下一層奉厝烈士骨灰。祠內主廳供奉羅福星烈士神位，左側為鄭成功神位，右邊為土地公神位。大廳兩旁陳列了名人的對聯，如陳誠先生的：「血海怒濤翻青史至今傳偉烈，崇祠寒日落黃樵終古薦明神」。於右任先生的：「抱壯心為革命先聲戮力十年當日黃窠戰績，以熱血作吾民紀念昭忠一塔自今苗栗有光輝」。閻錫山的：「日月可爭光，塗地不辭肝腦碎；江山終告復，在天應有笑顏開」。這些文詞懇切，字跡秀麗的對聯，都刻在竹片上懸掛於大廳中。

今年是福星公殉國95週年，臺灣同胞永遠紀念這位為臺灣而犧牲的烈士。今年紀念大會，馬英九不但親自主持，還頒贈「義範昭垂」橫匾作為紀念。羅烈士愛臺灣愛國家的精神，感召了許多有識之士，例如家居苗栗大湖的吳瑞棟將軍就是認識羅烈士以後，決定從軍的；敢於向不公不義抗爭的藍博洲先生就是以「羅福星乘願再來」的精神，為客家人爭取權益。羅烈士是從廣東到臺灣抗日革命的，他不但是臺灣的英雄，也是兩岸共同的英雄。

（本文作者羅秋昭為世界客屬總會理事、教授）

「臺灣第一才子」呂赫若的家史與悲劇

呂芳雄

據說，呂姓起源於炎帝神農氏十五代孫姜伯夷公，為虞舜四岳官長有功封為呂侯，遂以國名為姓，嗣後其苗裔有單獨姓姜，有單獨姓呂，亦有姜呂兼姓者，太公世謂姜尚呂望；史記：呂尚字子牙，有韜略雄才，避世於東海渭濱，文王往聘，吾太公望子久矣，故叫太公望，武王尊師尚父，輔佐武王伐紂救民。

呂姓雖然歷史悠久，但不是大姓，人口數不多，姓氏排名約在30名左右。

清嘉慶年間，吾家先祖呂知，由廣東省潮州府饒平縣車頭鄉里移居到臺灣省桃園龍潭鄉；呂知於是是我的家族的遷臺始祖。

我的曾祖父呂成德因龍潭謀生不易、生活困苦，帶領三位弟弟離鄉背井，一路打零工到臺中縣潭子鄉定居。曾祖父勤奮賣力地工作、刻苦耐勞，在有點積蓄之後，在莊內逐年購買田地，又從事糧食買賣，財產日漸增加，終於累積了為數可觀的財富。為了達成自己的心願，開始興建一幢閩南式三合院住宅；遺憾的是，新居尚未落成，曾祖父卻告別人間。房屋落成後，祖父呂坤霖依照曾祖父的願望，取名「建成堂」。

1914年8月，父親呂赫若（原名呂石堆）誕生於臺中縣潭子鄉栗林村「建成堂」，是25歲的祖父的第三位子女。在那個年代，「建成堂」已是地方上具有名望的大戶人家，也是「建成堂」興盛的時期。

父親於9歲時進入潭子公學校就讀，成績優異，並開始接觸文學。14歲時，父親以第一名畢業於潭子公學校。15歲時，父親進入臺中師範學校就讀；在學校期間，除跟隨地方秀才學習漢文，並由日籍老師磯江先生啟蒙現代文學；18歲時，開始嘗試創作。父親的音樂成績優異，五年級時曾在校表演鋼琴獨奏。

父親於21歲師範學校畢業後，與母親林雪絨結婚。婚後，分發到新竹峨眉公學校教書。其間，於日本《文學評論》發表短篇小說《牛車》，一舉成名；筆名赫若，意謂希望成為赫赫有名的年輕人。1935年4月，轉調南投營盤公學校。1938年，轉任家鄉潭子公學校。1940年3月，教滿公學校義務教職6年，27歲的父親辭去教職，獨自一人到日本學習聲樂，進入「下八川圭佑」聲樂研究所，其後又進入「東京寶冢劇團」演劇部，主要工作是合唱團合唱、學習歌舞劇，並隨團在東京「日比各劇場」、「日本劇場」、「東寶劇場」等地演出。

1942年5月，父親因身體不適，患有肺疾，退出「東京寶塚劇團」，返回臺灣。回臺後，同年七月加入《臺灣文學》雜誌，擔任編輯，並擔任「臺灣文藝家協會」小說部理事，又連續發表《廟庭》、《風水》、《鄰居》、《月夜》等文品，並為「臺灣演劇協會」撰寫大眾劇本《結婚圖》、廣播劇《林投姐》由臺北

放送局播放。又進入臺北「興行統制會社」編輯部，做有關戲劇方面的工作，並參加「雙葉會」劇團，演出《阿里山》；又參加「厚生演劇研究會」。

1943年11月，以短篇小說《財子壽》獲得第一回「臺灣文學獎」。

1944年3月，小說集《清秋》由臺北清水書局出版，收錄有《鄰居》、《財子壽》、《合家平安》、《廟庭》、《月夜》、《清秋》、《石榴》等七篇，是當時臺灣文學界唯一出版的小說集。

1945年8月，日本無條件投降，結束了51年的臺灣殖民地統治，臺灣光復、回歸中國，全臺灣省的省民歡欣鼓舞、熱烈慶祝。父親也和全省的省民一樣，十分興奮；他參加「三民主義青年團」，擔任中央直屬臺灣區團臺中分團籌備處股長。然而，在臺灣省民還陶醉在光復後的歡樂氣氛中時，接收政府卻處處顯示出無能腐敗，各地物價上漲，民眾生活逐漸困苦，大家也開始認清國民黨政府醜陋的面目。

1946年1月，父親擔任《人民導報》記者。6月，《人民導報》編輯部在國民黨的壓力下改組，父親與社長王添燈等人退出《人民導報》，繼而參加「臺灣文化協會」舉行的第一回文學委員會座談會及第一回音樂委員會座談會，隨後又受聘文化協進會為音樂演奏會籌備委員，同時與左派前輩蘇新、王白淵等人在臺北創辦週刊《自由報》，並由王添燈先生擔任社長。12月，臺灣文化協會召開音樂比賽大會籌備會，父親獲聘為聲樂專門委員。

1947年1月，父親以座長身分主持《新新》雜誌主辦的「未婚女性座談會」。又出席「臺灣文化協進會」召開的音樂比賽大會第一次籌備會。2月，他的第四篇，也是最後一篇中文小說《冬夜》刊載於《臺灣文化》。

2月28日，「二二八事件」爆發，全省各地發生動亂。本來對國民黨政府還抱有期許的父親，眼看國民黨政府施政無能、政治敗壞，心中充滿失望，繼而產生不滿。

1948年，父親擔任《光明報》主編，這時父親對政府施政的不滿已是溢於言表，並經常與一些社運人士來往，終而投入中共在臺地下黨的組織工作，不再

寫作、不再發表作品。

　　1949年5月,「臺灣省保安司令部」發布全省戒嚴令,全省籠罩在一片恐怖的氣氛中。父親已受到有關當局密切注意,處境危險。父親對自己的處境相當清楚,開始四處逃亡。「保安司令部」成立「呂赫若案」並加以追緝。

　　不久之後,母親接到「保安司令部」通知:「呂赫若案」已經結束,父親也已經在臺北縣石碇山區被毒蛇咬死了。

(本文作者呂芳雄為臺灣抗日親屬協進會理事)

不辱客家先祖的臺灣佳冬蕭家

蕭開平

　　據《姓氏考略》載:「蕭氏,殷舊姓也,望出蘭陵、廣陵。」另據《蕭氏族譜》載:「蕭氏之派,本殷微子之後,微子二十一世孫,有禹叔大心者,以漕師平南宮長萬之公,封於蕭國,列為附庸,遂以邑為姓。」又曰:「蕭氏肇自微子……,及至宋朝,因紅巾賊作亂(即宋末農民起義),焚掠鄉村,舉族奔竄逃生,莫之所以,惟理公、琦公史弟攜譜以存宗祀,始居滬灘千秋,繼移江右泰和(江西境內),復潛寧化葛藤凹……琦父子遷移撫州臨川,梅軒公徙居松源(梅縣)都焉。後裔分居平遠、興寧、大埔等縣。」

　　臺灣六堆蕭家的開基祖是松源梅軒公。

　　1768年,清乾隆五十一年,松源十九世蕭達梅,由廣東梅縣遷臺;是為屏東佳冬蕭家的遷臺祖。

　　松源二十世蕭清華,襄助李洸將軍撫番,開拓恆春、車城和枋山等地,並娶臺南迴族人楊氏,從此奠定蕭家在臺基業。

　　蕭光明(二十一世)生於臺南府,及長,在臺南開設「蕭協興」商號,經營

米穀生意，獲利甚豐，因而有「府城外甥」之美譽。又因結交總兵劉永福，光緒皇帝曾賜軍功五品。

一、佳冬蕭家古厝

佳冬鄉現址，最早原為平埔族筑藤社故址。明鄭時期，有筑藤港為船舶既碇之所，康熙年間開始有客家人移居。康熙六十年（1721年）朱一貴戰事，屏東客家莊為了自衛，組織義軍；戰後更將各處客莊劃分為前、後、左、右、中及先鋒等「六堆」，並成立地方自治組織，互為守望相助。佳冬屬於六堆中的「左堆」，是典型的防禦性聚落，擁有柵門、城牆、刺竹林等防衛設施，現有西柵門已列為三級古蹟。

蕭家祖籍中國廣東梅縣，自蕭達梅渡海到臺，至今近200年。最初落腳於臺南，後又遷至打狗（今高雄）、鳳山一帶，最後定居佳冬鄉。最初以釀酒為業，持客家人刻苦精神，逐漸累積財富，併購置大批田產。其後人蕭光明更以「蕭協興號」名稱在東港、佳冬一帶經營貿易活動，並利用當地盛產之筑藤樹皮可染色的天然資源，從事染布生意，又建碾米廠，經商有成，遂買地建大宅院。蕭家祖屋請唐山師傅來營建，大部分採用中國大陸建材，自咸豐十年（1860年）開始，陸續興建，歷經三代才完成，目前規模集建築技術、藝術美學、客家文化精華之重要文化資產。蕭屋占地4000多平方米，為五堂六院大屋，采雙回字形，建構一完整封閉的圍攏屋，在整個平面安排上借由外圍連貫的左右橫屋與第一堂門堂、第五堂共同圍成包屋圍攏屋，顯示客家民居所強調的內聚性與防禦功能。目前也已訂為三級古蹟。

二、1895年抗日步月樓之戰

光緒二十一年（1895年），大清帝國和日本簽訂馬關條約，正式將臺灣割讓給日本。5月29日，日軍登陸澳底；10月21日，占領臺南城。

　　10月11日早上，日本乃木希典將軍帶領第二軍團18000人，從屏東枋寮登陸，並在當天以其精銳之第四聯隊第三中隊向北進逼六根莊（今佳冬、六根兩村），正式開啟了攻臺的最後一戰。左堆（今佳冬、新埤）總理蕭光明率眾抵抗，後退守至蕭家書房「步月樓」，堅決抵抗。激戰期間，步月樓遭回祿之災，焚燬了許多蕭家儲存於此的重要文件、藏書與寶物。目前，步月樓上仍可以看到當年抗日戰爭所留下之彈孔，見證當時戰況之悽慘激烈，蕭家祖先領導客家義軍抗日的歷史，以及佳冬在當時防禦的重要功能。

　　步月樓激戰之後，日軍最終以15死57傷的代價，攻下了佳冬城。蕭光明次子蕭升祥和三子蕭月祥，不幸壯烈犧牲。蕭升祥年僅30出頭，留下寡妻幼子二人。當場戰死的佳冬居民有上百人之多。蕭光明先是與左堆副理張阿庚隱匿新埤張家水涵內一個月之久，然後再由孫兒蕭信棟等人陪同，潛往廣東原鄉梅縣避難。

三、蕭家子弟投入中國的抗戰行列

　　1937年中國的全面抗戰爆發之後，蕭家子弟蕭道應又秉持先祖遺志，投入祖國的抗戰行列。

　　蕭道應出生於1916年。小時候，他便從祖母林氏口中得知祖父蕭升祥因抗日而壯烈犧牲的事跡，耳濡目染之下，因而具有強烈的中華民族情懷及抗日愛國意識。在日本帝國主義殖民統治下的臺灣，他力爭上游，考入臺北帝國大學（今臺大）醫學部第一屆醫科。彼時，中國的全面抗戰已經爆發，他的反日思想更趨強烈。大三時，他和有志的同學跟隨一位說一口流利漢語的年輕小姐黃素貞學習祖國語言。黃素貞是臺灣人的養女，因養父母在福州經商而在那裡接受教育，抗戰後被遣回臺灣。黃素貞的教學生動活潑，除了一般教學以外，還教唱當時中國

的抗戰愛國歌曲，例如著名的《義勇軍進行曲》，深受學生歡迎；幾位受教的學生，不時高唱那首雄壯的歌：「起來，不願做奴隸的人們，把我們的血肉築成我們新的長城，中華民族到了最危險的時候，每個人被迫發出最後的吼聲！」

蕭道應激昂澎湃的抗日情緒因而一天天地高昂起來，也因此萌發了想要回到祖國參加抗戰的念頭。

1940年春天，蕭道應以優異成績畢業後，攜同已經成為妻子的黃素貞，與就讀明治大學的鍾和鳴（後改名鍾浩東）及其妻蔣碧玉、表弟李南鋒等五人，先後自臺灣潛赴大陸，尋找祖國的抗日組織。他們從香港進入廣東惠陽，遭到國民黨軍隊以「日軍間諜」之嫌逮捕，後經丘逢甲之子丘念台出面援救而暫免於死，並參加了丘念台領導的敵後游擊抗日的「東區服務隊」，擔任隨隊醫生。

1945年，抗日勝利後，蕭道應夫婦在廣州的「臺籍官兵集訓總隊」擔任教官，然後帶領約1600名原臺籍日本兵安全返回臺灣，完成抗日戰爭臺灣光復後的最後任務。

返臺後，蕭道應擔任臺大醫學院法醫學科主任，也加入了中共在臺灣的地下黨組織，在山區流亡多年後，夫妻兩人於1953年「白色恐怖」期間被捕。出獄後，他仍致力於臺灣法醫發展工作。

蕭家自蕭達梅遷臺後的歷代子孫，始終以身為中華民族華夏子孫為榮，不辱客家先祖。

（本文作者蕭開平為臺灣抗日親屬協進會理事、教授）

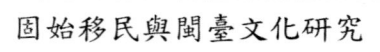

第三編　閩臺姓氏固始尋根研究

論固始尋根

張新斌

　　在中國古代的大規模移民活動中，北方移民的中心為「山西洪桐大槐樹」，南方移民的中心為「福建寧化石壁」。如今，這兩處移民集散地，不僅在學術上得到認可，也已開發成為萬眾矚目的尋根旅遊勝地。但是，在東南移民中有著永遠的「中原情結」，他們對中原的印象便是「光州固始」。

一、譜志中反映的根在固始的移民

　　王姓，《晉江鳳頭王氏族譜》（乾隆始修本）載：今晉江城東鎮鳳嶼村王氏以唐末王審知為入閩始祖，明洪武十年（1377年）第二十二世王賓和始遷居鳳裡。《晉邑金安王氏二房三派西春公派族譜》載：今晉江金井鎮西坡王氏，始祖王一齊兄弟在宋治平年間（1064-1067年）自光州固始南來，暫寓福海庵。《金甌王氏五柱敦項公派家譜》載：今晉江東石鎮金甌（山前）王氏，出於五代泉州刺史王延彬之後，推武肅王王審知為入閩始祖。《嶢陽開閩王氏族譜》載：今安溪西坪鎮西部的嶢陽，為當地大姓，其先祖上溯唐末入閩的王潮、王審知。始祖王佛生，為防倭事於明永樂元年（1403年）與弟王興祖由長樂遷居安溪崇信里屯種，「四傳」後王毅庵遷居嶢陽。《臺灣通志‧氏族篇》收錄的臺北縣板橋鎮

243

《王氏族譜》云：「三十四世曄為光州定城令，因家於固始，曄曾孫曰恁，三子曰審潮、審邽、審知，兄弟有檢，王緒闢為軍正，以副前鋒提兵入汀、漳，遂有閩、泉之地，而審邽之曾孫曰曄，又分居泉之西南隅船方巷。」

陳姓，《高陽、樂陶陳氏族譜》載：今德化縣潯中鎮陳氏均來自河南固始，宋元由晉江遷居同安，明正統甲子（1440年）陳質來、陳順德由同安衍居德化並在高陽和樂陶播遷、發展。《鰲城陳氏大宗族譜》載：今石獅永寧村（鰲城）開基祖陳成庵源出河南光州固始縣穎川派下。陳城庵，為宋代禮部侍郎，受命鎮守永寧衛，遂攜眷在此定居，已達二十餘世。《溜江陳氏族譜》載：今晉江金井鎮溜江，俗稱溜澳，其陳氏始祖上溯河南光州固始，其名諱莫能稽考，宋元由莆田遷晉江，遂有溜江陳氏。《太平康陳氏公譜》載：今晉江東石鎮平坑村陳氏始祖陳九郎，為光州固始人，其後裔於元至元年間（1271-1294年）遷居安海門頭（文頭）、平坑，遂有平坑陳氏。《楊濱鄉康松陳譜》載：今南安碼頭鎮新湯、康安兩村陳氏，系永嘉元年（307年）由固始入閩，始祖為陳潤。其後裔陳振元於明初由漳州而寓居於湯濱。《浯陽陳氏族譜》序云：「太始祖諱政公，原系汝寧府光州固始縣籍也，股肱唐室，歷建弘猷，因賜姓曰唐將軍，是朝總章二年（669年）奉敕駐閩，迨厥子孫元光、　公，累襲祖職，復進駐於漳城，其豐功偉烈，卓越今古，嘖嘖載入口碑焉。」另據《臺灣通志‧氏族篇》：「留居河南之陳姓，隨王潮入閩者，為數似亦不少。本省《陳氏大宗譜》有收錄。《福清陳氏宗譜》王風州序云：唐僖宗光啟二年，祖從王潮入閩，而家福清之南陽村，三傳徙長樂之江田，又徙古田縣。」

劉姓，《塘濱劉氏九耀公派族譜》載：今晉江英林鎮的塘濱劉氏，為彭城派，先祖劉存及姪劉昌，於唐末自光州率部入閩，開基福州鳳崗一帶，後又分居長樂、福清，其裔孫於宋末元初由福清徙居晉江塔頭，歷經十世後又分居塘濱。《泉南蘆川劉氏族譜》載：今南安羅溪（古稱蘆溪）劉氏先祖為唐尚書劉文靜，於唐末入閩，徙居武榮（南安），其後裔劉恆於宋代為侯林鄉開基祖，傳至侯（劉）二郎為蘆川派之祖。《劉林劉氏族譜》載：今南安碼頭鎮劉林劉氏之祖為唐代尚書劉文靜，遭讒而子孫逃入光州固始，後易姓為侯，於唐末入閩，後再徙居武榮（南安），宋代劉恆開基劉林，為劉林侯姓之祖，至民國方易侯為劉氏。

《劉氏大宗世譜》載：「始祖劉諱錡，字信叔，號重珍，先是河南汝寧光州固始人也。唐天祐開平間……避地入閩，居建安，又居莆陽，數傳而生皇祖諱極。」另在《宋太學生致政劉公妣太孺人合葬壙志》中，也記其先祖劉顯齋為河南汝寧光州固始人，後梁時為威武軍節度使，其二子劉崇安、劉建安居閩，劉建安之後為劉極，劉極子為劉錡，其後遷居泉州。

黃姓，《東石檗谷黃氏族譜》載：今晉江東石鎮黃氏，與湖頭（玉湖）、永坑合稱為「東石三鄉黃」，共奉黃龍為基祖。據載，黃龍祖父黃岸之先人系於唐末由光州固始避亂居閩。《虎丘義山黃氏世譜》云，今祖州黃氏先祖為黃霸及黃敦、黃膺父子，唐末自光州固始隨王審知入閩，初居清流梓潭村，後居閩清梅溪場蓋平里鳳棲山。《閩杭黃氏宗譜》載：今閩西及粵東黃氏始祖為黃峭，其先祖由江夏遷河南光州固始，復遷福建邵武坪西，以後在閩西、粵東一帶繁衍。又據明代黃鳳翥《金墩黃氏族譜序》所言：「晉永嘉中，中州板蕩，衣冠入閩，而我黃遷自光州之固始，居於侯官。」《黃氏族譜》載：「其先四十三世南陸，居河南光州固始……七十三世志，由和平遷福建邵武……八十八世肅，子四，分居福州、江西、南劍。」《臺灣通志·氏族篇》引臺灣《黃氏族譜》謂：「其先四十三世南陸居河南光州固始。」臺北縣深坑鄉《黃氏族譜》云：「世居光州固始。至晉，中州板蕩，南遷入閩，始祖黃元方仕晉。」

李姓，《晉邑圳山李氏族譜》載：今晉江金井鎮石州（圳山）李氏先祖李晦翁，初居碭山，後因中原變故，而僑居光州固始。唐末偕子李樂泉避兵福建，其後裔於元末由福州徙泉州，據圳山西卜居。《芙蓉李氏族譜》云：今南安梅山鎮芙蓉李氏，先祖為光州固始人，於五代初從王潮入閩，其子孫因家於武榮（南安）芙蓉鄉。《嶺兜李氏族譜》亦云：今南安金淘鎮李氏遠祖系固始人，隨王潮入閩，其後裔肇居梅山芙蓉，傳至李仰宗時遷居嶺兜。《臺灣通志·氏族篇》引《臺北縣李氏族譜》謂：「先祖光州固始人，唐末隨王潮入閩。」

鄭姓，《永春鵬翔鄭氏族譜》載：今永春城關東門桃李村鄭氏，其始祖鄭可遠因中原戰亂於唐末隨王潮入閩，統戍桃林場（今永春縣），後肇居姜蓮龜山坪上，傳至四世鄭戀為宋真宗潮陽軍都巡檢使，告老後卜居今縣城東門一帶，因地

在大鵬山之陽，又取原祖居「坪上」之諧音，故稱「鵬翔鄭氏」。《三修永春夾漈村鄭氏族譜》載：今永春仙夾鄉夾漈村鄭氏，為鄭樵之後裔，其譜所載鄭氏入閩時間較早，但鄭樵為《滎陽鄭氏家譜》作序時亦講到，鄭氏先祖自固始入閩者不在少數。另據《臺灣通志‧氏族篇》引臺灣馬巷《鄭氏族譜序》謂：「唐垂拱間，陳將軍趨閩，鄭姓遂星布閩、粵。」因此，鄭姓分三次來閩，與固始也有一定的關係。

周姓，《桃源前溪周氏族譜》載：今永春桃城鎮桃溪村周氏先祖於唐末隨王潮、王審知由河南光州入閩，始居莆田。九世孫由莆田遷永秦蓋福，明初由蓋福遷前溪之象山。《銘山周氏族譜》載：今德化（銘山）赤水鎮銘愛村周氏先祖周梅林，於唐中和三年（883年）自固始從王潮入閩，先後居於仙豀（仙遊）之東鄉、延平郡之周田（今大田）。南宋時，周少九由大田移居赤水埔之銘山。

許姓，《湖頭虞都許氏家譜》載：今安溪湖頭鎮郭埔（虞都）許氏先祖許侍御為光州固始人，唐末奉旨入閩，鎮守漳州詔安，後又遷晉江石龜村，傳至許景玉遷至南安詩山鎮錢塘，景玉次子許振奴移居虞都。《漳州府志》有閩臺許氏奉為始祖的許天正的傳記：「許天正，河南光州固始人，陳元光首將也。從元光入閩，元光有所申請，必討論而後行。」許天正的後裔不少是客家人，並散居於閩、粵、臺各省。

方姓，雲霄《雲陽方氏族牒》稱方氏：「祖子生，系河南光州固始人，自唐高宗垂拱二年（686年）隨陳將軍政與其子元光下征南閩，僑居漳州。」該譜《晚唐六桂》云：「方廷範，祖籍河南固始，唐昭宗大順二年（891年）辛亥科進士，官上柱國金紫光祿大夫，歷宰閩之長溪、古田、長樂三邑，所在有惠政，百姓歸心，頌稱為『長官』。因當時中原割據，故定居莆田刺桐巷，遂名為方巷。廷範有六子，俱從河南登第，時稱『六桂聯芳』。」《崇正同人系譜》卷二載：「唐時有方姓昆弟六人，均賜進士，是以有六桂堂之名。其父母平黃巢有功，受賞殊勳，後由河南遷於閩之莆田。」另據《臺灣通志‧氏族篇》引《惠州淡水西湖方氏族譜重修序》謂：「莆田之祖，乃……廷範府君，唐季王審知據閩中，府君六子皆仕於王……人稱六桂。」

曾姓，《武城曾氏重修族譜》載：今德化潯中鎮曾姓，以「武城」為郡望，唐末從王潮入閩。《武城曾氏宗譜》收錄的韓琦《清源曾氏宗譜序》云：「唐僖宗光啟間，王潮由光州固始趨閩，中原士民避難者皆徙以從，曾氏亦隨遷福、漳之間，子孫因居焉。」《臺灣通志·氏族篇》引晉江《曾氏族譜》有錄《清源曾氏族譜序》亦講到，曾姓隨「王潮由光州固始入閩」，「隨遷於漳、泉、福、興之間，晉江之曾，始祖延世，為光州刺史也」。曾姓為曾參的後代，素有「天下一曾無二曾」的說法，上述記載應具有代表性。

　　吳姓，《古東吳氏通族譜》載：今石獅寶蓋鎮坑東村吳氏先祖由光州固始入閩後，卜居於興化平海衛。宋元時，吳十七遷居坑東村。《詩山古宅吳氏族譜》載：今南安詩山古宅嶺兜吳氏先祖，唐僖宗時隨王審知由光州固始入閩，宋代吳定居今泉州鯉城浮橋鎮一帶（古武榮黃龍江），稱「黃龍吳氏」。明初吳大冶遷居南安古宅，遂稱「古宅吳氏」。《崇正同人系譜》卷二記：吳氏「世居渤海，散處中州，其後隨王潮入閩，由閩而入於粵之潮、嘉等處。」《臺灣通志·氏族篇》引本省《吳氏族譜》中《祭公家傳》謂：「其祖有吳祭者，固始縣青雲鄉鐵井兜人，唐僖宗中和四年，兄弟一行二十餘人，住福州侯官縣，王審知據八閩之地，乃避地福、泉之間，遂為閩人。」

　　謝姓，《魁斗謝氏族譜》載：今永春坑仔口鎮魁斗謝氏先祖，唐末隨王潮入閩，始居莆仙，後遷安溪、永春，由留坡居魁斗。《清溪謝氏宗譜》卷首之《謝家分派源流考》云：「吾謝為著姓……世居河南光州固始縣……蓋宣伯遠裔有十六郎者，後唐時任藩長史，時乾符之亂，至乾寧四年（897年），從王審知入閩，為黃連鎮之將，生子篁，篁生彥彬，世襲鎮將。」《臺灣通志·氏族篇》引《清溪永安謝氏族譜》謂：「祖為光州固始人，從王審知入閩，始遷泉州之安溪縣永安東皋居焉。」

　　尤姓（沈姓），《蓬萊尤氏族譜》載：今永春達埔蓬萊村尤氏，源出自沈氏，沉思禮為河南光州固始人，隨王審知入閩，升為駙馬都尉，因避王審知之「審」、「沈」之諱，改姓尤，定居於武榮金田，後遷永春，明初尤瓊由永春的逢壺魁源而居達埔蓬萊。

施姓，《潯海承德堂施氏家譜》載：今石獅永寧鎮前埔村施氏之祖施柄，由河南光州固始播遷清高樓，其後施菊逸遷居晉江南潯（今衙口村），清初分居各處。《錢江長房派石廈厝後分施氏家譜》載：今晉江龍湖鎮石廈村施氏，俗稱「前港施」，始祖施典於唐末避亂入閩，屢經周折，後擇石錢江而居，故以「錢江」為堂號，數世傳至施寬惠開基石廈。《永南施氏宗譜》載：今南安施氏，其先祖在唐末自光州固始入閩，先居潯海（今晉江龍湖衙口），後遷居永南。《臺灣通志·氏族篇》引《漳州府志》云：「隨陳元光開漳，有施光纘者，官府內校尉。」本省《施氏合譜》亦云：唐之中葉，始由河南光州固始縣遷徙入閩。有祕書承公者，宅居於泉州錢江鄉。

余姓，《詩山前山余氏族譜》載：今南安詩山鎮前山村余氏，其先祖余黃敦本居光州固始，唐末五代時遷居南劍新安，後擇武榮之北而家焉，其地號稱余山，元時其後裔居詩山。建陽《余氏宗譜》稱：「有青公者……由河南固始而宰建陽……是為入閩鼻祖也。」《臺灣通志·氏族篇》據《漳州府志》云：「陳元光開漳，已有固始余氏，隨之入閩。」

顏姓，《顏氏續修宗譜》載：今永春達埔鎮中村的「蓬萊顏氏」，先祖顏泊於唐時由固始入閩，居德化顧傑泗濱，又徙居今永春達埔。《桃源東山顏氏族譜》載：今永春東平鎮東山村一帶顏氏，其先祖顏芳，號散先，由河南入閩，居德化泗濱，傳至顏漈，遷居永春清白里。《臺灣通志·氏族篇》據《漳州府志》載：陳元光入閩之後，已有顏氏從之入閩。

呂姓，《杰山呂氏族譜》載：今永春蓬壺鎮杰山呂氏，先祖於唐末隨王潮入閩，先後遷居泉州、南安、永春等地。臺灣的呂氏族譜中也記明閩臺呂氏始祖為呂占，唐肅宗宰相呂堙之後，世居光州固始，唐末徙居福建泉州府晉江縣相公巷，後改居曾埭之草安。

龔姓，《沙堤蓬萊龔氏家譜》載：今石獅永寧鎮沙堤村龔氏因王潮自固始入閩，遂卜居於龔山。《西偏西房龔氏家乘》載：今石獅永寧鎮西偏村龔氏始祖龔十三，自光州固始首居晉江之龔山，以後分居沙堤、南塘、西偏等村。

柯姓，《坵城柯氏族譜》載：今安溪蓬萊鎮蓬溪村柯氏先祖，唐末由光州固

始入閩，世居泉州元妙觀西水溝巷，元代時柯萬山移居圳城，尊其父柯守順為始祖。《鰲岱柯氏族譜》載：今晉江英林鎮埭邊村柯氏先祖柯延，於唐末由河南光州固始從王審知入閩而居南塘，以後又移居柯倉、鰲岱等地。《臺灣通志·氏族篇》引《柯蔡氏族譜》有《南塘派序》云：「唐僖宗光啟二年，祖自河南光州固始，從王審知入閩。」

蔡姓（辛姓），《蔡氏族譜》載：今晉江青陽鎮普照村蔡氏為蔡襄之後，其先世於唐末由河南入閩，初居興化莆田，宋末居晉江青陽冷井水，後又居普照。劉大治《濟陽淵源考略》在談及柯、蔡、辛聯宗時，也提到柯、蔡先祖自固始入閩，初居福州下大路風陳張鄞鄉。其兄弟三人，長兄姓辛，號青陽堂，住惠安、漳州等地。次為柯姓，號瑞鵲堂，住晉江、永春等地。三為蔡姓，號濟陽堂，分枝莆田、漳、泉等地。另據臺北縣新莊鎮《鴻儒蔡氏族譜》謂：「為叔度之後，先世居光州固始，唐武后垂拱二年，從陳元光入閩，乃居漳浦之綠溪縣。」

彭姓，《虹山彭氏族譜》載：今泉州市鯉城區虹山鄉彭氏，又稱「山頂彭」，先祖於唐僖宗廣明元年（880年），由河南光州固始縣遷閩之泉州，復遷城西之南安。宋初移居鯉城虹山，虹山開基祖為彭根。

宋姓，《儒林宋氏族譜》載：今永春五里街宋氏，為唐右宰相宋璟的後裔。宋璟之孫宋易，宋易之孫宋駢為福建觀察判官，宋易隨其孫自河南光州固始入閩，居莆田，為入閩始祖。元時宋瑄由莆田遷永春。《臺灣通志·氏族篇》引中壢《宋氏族譜》載：《莆田縣世系考》謂：始祖唐丞相環，字持正，河南光州人。

潘姓，《桃源潘氏族譜》載：今永春西達埔、蓬壺一帶的潘氏，其先祖於唐初隨陳元光由河南光州入閩，定居於漳州，元時潘銀湖由漳州遷居永春，為入永始祖。《臺灣通志·氏族篇》載：今臺北縣三芝、石門二鄉潘姓均謂，先世居光州固始，嗣遷福建漳州詔安五都，遷移年代，已不可考。

康姓，《桃源鳳山康氏族譜》載：今永春玉斗鎮桃源鳳山康氏，其先祖於唐末由河南光州固始入閩，先居興化，後遷安溪感化里。明中期康孟聰遷居永春，為入永始祖。

蘇姓，《雙翰蘇氏族譜》載：今德化縣春美鄉、大銘鄉等地分布的蘇氏，先祖蘇益以都統職隨王潮入閩，宋初蘇奉禮肇居於德化石城，其族人出洋者達200餘人。《仙源蘇氏源流考》：「許國公三子六世孫益，為隰州刺史，隨王潮入閩，居泉州同安。」《臺灣通志·氏族篇》引《蘇氏族譜·蘇益自序》：「晚生益，唐衰世亂……隨王潮入閩。」基隆市《蘇周連氏同宗起源略錄》云：「至威為隋朝納言尚書，因數諫煬帝不從，被貶為光州刺史，後即旋回河南固始縣林德鄉，生五子……續傳數世，凡三百餘年。至唐末世亂，益公以嫡子孫繼承武職，同王潮入閩。」

賴姓，《侯卿賴氏族譜》載：今德化縣上湧鄉賴氏之始祖賴開國，光州固始人，唐僖宗中和三年（882年）隨王審知入閩，拜為福州節度使轉琅琊王，居侯官（今福州）孝悌鄉感化里。宋末賴十一人居德化縣下湧錢塘，其地名為「賴厝國」，其長子賴五一得侯卿之地，遂為侯卿之祖。

盧姓，《沙美盧氏族譜》載：今石獅永寧鎮沙美村盧氏，源出河北范陽。唐末盧天祿隨王審知自河南光州固始縣入閩，先定居於西北山區，後逐漸向東南遷徙，後裔散居於永定、平和、清流等地。盧子仁、盧子明為沙美肇基始祖。《臺灣通志·氏族篇》引《漳州府志》有錄：「固始人盧如今隨陳元光開漳，子孫散處龍溪之墨場及長泰等地。是盧氏唐初即已入閩矣。」

戴姓，《詩山戴氏族譜》載：今南安碼頭鎮大庭村一帶，地處高蓋山麓，此山又稱詩山，故有「詩山戴氏」之稱。其始祖於唐僖宗光啟元年（885年）隨王審知入閩，擇詩山之錦坂（今大庭村）而居，遂有「詩山戴氏」。《臺灣通志·氏族篇》引《漳州府志》云：「唐初有陳元光將佐戴君胄父子，隨之入閩開漳，似為戴姓入閩之始。」

莊姓，《桃源莊氏族譜》載：今惠安縣山腰安氏，其始祖莊森自光州固始入閩，居永春縣桃源里蓬萊山，其後裔遍布晉江、惠安、同安、莆田、安溪等地。臺灣《青陽莊氏族譜》載：「唐光啟間，始祖森公，王潮之甥也，偕入閩，擇居於永春桃園里美政鄉，地名蓬萊。」

根據《臺灣通志·氏族篇》記載，楊、郭、葉、何、沈、塗、董、洪、張、

侯、林、廖、蕭、羅、高、詹、魏、孫、曹、傅、蔣、姚、唐、石、湯、歐、鄒、丁、韓、錢、柳等姓氏，均有先祖來自光州固始之源。因此，以上有約60個姓氏根在固始，他們入閩的時間大多集中在唐初和唐末。

二、中原南遷移民潮中的「光州固始」

1.對東南地區最有影響的三次中原士民南遷

歷史上中原士民向東南地區大規模遷徙的高潮共有三次。

一是西晉末年的移民潮。如乾隆《福州通志》卷七五《外紀》一引路振《九國志》云：「永嘉二年，中州板蕩，衣冠始入閩者八族，林、黃、陳、鄭、詹、邱、何、胡是也。」「八族入閩」的傳說，在《莆田攬巷文峰陳氏族譜》、《莆田九牧林氏譜》、《莆田南湖鄭氏譜》、《參山二房黃氏族譜》等譜書中有所反映。在《福建府志》、《建歐縣誌》中，也有相關的記載，但在正史與考古資料中，還沒有得到印證。我們認為，「八姓入閩」的傳說，與中原士民在西晉末年南遷的史實相吻合，他們雖然不可能如族譜所說均為「衣冠大族」，但其移民的時間與福建設置「晉安郡」的時間相吻合，因此也預示著中原先進文化開發福建的開始。關於八姓在中原的籍貫，雖然也有客家人林氏所載「聚族於河南光州」，但總的來說，這次移民潮，固始的符號作用並不明顯。

二是唐代早期的移民。唐高宗總章二年（669年）在閩、粵之交的區域發生了「獠蠻嘯聚」，時任玉鈐衛左郎將的陳政，受朝廷之命以嶺南行軍總管的身分率府兵3600人，及副將123人入閩平叛。陳政所部一度曾陷入困境之中，陳政二兄陳敏、陳敷率58姓軍校前來增援。在征戰途中陳敏、陳敷病死，陳政之子陳元光率軍南下與父會合。陳政病逝後，陳元光代父職任嶺南行軍總管，平叛後並任新設的漳州刺史。他與大部分軍校落籍閩南，建設和開發漳州地區，被譽為「開漳聖王」。陳政、陳元光父子的事跡，雖不見於正史，但在《重纂福建通志》、《廣東通志》、《潁川開漳族譜》、《漳州府志》以及陳、楊、郭、何、

蕭、羅、魏、孫、曹、蔣、姚、唐、石、湯、歐、丁、錢、柳、鄭、沈、施、余、顏、蔡、盧、戴等姓譜書中，均有類似的記載，說明這次移民對於福建的開發尤其是對漳州的開發具有重要的意義。

三是唐代末年的移民潮。唐代末年，天下大亂，人口遷移的幅度極大。而五代十國中的「閩國」，應該是在中國歷史上得以公認的在今福建建立的有一定實力的地方政權之一。閩國的建立者多為中原人，可以說在這個偏安一隅的地方政權的庇護下，這裡不僅保持了數十年的安定和發展，更是因為這是一次前所未有的中原先進文化對東南地區的全面洗禮，也為後來東南文化的崛起打下了堅實的基礎。

2.王氏閩國與東南文化中的「固始」情結

關於王審知及王氏籍貫，不僅在《重纂福建通志》卷八八《五代封爵》及許多志譜上有明確記載，《新五代史》卷六八《閩世家·王審知傳》也明確記載王氏為光州固始縣人。根據《文物》雜誌1991年第5期，福建省博物館等公布的《唐末五代王審知夫婦合葬墓清理簡報》可知，在福州北郊蓮花峰南麓王審知夫婦陵墓的清理過程中，發現有王審知夫婦的墓誌，其中《大唐故扶天匡國、翊佐功臣、威武軍節度、觀察處置三司發運等使、開府儀同三司、守太師兼中書令、福州大都督府長史、食邑一萬五千戶、食實封一千戶閩王墓誌並序》云：「閩王諱審知，字信通，姓王氏，其先琅琊人也……曾祖諱友則，漢丞相安國郡陵三十四代孫，贈尚書左僕射……僕射貞元中守定城宰，善政及物，去任之日，遺愛遮道，因家於光州，故世為固始縣人。」因此，王氏居家固始，並在那裡居住了相當長一段時間。

隨同王潮、王審知入閩的軍校，涉及數十個姓氏，前述可知，他們均已表明為「光州固始」人。《資治通鑑》卷二五四記載，中和元年（881年）有屠者王緒組織了一支農民軍，攻占了光、壽二州，當地民眾廣泛參加。王緒後任光州刺史。《新五代史》記載，光州固始縣的王氏三兄弟，亦參加了王緒的隊伍，也就是說，王緒部屬構成應為壽、光二州籍人，尤應以光州為多。史載可知，王緒率軍南下時胸無大志，王潮等取而代之，並在以後收復了福建的五州之地。王潮死

後，王審知被唐末政權任命為威武軍節度使、福建觀察使，並被後梁封為閩王，在任時間達29年之久。他採取了保境息民的政策，發展了海運事業，並對福建的建制進行了調整。添設了六縣三鎮二州，對福州城進行了整治與拓展，因而使福建的經濟和社會的發展達到了前所未有的水平。

王審知遠在他鄉統治一方，其依靠的主要力量，仍是與他一同南下的鄉里故友，因此有更多的「光州固始」籍軍校升任高官，在當時的歷史條件下應該是十分正常的，由此形成了共同的「固始」情結。宋代史學家鄭樵在《滎陽鄭氏家譜序》中指出：「今閩人稱祖者，皆曰光州固始。實由王緒舉光、壽二州，以附秦宗權。王潮兄弟以固始之眾從之。後緒與宗權有隙，遂拔二州之眾入閩。王審知因其眾以定閩中，以桑梓故，猶固始。故閩人至今言氏譜者，皆云固始。」

從中原士民對東南地區的三次遷移浪潮中，我們不難看出，在唐代的二次遷移中由於主導者陳氏、王氏均為「光州固始」人，因此而形成了閩人的特有的固始現象。東南地區對中原「光州固始」的根的認同，雖然有著除功利色彩以外更多的社會、政治等複雜因素，從歷史學的角度考察或許有必要廓清，但實際卻反映了中原移民對中原文化的眷戀，我們認為族譜中尤其是唐代二次移民，甚至影響到早期移民對中原的模糊認識，從而強化了他們對中原之根的認識。毫無疑問，「固始」從某種意義上講正是「中原」的化身。

3.唐代的固始：豫閩兩地永遠的印痕

第一，陳氏的影響，豫閩兩地的文獻和遺蹟。

陳政、陳元光在福建有較大影響。如《泉州府志》卷三六「壇廟寺觀」部分，南安縣有「威武陳王廟，祀唐豹韜衛大將軍元光，宋建炎四年賜額『威惠』。唐左郎將、歸德將軍……貞元二年，徙州治龍溪，敕葬於州北高陂山」。《泉州府志》卷三七「古蹟」部分有：惠安縣「唐歸德將軍，陳政故里，在縣北。政，光州固始人也。從太宗征戰有功，拜左郎將，歸德將軍。總章二年，泉潮蠻獠嘯亂，居民苦之，高宗敕政統嶺南行軍總管事，鎮撫其地。」另在《臺灣通志·氏族篇》專引《漳州府志》云：「陳政，光州固始人，唐高宗總章二年，泉、潮間，蠻獠嘯亂，朝廷以政統嶺南軍事，偏裨一百三十二員從焉，鎮綏安

（今漳浦）。政兄敏，嗣鎮五十八姓入閩相助。旋政卒，子元光領其眾，勘定蠻亂，奉命世鎮漳州，遂屯師不旋，墾土招徠，方數千里，無烽火之警，號稱樂土。世謂：漳州開闢，自此為始，亦為陳姓入閩之始也。」由此可知，陳政、陳元光不僅在福建有影響，在臺灣也極受尊崇。

陳政、陳元光在光州固始，亦為家鄉人們所懷念。光緒《光州志》卷之五《忠義列傳》中有：「陳元光，字廷炬，弋陽人，生於顯慶二年二月十六日……總章己巳年甫十三，領光州鄉薦第一，遂從其父政將兵五十八姓以戍閩。父薨，代領其眾，任王余衛翊左郎將。宋孝宗時加封為靈著應昭烈廣濟王，命有司春秋祀之。其系本於胡公滿後，子孫以國為姓，遂易媯為陳。漢建武間有祖名孟璉者，為固始侯，薨葬於浮光山之麓，子孫因而留家焉。元光三十六世孫華來為光州守，表揚其德，士民為立廣濟王祠於學宮之左。」《光州志》卷之二《忠義祠》云：「陳元光，唐贈中毅高惠廣濟王。」光州陳氏，在《光州志》中還有記載，如卷之六《宦跡列傳》中有「陳泳，子章甫。」「陳泳，字正雅，舊為光州人，因祖元光戍閩有功，世守漳州刺史，遂為閩人……復補光州司馬，尋加本州團練使。又章甫，字尚冠，建中初舉明經。貞元四年，除廬州司理，尋遷西南督府。率軍十九年，轉光州司馬，代父本州團練。元和三年，轉京兆司田，兼領度支郎中，以父病乞終光州左拾遺……元和十二年泳卒，章甫扶柩歸葬於漳。敬宗初復補光州司馬加團練使，輔國左將軍，士民愛之如慈母。」在該志卷之八《仕賢列傳》中，有唐代「陳酆，字有苞，先世弋陽人，因祖元光戍閩有功，世守漳州，遂為閩人。父 舉明經及第，授翰林承旨。 生酆，德性溫恭，幼耽經史。天寶六年，舉秀才，授辰州寧遠令。在京見李林甫、楊國忠柄國，無意仕進，訪弋陽舊第，川原壯麗，再新而居之數年。安祿山亂，漳州民詣福建觀察使訴乞遵先胡舊制，令陳酆領州軍事，以拯民生朝，是其請陳酆至漳建學延師，鋤強救災，一如其祖守漳時」。

從以上情況可知，固始陳氏，歷史悠久，其後人陳泳、陳章甫還在光州任司馬。其後人陳酆曾專程回老家「訪弋陽舊第」，並進行翻新後，「居之數年」。宋代以後，其後人陳華來任光州太守，奉旨「立廣濟王祠於學宮之左」。據調查，在今固始縣陳集鄉陳集村，有大量陳氏後裔，他們與陳政、陳元光同宗同

祖。清嘉慶年間重修有「將軍祠」，至今還保存有大殿5間，硬山灰瓦頂的廂房建築14間。

第二，王氏影響，豫閩兩地的文獻和遺蹟。

王潮、王審邽、王審知兄弟三人，在福建有更大的影響。如《泉州府志》卷之三十九「名宦」部分，有「王潮，字信臣，光州固始人。五代祖曄為固始令，民愛其仁，留之，因家焉。世以貲顯。潮兄弟三人，長即潮，次審知、審邽。」在該志卷之三十七「古蹟」部分，惠安縣有「節度使王審邽墓，在城東鳳山，徐寅撰神道碑。」「節度使王潮宅在盤龍山下，後改為寂光寺」。在《泉州府志》中，也可以看到唐末移民的痕跡。如卷之五十六「武跡」部分有「劉日新，光州固始人，仕唐為金紫光祿大夫，乾符中黃巢寇閩，日新領兵追至炯場」。「宋武跡」中有「蘇光誨，父益，乾符中隰州刺史，自光州固始隨王潮入閩」。卷之六十一「唐樂善」部分有「黃守恭，先光州固始人，移居泉州，樂善好施，人稱長者」。

王氏兄弟的事跡，也見於河南志書的記載。如乾隆《重修固始縣誌》卷一五「大事表」中記載，唐中和元年「八月壽州人王緒作亂，陷固始」。另有小字註釋：「《文獻通考》：王潮，光州固始人，初為縣吏。壽州人王緒攻陷固始以潮為軍校，緒為秦宗權所攻，率眾南奔，自南唐入汀陷漳浦。緒性忌多殺，潮與其前鋒將執，緒殺之，推潮為主。」另在該志卷二二「人物第二十五」「世家」中，也有「王潮，字信臣，光州固始人，五代祖曄為固始令，民愛其仁，留之，因家焉⋯⋯」「王審知，字信通，光州固始人。父恁，世為農，兄潮為縣吏，唐末群盜起，壽州人王緒攻陷固始，緒聞潮兄弟材勇，召置軍中，以潮為軍校。」該志卷一九「吏績」中專列有「王曄，王潮五世祖，為固始令，民愛其仁，因留家焉」。在卷之二《列傳》中有「王審邽，字次都，固始人，潮弟，為泉州刺史，喜儒術，通書春秋，善吏治。」在清光緒《光州志》卷之三有「武功列傳」，其中有「王潮，字信臣，固始人，世以貲顯，初為縣吏⋯⋯」「王審知，字信通，狀貌奇偉，常乘白馬，軍中呼『白馬三郎』，為威武軍節度使⋯⋯封閩王，凡十八年。」另在該志卷之一七《善行列傳》中有「王延嗣，光州人，唐

亡，梁太祖拜王審知為中書令封閩王，延嗣力諫曰：義不帝時，此其時也。時強藩巨鎮，僭號審知，有效響意，延嗣力諫審知，雖不樂其言，然終身不失臣節，延嗣之力也」。在卷之八《仕賢列傳》中，有「王審邽，字次都，潮弟也，為泉州刺史，善儒術，通春秋，明吏治」。因此，王氏兄弟的事跡，也為光州固始人自豪並銘記於志書之中。

  4.打固始品牌，建尋根基地。

  以固始為主體的唐代中原士民的兩次南遷活動，在閩臺地區及海外華人中的影響是巨大的。陳氏父子、王氏兄弟及其移民，帶去了以固始為主體的中原文化、語言、風俗，帶去了中原人吃苦耐勞、詩書傳家的風尚。「光州固始」成了東南地區移民後裔心目中永久的根脈所在，在他們的眼中，固始是中原的代名詞，是他們永遠的祖地。固始，是閩臺與中原無法割捨的重要紐帶。研究和開發固始的根文化資源，在固始建立閩臺尋根基地，對於加速中原地區改革開放的步伐，加速老區建設都具有十分重要的意義。

  第一，唐代二次以「光州固始」為主的中原士民南遷活動，在閩臺及海外具有廣泛的影響，要加強對固始尋根的專題研究，定期舉辦以豫、閩、臺為主幹的學術研究活動，在研究與論證的基礎上加大開發力度。

  第二，要摸清家底，對固始、光山等地與唐代移民相關的實物資料進行廣泛調查，對有價值的祠堂、廟宇、碑刻等文物進行有效保護，為閩臺及海外華人尋根提供更多的實物根據。

  第三，要加大對固始這一知名品牌的開發力度。從全省尋根游的大格局上，重新對「光州固始」進行定位，將「固始尋根」建成河南省乃至「中華尋根朝敬之旅」的精品，建成河南省尋根游的基地。要從高品位的角度認真規劃「固始尋根」這一名牌旅遊產品，使之成為在海內外叫得響的名牌。

  第四，要加大宣傳力度，利用各種媒體進行有計劃的宣傳與促銷，要走出去，到閩臺及海外進行宣傳，籌組舉辦「固始尋根文化節」，加強固始與閩臺的聯繫，使之成為帶動開發、全面發展的綜合性盛會。

「固始尋根」是一個在海內外有廣泛影響的大課題,是我省極為罕見的含金量極高的知名品牌。作好「固始尋根」這篇大文章,不僅對於信陽以及大別山老區建設和發展是一次難得的機遇,並將成為中原地區對外開放的窗口和紐帶,為新世紀中原文化的全面振興發揮應有的作用。

(本文作者張新斌為河南省社會科學院歷史與考古研究所所長、研究員)

中原姓氏尋根概述

王永寬

自20世紀80年代起,中華大地出現了「尋根熱」。這是在新的歷史時期中華民族文化凝聚力和文化向心力的表現。尋根的內容是多方面的,如關於中華人文始祖的尋根、古代都城及其他城址的尋根、各門類文化尋根、家族尋根等。其中姓氏尋根是各種文化尋根的重要組成部分,表現得尤其活躍。近10餘年來,河南省各級政府對姓氏尋根問題非常重視,成立了有關的機構團體,積極組織和安排了姓氏尋根方面的活動。許多專家學者對姓氏文化做了大量考察和研究工作,取得了不少成果。現在,中原姓氏尋根的熱潮正在持續發展,並引起社會民眾廣泛的關注。

一、中華民族的姓氏之根在中原

中華文明的源頭、中華民族的發祥地在中原,這是當今全世界中國人的共識。中華民族的姓氏之根(主要指漢民族的姓氏),絕大部分也在中原,這也是沒有疑義的。

「中原」一詞,本來有廣義、狹義兩種解釋。廣義的中原指黃河流域,包括

今天的河南省大部分及陝西、山西、河北、山東的一部分。狹義的中原則指古代的豫州一帶。其範圍大體相當於今天河南省的大部分地區。《爾雅‧釋地》云：「河南曰豫州。」這裡的「河南」即指黃河以南至淮河之間的廣大地區。因此，當代人們論及中原常取狹義，即指河南省而言。

本文敘述中原姓氏尋根，即取「中原」的狹義的概念，著重介紹當前河南省姓氏尋根的情況。中國的姓氏到底有多少，很難做出確切的統計。袁義達、杜若甫主編的《中華姓氏大辭典》中收錄的姓氏有11969個，其中單字姓5327個，雙字姓4329個，3個字以上的姓氏2313個。這麼多的姓氏若要一一查明根源是非常困難的，要查明其中究竟有多少姓氏是源於河南的也同樣非常困難。今天談論姓氏尋根問題，只能以常見的、涵蓋人口較多的姓氏為基礎。根據袁義達、杜若甫提供的資料，按占世界漢族總人口的比例大小排列出前100名大姓，第1名李姓占漢族總人口的7.94%，第2名王姓占7.41%，第3名張姓占7.07%，第100名文姓占0.17%。100名大姓總計約占漢族總人口的87%。河南省姓氏學專家謝鈞祥先生依據上述排序，著《中華百家大姓源流》一書（1996年10月中州古籍出版社出版），詳細考察了這100家大姓的源流情況。根據這本書統計，這100家大姓中根源全部在河南或部分在河南的共73姓。當然，在這100家大姓之外，肯定還有很多姓氏是根源在河南的。1999年8月在雲南舉辦國際園藝博覽會時，河南省的劉翔南先生為博覽會的河南展地撰寫了尋根碑文，記錄了根源於河南的姓氏共150個，在世博會期間受到海內外華人的關注。這些數字資料儘管未必精確，但能夠在一定程度上說明中華姓氏多半根源於河南的事實。

針對河南省姓氏歷史文化資源具有極大優勢的狀況，1995年成立了「河南省中原姓氏歷史文化研究會」，在河南省哲學社會科學聯合會和河南省地方史志辦公室的支持與指導下開展工作。1996年9月，在鄭州召開了首屆豫閩臺姓氏源流國際研討會，出席會議的有韓國、菲律賓及臺灣、福建、廣東、廣西、江西、湖北、河南等地的姓氏文化研究專家和學者88人，會後出版了專集。1997年10月，由河南省中原姓氏文化研究會副會長兼祕書長李振華等5人組成河南省百家姓訪問團，前往馬來西亞，參加馬來西亞第十四屆華人文化節百家姓講座，途經泰國、新加坡和香港訪問了當地華人姓氏宗親會，進行了姓氏文化方面的交流和

座談。同年11月，本研究會理事沙旭升先生還赴臺灣進行姓氏文化交流，受到臺灣各姓淵源研究會會長林瑤欽先生及全球董楊宗親會會長楊欽清先生的接待。

同時，河南省的一些專家學者積極進行姓氏文化方面的考察和研究，出版了不少有關姓氏尋根的著作和普及性書籍。如謝鈞祥、王大良先生主編的《源於河南千家姓》，1994年河南人民出版社出版；王大良先生主編的《百家姓尋根探祕叢書》，1995年四川人民出版社出版；鄭秀桂等先生主持編寫的《百家姓書系》，1998年天津新蕾出版社出版；王大良先生主編的《中國大姓尋根與取名》，1999年起由中國氣象出版社陸續出版。河南省中原姓氏歷史文化研究會還創辦了以研究姓氏文化為主的《歷史文化研究》季刊。從這些研究姓氏文化的著作及有關文章中，更可以看出眾多姓氏起源之根確在河南。

二、人文始祖尋根與姓氏尋根

中華民族都自謂是炎黃子孫，共同的文化心理使全世界的炎黃子孫都不忘自己的始祖，並具有強烈的探尋祖根的願望。現在，學術文化界一般認為中華民族有九大始祖，即伏羲、炎帝、黃帝、顓頊、帝嚳、少昊、堯、舜、禹。這九大始祖都出自河南，後世姓氏根源於九大始祖的，當然也可以視為其姓氏之根在河南。

九大始祖的起源地本來是比較明確的。近20年來，河南省不少專家學者及地方政府對有關的遺址作了進一步的考察和認定。據古代傳說，伏羲居於陳地，死後葬於陳地。今河南淮陽有太昊陵，即伏羲墓，當地政府對它進行了整修，每年3月這裡都舉行廟會，四海華人皆前來祭拜。

炎帝、黃帝本是同父母兄弟，即少典（娶有蟜氏）之子，生於華陽（今河南新鄭）。新鄭市西有山即所謂具茨山，這裡在當代被確認為炎黃故里，經過整修，成為中華兒女的祭祖聖地，也成為當地著名的旅遊景點。新鄭市附近的新密市也有一處軒轅黃帝宮，是祭拜黃帝的另一處聖地。另外據傳說，黃帝鑄鼎並在

此升天的荊山，在河南省靈寶市的陽平鎮，今陽平鎮還有鑄鼎原、黃帝陵等遺蹟。1999年10月，在陽平鎮召開了「黃帝鑄鼎原與中華文明起源學術討論會」。

顓頊高陽氏是黃帝的孫子，他生於若水，居於帝丘（今河南濮陽）。1987年，濮陽出土了用蚌殼砌塑的龍形圖案，被稱為「中華第一龍」，考古專家認為這就是顓頊的墓葬。帝嚳高辛氏相傳是黃帝的曾孫，居於西亳（今河南偃師）。少昊是黃帝的兒子，己姓，他在河南的遺蹟尚待查考。

堯和舜見於史籍記載的事跡多在山西、山東、河北一帶，但他們也都是黃帝的後裔，在河南境內也有活動。堯的遺蹟與河南有關係的是其子丹朱被封於丹水，即今河南內鄉、淅川境內的丹江。丹朱叛亂，堯親自率眾予以平定，《呂氏春秋‧召類》一節說「堯戰於丹水之浦，以服南蠻」，即指這場戰爭。《史記‧高祖本紀》張守節正義引《括地誌》云：「故丹城在鄧州縣西南百三十里，南去丹水二百步。」這一帶至今仍然流傳著堯戰丹朱的傳說。

禹建立的最早的國家即在河南，即今河南的禹州。相傳大禹治水疏通黃河時曾劈開三門山導水東流，其地即今河南三門峽。河南開封市內有禹王臺，鄭州的黃河遊覽區有大禹的塑像，都標誌著禹在河南的功績及河南民眾對禹的懷念。

從宗族傳繼的關係來考察，九大始祖屬於三個血緣系統。伏羲和女媧兄妹是一個血緣系統，原為風姓，後世有些姓氏源於伏羲的（如程姓等），都是風姓的系統。禹是鯀之子，鯀是舜之臣（被封為崇伯），禹之子啟建立夏朝，從鯀到禹到啟自為一個血緣系統，後世有些姓氏源於禹的（如夏姓、禹姓等）都屬於禹的後裔。其餘六大始祖為一個血緣系統。炎帝和黃帝是親兄弟，顓頊、帝嚳、少昊、堯、舜都是黃帝的後代。後世姓氏中只有謝姓、姜姓等較少的一些姓氏根源於炎帝，而後世漢民族中數量眾多的姓氏皆為黃帝的後裔。

據《史記》、《國語》等史籍記載，黃帝25子，得姓的有14人，除去其中重複的2姓，實有12姓，周朝始祖姬姓即在這12姓之中，後世姓氏源於這12姓的，或源於周朝的姬姓宗室被封的諸侯國者，也都是黃帝的後裔。黃帝妻嫘祖所生的兩個兒子，一名玄囂，一名昌意。玄囂的孫子即為帝嚳，帝嚳的兒子放勳即

是帝堯。昌意之子即顓頊，顓頊傳數代為重華即是帝舜。關於少昊，有一種説法説他是黃帝的兒子，名摯，字青陽，已姓（也有一説他是東夷部落首領，非黃帝血統），即少昊金天氏。因此，後世的許多姓氏分別根源於顓頊（如李姓、趙姓等），根源於堯和帝嚳（如劉姓等），根源於舜（如陳姓、胡姓等），根源於少昊（如金姓、尹姓等），這些也都是黃帝的後裔。

對中華人文始祖進行尋根究底的考察，有益於解決姓氏尋根方面的許多疑難問題。如張氏的祖根是黃帝的孫子張揮，但張揮的身世卻有不同的説法。《元和姓纂》、《世本》記云：「黃帝第五子青陽生揮」，《新唐書‧宰相世系表》記云：「黃帝子少昊青陽氏第五子揮」，都説揮是青陽氏的兒子。但古籍中一説黃帝子玄囂為青陽氏，一説少昊字青陽，那麼，揮的父親究竟是玄囂還是少昊呢？對於這個問題，河南省的專家學者進行了深入的研究，寫出不少論文，其中程有為的《揮的身世與青陽地望考》、王大良的《張姓始祖揮及活動地域考》論述較詳。經過多方論證，大家一致認為張揮是玄囂的兒子，張姓起源於古青河（後世稱清河或清水河）上游，即今河南濮陽一帶。專家學者研究的成果得到社會的公認，濮陽市政府修復了張揮墓等遺蹟，並成立了濮陽市張氏文化研究會。1998年11月，世界張氏宗親會會長親往濮陽張氏祖地拜謁了張氏始祖張揮墓，他對於濮陽市政府及河南省的專家學者所做的有意義的工作給予了良好的評價。

關於劉姓的尋根，也是一個生動的事例。史籍有兩種説法：一説劉姓起源於黃帝之子12姓中的祁姓，因帝嚳及其子堯為祁姓，故劉姓是堯的後代，如林寶《元和姓纂》所謂「帝堯陶唐之後受封於劉」，便為劉氏。二説劉姓出自周朝的姬姓，如鄭樵《通志‧氏族略》所云：「成王封王季之子於劉邑，因以為氏」。而《新唐書‧宰相世系》在認為「劉氏出自祁姓」的同時，又説劉氏子孫中那位養龍的劉累的後代到了周朝被封為杜伯，稱唐杜氏，後來杜氏的後人中有位士會由秦歸晉，其子留居於秦，稱劉氏。不同的説法關涉到劉氏的起源地。若説被成王封於劉邑的劉氏，則其地在今河南偃師；若説留居於秦國的劉氏，則其地在今陝西鳳翔。對於這樣的問題，河南的專家學者進行了深入的研究與考察，最後認定劉姓的始祖為夏朝第13位皇帝孔甲的「御龍氏」劉累。劉累所居的邱公古城，在今河南省魯山縣的昭平湖風景名勝區內。這裡尚存有邱公古城址、劉累墓

等遺蹟。這一研究結果很快得到社會有關方面的認可。2001年10月11日，河南省平頂山市「劉姓始祖劉累與龍文化研究會」宣布成立，在昭平湖景區召開了成立大會，會後在劉累墓前舉行了隆重的公祭儀式。北京師範大學何茲全教授，北京大學吳榮曾教授，中國社會科學院歷史研究所孟世凱研究員、考古所鄭光研究員，中國科學院遺傳所袁義達研究員等，都撰寫了文章，對劉姓起源地的確認給予了肯定。劉姓的尋根組織原有「世界劉氏宗親聯誼會」，1997年成立於馬來西亞並召開了首屆大會；1999年在江蘇徐州召開了第二屆大會；2001年11月在泰國曼谷舉辦了第三屆大會。2003年在河南平頂山舉辦了第四屆大會。

三、都城尋根與姓氏尋根

河南由於是中華民族的發祥地，歷史上在這裡建都的地點最多。尤其是自遠古時期至春秋、戰國時，河南境內的古都更是不可勝數。當代河南省歷史文化考古界對於古都尋根很下工夫，並有不少重大突破。夏代以前的建都情況，如伏羲和炎帝都於陳（今淮陽），黃帝都於有熊（今新鄭），顓頊都於帝丘（今濮陽），帝嚳都於亳（今偃師），這些都達成了共識。夏朝最早的都城在陽城（今河南登封東南告成鎮），商朝前期或中期的都城一度在鄭州，這些也都進行了大量的考察和研究。鄭州對於商城遺址的保護也做了許多實際的工作。

1998年10月，中華古都學會第十五屆年會暨新鄭古都與中原文明學術研討會在河南新鄭召開，對新鄭為「中華第一古都」——即黃帝都城有熊的所在地進行了認定。同時，對於河南古都資源的開發、古都遺址的修復與保護、鄭韓故城的探尋等問題，都提出一些建設性意見，受到河南省有關政府部門的重視。

關於西周時期的都城和春秋、戰國時期列國的都城的探討，也陸續有不少重要成果問世。河南省社會科學院考古所前所長馬世之研究員對於周代古都的研究用力最多，如對西周都城、東周洛陽王城、古蔡國城、息國故城、古楚王城以及楚國在中原建都於丹陽、淮陽史蹟的研究，都有新發現和新見解。

特別是戰國時期趙都中牟被認為在河南鶴壁，是近幾年來河南古都尋根的重大突破。《史記・趙世家》記載：「獻侯少即位，治中牟。」獻侯即趙襄子的孫子趙浣，他建都於中牟，經其子烈侯趙籍、烈侯弟武公，共歷二代三王，至烈侯子敬侯即位時的公元前386年遷都邯鄲，共38年。趙都中牟的確切位置，歷來有三種說法：一說在今河南中牟，二說在今河北的邯鄲、邢臺之間，三說在今河南的湯陰、鶴壁一帶。從1998年起，河南省社會科學院考古所和鶴壁市文物局聯合進行專題研究和實地考察，確定趙都中牟在今鶴壁市南鹿樓與故縣一帶。2000年11月，由中國古都學會、河南省社會科學院、鶴壁市人民政府、黃河文化研究會共同主辦，在鶴壁市召開了趙都與趙文化學術研討會。到會的各地專家對趙都中牟位置的確定所具有的文化意義給予了高度的評價。

　　古代都城尋根是和姓氏尋根緊密聯繫在一起的。因為許多姓氏源於古代最早分封的諸侯國，如黃姓源於古黃國、許姓源於古許國、郭姓源於古虢國等。對古國古都的考察，對理清某些姓氏的源與流來說，都是關鍵性問題。如趙都中牟的被確定，對理清趙姓的根源流派就具有重要的意義。趙氏出自嬴姓，祖先是顓頊的裔孫伯益，伯益的九世孫即周穆王時的著名馭手造父，再傳七世為東周諸侯之一趙叔帶。公元前475年韓、趙、魏三家分晉時，趙襄子最先建都晉陽（今山西太原市東南），公元前423年趙獻侯即位時遷都中牟。如今確定趙都中牟在河南鶴壁，對於認識後世河南境內的趙姓的幾大分支的源起，提供了新的重要線索。

　　關於禹都陽城的考察，對於禹的後代產生的姓氏來說，也明確了最早的起源地。陽城本為山名，在今河南登封市北。古禹國中心地域在今河南禹州，陽城的位置後世屢有變動，武則天時此地曾置告成縣。當代有關專家學者經過研究和實地考察，一般都認為禹都陽城在今登封市告成鎮的王城崗（也有的學者持有異議）。這一結論使當代禹的後裔禹姓為尋得根源而感到高興。除國內的禹姓之外，韓國也有禹姓，而且韓國禹姓也認為他們是大禹的後裔。2001年9月，韓國禹氏宗親代表一行9人來到中國河南尋根，他們參觀考察了登封王城崗遺址，為能夠親自到「禹都陽城」舊址祭奠先祖而引以為榮。同年11月，韓國禹氏又有一行14人的代表團來到河南，還專程到禹姓比較集中的聚居地河南駐馬店的泌陽縣，同這裡的禹氏宗親進行交流，適逢泌陽縣一位官員名禹建勝，代表泌陽禹

氏熱烈歡迎韓國禹氏訪問團，他們談起登封王城崗的禹都陽城遺址時倍感親切和激動。

　　值得提起的還有謝姓的尋根，同古代謝姓始祖封地的尋根也大有關聯。謝姓出自炎帝之後，傳到西週末年周宣王的舅舅申伯，被封於謝邑，於是申伯即成謝姓始祖。鄭樵《通志·氏族略》記云：「謝氏，姜姓，炎帝之裔。」《詩經·大雅·崧高》篇中也有「於邑於謝，南國是式」的詩句。但這個謝邑在什麼地方，卻有不同的說法。一說謝邑在今山東州市附近的謝城，二說在今河南汝南的謝城，三說在今河南信陽市西北，四說在今河南南陽市宛城區，五說在今河南唐河縣。而在唐河縣的這種說法又有唐河的上屯、郭灘、蒼臺三種。河南省的一些專家學者對這個問題進行了深入的研究和考察，發表了一系列文章，其中任崇岳、鄭杰祥等先生的《謝邑考》（《南陽師專學報》1990年第2期）一文認為，古謝國都城謝邑在今南陽市宛城區金華鄉東謝營村附近，這種觀點在臺灣和海外謝氏華人中產生了較大影響。但也有文章將古謝邑確定在唐河縣蒼臺鄉的謝家莊。如今這兩種說法並存，尚未統一。南陽宛城區成立了「謝氏祖地文化研究會」，該研究會與宛城區政協文史委員會合編了《謝氏故里研究》一書，謝肇華主編，很有文獻價值。唐河縣成立了「謝氏文化研究會」，該研究會與唐河縣僑務辦公室合編了《謝氏淵源資料集》一書，所收資料甚為豐富。關於謝氏根源的南陽、唐河兩種說法如今同時存在，各自都在開展活動。世界謝氏總會既承認南陽，也承認唐河。世界謝氏總會會長謝漢儒認為，古謝邑「究竟在唐河，抑在南陽，此事關係祖先源流，不可不慎……繼續追尋發掘，以科學方法探求實證，今年不成，期之來年，今世不成，期之子子孫孫繼續努力」。他的意見符合情理，深得海內外謝姓人氏贊同。

　　當代河南關於其他古都古城的尋根，也做了不少工作。如河南潢川對黃國故城的考察，確認該城在今潢川縣西北6公里處的淮河南岸、小潢河西岸。又如河南沁陽對邘國故城的考察，確認該城在今沁陽市西北11公里處邘邰村東，這裡發現了古城牆、陶制排水管道及出土了一批商代文物，由此可斷定這裡是于姓的起源地。諸如此類對古都古城的考察，所取得的成果為姓氏尋根提供了豐富的歷史依據。

四、門類文化尋根與姓氏尋根

中原文化積澱豐厚，歷史悠久，一些門類的文化尋根也往往追溯到河南。1999年9月，由中國東方文化研究會、河南省東方文化研究會、河南省淇縣人民政府和香港孔教學院、香港中華文化有限公司共同主辦，在淇縣召開了東方文化中原尋根學術研討會。會議的中心議題是探討中華文化的一些主要代表性門類，如儒家文化、道家文化、墨家文化、兵家文化等在河南的淵源。

儒家文化的代表人物孔子雖然是魯國（今屬山東）人，但他曾周遊陳、蔡、鄭、衛等國，並曾在洛陽問禮於老子，孔子的學生子貢、子路等都是河南人。而且，儒學在後世的重要發展——宋代理學，創始人及代表人物邵雍、程顥、程頤都是河南人。宋代理學又稱宋學，其代表人物後世簡稱為「濂洛關閩」，其中的「洛」即指邵雍和二程的學說，又被稱為「洛學」。近些年河南對洛學的研究不斷有新成果問世，成為中原文化尋根的熱點之一。

對儒家文化及洛學的研究也是同姓氏尋根有聯繫的。儒家始祖孔子是山東人，但孔姓的祖根卻在河南。據歷史記載，孔姓源於黃帝后裔中的子姓。傳說帝嚳次妃簡狄吞乙卵生契，被賜姓子氏，後代又將「子」字加「乙」為「孔」字，傳數世即為商的始祖成湯。再傳若干代至殷王帝乙長子微子啟受封於宋（今河南商丘一帶），此後孔姓成為這裡的名門望族，再後來到宋國大司馬孔父嘉的兒子孔防叔逃往魯國，才有山東的孔氏。因此，當代孔姓後裔既以山東曲阜為本根，也以河南商丘為本根。宋代理學代表人物邵雍祖根是西周的召公。召公原來的封地在召（今陝西岐山），東周時召公後代被改封於王屋（今河南濟源市邵源鄉），戰國時召氏流播於汝南、安陽等地，因避禍而將姓氏字加偏旁為「邵」。洛陽程氏源出風姓，顓頊時有重和黎兄弟分任司天、司地之職，即程氏始祖，其後裔在周初被封於程，建立程國，其地在今洛陽市東。宋代邵雍與二程的出現，是邵姓、程姓後人的驕傲，因此當代邵、程二姓後裔的尋根問祖也有人到洛陽瞻拜有關的遺蹟。程頤晚年居住在洛陽龍門南耙樓山下，即今河南嵩縣田湖鎮程村，此地今被稱為「兩程故里」。程頤的十八代孫明朝的程世寅曾編撰《兩程故

里志》，後又由程宗孟續修，當代河南太康人程鷹等重新加以整理，已於1992年由河南大學出版社出版。此書對於探尋程氏祖根及宋代理學淵源，都是一份有重要價值的文獻資料。

道家文化的源頭在河南是沒有疑義的。因道家始祖老子原籍在楚國苦縣厲鄉曲仁里，即今河南鹿邑縣太清宮鎮。河南省對道家文化的研究非常重視，成立了河南省老子學會，鹿邑縣政府對老子的有關古蹟進行了全面的修整，1996年在鹿邑召開了首屆老子與道家文化學術研討會。1998年7月，河南省社會科學院與河南省老子學會又聯合舉辦老子思想學術研討會，在老子著《道德經》的三門峽靈寶市函谷關附近的豫靈鎮召開。1999年4月1日是老子2570週年誕辰，河南省社會科學院、河南省老子學會、三門峽市《道德經》研究會、靈寶市人民政府聯合，又在靈寶市召開了「老子思想及道教聖地旅遊開發」研討會。這些活動，對於道家文化尋根及李姓尋根都具有重要意義。

老子即李耳，字伯陽，是李氏遠祖中的重要人物。考察道家始祖的淵源，也即是考察李姓的淵源。唐代林寶的《元和姓纂》稱李耳為李利貞的十一世孫，宋代編撰的《新唐書‧宗室世系》又做了更詳細的記述。據記載，李氏祖根為顓頊之子大業，其孫皋陶在堯時任大理（司法長官）之職，之後數世皆為大理，以官命族為理氏。又傳數世至殷紂王時的理徵，獲罪被殺，其子利貞逃難於伊侯之墟，食木子（一種木本植物的果實）得活命，就改理氏為李氏。至老子李耳的八世孫李曇，聲名顯赫，其子孫流播隴西、趙郡等地，再四處遷居，皆成望族，於是後世李氏多為李曇的後裔，也即是老子李耳的後裔。因此，當代世界李姓後人尋根問祖，也常見到河南鹿邑的太清宮祭拜老子，把道家文化的尋根同李氏的尋根自然地結合起來。

關於墨家文化的尋根，近些年也有新的進展。河南的專家學者最新研究與考察的結果認定墨子的里籍為魯陽，即今河南魯山。1997年成立了河南省墨子學會，在魯山召開了全國墨子學術研討會，會後出版了《中原墨學研究》（2001年中州古籍出版社出版）。關於兵家文化與武林文化的尋根在河南也不斷有新的活動。戰國時期著名的兵家代表人物鬼谷子在雲夢山講學，一代名人如蘇秦、張

儀、孫臏、龐涓、毛遂等都是他的學生，其地在今河南淇縣境內。淇縣政府對有關遺蹟予以修復，於是這裡被稱為「中國古代第一軍校」，成為一處重要的文化旅遊景點，對研究兵家文化的源頭具有重要價值。武林文化源於北方，河南是源頭之一，尤其是少林武術源於嵩山少林寺，號稱「天下武學正宗」。1999年11月，在登封少林寺成立了少林文化研究所。該所成立後，把武林文化研究同佛學研究結合起來，成為中原文化尋根的重要組成部分。但是，墨家文化、兵家文化、武林文化的尋根同姓氏尋根的關係稍嫌疏遠，茲不多論。

而同姓氏尋根關係密切的文化尋根還有隱逸文化尋根。這就是許姓的尋根。據歷史記載，西周初，周武王把炎帝的裔孫伯夷的後代姜文叔封於許，建立男爵許國，此為許姓之始。按照這種說法，許姓出自姜姓，是炎帝之後，自建立許國起，後代即姓許。由於許國弱小，春秋時為楚、鄭等大國所逼，多次遷徙，其都先後在葉（今河南葉縣）、城父（今安徽亳州）、白羽（今河南西峽）、容城（今河南魯山東南）等地，具體位置實難查考。河南省有關專家學者對許姓根源進行了深入的研究與考察，認為許姓的始祖是許由。許由隱居及洗耳的地方即在今河南登封市的箕山，許國、許地、許姓之許皆源於許由。而許由又是最早的隱士，也可以說是中國隱逸文化的祖根。這樣，就把姓氏尋根和隱逸文化的尋根結合在一起。於是，登封市於1995年7月8日在登封箕山成立了「河南省許由及許氏文化研究會」。該研究會於1995年和1998年兩次組成訪問團，前往新加坡、泰國、馬來西亞訪問了三國的許氏宗親會，並且在登封舉辦了「95世界許氏宗親箕山朝祖大會」和「98首屆世界許氏宗親祭祖尋根聯誼大會」。該研究會還與河南省社會科學院考古所、中原姓氏歷史文化研究會聯合舉辦，於1995年、1999年召開了兩次許由與許氏文化學術研討會，還於2001年4月召開了新世紀箕山詩歌筆會，相繼出版了《許由與許氏文化研討文集——根在箕山》和《歷代名人詠箕山許由詩集》。現在，該研究會正籌辦於今年10月召開第三次許由與許氏文化學術研討會，已發出通知，並且把研究隱逸文化列入這次研討會的主要議題。

五、獨具特色的固始尋根

近數年來，福建和臺灣的許多姓氏在探尋祖根的過程中，發現他們的祖先在歷史上大都來自「光州固始」（即今河南省信陽市的固始縣），於是在他們的家族和每個人的思想中形成一種帶有普遍性的固始情結，他們對於根在中原的印象便是「光州固始」。這一現象引起從事中原文化研究和姓氏文化研究的專家學者注意，稱之為「固始尋根」。

固始在今河南省的東南部，全縣在淮河以南，東境與安徽六安鄰近，地理位置特殊。按照古代廣義的「中原」概念，固始已不屬於中原，但今天它是河南省所屬的一個縣，我們在討論問題時不妨仍然把它看做中原的一部分。歷史上，固始是中原人渡淮之後向東南前往廬州、安慶、徽州直至浙閩的必經之處，是歷代中原民眾南遷的集散地。對於南遷至閩臺的中原姓氏後裔來說，固始不是這些姓氏最早的本根所在，但它卻是在姓氏尋根過程中必然會探尋到的較近的根源。因此可以說，固始尋根是獨具特色的。

固始成為閩臺一帶許多姓氏近根集中的地區，與中國歷史上中原民眾三次大規模地向東南遷徙有直接的關係。第一次是西晉末年隨著晉朝皇帝的南渡而出現的移民潮。《閩書》記云：「永嘉二年，中原板蕩，衣冠士人始入閩者八族，所謂林、黃、陳、鄭、詹、丘、何、胡是也。」《福建通志》、《福州通志》及福建的杜、黃、陳、鄭等大姓的家譜族譜中也有相關的記載。這八個姓氏的原始祖根皆在中原，但他們大規模南遷的始發地卻未必都起於固始，只有福建客家人的林氏原曾「聚族於河南光州」。

中原大姓南遷並且起於固始的是以後的兩次移民潮。第二次發生在唐朝初期。唐高宗總章二年（669年），閩粵之交的地區發生了「獠蠻嘯聚」，當時職任玉鈐衛左郎將的陳政奉朝廷之命，以嶺南行軍總督的身分率本府兵3600人入閩平叛。這位陳將軍本是光州固始人，他所率府兵因兵力不夠一度受挫，他的兩位哥哥陳敏、陳敷率領58姓軍校前來增援。在征戰途中陳敏、陳敷先後病死，陳政之子陳元光率軍南下與父親會合。不久陳政也因病去世，陳元光襲職為嶺南

行軍總管，平定叛亂後任親設立的漳州刺史。陳元光家族遠祖是春秋時陳國後裔，東漢光武帝劉秀建武年間有名陳孟連者被封為固始侯，子孫遂居於固始，形成固始陳姓大族。唐高宗總章二年（669年）陳政入閩平叛時，陳元光才13歲，領光州鄉薦第一，其伯父陳敏、陳敷所率58姓軍校主要是固始人。到陳元光任漳州刺史時，這58姓軍校便在閩地落籍，建設與開發漳州，陳元光父子因此被譽為「開漳聖王」。後來陳元光死，其孫陳泳又襲任漳州刺史，後世又有陳酆於「安史之亂」後再領漳州軍事。陳氏經營漳州見於史籍記載的近百年，於是固始陳氏和固始58姓便成為福建居民的重要組成部分。

　　第三次大規模移民潮發生在唐朝末年至五代十國時期。十國之一的閩國的創建者王審知即是光州固始人。王審知家族源出於琅琊王氏，漢初右丞相、安國侯王陵的後裔，唐德宗貞元年間，王審知的五代祖官固始縣令，子孫便以固始為家。唐末大亂，農民起義軍首領之一王緒率眾攻占光州，自領光州刺史，王審知及其兄王潮、王審邽參加了王緒的軍隊。不久王審知兄弟殺掉王緒，王潮代領光州刺史。王潮死後，王審知在唐末時被朝廷授為威武軍節度使、福建觀察使，於是率部入閩，割據一方，五代初後梁開平三年（909年）被朱溫封為閩王，945年閩國被南唐滅掉。王審知及其子孫經營閩地數十年，原來入閩時所率本部軍校多為光州固始人，後來都在閩地落籍。隨王審知入閩的固始人，有不少是中原的大姓，如鄭姓等。《滎陽鄭氏家譜序》明確指出：「今閩人稱者，皆曰光州固始。實由王緒舉光、壽二州以附秦宗權，王潮兄弟以固始之眾從之。」這裡提到王緒占據光州、壽州時曾依附當時另一支農民起義軍首領秦宗權，而王潮、王審知兄弟所率領的固始人組成的隊伍一度順從，後來王氏率部入閩，於是包括鄭姓在內的這支隊伍便到了福建，成為後世福建鄭氏的來源之一。

　　從以上考察可知，唐初陳元光和五代王審知兩次率眾入閩，在福建入籍定居，繁衍生息，構成了後世福建民眾的主體，究其根源，多來自固始。今天可以看到的福建一些大姓的族譜、家譜，如王、陳、劉、黃、鄭、周、許、方、曾、吳、謝、尤、施、余、顏、呂等20餘種譜牒資料中，都有其祖先由固始入閩的記載。而臺灣的民眾又大多數都是來自福建的，因此，臺灣的姓氏自然也有相當大的比例來自光州固始。有人說，福建人來自固始的，占福建人口總數的70%左

右,而臺灣人來自福建的,占臺灣人口總數的70%左右。由此推算,臺灣人應有約半數來自河南固始。今見《臺灣通志·氏族篇》中記載,大約有60個姓氏來自光州固始。這樣的事實,說明河南的固始對於閩臺地區的姓氏尋根來說,確實具有非常重要的地位。

現在,河南省信陽市、固始縣政府及有關部門對固始尋根問題非常重視。首先是組織有關專家學者對固始尋根問題進行專題研究,對固始、光山等地與唐代移民相關的文物資料進行廣泛的調查,對有價值的祠堂、廟宇、碑刻等文物進行有效的保護。其次是制訂計劃,召開關於固始尋根的討論會。同時積極同福建、臺灣進行聯繫,為閩臺同胞來固始尋根提供有利的人文條件和熱情的接待,由此為契機加強同閩臺地區在經濟、文化等方面的合作。

總之,近十餘年來中原姓氏尋根活動以及相關的學術研究與文化交流活動,內容豐富,形式多樣,影響廣泛,效果顯著。本文難以面面俱到,只能略陳大綱。如今歷史已進入21世紀,河南的面貌已發生巨大變化,古老的中原文化萌發出旺盛生機。中華民族根在中原的堅定信念,定會促使國內及散布於世界的炎黃子孫關注今天中原的發展,透過姓氏尋根活動進一步加強聯繫,促進交流,為中華民族的全面振興而共同努力。

(本文作者王永寬為河南省社會科學院文學研究所研究員)

從歷史移民看豫、閩、臺姓氏淵源

劉翔南

一、從唐山過臺灣說起

唐山過臺灣，是指歷史上由祖國大陸向臺灣島的移民活動。清代《臺灣志略》記載：「臺灣人稱內地為唐山，內地人曰唐人。」由此可見，「唐山」就是臺灣人對祖國大陸的稱呼。在臺灣省，「唐山過臺灣」是長期流傳於民間的一句話，直到現在，很多臺灣人仍把回大陸叫「回唐山」。一些年紀稍長的臺灣人，每跟子孫閒話家常、提到祖輩到臺灣開基創業的事情時，最後總忘不了說一句：「我們的祖先是從唐山來的。」在臺灣移民後代中，還保留著大陸上傳統的「念祖」和遙祭祖先的習俗，這種祭祖活動通常選擇在清明或中秋節前後進行，屆時匯聚同宗同族人一起在宗祠裡舉行。所祭列祖列宗包括「開臺祖」和「唐山祖」。「開臺祖」是指本宗最早到臺灣的開基始祖；「唐山祖」是本姓在祖國大陸的祖先，可以是遷居於某地的始祖，也可以指該姓氏的肇姓始祖。

　　那麼，為什麼臺灣人稱大陸為「唐山」、稱內地人為「唐人」、稱祖先為「唐山祖」呢？這與歷史上由中原地區向福建的人口大遷徙有關。大家都知道，現在的臺灣人大多數來自福建，而福建人又多數是古代中原移民的後裔。1953年，臺灣進行過一次戶籍調查統計，戶數在500戶以上的100個姓氏中，有63姓的族譜材料上記載了其先祖來自光州固始縣。這63姓共計67萬多戶，占臺灣總戶數的80.9%。

　　固始縣位於河南省東南端，南依大別山，北臨淮河，歷來為中原經淮河南下揚州的主要水路通道。東漢以後，由於中原地區天災連年，社會動盪，人口不斷外遷，他們遷徙的主要方向是江南。西晉永嘉年間，皇室內訌，爆發「八王之亂」，導致西北地區少數民族武裝集團大量進入中原，為避兵亂和免受異族統治，中原漢人大量隨晉室南渡，入居江南。當時，地處江淮流域的固始縣一帶，是中原流民匯聚和南下的重要通道之一。後來，這些南下的移民中有一部分又輾轉向東南遠徙，最後進入閩中，這就是史書上所說的：「中原板蕩，衣冠始入閩者八族，林、黃、陳、鄭、詹、邱、何、胡是也。」其實，晉代遷入福建的中原人遠不止這八大士族，據當代的一些學者考證，還有張、劉、楊、梁、鍾、溫等眾多姓氏。此後不斷有中原人士南遷，其中規模較大的有兩次，一次是唐朝初期，陳政、陳元光父子奉命率領固始子弟兵南下平「山民之亂」，開闢漳州。隨陳政父子入閩的將士及其所帶眷屬近萬人，大部分落籍福建漳州。據後人考證，

這次入閩將士及家眷的姓氏有陳、許、盧、戴、李、歐、馬、張、沈、黃、林、鄭、魏、朱、劉、徐、廖、湯、塗、吳、周、柳、陸、蘇、歐陽、司馬、楊、詹、曾、蕭、胡、趙、蔡、葉、顏、柯、潘、錢、余、姚、韓、王、方、孫、何、莊、唐、鄒、邱、馮、江、石、郭、曹、高、鍾、汪、洪、章、宋、丁、羅、施、翟、卜、尤、尹、韋、甘、寧、弘、名、陰、麥、邵、金、種、耿、謝、上官、司空、令狐、薛、蔣等84姓（見新編《固始縣誌》）。第二次在唐末五代時期。固始人王潮、王審知兄弟聚眾響應黃巢起義，率領數萬人渡江南下，後在福建建立了閩國。《臺灣省通志》記載：唐末五代隨二王入閩的有陳、張、李、王、吳、蔡、楊、鄭、謝、郭、曾、周、廖、莊、蘇、何、高、詹、沈、施、盧、孫、傅、馬、董、薛、韓等共27姓，以固始人居多。由於這兩次移民都發生在唐代，對當時地處邊遠的閩地而言，「唐人」自然也就成為中原人的稱謂。後來臺灣人稱大陸人為「唐人」、稱大陸為「唐山」，就是這種歷史稱謂的延續。「唐人」也是海外對中國人的泛稱。中國歷史上的唐王朝，是一個非常繁榮強盛和極為開放的王朝，與周邊各國的文化、商貿交往活動十分頻繁，當時很多國家都仰慕大唐文化，派人來中國學習和進行貿易活動，並把當時處於世界領先地位的盛唐文化帶回到自己的國家，大唐文明因此傳播到世界各地，並對世界產生了巨大、久遠的影響。盛唐時，中國也有很多人到國外經商，由於各種原因而留居在當地。唐朝移居海外的漢人，大多自稱唐人，而稱中國為「唐」。

二、臺灣漢族的姓氏源頭均在祖國大陸

臺灣省人口現有2300餘萬，漢族約占98%，其中80%是閩南人，20%是客家人。目前臺灣使用的姓氏約有2000餘種，人口最多的十大姓為陳、林、張、王、黃、李、吳、蔡、劉、楊（據1989年統計資料）。臺灣十個大姓人口眾多，合計約占全臺總人口的50%以上。此外，許、鄭、謝、郭、賴、曾、洪、邱（丘）、周、葉、廖、徐、莊、蘇、江、何、蕭、羅、呂、高、彭、朱、詹、胡、簡、沈、施、柯、盧、余、翁、潘、游、魏、顏、梁、趙、範、方、孫、

鍾、戴、杜、連、宋、鄧、曹、侯、溫、傅、藍、姜、馮、白、塗、蔣、姚、卓、唐、石、湯、馬、巫、汪、紀、董、田、歐、康、鄒、尤、古、薛、嚴、程、龔、丁、童、黎、金、韓、錢、夏、袁、倪、阮、柳、毛、駱、邵等90姓也人口眾多，與上述十大姓合稱為「臺灣一百大姓」。

臺灣漢族各姓氏的祖根都在中國大陸，他們的祖先絕大多數早先居於中原地區，幾經遷徙最後再由福建入居臺灣。例如陳姓的「根」在今河南省淮陽縣一帶；林姓的發源地在今河南省淇縣、衛輝市一帶；張姓的發源地在河南濮陽和山西太原；王姓發祥地主要在河南洛陽及山西太原一帶；黃姓發源於河南省潢川縣，該地現有古黃國故城遺址；李姓發源於河南省鹿邑縣，這裡是李氏祖先李耳（老子）的故鄉；吳姓發源於江蘇蘇州市；蔡姓發源於河南省上蔡縣；劉姓發源於河南的魯山縣（祁姓劉）和偃師市（姬姓劉）；楊姓發源於山西省洪洞縣，弘農楊氏發祥於陝西華陰和河南靈寶一帶。

總之，絕大多數臺灣同胞的姓氏都是從祖國大陸帶過去的，海峽兩岸人民歷來就有割不斷的血脈淵源關係。正因為如此，在近年來風靡世界各地的姓氏尋根活動中，臺灣同胞也表現出極高的熱情，他們衝破重重阻力和干擾，不斷組團來大陸尋根謁祖，典祭先賢，表現出對祖地故土的深切思念和嚮往之情。

三、歷代大陸向臺灣移民情況簡述

臺灣與福建僅隔一泓海水，自古以來海峽兩岸人民就有著頻繁的交往和聯繫。早在公元230年，東吳大將衛溫、諸葛直曾率甲士萬人航抵臺灣；隋朝時，隋煬帝曾三次派人到臺灣「慰撫」當地居民。唐代，大陸人民開始移居臺灣。到了宋代，宋王朝設置管理機構，實施戶籍管理，駐軍澎湖，管轄臺澎。明代的臺灣雖一度被荷蘭侵略者竊據，但最終又被收回祖國懷抱。宋元以後，隨著東南沿海海上貿易的發展，閩南人移居澎湖者日漸增多，到元朝末年，已有相當數量的閩人定居臺灣、澎湖列島。明、清時期，由閩、粵向臺灣島的移民不絕於道，並

多次形成移民高潮。這一時期大陸人移居臺灣的主要原因是從軍、墾殖、經商等。如明朝後期，鄭芝龍（鄭成功之父）等率部抵臺，在臺北北港設寨屯田，並不斷招募漳州、泉州、興化沿海人民到臺北拓荒墾殖。崇禎年間，福建大旱，鄭芝龍在福建巡撫熊文燦的支持下，招募沿海災民入臺墾殖，每人「給銀三兩、三人給牛一頭」，當時有數萬災民來到臺灣，開始了對臺灣有組織的大規模開發。

　　1662年，鄭成功為了建立反清復明基地，率領將士2.5萬人，從荷蘭殖民者手中收復了臺灣。鄭成功去世後，他的兒子鄭經繼承父業，繼續營建臺灣。鄭氏在臺期間，採取各種措施招徠大陸沿海百姓入臺開荒，鼓勵民間私墾。這一時期漳州、泉州、興化一帶赴臺百姓達15萬人之多，為臺灣寶島的進一步開發奠定了堅實的基礎。清康熙二十二年（1683年）清政府統一臺灣之後，在臺灣設一府三縣，隸屬福建省。此後，由大陸渡海入臺墾殖的百姓不絕於道，到了康熙中葉，清廷放寬海禁，福建、廣東沿海百姓成群結隊前往臺灣墾荒，先後達幾十萬人，形成了又一次由大陸向臺灣移民的高潮。至乾隆五十一年（1786年），臺灣居民已達200餘萬。明末隨鄭成功入臺灣的將士有相當一部分是中原移民的後裔。如鄭成功的祖先就是唐末五代時「從王潮自光州固始入閩」的。由大陸向臺灣最後一次大規模移民發生在20世紀1940年代末，1949年國民黨軍退守臺灣時，約有200多萬人隨往臺灣島，這些人除了來自福建、廣東外，還有來自全國其他省區的。

四、近年臺胞來大陸尋根活動情況

　　臺灣同胞歷來都很重視同宗、同鄉關係，一直保持著中國農村社會的傳統習俗。當中國大陸移民最早來到臺灣時，往往是同鄉同族人結伴而行，聚族而居。隨著時間的推移，赴臺移民逐漸增加，各姓氏家族發展擴大，人口增多，大陸的新老移民們為聯絡同姓同宗之間的情誼，紛紛仿照自己祖地的習俗，續修家譜、蓋祠堂，形成各自的家族組織，以後又陸續成立了各種姓氏宗親會、宗親總會

等，進一步擴大和加強姓氏聯誼團體。據1979年臺灣《新生報》統計，截至當年，在臺灣登記的各種姓氏宗親會達222個。如今，這些宗親會成員已成為臺灣民間與大陸開展文化交流的骨幹力量。

20世紀1970年代末期，隨著中國大陸社會環境逐漸寬鬆，臺灣同胞回大陸尋根者絡繹不絕，尋根熱潮不斷掀起，臺灣各姓氏宗親會活動頻繁。1978年10月，臺灣圖書館舉辦了《根——臺灣的過去和現在》特別展覽，展出了中華民族開拓臺灣200年的歷史資料，證明臺灣和大陸的一脈相承、息息相關的歷史淵源。同年，「臺灣史蹟源流研究會」召開年會，對臺灣的根源展開熱烈討論。與會人員指出：臺灣是「枝」，中國大陸是「木」，臺灣的「根」扎在大陸，與大陸有著深厚的地緣、血緣關係，臺灣世居同胞以及文化、生活，無一不來自大陸。

1979年6月，臺灣《中國時報》發表題為《鄉土、血統、根》的文章，指出：「臺灣是我們直接的根，而這根又嵌在更大的根裡，那便是中國。」不久，臺灣黎明文化事業公司出版了《五百年前是一家》歷史叢書，從不同角度考證了絕大多數臺灣人的祖先是明清兩代漂洋過海到臺灣定居的閩南人和客家人。此後，臺灣新聞界、史學界、文化出版界以及文人學者都紛紛以「根」為主題，發表了一系列文章，從臺灣的地理、歷史、文化、風俗、宗教、姓氏等方面，考證臺灣與祖國大陸的血脈淵源。臺灣臺中市還成立了「臺灣各姓氏淵源研究會」，多年來一直收集整理族譜文獻，致力於研究臺灣姓氏與祖國大陸的源流關係。自此，一股股長久埋藏於臺胞心底的思鄉情結悄然迸發，回歸祖國大陸尋根的願望勃然興起。

遊子思歸，人同此心。尋根謁祖、歸鄉探親已經成為不可阻擋的潮流。自從1987年10月臺灣當局允許臺灣同胞赴大陸探親以來，臺灣回大陸尋根探親的人急劇增多：1988年為45萬人次，1990年達90萬人次，1992年近150萬人次。臺灣各姓宗親會也抓住時機，紛紛組團來大陸尋根謁祖。他們最初是到福建、廣東沿海一帶訪祖認親，後來不再滿足於沿海家鄉，進而深入到祖國內地尋根，很多地方都留下了臺灣同胞尋根覓祖的足跡。

河南省所在的中原地區，地處黃河中下游，是中華文明的搖籃，也是華夏姓氏的主要發祥地。據有關資料統計，中華古今22000多個姓氏中，源於河南的約占40%以上；在當今中國人口最多的300大姓中，有150多個姓氏起源於河南。近年來，世界各地的華人和臺、港、澳同胞相繼到河南尋根謁祖、旅遊觀光，其中臺胞來尋根的人數和次數最多，據不完全統計，自1987年11月以來，到河南的臺灣同胞近130萬人次，其中有26.7萬人次是來尋根祭祖的。1989年至1995年，到河南洛陽王城公園拜謁「根在河洛」碑的團體有120多個，人數達2萬人次。

　　從臺灣同胞不斷到祖國大陸的尋根活動不難看出，中華姓氏有著何等的凝聚力！它已經不單純是一個簡單的文化符號，而是中華民族血緣相繼的標記，是中華民族團結的紐帶和橋梁。海峽兩岸人民擁有共同的姓氏，充分說明了臺灣同胞和祖國大陸人民是同文同種同根，血濃於水，兩岸人民歷來有著割不斷的親情關係。

　　　　（本文作者劉翔南為河南省中原姓氏歷史文化研究會常務副會長、編審）

臺灣姓氏人口與河南固始的淵源關係

張紹良

　　河南，古稱豫州。因位於中華九州的中心又沃土千里被稱作中原。中華民族的人文始祖炎帝和黃帝就誕生在這裡。孕育發源在這裡的河洛文化是中原文化的核心，也是中華傳統文化的精華和主流。河洛文化以「河圖」、「洛書」為標誌，體現了中華傳統文化的根源性；以夏、商、周三代文化為主幹，體現了中華傳統文化的傳承性；以洛陽古都所凝聚的文化精華為核心，體現了中華傳統文化的厚重性；以「河洛郎」南遷為途徑把它傳播到海內外，體現了中華傳統文化的輻射性。

一、河洛郎、閩南人、河洛人源於河南同根

「河洛郎」和「河洛人」是從臺灣傳回的稱呼，而河洛地區的人們並不這樣自稱。實際上，臺灣人對從閩南遷居臺灣而祖籍是河洛地區的人，才稱其為「河洛郎」或者「河洛人」的。由此可見臺灣「河洛郎」這一稱呼的來歷，直接來源於臺灣——閩南——河洛之間悠久而深遠的歷史淵源關係。

臺灣人姓氏人口的組成部分，主要是河洛人、客家人和高山族（臺灣少數民族）三種人。

臺灣的前十大姓氏占臺灣總人口的一半以上，均發源於中原河洛；他們來臺之前，大部分世代居住在閩南，是地地道道的河洛人。

臺灣現有的文獻，缺之有關清代人口的詳細統計資料。日本占領時期曾進行過多次調查。根據1930年統計的人口資料，當時臺灣河洛人和客家人為411.87萬人。其中，祖籍廣東的為64.87萬人；註明從祖籍泉州和漳州遷移去的河洛人有347萬人，占總人口的84%。1940年，臺灣省共有漢族529.60萬人；其中來自廣東的客家人80.33萬人，只占漢族人口的15.7%，而大量的是來自福建閩南的河洛人。

1956年9月16日，臺灣當局進行了第一次人口普查。所獲的資料顯示：臺灣省居民共計815.81萬人。其中祖籍屬於福建省系的691.36萬人，占臺灣全省總人口數的84.75%；祖籍屬於廣東省系的有122.77萬人；占15.05%；祖籍屬於其他省份的有1.67萬人，只占0.2%。在當時全臺灣省21個縣市和一個管理局中，祖籍屬於福建省系人占多數的就有19個縣市和一個管理局。只有苗栗和新竹兩個縣廣東省系的客家人人口多於福建省系人口。在開發比較早的澎湖縣和臺南縣以及臺南市，客家人只有5719人，大量的是福建閩南河洛人。

1979年臺灣當局公布，全臺灣地區1740萬人中，漢族有1710萬人，占全地區總人口的98%，其中祖籍廣東的客家人口只占20%，而占80%的是由福建去臺灣的河洛人。

1990年臺灣「主計處」統計,當時臺灣2039萬人口的血緣來源情況具體為:一是近二三百年來從福建漳州、泉州移民的閩南人後裔約1450萬人,占臺灣總人口的71.1%;二是近二三百年來陸續從廣東梅縣、潮汕一帶移民臺灣的客家人後裔約290萬人,占臺灣總人口的14.3%;三是1949年前後從大陸各省跟隨國民黨當局去臺灣的軍民及其後代約270萬人,占臺灣總人口的13.5%;四是統稱高山族的9個早期從大陸移民臺灣的少數民族,約34萬人,占臺灣總人口的2%弱。

二、臺灣的多數姓氏人口來源自河南固始

河南與臺灣路遙海闊,但是高山大海阻隔不住血濃於水的家鄉親緣。臺灣省現有的2300萬人口中,祖籍是河南的河洛人占80%以上,多數姓氏來自河南。

1946年,福建省雲霄縣做過一次人口統計,當時全縣總人口11.38萬人,共81姓。在族譜中明確寫明先後從河南入閩的有:關、張、陳、柳、王、湯、蔡、林等姓,共9萬人,約占全縣總人口的80%。

1984年,福建人民出版社出版了《閩臺關係族譜資料選編》。其中上篇「移民資料」中提到先祖來自河南固始的族譜就有16部之多,他們分布於晉江、泉州、南安、安溪、永春、漳州、龍海、詔安、仙遊、長樂等地。福建南安東門《謝氏族譜》記載:「唐僖宗文德元年(888年)進士,福建御史大夫滔公(用珍),避黃巢兵於閩之泉州晉江。」臺灣《萬興戶謝氏家譜》云:「其先為謝安之後,因黃巢之亂,避居福建寧化石壁……」。福建泉州賢板《張氏族譜》載:「先祖張天覺,河南光州人,南劍州刺史,朱溫篡唐,棄官入閩……」。又如福建莆田《郭氏族譜》:「吾宗譜著自旌表孝子廷煒公,蓋從光州三遷而始入莆也……」。再如範姓,「唐僖宗乾符元年(874年),由於中原戰亂,河內(今河南沁陽)人範坤舉家十八口徙居浙江杭州,後移江蘇南京,再徙福建寧化黃竹逕,是為範氏入閩始祖」。鄭姓發源於河南滎陽;福建的《莆田南潮鄭氏

譜》記載：「晉永嘉時，鄭昭入閩任刺史，是為閩中鄭氏開山祖。」再如，唐末林諝《閩中記》：「永嘉之亂，中原士族林、黃、陳、鄭四姓入閩。」

1988年，臺灣出版了巨著《臺灣族譜目錄》。該書收錄了200多種姓氏族譜；這些家族的開基祖大部分是來自中原河洛。如臺北縣《胡氏族譜》記載：「胡公滿之後，古代世居於陳；西晉之末，五胡亂華，乃與林、黃、陳、鄭、詹、邱、何八族入閩，居晉安郡（今漳州、泉州）。至唐，有胡竦者，登進士第，官中議大夫，是為閩中第一世祖。迨至宋末，避元入閩，再居閩南各縣，今閩中胡氏俱其後裔……」。

臺北縣土城鄉的《何氏族譜》記載：「何之先祖本河南光州固始縣人，自周武王、唐叔虞裔孫唐儀鳳間，何嗣韓從陳元光經略開閩，因家焉……」。

清溪《永安謝氏族譜》記載：「祖為光州固始人，從王審知入閩，遷泉州之安溪縣永安東皋焉。」據1953年臺灣戶籍的統計資料，當時戶數在500戶以上的100個大姓當中，就有63姓的族譜上明確記載其先祖是來自河南光州固始。這63姓共670512戶，占臺灣當時總戶數（828804戶）的89.9％。臺灣總人口中，陳姓有300萬人，林姓有200萬人，張姓有145.5萬人，李姓有120萬人，蔡姓已超過60萬人。

三、郡望與堂號佐證閩臺姓氏來源於河南

臺灣姓氏人口與河南的淵源關係從郡望和堂號上也能得出有力佐證。廈門大學黃典誠先生說，臺灣同胞尋根的起點是閩南，終點無疑是河南。清朝學者黃遵憲說：「方言足證中原韻，禮俗猶留三代前」。讓我們看一看閩臺的一些姓氏家族堂號吧。

如福建陳、鐘、賴、鄔、田、李、於等姓稱「潁川堂」，表明這些姓氏的先祖是來源於現今的河南許昌、禹州一帶地方。

再如，鄭、潘、毛等姓氏的堂號為「滎陽堂」，汪姓稱「汝南堂」，丘姓稱「河南堂」，蘭姓稱「汝南世第」。邱、褚、禹、方、蕭、羅、於、利等姓氏稱「河南堂」；葉、駱、滕、鄧、翟、韓、岑、張、趙等姓稱「南陽堂」；謝、阮、於、潘、衛、伊等姓氏稱「陳留堂」；周、齊、殷、危、咸、平、袁、梅、盛、昌、應、廖、沙等姓稱「汝南堂」；楊、刁、譚等姓稱弘農（今靈寶）堂；江、蔡、卞、左、丁、柯、庚、陶等姓稱「濟陽（今民權）堂」；陸、司馬、陵等姓稱「河內（今沁陽）堂」；等等。我們從堂號上就可以看出來，這些姓氏無論居住在哪裡（有的原居閩南，現遷臺灣），只要認真看清堂號，就可以分辨出他們家族是來源於河南的具體地方。臺灣師大教授陳大絡說：「中原人是閩臺血緣之根。」（《豫閩臺姓氏源流》）。臺灣通史的作者連橫先生講得最坦白，他在《臺灣通史》裡寫道：「臺灣之人，中國之人，而又閩粵族也。若再溯及遠祖，則皆來自中原」。連先生在這裡已經清晰明確地把臺灣（福建）與河南的淵源關係用一條紅線連起來了。

除了族譜堂號可以佐證臺灣與河南不可分割的淵源關係外，在臺灣島上的人丁數量排列在前十位的大姓，也是佐證河洛先民南遷閩南，然後渡海赴臺、開發臺灣的最有力證據。

過去在福建地區有一句很有名的諺語，叫做「陳、林、蔡福建占一半」。陳家、林家、蔡家歷史上子孫茂盛人丁興旺可知一般。現在把這句話拿來用在臺灣島上，毫無疑問也是恰如其分的，陳、林一直是高居臺灣第一、第二的大姓。依照臺灣省文獻會的統計，在臺灣人口中，陳姓占有12%弱；林姓占有8%強。幾乎每5個人當中，就有一個人姓陳或者姓林。這種現象，說是「半天下」、「占一半」雖然誇大一點兒，但人多勢眾應該是無可置疑的。

根據臺灣省文獻會統計，臺灣的前十大姓氏除了陳、林二姓，其餘8個姓氏在全臺灣人口中所占的百分比依次是這樣的：黃姓占6%強，張姓占5%強，李姓占4%強，王姓和吳姓各占4%弱，蔡、劉、楊三姓各占3%弱。由此可見，臺灣所有居民中，上述的前十個姓氏的子孫，總共占了臺灣人口的一半以上。而他們的先祖均發源於中原河洛，是純之又純的河南人。由於歲月悠悠，他們南遷福

建，再遷臺灣。

四、福建寧化石壁客家公祠佐證

客家源於河南「北有大槐樹，南有石壁村」。大槐樹是明代移民的集散地，而石壁村則是客家先民中轉停留之地，石壁村客家公祠有一聯楹聯寫的是：「客本中原漢裔自兩晉衣冠南下石壁安居萬載不忘祖籍，家遷入表南荒經千年篳路藍縷五洲立業千秋永念宗功」。客家公祠碑文中寫道：「客家乃中原華冑。永嘉之亂，唐末兵燹，加之黃河水患，度日艱難，為生存，求發展，客家先民，數度舉族南遷。輾轉吳楚，流徙皖贛，篳路藍縷，彙集於寧化石壁盆地間……百餘姓先祖，揮灑血汗，墾荒拓植，生息繁衍，儒家風範，薪火相傳。客家文化在此發源……」。廣東梅州客家代表到寧化石壁祭祖，其奠文中寫道：「寧化石壁，客家搖籃，中原南下，定居是鄉……勤勞刻苦，舉世名揚……」。從石壁客家公祠的楹聯碑文及客家奠祖祭文中我們不難看出，其中有一個共識，就是寧化石壁村是中原漢人南下的定居總基地。

福建寧化石壁村客家公祠所祀有151姓，其中來自河南的有30姓，即陳、周、鄭、韓、葉、白、丘、顧、危、練、滕、鄧、賴、蕭、諶、蘭、潘、於、戴、方、陸、刁、阮、駱、虞、柯、喬、鍾、曹、謝。遷入姓氏之多，居各省之首。151姓中，遷自山西的有27姓，河北的22姓，甘肅20姓，山東14姓，都不能與河南相比。又據清以前遷入寧化的98姓（支）統計，河南有20姓（支）：鄧、葉、陰、丘（固始）；連、謝、傅、彭（固始）；郭、陳、鍾、賴、管、溫、諶（潁川），周、蔡（汝南）；伊（陳留）；劉（洛陽）；吳（中川）姓氏之多，也居其他各省之首。

從家譜上也能佐證客家與河南的淵源關係。如劉姓。劉備次子劉永在蜀國滅亡後兩晉之交遷江南。「黃巢亂起，劉無錫棄官奉父翔（祥）避居福建石壁祠，號東派」（《嘉應劉氏族譜‧劉氏源流》）。潁川人賴氏「於唐貞觀年間播遷入

閩，其後散居汀州寧化、上杭、永安諸縣」（《客家源流研究》）。唐浚儀（今河南開封市）人吳競的後裔吳有，遷居福建寧化，是為閩粵吳氏始祖（《客家源流研究》）。再如，發源於淮濱的蔣姓，唐末之亂時，蔣勇全家南遷入贛，其子蔣經入閩，留居汀州寧化石壁（《客家文化大觀》下冊）。發源於新鄭、洛陽的韓姓，宋代寶慶年間，韓林卿任汀州府通判，宋末元初，子孫遷居於長汀河田、寧化、上杭等地，後家居於粵東、閩南（《客家文化大觀》下冊）。

　　縱觀臺灣姓氏人口的成分，無論是河洛郎、閩南人、客家人，其根在河南。血脈紅線的一端在臺灣，而另一端則在河洛中原。莘莘河洛郎是開發臺灣和建設臺灣的主要力量，河洛郎「根在河洛」；客家人「根在河洛」；臺灣姓氏人口與河南一脈相連。

（本文作者張紹良為中共襄樊市委黨校教授）

移民與臺灣的「內地化」

尹全海

　　在訊息傳播和交通條件相對落後的古代社會，文化和生產技術的擴散與交流，大多是透過移民實現的。中國移民史上漫長而艱辛地向臺灣移民即承載著民族融合和文化傳播的特殊使命：它不僅是中華民族大融合的重要一環，還是中華文化從起源地向四周擴散、傳播的一個重要方向。如此艱辛而漫長的歷史進程始於西漢「七國之亂」之時，至唐末五代，先後出現了中原之民遷徙入閩的三次高潮。兩宋以後，繼有入閩之中原之民，遷至澎湖，進而渡海赴臺。連橫在《臺灣通史》中記曰：「當宋之時，漳、泉邊民漸來臺灣，以北港為互市之口。」至荷蘭、西班牙殖民者入侵之前，中國移民，主要是福建漳、泉移民的足跡已經遍及臺灣全島，與土著居民和睦相處，共同開發臺灣的資源，成為臺灣的真正主人。郭廷以對此總結道：「臺灣的開發經營，幾乎全為閩南漳泉人與粵省客家人之功……所謂閩南人與客家人，原均為中原人，為了政治及經濟的原因，他們被動

地或主動地逐步南徙,擴展到沿海地區。又為了同樣的原因,又擴張到臺灣。」總之,中華先民從中原到閩南,再從閩南到臺灣,生生不息,淵源不斷,攜帶中華文化和中原文物,為臺灣之開發,日積月累,使「化外之域」的臺灣島,最終完成了「內地化」進程,成為中國領土不可分割的一部分。

一、臺灣「內地化」理論

臺灣「內地化」,係指清代臺灣移民社會的發展趨勢(或模式),即從移民社會(或移墾社會)向定居社會(或文治社會)的轉型。臺灣歷史的「內地化」趨勢,是著名歷史學家郭廷以先生提出的。1949年,郭廷以在《臺灣史事概說》一書中,首先運用了「內地化」這一概念,成為1970年代以後臺灣史學界「內地化」理論的先驅,且引起了「內地化」與「土著化」之爭論。

郭廷以最初使用的「內地化」概念與中國化有相同的涵義,如他在《臺灣史事概說》中指出,在中央王朝的政治機構與統治力量未真正到達臺灣之前,「漢人早已奠定了他們不可撼動的經濟基礎和文化基礎,臺灣已經實質上內地化,中國化了」。此為郭廷以第一次提出「內地化」概念,即與中國化同時使用。後來,他在《臺灣早期的經營(230-1683年)》一文中再次提到:「在鄭氏治理下的22年(1660-1682年),臺灣與大陸的關係開了一個新紀元,臺灣的開發建設進入了一個新時代,漢民族大量移入,煙火相接,血統風俗,制度文化,全部中國化。」無論是內地化還是中國化,郭廷以強調的是,由於福建移民到臺灣後引發臺灣社會向大陸「看齊」的進程,是一個移民移植的過程或大陸社會的自然延伸。這裡,郭廷以初步將移民作為臺灣「內地化」的動力,因為,赴臺墾殖的早期移民,不僅保持了母體的風俗習慣、耕作方式,而且還「攜中原文物以俱來」,他們更願意把臺灣塑造成為自己在大陸的祖籍。值得注意的是,郭廷以此時筆下的「移民」特指中原移民,而非漳、泉之民,因為漳、泉之民被郭廷以認為是中原之移民。如此濃濃的「中原情結」,也許是他將內地化與中國化並用的

原因之一。同時，郭廷以還初步明確了臺灣「內地化」的標誌和目標，是大陸「血統風俗，制度文化」在臺灣的「複製」，意指海峽兩岸血脈相連，文化傳承原本一體，無法割斷。總之，移民，特別是中原移民，是臺灣「內地化」的前提和動力。

20世紀1970年代中期，與郭廷以有師生之緣的李國祁先生，透過考察清廷治臺政策，認為，「臺灣自康熙時期歸入清帝國版圖後，雍正以降，清廷所推行的政策，則為使其內地化，其目的在使臺灣變成為中國本部各省的一分支」（李國祁：《清季臺灣的政治近代化——開山撫番與建省》，臺灣《中華文化復興月刊》8卷12期，1975年）。不僅將「內地化」這一概念固定下來，而且還進一步豐富了「內地化」理論的內涵。有人據此認為李國祁是臺灣「內地化」理論的第一人，實則不然。

1978年，李國祁在《清代臺灣的社會轉型》（臺灣《中華學報》5卷3期）一文中，完善了他的「內地化」理論。綜括而言，李國祁的「內地化」理論，主要有三方面的內容。關於「內地化」的目標，李國祁認為：「臺灣移墾社會的轉型，主要是一種內地化運動，即臺灣的社會變遷在取向上以中國本部各省的社會形態為目標，轉變成與中國本部各省完全相同的社會」，即向大陸「看齊」。關於臺灣「內地化」的進程，李國祁指出：臺灣雖很早即為國人所移墾，但其由移墾社會轉變成中華文化的文治社會卻在清代後期，「大體而言，及19世紀中期，臺灣西部已開發地區內地化幾已完成，非僅設官分治與中國本部十八行省相同，甚至地方官亦大多是科舉出身，社會上領導階層已由豪強之士轉變為士紳階級。民間的價值判斷與社會習俗均以儒家的道德標準為主」。至於臺灣「內地化」的動因，李國祁認為有自然因素和人為因素。自然因素，實質就是移民因素。由於移入者絕大多數為閩南及客家人，「其風俗習慣的變遷，自是向其原籍看齊，成為其母體社會的分支」。人為因素，主要是傳統文教制度的建立和先賢的努力，傳統文教制度的建立影響最大。李國祁特別提到，明鄭時期，即建聖廟立明堂，創辦學校，開科考試，使中華文化在臺逐漸生根成長，故「就文教工作而言，其內地化政策實肇始於明鄭時期」（李國祁《臺灣社會的轉型》）。無論是自然因素或人文因素，都與移民社會息息相關，人文因素之傳統文教制度的建

立,可謂隨先期移民的到來而移植,更因他們的推動得以發展並最後取得成功。與郭廷以的「內地化」論相比,李國祁在「內地化」的目標與動力方面,與前者基本保持一致,只是在承認大陸移民在臺灣「內地化」進程中的動力作用的同時,更突出清政府治臺政策之功能。但二者的宏觀視角已明顯不同,前面提到,郭廷以將臺灣的「內地化」視為由移民引發的一個自然的歷史進程,是大陸社會在臺灣的延續;李國祁則把「內地化」作為臺灣移民社會向定居社會的轉型,即從「化外之域」逐漸與大陸社會趨於一致。

二、臺灣的「內地化」進程

臺灣的「內地化」進程,始於明末清初鄭成功對臺灣的經營,完成於晚清劉銘傳主政臺灣;而日本對臺灣的殖民統治則打斷了臺灣社會的內地化進程。

鄭氏經營臺灣之時(1660-1682年),移植大陸典章制度,興學施教,廣招大陸移民赴臺墾殖,奠定了臺灣的「內地化」基礎。首先,鄭氏經營臺灣期間,始終未建新號,所奉正朔為明帝的建元;鄭氏的延平郡王為明廷所封,即使得知永曆帝在雲南殉國的消息後,鄭經仍繼續奉其正朔。鄭氏三代無論在形式上還是在實質上,都與明朝保持著屬臣身分,鄭氏治理下的臺灣可謂大陸明帝國的延續。鄭氏政權在建制上實行與大陸完全一致的政治建置。地方行政,府州縣制,軍隊編制、訓練,封爵,賞罰,悉從明制。大陸長期實行的鄉治、保甲制度和科舉制度,一併移入臺灣。其次,鄭成功入臺不久,清廷在沿海五省劃界遷民。受遷界令影響,沿海人民「弱者棄田撒家,號哭而去;強者憤而東渡」,逃亡臺灣,明鄭時期成為向臺灣移民的又一個高潮。據陳孔立的估算,鄭氏時代漢人人口在10-12萬人之間,與荷蘭時代漢人人口(4.5-5.7萬)相比,增加了6萬人;總耕地面積為30054甲,比荷蘭時代(17800甲)擴大了1.45倍(陳孔立:《清代臺灣移民社會研究》,九州出版社,2003年版)。再次,在眾多移民中,南明遺臣和閩籍文人士子入臺,對於臺灣的「內地化」具有非同一般的意義。他們到

臺後設學興教，著書立説，「將中華文化的種子播灑在臺灣的土地上」，奠定了中華文化的牢固基礎。郭廷以在《臺灣史事概説》中特別強調，福建同安人陳永華對臺灣經濟基礎的奠定、文化教育的推進以及為臺灣的「內地化」做出了巨大的貢獻。1666年，在陳永華的建議下，臺灣的第一座孔子廟在承天府落成，然後設學校於里社；定科舉制度，兩州（天興、萬年）三年兩試，照科歲例開試儒童。州試有名送府，府試有名送院，院試取進入太學。陳永華還建議對番人施以儒家正統教化，令其子弟入學讀書；凡番人子弟入學者，免其徭，「自此臺灣人始知學，文教因之以昌明」。

有清一代，是臺灣「內地化」進程的關鍵時期。康熙二十二年（1683年），臺灣併入清朝版圖，第二年即設臺灣府，隸屬於福建省，下設臺灣、鳳山、諸羅三縣，至是臺灣始歸屬於大陸同一個行政單位。雍正元年拆諸羅縣，設彰化縣、淡水廳，至乾隆末年，西部肥沃平原地區已開墾殆盡，漸入東部山區墾殖。與此同時，科舉制度植入臺灣，儒學、社學、義學和書院等廣為設立，中華文化源源輸入臺灣，文教始趨鼎盛，經此努力，臺灣的行政建置、人口和社會結構，乃至道德價值標準，與大陸趨於一致。其中，臺灣人口基本上實現了自然增長，人口性別和年齡比例嚴重失衡現象亦得到緩解。臺灣社會權力結構的轉型尤為突出。由於渡海墾殖是冒險行為，英武勇猛、意氣自雄之豪強之士，往往能夠首先占有更多的資財和更好的土地，成為大戶，再憑藉其任俠精神和駕馭能力，成為社會之上層。所以，臺灣社會之權力結構與大陸各省不同，其領導階層多為豪強，少有知識分子和士紳。如宜蘭地區的吳沙、大甲地區的林成祖、臺東地區的吳全、新竹地區的周邦正和姜秀鑾、埔里地區的鄭勒先等，都是敢於冒險犯難的移民先鋒。隨著科舉制度在臺灣的移植及其昌盛以及書院的普遍建立，臺灣社會的權力結構發生了明顯變化。咸、同以後，臺灣已設書院55所，儒學和社學遍及全臺。由於文教漸盛，臺灣士紳階層隨之興起，逐漸取代原來移民社會中的豪強之士，成為社會的領導階層，與大陸之權力結構趨於一致。

劉銘傳主政臺灣（1885-1891年）時，臺灣徹底「內地化」。具體表現在：政治上，實現臺灣建省，提高臺灣的地位，使之成為地方最高行政單位，加強了與中央的聯繫。撫番政策上，為達生番的真正歸化，施以懷柔之法。凡生番出山

來投，餉以酒食，番童就塾，月賞銀三元，作紙筆之用。獎勵農耕，興修水利，講求番人授產之道，「下裕民生，上裨國計」。對熟番待以漢人平等之待遇。大力推行新政，架設臺北至基隆、滬尾、臺南陸線八百里，聯通全省，鋪設安平至澎湖、滬尾至福州水線，連接大陸。加強臺灣防務，呼籲經營臺灣當以抵禦外侮為第一要義；抵禦外侮當以加強臺灣防務為急。由於劉銘傳等認為，只有中國的政治文化在臺灣生根，使其向中國本部看齊，與內地完全一樣，才能拒外患絕後患，所以，劉銘傳主政之時，臺灣政治文化的近代化是以臺灣的「內地化」為目標，從而形成了「臺灣的近代化與內地化合二為一」。李國祁教授由此指出：當中國遭遇「千年變局」，歐風美雨之下，中國本部漸有西化趨向之時，臺灣卻日益內地化，對中華本土文化保持了極強的向心力。「內地化」不僅是臺灣近代化的目標，還是臺灣近代化的原動力。

不幸的是，1895年以後，日本對臺灣實行殖民統治，推行「皇民化運動」，從歷史、文化和種族上割裂臺灣與大陸的血肉聯繫，打斷了臺灣的內地化進程。「皇民化運動」也對臺灣歷史研究產生了極壞的影響，日後對臺灣歷史的「臺獨」化解釋，均源於此時。

三、餘論

李國祁對清代臺灣社會轉型的概括，即「內地化」理論，受到來自社會學和民族學家的質疑。1975年，陳其南在其碩士論文《清代臺灣漢人社會的建立及其結構》中，透過歷史材料和人類學研究理念，提出「土著化」概念，後李亦園、王崧興兩教授也加入了關於「土著化」的討論，遂有「內地化」與「土著化」之爭。因已超出本文的範圍，恕另文論之。在此需要指出的是，儘管「內地化」和「土著化」論者都試圖發現清代臺灣從移民社會向定居社會發展的趨勢或模式，但兩者採用了截然不同的研究方法和研究對象：歷史學以臺灣和臺灣各族群為考察範圍，考察他們從「化外之地」到中國本部之一支、從「化外之民」到

中華赤子的歷史過程,更喜歡用「內地化」概念;民族學僅以大陸移至臺灣的漢人為考察對象,只針對漢人的土地認同,則更願意使用「土著化」這個名詞。他們得出不同的結論是正常的,應該說這種分歧屬於學術範疇,後學者勿將其擴大化或政治化,乃學界之幸也。

(本文作者尹全海為信陽師範學院歷史文化學院教授、歷史學博士)

閩王故里與固始臨泉王氏

許竟成　戴吉強

閩王王審知,唐代光州固始縣人,唐末天下大亂,王審知與兄王潮、王審邽帶領萬眾,於光啟元年(885年)入閩,其中5000人為固始縣籍民。王氏三兄弟領義軍除暴安民,不久統一全閩。光化元年(898年)九月,唐廷授王審知為福建節度使。唐亡,後梁太祖於開平三年(909年)封王審知為閩王。隨王氏兄弟入閩的固始縣籍民70多姓氏5000餘人,在福建安家落戶,繁衍生息,其後裔播及廣遠,並播遷至臺灣與海外。王審知的故里固始縣臨泉村(今屬固始縣分水亭鄉),千百年來成為閩臺及海外「固始王氏」後裔的郡望。

一、閩王故里

閩王王審知,於《新唐書》、《舊五代史》、《新五代史》、《十國春秋》皆有記載,是「光州固始人」。然而王審知故居究竟在固始何處,史書不詳。

《新唐書·王潮傳》載:王潮「五代祖曄為固始令,民愛其仁,留之,因家焉」。《開閩忠懿王氏族譜》記載:「開閩忠懿王審知五世祖曄,唐貞元中守定城宰。」是先為固始令,後調任光州治之定城宰時,因「仁澤及物,頌聲載

道」,而留家焉。王曄,即王潮、王審邽、王審知之五世祖。明嘉靖《固始縣誌》在「世家」中記載:王審知之家,「世以資顯」。《舊五代史》卷一三四記載:王審知,「父恁,世為農民」。由此可知,閩王出生於世代耕讀的家庭,其故里居處在固始農村。

《奉常王氏族譜》,是閩王王審知從族兄弟王彥英裔孫的支譜。譜載:彥英「從族人潮入閩,旋攜家浮海赴新羅。新羅長愛其才,父子相繼執國政。彬年十八,以賓貢入太學。淳化三年壬辰(992年),進士及第」。王彬「累遷太常寺少卿」,後休官「復家於固始」,居「縣東建安鄉第一都臨泉村」。這裡明確記載王彬「復家」於固始的具體處所。王彬由「汴梁紅石橋」而復家固始,自然是因循舊居而家。王彥英、王彥復與閩王王審知同為王曄的五代孫。建安鄉第一都臨泉村是王曄及其子孫營建的舊居,也應是閩王王審知的故居,是唐末王審知由閩地轉回光州固始「約其屬」時的王氏家族居所。當時舉族徙閩時,沒有復返的意思,100多年後,王彥英孫王彬又復居其所。嗣後,子孫繁衍,相應建有第二都等,那是南宋以後的事。《奉常王氏族譜》於「　公」下載:　公第五子敏,於清康熙二十年(1681年)「將田地數十石施捨修建安鄉第二都臨泉龍王社」。「龍王社」地在明清時代稱謂的縣「東鄉羅家集」內。

建安鄉第一都臨泉村,在縣東泉河之西。清嘉慶十八年(1813年)「資政公重修王家橋碑記」記載:「吾高祖諱敏,舊居河西,名王家寨,遺址尚存。河之東即丘墓之所。」王家寨有王家祠堂,橋建於「家佛堂前」。道光二十三年(1843年)「黃岩公重修王家堂碑記」記載:王家堂「距城五十里之東鄉,吾先人所建,招僧以奉香火者,廟之外為泉河故道」。

建安鄉,是固始的歷史地名。明嘉靖《固始縣誌‧鄉里》記為縣東鄉,即「東曰建安鄉」。第一都臨泉村,即今縣東分水亭鄉王堂村及周邊區域。今王堂村即以「王家堂」而得名。

對於閩王故里舊居王家寨及王家祠在今分水鄉王堂村的所在,泉河故道的鄉民至今一一可指。

閩王故里舊居王家寨,在固始城東古道50華裡許,在今分水亭鄉王堂村東

北近處。安陽山如畫，是其自然背景；古陽泉河如帶，在其東繞流；其西4華裡處有古代東鄉繁華集市蟠龍集。此寨舊有樓、廳、屋及地下密室，有園，有水圍，具有古代士族村居的典型性。今天，因公路改道，較為偏僻，距縣城20多公里。固始縣和分水亭鄉人民政府，立有閩王王審知故里紀念碑。

閩王舊居王家寨址面積5畝多，四周水圍面積5畝多。宋元之際，臨泉王氏族人因兵火逸離，住宅房屋一度破落；明代，臨泉王氏族人興旺後又重新修復。清代，族譜記載仍有邑地名人「有錢王懌」者居住。新中國成立後，寨內房屋分給多戶異姓鄉民居住。現有些房屋已成殘垣斷壁，有四五家住戶，也已動員外遷。寨內尚有一片竹園，有古井三口，有樓房臺基，有地下室未挖盡部分。址基條石、唐宋磚塊，村部均取樣收藏。

二、臨泉王氏源出及世系

固始臨泉王氏系出東周靈王太子晉。《新唐書‧宰相世系》記載：「周靈王太子晉以直諫廢為庶人，其子宗敬為司徒，時人號曰王家，因以為氏。」周靈王初年，流經濟陽的谷、洛二水時常泛濫，靈王派人雍塞河道，太子晉力陳不可，主張疏濬。力諫不納，而廢為庶人。太子本王屬，故其人其子被稱為王家，遂以王為氏。現據《忠懿王氏族譜》和《奉常王氏族譜》，參考《史記》、《晉書》、《世說新語》，臚列自靈王太子晉至閩王王審知共四十三世世系：

一世，東周靈王太子晉。

二世，宗敬，司徒。

十世，翦，秦大將軍。《史記‧王翦傳》記載：王翦，頻陽（今陝西富平）東鄉人，事秦始皇，「秦始皇二十六年，盡並天下，王氏、蒙氏功為多，名施於後世」。

十一世，賁，秦大將軍。

十二世，離，秦大將軍。《史記·白起王翦傳》記載：「秦二世之時，王翦及其子賁皆已死」，「秦使王翦之孫王離擊趙」，「項羽救趙」，「虜王離，王離軍遂降諸侯」。

十三世，元、威。元，離長子，居琅琊，開琅琊郡王氏。琅琊王氏本居皋虞，後徙臨沂。威，離次子，居太原，開太原郡王氏。

二十世，吉，字子陽，西漢朝諫大夫。

二十一世，駿，御史大夫。

二十二世，崇，大司空。

二十三世，遵，事東漢光武，樂浪太守。

二十四世，音（譜名），史作仁，青州刺史。

二十五世，融，字巨偉，家琅琊臨沂，公府征辟不就。

二十六世，覽，字玄通，光祿大夫；兄祥，字休征，琅琊臨沂人。漢末遭亂，祥扶母（繼母）攜弟覽避地廬江，隱居30餘年。祥耳順之年，應徐州刺史呂虔之召為州事別駕。時人歌之曰：「海沂之康，實賴王祥。邦國不空，別駕之功。」累遷大司農，拜司空。

二十七世，裁（一名義），字士初，晉鎮軍司馬。

二十八世，導，字茂，小字阿龍，官大司馬、太傅。咸和五年（330年）薨，年六十四。

二十九世，洽。

三十世，字之琳，晉司徒，東亭侯。謚獻穆。

三十一世，曇首，南朝劉宋侍中太子詹事，豫寧縣侯，元嘉七年（430年）卒，年三十七，謚文。

三十二世，僧綽，宋中書侍中，襲豫侯。贈金紫光祿大夫，謚憨。

三十三世，儉，字仲寶，齊朝侍中，尚書令、太尉，襲豫寧侯，永明七年

（489年）薨。

三十四世，騫，字思寂，一字玄成，梁給事中，中書令。普通三年（522年）卒，年四十九。贈金紫光祿大夫，諡安。

三十五世，規，字威明，梁左戶部尚書，南昌侯。卒贈光祿大夫，諡文。

三十六世，褒，字子漢，一字子淵，北周光祿大夫，少司空，石泉康侯。

三十九世，糸林。

四十世，曄，字德明，唐德宗貞元中，光州固始令，後任定城宰，遂家於固始，擇居臨泉村，開固始臨泉王氏。因五世孫王審知封閩王，追贈尚書左僕射。

四十一世，友，閩王審知曾祖，追贈左僕射光祿寺卿。

四十二世，玉，字蘊玉，閩王審知祖，追贈祕書少監，累贈司空。

四十三世，恁，字以誠，忠懿王審知之父，追贈光州刺史，繼贈太尉累贈太師。

四十四世，潮、審邽、審知。潮，審知長兄，字信臣，唐授福建觀察使威武軍節度使，諡廣武王。審邽，審知兄，字次都，唐授泉州刺史，諡武肅王，封琅琊開國伯。審知，字信通，又字詳卿，兄潮薨，朝廷以功充福州威武軍節度使，昭宗光化二年（899年）授金紫光祿大夫、同平章事檢校右僕射，兼三司發運節度觀察處置等使。天祐元年（904年），冊封為琅琊王。後梁開平元年（907年），梁太祖詔封閩王，諡忠懿王。

四十四世，還有王審知族兄彥英、彥復等。彥英公孫彬公，北宋初官至太常寺少卿（《宋史》有傳），休官後由汴京（今河南開封）紅石橋回居固始臨泉村王家寨，仍傳臨泉王氏。其後譜稱「奉常王氏」，至今800餘年，其裔孫不乏名士與有善舉之人。

三、固始臨泉王氏入閩播遷

王潮、王審邽、王審知三人入閩時，潮年四十、審邽年二十八、審知年二十六。潮五十二歲卒，在閩生活十二年；審邽四十七歲卒，在閩生活十九年；審知六十六歲卒，在閩生活四十年。「三王」是為「開閩王氏始祖」，千百年來，「三王」後裔遍布閩、粵、蘇、浙等東南沿海各省及臺、港、澳。明朝以來，向海外播遷到今泰國、緬甸、新加坡、馬來西亞、印尼、菲律賓、日本等國家，也有播遷至美國的。

四、開閩王氏後裔遷居臺灣

　　據新加坡《王氏宗譜‧總系譜》記載，開閩王氏後裔遷居臺灣，明代即有。據《武肅王世譜》記載：自王審邽之二十一世孫萬良公以下，子孫蕃殖，族人由南安象運黃田遷居臺灣梧棲鎮永寧莊，兩地譜系相連。臺北淡水《王氏支譜》記載，王審邽之三十六世、三十七世裔孫均有由泉州遷居臺北者。三十八世愛純公，生於清道光二十三年（1843年），卒於光緒十一年（1885年），同、光間進士，「賞戴藍翎，督造臺北城，為母請豎節孝坊，建節孝祠」。

　　新加坡《王氏宗譜‧忠懿王支下人物》記載：「渡臺先賢王世杰」，福建省泉州府同安縣人，「忠懿王審知之後」。王世杰隨鄭成功入臺，於明鄭末期為臺灣北部新竹區「墾田令」，招募泉州府各縣鄉民入臺開墾農田。其後至清嘉慶年間，有名儒王士俊；士俊之後有進士王克捷，作《臺灣賦》，洋洋數千言，傳誦至今。

　　《忠懿王支下人物》並記有「明鄭顧問王忠孝」，惠安縣沙格鄉人，隨鄭成功入臺，傳播儒教文化，著《孝經解》、《易經測略》、《四書錄語》，宣揚中華傳統文化。還記有「臺灣名將王得錄」，為臺灣安寧，戎戰一生。

　　唐末擇地入閩的王氏和隨「三王」入閩的固始70多姓氏，後裔世世代代於祖墓地、族譜、家祠，標記祖根之地——固始。這其中，就有民族英雄鄭成功的入閩祖鄭可遠，林森（曾任國民政府主席）的入閩祖林穆等等。這是炎黃姓氏發

展、播遷中的一個祖根情結。

（本文作者許竟成為固始縣史志研究室原副編審；戴吉強為固始縣史志研究室主任）

「開漳聖王」固始尋根

王珂　李龍

固始，中原南部一個並不起眼的山區縣。從地圖上找，它只是那麼一點點，然而在中國移民史上，卻相當重要。

中國歷史上幾次大的移民浪潮幾乎都與中原有關，在這幾次大的移民浪潮中，固始幾乎占據了主導地位。西晉末年，「八姓入閩」就有河南光州望族的痕跡；唐初移民，固始陳政、陳元光父子帶領固始宗親進入了福建，在漳州一帶落戶生根，這是固始人在東南一帶聚居的開始。

固始人進入福建已經過了一千多年，原有的固始人早已變成了福建人，但在今天的漳州一帶，還遺有陳王廟，供人憑弔。

在泉州，在漳州，對陳元光以及整個家族的史蹟人們已經挖掘了很多，然而在陳元光的家鄉，在河南固始，陳氏家族還有後人嗎？當年陳家的子弟兵生活的遺蹟還有嗎？帶著種種懷疑和猜想，我們來到固始尋找陳元光的遺蹟和這個家族的歷史遺痕。

一、浮光陳氏源流

陳氏在歷史上很早就是一個望族，而固始陳氏最早的當屬浮光陳氏。從固始陳氏的族譜上可以看出，浮光陳氏，源於宛丘，望於固始，中盛於穎川，南開閩

漳，在陳氏家族中是最顯赫的一支。

固始陳氏最早見於史冊的當屬東漢陳孟璉，從清代編修的《光州志·忠義列傳》的記載中我們可以發現：「漢建武間，有祖名孟璉者，為固始侯，薨葬於浮光山之麓，子孫因而留家焉。」陳氏家族真正在固始建立根基的，應該從東漢算起。陳孟璉的第八世孫陳實，於東漢末年在潁川開基，是為潁川陳氏祖先。其二十三世孫陳慶云，南朝梁時任合浦太守，有惠政，百姓建祠祀之，其三子陳霸商、陳霸周、陳霸漢，世居光州浮光山，陳霸漢在陳朝時還任大宗正。陳氏二十六世孫陳克耕，唐太宗時任大將軍；二十七世孫陳政，唐高宗時入閩平叛，成為開漳始祖；其子陳元光，隨父入閩，開發漳州，被譽為「開漳聖王」。

陳政在唐初隨唐太宗「征戰有功，拜左郎將，歸德將軍」。唐高宗總章二年（669年），福建泉州一帶的少數民族發動叛亂，唐高宗派陳政率領大軍平叛。後陳政的哥哥陳敏率領58姓軍士增援。陳政死後，其子陳元光繼承父業，奉朝廷之命鎮守漳州。陳元光鎮守漳州期間，統帥軍隊屯田，招募百姓開墾荒田，過去一向荒涼的漳州，開始得到開發，方圓數千里，百姓安居樂業，「號稱樂土」。「世謂漳州開發，自此為始，亦為陳姓入閩之始也。」陳元光死後，追贈中毅高惠廣濟王，宋孝宗時加封為靈著應昭烈廣濟王。

二、陳氏將軍祠

為了紀念陳元光開發漳州的豐功偉業，陳元光的孫子陳酆不僅在漳州弋陽舊宅修繕故居，而且在固始陳氏祖籍地也修建了祠堂，這就是我們現在還能看到的「陳氏將軍祠」。「陳將軍祠」坐落在今天固始陳集鄉的安陽山西麓，泉河右岸。在群山環抱、綠樹成蔭的山坡上，這座古老的祠堂，顯得那樣莊嚴、肅穆。儘管現在的固始鄉親很少有人來祭祀燒香，但固始的陳氏後裔會時不時地來到這裡祭奠這位開漳英雄。

「陳氏將軍祠」修建於唐代，儘管經歷了一千多年的風雨滄桑，原來的祠堂

已經毀壞，現在的祠堂是清嘉慶年間重修，但從祠堂基石的雕刻依然能看到唐代的風格。「陳將軍祠」占地500平方米，坐北朝南，面向安陽山的主峰「浮光山」，這似乎在告訴人們「浮光陳氏」的由來，也是讓從固始走出去的陳氏後裔永遠記住自己是固始人。祠堂門前有「月牙塘」，池水清澈，碧波蕩漾，水面上芙蓉點點，微風掠過，給人一絲的清涼。站在池塘邊，望著靜謐的池水，使人不由得想起當年陳元光帶領固始眾鄉親奔赴福建的場景。

　　將軍祠的正門並不很大，像所有中國古代建築一樣，門前都有一對石獅子，祠堂的牆面全部是青磚錯砌，屋頂褐瓦整齊排列著，祠堂內曲徑通幽，青石小徑，蜿蜒而行，別有一番洞天。祠堂內最主要的建築就是大殿，在大殿的左側有一塊石碑，詳細記載了陳元光在閩南平「蠻獠嘯亂」、開發漳州的豐功偉業。在大殿的兩側還有迴廊，正堂的匾額為「塵淨東南」、「威震閩粵」，堂聯為「開閩數十年烽火無驚稱樂土，建漳千百載香火不斷祀將軍」。蒼勁有力的字體，古風依稀尚存，高度概括了陳元光的生平事跡，以及故鄉的人們對他的深深懷念。在大殿的正中央，是泥塑的陳將軍像，威嚴英武，英雄蓋世。在將軍像前，幾縷輕煙裊裊升起。出陳將軍祠，東南不遠處就是陳氏「七星拱月」族塋地。這裡埋葬著陳元光祖父陳克耕等陳氏家族的先人，也可以說是固始陳氏根之所在。在歷史上固始陳氏是赫赫有名的望族，但現在的固始陳氏人口已經很少，僅散居於陳集村、老陳莊、老陳樓等村落，但「七星拱月」塋地一直是他們公認的祖根所在地。

（本文作者王珂為《中州學刊》雜誌社編輯）

論河南的根文化與根文化研究

李立新

　　所謂文化，是指人類在歷史上創造的物質和精神財富的總和。根文化包括兩方面的內容，其一是文化之根，其二是姓氏之根；文化之根是精神之根，姓氏之

根是血脈之根。中華民族一向具有厚德載物、報本返始、依戀本源、尊祖敬宗的傳統，這種品性是一種民族認同感和歸宿感的體現，根文化正是出於這種民族品性，是中原歷史文化的特質。

一、源頭活水——中原是中華民族的文化之根

河南地處中原大地，有「中原」、「中州」之稱，因大部分地區位於黃河以南，故名「河南」。由於其特殊的地理位置和優越的地理環境，河南很早就得到開發，在歷史上長期是中國的政治、經濟和文化中心。

有這樣一組概念：中華文化、中華文明、黃河文化、中原文化、河洛文化，其內涵所指大體一致，而其外延大小不一。黃河文化的中心是中原文化，中原文化的核心是河洛文化，中原文化是中華文化的骨幹和主流，中華文明主要起源於黃河文化。

關於中華文明起源，過去一直把黃河流域作為中華文明的發祥地，但隨著各地考古發現的不斷深入，人們的看法有所改變，有學者提出，「中華文明發祥地有四大區域」[326]更有學者認為，「中國之大，很難說明什麼地方有文明起源，什麼地方沒有。文明的起源恰如滿天星斗一樣分布在中國九百六十萬平方公里的土地上，絕不像過去認為的只是由一個地方向外批發」[327]基於這種文明多元論的觀點，個別學者存在地域性傾向，片面誇大自己所處地區的文明，貶低甚至否定中原文明。然而正是黃河流域的腹心地帶河洛地區，由於地處天下之中，萬方輻輳，各種文化類型在這裡融合交匯，中華文明的第一線曙光正是在這種融合交匯中首先閃現，中國最早的國家組織也最早建立於河洛地區。可以說河洛地區在中華文明的形成和發展過程中發揮過其他地區無法比擬的重要作用。夏商周斷代工程確定年代坐標的主要遺址二里頭、王灣、新砦、鄭州商城、偃師商城、小雙橋、花園莊等，均在河南。繼夏商周斷代工程之後，中國又啟動一項大型的綜合研究工程——「中華文明探源工程」，這一工程將在已公布的夏商周年表的基礎

上,再向前伸展1000年,上溯至炎黃時代。中國國家專家組在豫西和晉南已確定了4個文明探源工程的預研究項目,分別為河南省新密市的古城寨城址和新砦遺址、登封市王城崗遺址及山西省的陶寺遺址,其中前三處均在河南。

　　早在50萬年前舊石器時代早期,中華民族的祖先就生息繁衍在中原大地上,1978年在河南南召縣雲陽鎮發現的南召猿人,其時代與北京猿人的時代相當。在三門峽水磨溝、陝縣張家灣、靈寶孟莊、澠池縣任村、安陽小南海等地,都先後發現了舊石器時代早、中、晚期遺址。到了新石器時代,河南已成為華夏民族主要活動地區,最早的有距今7000-8000年的裴李崗文化,其後是距今5000-7000年的仰韶文化,接下來是距今4000-5000年的龍山文化。距今3700-4000年的二里頭文化,被學術界認為是夏文化,正是華夏文明的初曙。河南省著名考古學家許順湛先生認為,創造中原遠古文化的主人是:炎帝族、黃帝族,之後是黃帝族的後代顓頊族、帝嚳族、堯族、舜族、禹族,這些部族長期生活在中原地區,到夏商週三代,逐漸形成了以炎黃為代表的華夏民族。仰韶文化基本上相當於炎黃時代,而龍山文化則相當於帝嚳、堯、舜、契、稷、禹時代[328]。

　　進入文明社會,中國歷史上第一個王朝夏王朝建都陽城,即今河南登封告成鎮。河南嵩山周圍的伊、洛、穎、汝河谷平原地帶,是夏部族的發祥地、夏文化的中心地帶。到了商代,無論是早期的偃師商城、鄭州商城,還是晚期的殷墟,均在河南境內。西周雖定都於鎬京,但建國初年便營建洛邑,以控制關東地區。到公元前770年,周平王遷都洛邑,是為東周。所以司馬遷在《史記》中說:「昔三代之居,皆在河洛。」

　　秦漢以後,先後又有近20個王朝建都於河南,形成了洛陽和開封兩個政治、經濟、文化中心。洛陽居天下之中,「河山拱戴,形勢甲於天下」,所以自古以來既是兵家的必爭之地,也是歷代帝王建都築城的理想場所。除了先秦的夏、商、東周外,秦漢以後又有東漢、曹魏、西晉、北魏、隋、唐、後梁、後唐、後晉等九個王朝在此建都,是中國建都最早、歷時最長、朝代最多的古都。開封號稱七朝古都,戰國時期的魏、五代時期的後梁、後晉、後漢、後周以及北宋和金均在此建都。特別是北宋,這裡歷經九帝168年,風光旖旎,人物薈萃,

城郭恢弘，經濟發達，富麗甲天下，不僅是當時全國政治、經濟、文化的中心，也是當時世界上最繁華的大都市之一。

河南在歷史上長期作為中國的政治、經濟、文化中心，得到充分的開發，人口繁盛。春秋戰國時期就出現了「土地狹小而民眾」，「曾無所芻牧牛馬之地」；到隋唐北宋時期更達到高峰；隋朝洛陽人口就多達百萬；北宋時，開封也是擁有百萬人口的國際大都會。

在漫長的歷史長河中，歷代河南人櫛風沐雨，奮鬥不息，創造出燦爛輝煌的中原文化。首先，留下了難以盡數的名勝古蹟，全省現已查明的有價值的不可移動文物有3萬餘處，洛陽龍門石窟和安陽殷墟為世界文化遺產；堪稱「國寶」的國家級文物保護單位就有189處（198項），數量居全國第二位；地下文物居全國第一，全省國有文物收藏單位收藏的各類可移動文物140多萬件，數量居全國首位。河南被歷史學家稱為「中國歷史自然博物館」。

河洛文化是指產生於河洛地區的一種地域性文化，而河洛地區指的是洛河流域和黃河中游地區，即指以洛陽為中心，西至潼關、華陰，東至滎陽、鄭州，南至汝潁，北跨黃河而至晉南、濟源一帶地區。[329]河洛文化的內涵包括產生於這一地區的以裴李崗文化、仰韶文化、龍山文化為代表的原始文化，夏商週三代文明以及此後的漢代經學、魏晉玄學、宋明理學與佛教文化等，如此博大精深的河洛文化成為中華民族文化重要的核心的組成部分，中華文明正是孕育、誕生並包含於河洛文化之中的。此外，在夸父追日、河圖洛書、大禹治水、愚公移山等神話傳說中，已隱藏著中華民族精神起源的密碼，不但老莊哲學是典型的中原文化，儒學、墨學等亦屬中原文化或其派生文化。可以說，中華文化根植於中原大地，源發於河洛故土。

二、木本水源——中原是中華民族的血脈之根

關於中華民族人文始祖，說法不一。筆者認為文獻中所稱「三皇五帝」者，

他們都有很多創造發明,是中華文明的發軔者,均可視為中華民族的人文始祖。彙總各種文獻對「三皇五帝」的不同記載,有事跡和遺蹟可循的歷史人物有12位,即:伏羲(太昊、太皞、人皇)、女媧、燧人(天皇)、炎帝(神農、地皇)、黃帝(軒轅)、祝融、共工、少昊(又作少皞,號金天氏,名摯)、顓頊(高陽氏)、帝嚳(高辛氏)、堯(唐堯、陶唐氏)、舜(虞舜、有虞氏)。這12位人文始祖,大都出自河南或主要活動於河南。

中華姓氏大約起源於相當於父系社會的炎黃時代。據許順湛先生的考證:炎帝族後代曾占據15個屬地,有107個氏;黃帝族後代占據101個屬地,有510個氏;舜族後代占據7個屬地,有61個氏;禹族後代占據12個屬地,有33個氏;契族後代占據12個屬地,有124個氏。這835個氏,主要分布在中原地區[330]到後來都演化為華夏族的姓,現在漢族人的姓都來源於此,是為炎黃子孫。據我省著名姓氏專家謝鈞祥先生的考證,中國前100大姓中有80%起源於河南,占海內外華人總人口的85%以上[331]。

河南歷史上名人輩出,群星燦爛。思想家如:老子、莊子、墨子、范縝、程顥和程頤等;政治家如:鄭莊公、管仲、範蠡、蘇秦、信陵君、商鞅、韓非、李斯、陳平、賈誼、桑弘羊、謝安等;軍事家如:吳起、司馬懿、鄧艾、謝玄等;文學家如:賈誼、晁錯、張衡、蔡邕、蔡文姬、江淹、謝靈運、謝朓、杜甫、李賀、李商隱、白居易、劉禹錫、岑參、元稹、崔顥、韓愈等;還有民族英雄岳飛、史可法、吉鴻昌、楊靖宇;科學家張衡、一行、李誡;高僧玄奘等。在中國諸多「聖人」之中,出自河南的就有:道聖老子、商聖范蠡、字聖許慎、醫聖張仲景、科聖張衡、文聖韓愈、詩聖杜甫、畫聖吳道子、樂聖朱載堉等。這些名人對中華文明的形成、中國歷史的進程都作出過巨大的貢獻,產生過巨大的影響,他們也成為今天各個姓氏的驕傲和尋根祭祖的目標。

三、播遷四方——中原是中華文化的母體淵藪

文化的傳播往往由發達地區向落後地區輻射，人口的遷移往往由稠密地區向稀少地區播遷。翻開中國歷史地圖集，不難發現，夏、商、周、秦、漢……諸代的疆域正是由中原地區不斷向外擴大的。同樣，中國歷史上人口遷移的總體格局，也正是由中原地區不斷向外播遷、輻射的。

　　追溯歷史，中原人大規模南遷大致可分五次。

　　第一次，秦漢時期。公元前236年，越人反叛，秦始皇派尉將屠睢率軍士50萬，南攻越人，平定今湖南、江西、廣東、廣西等地。平定南越後，為進一步開發嶺南，公元前214年，又派屠睢、任囂、趙佗帶領50萬兵卒前往駐守，還下令將數十萬名「罪人」發配到嶺南。後又將數批中原人遷往嶺南，建桂林、南海、象郡三郡。漢高祖平定天下後，趙佗自封南越王，脫離中央。武帝時派伏波將軍路博德、樓船將軍楊少濮等平定南方，光武帝時派馬援將軍出師南粵，都是對江南和嶺南的一次次較大規模的用兵。秦漢時期這些戍守和發配嶺南的軍人和「罪人」，主要來自中原，此為第一批南遷的河南人。

　　第二次，三國魏晉南北朝時期。這一時期天下極為紛亂，先是東漢末年董卓之亂，接下來出現三國紛爭，兩晉之際發生了「八王之亂」、「永嘉之亂」，然後又有「五胡亂華」，中原成為一個大戰場，人們為避戰亂紛紛南遷。這一時期南遷的中原人，既有大批的皇室貴族、官吏、地主、文人，又有眾多的農民、工匠、商人、士兵，分別遷往安徽、浙江、江蘇、江西、湖北、福建等省。

　　第三次，唐初至五代時期。這一時期的中原人南遷又可分為三次：一次發生在唐初。公元669年，福建發生「蠻獠嘯亂」，朝廷先後委任河南固始人陳政及其子陳元光率58姓軍校「闢地置屯，招徠流亡，營農積粟，通商惠工」，使漳州一帶成為一片樂土。後人因此尊陳元光為「開漳聖王」。二次發生於公元755年的「安史之亂」後，歷時八年，中原又一次遭到空前的浩劫，「洛陽四面數百里州縣皆為丘墟」，中原人被迫南遷，分別移居江蘇、浙江、福建、雲南、湖北、湖南等地。三次發生在唐末、五代。河南固始人王潮、王審知兄弟率眾起義，帶領數萬人轉戰安徽、浙江等地，最後在福建創建閩國，王審知受封為閩王，與其子孫經營福建五十餘年，使福建得到進一步的開發。明清之際收復臺灣

的民族英雄鄭成功,其先祖即是「從王潮自光州固始入閩」的。

第四次發生在兩宋之際。公元1126年,金兵攻占汴京,北宋滅亡。1127年宋室舉國南遷,建都臨安,即今浙江杭州,是為南宋。這次中原人南遷,人口之多,可謂空前絕後,十幾年間,大約有500萬人遷居江南。多寓居浙江、江蘇,並散居於上海、福建、湖北、湖南、江西、廣東、廣西等地。

第五次在元明清時期。先是宋末蒙古騎兵南下滅金亡宋,鐵蹄之下,中原再遭塗炭,中原人再次大舉南遷,人口銳減,歷史上河南人口最少的時期便出現在元朝初年。明末清初,由於李自成起義和清軍入關,中原又遭兵燹,中原人又一次流離失所,南遷江西,再由江西輾轉南下,遷往東南沿海一帶。到了明清時期,南遷福建、廣東等東南沿海的中原人開始向臺灣、海外播遷。今日享譽海外的「客家人」便是由中原人多次南遷形成的。如今,「客家人」大約有4500萬人,在國內分布於廣東、江西、福建、廣西、四川、湖南、臺灣、貴州等9個省(區)。晚清著名詩人黃遵憲有詩云:「中原有舊族,遷徙名客人。過江入八閩,輾轉來海濱……篳路桃弧輾轉遷,南來遠過一千年,方言足證中原韻,禮俗猶留三代前。」廈門大學黃典成教授撰文指出:「臺灣同胞的祖根,500年前在福建,1300年前在河南。」[332]無論何處的客家人,他們的家譜裡都記載著祖根在河南的河洛一帶。他們操中原古音,習中原古俗,不忘根本,以「根在河洛」為榮。

四、認祖歸宗——中原根文化研究方興未艾

中華民族是一個特別注重鄉情祖誼的民族。古人甚至給動物、植物也賦予這種情懷,所謂「木本水源」、「葉落歸根」、「狐死首丘」、「越鳥南棲」,如果罵某人「數典忘祖」,那是對他最嚴厲的責罵,簡直連禽獸都不如。這種鄉情祖誼的昇華,便是神聖的愛國主義。

自20世紀1980年代起,隨著改革開放的深入,國門洞開,海外華人一批批

到祖國大陸尋根問祖，掀起了一波又一波尋根熱。今天，「根在河洛」、「尋根的起點是閩南，終點無疑是河南」已成為海外華人的共識。一批批回大陸探親的同胞之中，有的手持族譜來尋根，有的尋找祖墓來祭祖，有的憑藉郡名來尋源，有的組成社團組織來謁祖，還有不少透過來函來電來尋找自己的祖籍。據統計，僅是每年到河南尋根旅遊的臺灣同胞就超過十萬人。不少海外華人透過尋根祭祖活動增加了對祖國大陸和家鄉的瞭解，積極為家鄉捐獻校舍、籌建醫院、修建橋梁公路、修建名勝風景、投資家鄉的經濟建設等，促進了家鄉的經濟文化教育事業發展。正如美籍華人趙浩生先生所說，「一千句一萬句話，就是：我是個中國人，身體裡流的還是中國人的血」。

為滿足海外華人尋根祭祖的需要，河南積極開展姓氏研究。1994年，出版了由謝鈞祥主編的《中原尋根：源於河南千家姓》，這是新中國成立以來對河南的姓氏資源第一次全面的整理。此後，在對劉、魯、詹、宋、楊、郭、許、謝、南、張、葉等單姓研討的基礎上，1995年正式成立了「河南省中原姓氏歷史文化研究會」，並於1996年在鄭州召開了「鄭州首屆豫閩臺姓氏源流國際研討會」。1997年，河南省百家姓訪問團對東南亞諸國進行了訪問宣傳活動，在當地引起熱烈反響。在這些活動中，尤以林、鄭、宋、許、葉等姓的尋根活動較為突出，社會效益和經濟效益都比較顯著。目前全省已有20多個研究機構，上百位學者在從事姓氏研究工作，已推出研究專著數十部。河南省旅遊部門還適時推出了一批專項旅遊線路，如黃河之旅——中華民族之魂、炎黃子孫拜祖線、尋根朝敬之旅等，極大地方便了尋根者。2003年，「世界客屬第十八屆懇親大會」在鄭州召開，來自30多個國家和地區的3000多名客家人「中原尋根」，把海外華人中原尋根活動推向高潮。如今，單姓聯誼活動頻頻在河南舉辦，新鄭黃帝拜祖大典、鄭州祭炎黃二帝活動、周口姓氏文化節已被省政府定為省級節會。這些節會的召開，不僅開發了地方旅遊資源，振興了地方經濟，同時為學術界的學術研討增添了新的內容。

與姓氏文化研究關係密切的是對河南歷史名人的研究。1991年，河南人才學會就出版了《河南歷代名人辭典》，全書收錄河南歷史名人3700餘個，是河南學者對河南歷史名人的第一次大盤點。此後，各地對單個名人的研究也紛紛展

開，諸如對湯陰的岳飛、沁陽的朱載堉、孟州的韓愈、溫縣的司馬懿、衛輝的比干與姜太公、開封的包拯、鹿邑與靈寶的老子、虞城的花木蘭、許昌的關公、登封的許由、偃師的玄奘、鞏義的杜甫、南陽的諸葛亮、淇縣的鬼穀子、鄢城的許慎、魯山的墨子、葉縣的沈諸梁、郟縣的蘇軾研究等，均召開過專門的學術研討會，促進了河南歷史文化資源的研究與開發。

（本文作者李立新為河南省社會科學院歷史與考古研究所副所長、副研究員、博士）

臺灣姓氏、祖籍與中原親緣關係

張紹良

大陸臺灣連根同源，臺灣人是大陸親人，臺灣少數民族是從大陸南部遷徙過去的。閩粵移民拚搏奮鬥開發臺灣荒山野林，建成寶島。兩岸同祖同姓，同血緣。臺灣考古學家、政治家、史學家連橫、連戰、宋楚瑜、吳伯雄等都承認這個史實。從臺灣姓氏、祖籍、族譜、郡號等可論證臺灣人是中原河洛人的後代。

一、臺灣少數民族是大陸移民

中國閩臺緣博物館、臺灣專家認為臺灣少數民族是在遠古時從大陸遷移至臺。由中央領導李長春倡議、指導成立的中國閩臺緣博物館（泉州）以鐵一般的史實展覽與記載了臺灣海峽變遷史。遠古時兩岸相連，「海峽人」曾來往。臺灣考古學家從臺灣文物中證明了與大陸文物的一致。《臺灣百姓探源》作者許明鎮、林永安寫道：18000年前臺灣與大陸一脈相連，互相可通。臺灣最早的少數民族是從南中國地區的移民。史學家翦伯贊說：臺灣少數民族是百越之族的支裔。最早遷移南方的河洛人是越國勾踐的先祖，夏禹的後代，即中原人。中原是

中華民族發源地,也是姓氏主要產地。其移民開發了閩臺各地。河南距今六十萬年前的「南召猿人」已會製造簡單的勞動工具,學會用火。

二、臺灣人自稱河洛人,以中原人為榮

「得中原者得天下」,可見中原極為重要與尊貴。河洛地區是中華文明的重要發祥地,有「中國歷史自然博物館」之美稱。七大古都中有洛陽、開封、安陽,歷史悠久,文化積澱豐厚,名勝古蹟甚眾,地下文物居全國第一,地上文物居全國第二,在全國至今仍占重要地位,肩負壯大與統一祖國的重任,與閩臺有著親密特殊的親緣關係。在閩臺等地的中原移民後代為中原的歷史功勛、輝煌文化與建設成就而自豪。臺灣人素稱「河洛郎」(臺灣話中郎即人)。1918年,史學家連橫模仿「史記」體例撰寫中國首部臺灣史籍《臺灣通史》記述閩粵移民開拓臺灣歷史,說明臺灣是中國領土,「夫臺灣之語,傳自漳泉,而漳泉之語傳自中國」(筆者按:指中原)。《臺灣通志·氏族篇》記載閩臺姓氏發展時寫道,臺灣人自稱為河洛郎,大多數人祖籍在中原,移民主要來自泉州、漳州。《臺灣省通志》指出:本省人系行政上之一種名詞。其實均為明清以來大陸閩粵移民,即河洛人與客家之苗裔。臺北清源陳氏家乘敘:入臺始祖為跟隨鄭成功父子的陳永華、陳澤。《武榮詩山霞宅陳氏族譜》寫道:我祖自潁川分派於河南光州固始,以抵入閩,至一郎卜居武榮詩山霞宅。2005年4月27日,國民黨主席連戰在北京大學演講時說:在臺灣我們有原住民,有客家人,我們大多是「河洛郎」。他們滿懷激情地參觀訪問嚮往已久的少林寺、洛陽、開封等地,參加黃帝故里拜祖大典,又回漳州祭祖。他們的言行說明臺灣人思念祖鄉與熱愛美麗壯觀的河洛故土的親切心情,說明臺灣人的根在河洛之濱的祖家。連戰之祖宗也曾居住固始。1953年臺灣官方統計:在500戶以上的100個大姓中有63戶源自固始,共670512戶,占臺灣人口總戶828804戶的80.9%,相當於閩南人在臺人口,而閩南人恰恰是河洛人。

三、臺灣人是炎黃姓氏傳人

有些「臺獨」分子為了當「總統」，作皇親國戚，或謀私利，升官發財，或討好外國人，撈取油水，竟抹著良心背叛祖國，搞「去中國化」，還想挑釁搞亂局面，太對不起炎黃祖先。但他們並不敢公開聲稱自己不姓陳、林、李、蘇，反而利用宗族鄉親拉幫結派，結黨營私，爭權奪利。可見姓氏宗族的威力與作用多麼巨大。姓氏是中華優秀傳統文化，是凝聚宗族、民族的堅強的鋼鏈，是中華民族人生的重要標誌。中國人有志氣，光明磊落，坐不改姓，行不改名。偉大的祖先炎帝黃帝創造了中國人的姓氏，團結了中華民族，自立於世界民族之峰經久不衰。中國成為極少數保留5000多年文化的文明古國，有其深刻的歷史因素。而中原大地成為姓氏發源地，河南成為姓氏大省。炎帝後代有姜、呂、許、高、盧等姓，黃帝後代有張、鄭等姓。河南產姓有1834個，占有源可據之全國姓氏4820個的38%，占120個大姓的52%。比如「李」源自鹿邑，「張」源自濮陽，「黃」源自潢川，「林」源自淇縣，「鄭」源於新鄭。部分源自河南之姓有王、劉等45個。加上全源姓共97個，占120大姓的81%。閩臺大多姓氏源自河南。

四、臺灣人重視中華姓氏文化與調研

作為炎黃子孫的臺灣人十分崇敬祖先，很重視姓氏文化，做了大量工作。其重視程度超過大陸某些省、區。比如，自1956年臺北世界書局出版宋代鄭樵的《通志略》，1960年臺北出版王素存《姓緣》後，至2007年臺灣共出版《臺灣百姓探源》等173本有關姓氏文化的書。數量很可觀，內容很豐富，數據很具體，許多書在大陸見不到。這些書反映了臺灣姓氏情況與文化。水平甚高，工作量大，工作細緻，學術論文質量頗高，作用很大，值得學習研究與珍藏。這對弘揚中華優秀文化起了很大作用，促進了兩岸同胞感情，密切了兩岸親緣關係，增進了相互瞭解與情誼。

自1930年至2007年臺灣共進行6次全省姓氏調查。①1930年臺灣大學教授富田芳郎等人據當年人口普查資料抽調21003戶口，得出陳、林等193姓氏。②1953年臺灣文獻會在12縣1局調查828804戶口，得出陳、林等737姓氏。③1968年臺灣大學教授陳紹馨與哥倫比亞大學合作抽樣調查臺灣四分之一戶口，得出陳、林、王、李、黃、鄭等1027個姓，其中單姓1017個。④1978年，臺灣調查人口共1675萬人，得出陳、林、黃、鄭、吳等1694等個姓氏，其中單姓1611個，複姓81個。⑤2005年臺灣「內政部戶政司」開展電腦化調查，臺灣人口2270萬，得出陳、林等姓1989個，其中單姓1417個，複姓81個。⑥2007年臺灣「內政部戶政司」開展電腦化人口調查，人口共2289萬，得出陳、林、黃等姓1542個，其中單姓1422個，複姓120個。臺灣十大姓為陳、林、黃、張、李、吳、王、劉、蔡、楊。

五、從譜牒看臺灣與中原親緣密切

中國人具有根深蒂固的宗族觀念，無論何時何處都不會忘記自己的根。臺灣移民遠離故鄉，特別重視譜牒的收集、傳遞、編修與珍藏。臺灣閩籍移民族譜是閩譜的延續，其編纂目的、原則、體例、內容、方法等都相同。因為同祖同宗，臺灣許多族譜抄錄福建族譜。有些人將閩地族譜帶回臺灣。近年臺灣編了不少族譜，編寫不少書。2007年、2009年臺灣代表參加在福州、廈門舉行的閩臺論壇族譜展覽，轟動一時，廈門館延長2天。閩臺族譜對接的有呂姓族譜等，盛況空前。閩臺族譜展前言指出了中原移民到福建的人數、路線、時間、住址等，也介紹了閩粵外省人到臺灣的情況。

六、從宗族祠堂看臺灣與中原親緣關係

祠堂、宗祠是供奉祖先神的地方，家族活動場所。為了緬懷祖先，增強宗族家族凝聚力，明代時福建已建祠堂。臺灣最早的祠堂是於1611年在臺南創建的陳氏家廟德聚堂。1918年臺灣有120座宗祠，僅澎湖就有48座。近年來大姓都有宗堂，許多中小姓也有，其建築與閩地相似。從祠聯中可發現臺灣與中原的關係。比如臺北陳姓大祠堂的祠聯：「漳江軍叔侄二難，潁川郡父子三傑。」臺北周姓大祠堂對聯：「武贈王公，裔固始分支淡水；功頌傅保，終卓源溯派蘆山」。臺南鄭氏寫出宗族來自河南，還宣傳祖宗偉業。如「昭烈顯宗坊，疆開毗舍；格誠興祖廟，派衍滎陽」。「昭代偉人，不愧於秋俎豆；格天烈士，直堪萬世馨香。」

七、臺灣使用中原郡號、堂號

中華民族講究家承淵源，永記祖宗恩德，常在大門立匾額上書郡號、堂號表明家世淵源。從臺灣各姓的郡號、堂號可知臺灣人的祖根在中原。比如：第一大姓陳以潁川（在河南）為郡號，以德星為堂號。林姓祖先比干是河南淇縣人，郡號牧野（在河南淇縣西南，衛輝西北）。李氏郡號有隴西等，入閩始祖李伯瑤由河南入閩。張姓郡號清河，是黃帝後代。江夏黃氏後代泉州紫雲黃入閩始祖守恭之遠祖元方是固始人。王姓郡號有新蔡、河南等。劉姓郡號有南陽、河南、彭城等。邱姓郡號有河南等。賴姓郡號有潁川等。

八、臺灣人冠用大陸姓、籍為地名

在新地名上冠姓、冠籍是中華民族一大特徵，以此紀念祖先與故里。中國人初次見面就先問貴姓，後問貴處，再問仙鄉何處，愛鄉思親觀念很重。晉朝子民自河洛初到泉州時將大江改稱為晉江，寄託對先朝故里的思念。還取名有洛陽

橋、洛江區、南少林寺、少林路等。臺灣許多地名與閩粵移民相關。他們團結一心，同族聚居，同甘共苦，創造了許多村莊並冠籍為地名，如：在農村常見泉州厝（厝為閩南話屋的意思）、同安興化宮、漳州寮、客家莊等構成臺灣地域文化的一大特色。說明新移民並手並足，篳路藍縷，飽受辛酸，血淚交加開荒墾種的成果。還冠姓為地名，如陳厝、林厝、劉厝、吳厝寮、江厝店、許厝港等。這些地名明了清楚，使人親切易記。一聽到地名就知那個姓的住處，方便相互往來。

九、臺灣主要祖籍姓氏中河南占73%

臺灣社會由閩南人、客家人、外省人、臺灣少數民族組成。1956年，臺灣人口815.8146萬人，共1027個姓。以下以87個較大的姓氏人數的多少排序列為表格，提供詳細情況。河南所屬的姓共63個，占總數的73%。

臺灣各族祖籍姓氏比例與河南淵源對照表序號姓氏1956年

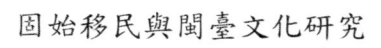

序號	姓氏	1956年人數	台灣人占比例	閩南人占比例	客家人占比例	外省人占比例	台灣少數民族占比例	2007年該姓人數	河南產姓地
1	陳	1046524	11.3%	84%	8.3%	5.8%	1.9%	2546360	淮陽
2	林	787928	8.5%	85.5%	8.2%	3.8%	2.7%	1899698	淇縣、洛陽
3	黃	577256	6.2%	79.9%	13.9%	4.6%	1.6%	1379250	潢川
4	張	487152	5.3%	69.8%	13.9%	11.5%	1.8%	1211330	濮陽
5	李	472676	5.1%	76.9%	9.7%	11.3%	2.1%	1177571	鹿邑
6	吳	375132	4.1%	81.5%	11%	6%	1.5%	025760	濮陽
7	王	374724	4%	78.7%	3.4%	15.9%	2%	044345	衛輝、洛陽
8	劉	292420	3.2%	54.6%	29.9%	13.6%	1.8%	726754	魯山、洛陽
9	蔡	271685	2.9%	93%	3.2%	2.7%	1%	667575	上蔡、新蔡
10	楊	245060	2.1%	79.8%	8.2%	11.1%	1.9%	6087*8	
11	許	215064	2.3%	91.5%	3.8%	3.6%	1.2%	532386	登封、許昌
12	鄭	181288	2%	83.6%	7%	7.7%	1.6%	431604	新鄭、開封
13	謝	165344	1.8%	75%	18.5%	4.8%	1.7%	402895	唐河、南陽
14	郭	141492	1.5%	87.4%	4.6%	1.1%	0.9%	343671	登封、陝縣
15	洪	139648	1.5%	95%	1.5%	2.2%	1.3%	342487	輝縣
16	邱	137592	1.5%	58.2%	37%	3.2%	3.2%	334324	淮陽、洛陽
17	曾	134804	1.5%	68.7%	23.8%	4.4%	3.1%	329089	
18	廖	129260	1.4%	82.3%	14.4%	2.3%	1%	307232	唐河、固始
19	賴	127896	1.4%	76.8%	19.7%	1.5%	1.9%	301777	息縣
20	徐	118252	1.3%	36.2%	48.4%	13.5%	1.8%	289572	安陽

續表

序號	姓氏	1956年人數	台灣人占比例	閩南人占比例	客家人占比例	外省人占比例	台灣少數民族占比例	2007年該姓人數	河南產姓地
21	周	113020	1.2%	75.8%	5.4%	16.6%	2.1%	280097	汝南、洛陽
22	葉	111404	1.2%	67.8%	23.5%	6.8%	6.8%	270378	葉縣
23	蘇	102124	1.2%	90%	5.3%	3.4%	1.3%	258701	溫縣
24	莊	22414	1%	83.6%	11.6%	2.9%	1.9%	216467	
25	江	86372	0.9%	77.7%	14.1%	4.9%	3.3%	208868	正陽
26	呂	83704	0.9%	82.6%	10.8%	4.7%	1.9%	209672	南陽、洛陽
27	何	78336	0.9%	72.4%	13.3%	12.1%	2.1%	194013	信陽、洛陽
28	蕭	77976	0.8%	72.5%	13.3%	12.1%	2.1%	191135	安陽、淇縣
29	羅	75580	0.8%	41.8%	44.7%	9.4%	4.1%	189687	洛陽
30	高	74360	0.8%	76.2%	3.5%	10.6%	9.7%	175175	新鄭、洛陽
31	潘	68444	0.7%	64.8%	4.1%	9.5%	2%	156558	固始、洛陽
32	簡	65404	0.7%	95.9	1.7%	0.4%	2%	155609	
33	朱	59880	0.7%	58.4%	15.3%	23.1%	3.2%	152752	洛陽
34	詹	57186	0.6%	60.1%	38.1%	1.1%	0.7%	33362	
35	游	55772	0.6%	89.5%	1.2%	1.7%	1.6%	135646	
36	彭	54176	0.6%	16.5%	73.4%	8.4%	1.7%	136101	
37	鍾	54024	0.6%	25.9%	65.2%	6.5%	2.4%	149776	
38	施	50804	0.6%	92.1%	0.5%	5.5%	1.9%	124711	安陽、淇縣
39	沈	50340	0.5%	77.8%	6.7%	13.9%	1.6%	119264	沈丘、平輿
40	胡	48456	0.5%	55%	15.9%	22.4%	6.7%	125304	淮陽、洛陽
41	余	46848	0.5%	63.9%	21.4%	21.4%	4.8%	116165	
42	盧	44388	0.5%	77.2%	11.4%	9.4%	2%	109727	洛陽
43	顏	41412	0.5%	92.9%	1%	4.2%	1.9%	101055	
44	柯	41196	0.4%	91.4%	0.9%	4.3%	3.4%	99368	
45	梁	40452	0.4%	59.9%	20.3%	18.8%	1%	104823	洛陽
46	趙	40350	0.4%	80%	15%	3%	2%	105236	滎陽
47	翁	36564	0.4%	86.9%	6.6%	5.8%	0.7%	90785	
48	魏	36168	0.4%	70.9%	17.5%	10.8%	0.8%	88144	開封、鄭州

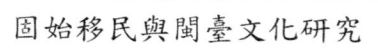

序號	姓氏	1956年人數	台灣人占比例	閩南人占比例	客家人占比例	外省人占比例	台灣少數民族占比例	2007年該姓人數	河南產姓地
49	孫	32232	0.4%	52.8%	5.2%	38.7%	3.3%	84990	濮陽、淮陽
50	戴	31880	0.3%	62.1%	23.4%	11.5%	3%	81203	商丘、民權
51	方	30440	0.3%	78.4%	2.2%	16.2%	3.2%	76354	禹州、洛陽
52	宋	29444	0.3%	36.3%	37.4%	21%	5.3%	74976	商丘
53	范	29220	0.3%	16.3%	71.4%	9.7%	2.6%	73599	范縣
54	鄧	22744	0.3%	34.9%	44.6%	19.5%	1%	61229	鄧州
55	杜	22588	0.2%	73%	3.9%	15.8%	7.3%	52765	新鄭、洛陽
56	溫	22524	0.2%	36.9%	52.3%	5.1%	5.1%	40033	溫縣、洛陽
57	傅	21256	0.2%	31.8%	47.8%	19.2%	1.2%	52569	安陽
58	侯	20108	0.2%	87.9%	2.2%	9.6%	0.3%	51971	輝縣、洛陽
59	薛	19608	0.2%	79.9%	4.2%	14.9%	1%	49427	洛陽
60	丁	18056	0.2%	71.8%	0.3%	26.8%	1.1%	47217	開封
61	曹	17968	0.2%	68.8%	2.9%	26.9%	1.4%	51785	
62	藍	17272	0.2%	82.2%	8.9%	6.7%	2%	40899	新鄭、洛陽
63	連	17080	0.2%	84.3%	9.4%	3.9%	2.4%	39096	
64	卓	16744	0.2%	75.8%	12.9%	4.2%	1.1%	43593	
65	馬	16332	0.2%	36.5%	6.2%	49.9%	7.4%	43162	
66	石	16316	0.2%	78%	1%	14.8%	6.2%	40182	淇縣、洛陽
67	蔣	16196	0.2%	55.7%	6.1%	34.9%	3.3%	40445	淮濱
68	古	16000	0.2%	12.2%	75.2%	3.5%	9.1%	39682	
69	歐	15716	0.2%	86%	6.4%	5.7%	1.9%	37018	
70	紀	15512	0.2%	93.8%	1.2%	4.1%	0.9%	39658	開封
71	董	15300	0.2%	65.5%	1.1%	29.3%	4.1%	41724	臨潁
72	唐	15260	0.2%	49.4%	5.7%	43%	1.9%	4106	方城
73	姚	15176	0.2%	71.7%	2.1%	25.7%	0.5%	39447	范縣
74	程	14360	0.2%	68.9%	0.8%	29.8%	0.5%	36208	洛陽
75	馮	14218	0.2%	38.4%	26.8%	31.9%	2.9%	37257	新鄭、潁陽
76	湯	13940	0.2%	38.6%	43.5%	13.8%	4.1%	35544	商丘

續表

序號	姓氏	1956年人數	台灣人占比例	閩南人占比例	客家人占比例	外省人占比例	台灣少數民族占比例	2007年該姓人數	河南產姓地
77	康	0.2%	89.3%	2.2%	1.9%	0.6%	0.6%	34827	禹州
78	田	13364	0.1%	33.7%	23.5%	23.2%	19.6%	34542	
79	汪	13356	0.1%	75.4%	4.2%	15.4%	5%	33152	
80	白	13268	0.1%	82%	0.8%	12.4%	4.8%	32332	息縣
81	姜	12884	0.1%	29.1%	43.9%	25.3%	1.7%	33982	南陽
82	尤	12288	0.1%	88.1%	2.9%	4.1%	4.9%	31194	
83	鄒	11376	0.1%	32.4%	42.2%	25.1%	0.3%	31693	
84	巫	10964	0.1%	59.2%	35.6%	3.5%	1.7%	28166	
85	龔	9996	0.1%	77.2%	3.3%	19%	0.5%	24909	新鄭、輝縣
86	嚴	9176	0.1%	54.6%	14.4%	28.5%	2.5%	21797	洛陽

九、臺灣崇敬名人與豫閩一致

　　臺灣人崇敬祖先與英雄豪傑，甚至神化崇拜。許多名人是中原後代。比如民族英雄鄭成功生於南安石井，墓在固始，閩臺婦幼皆知，名聞中外。自固始到閩平定暴亂的「開漳聖王」陳元光的廟宇在閩有200多座，在臺有70多座。固始先人王審知之廟或塑像在福州廈門與臺灣等受人膜拜敬仰。今年上半年，王審知神像自福州到臺灣巡遊，在臺轟動一時。媽祖在臺灣有1000多萬信徒。她姓林名默娘，祖先自中原移民到莆田。臺灣同胞們曾不顧當局者阻撓多次集隊開船到湄州島拜謁，開創了兩岸水路直通先例，其精神令人感動不已。福建四賢有三位（楊時、朱熹、羅從彥）出生於三明，其理學師自二程（洛陽人），創造了閩學，在臺灣影響極大。臺灣學者常寄有關新儒學的書給我，他們探討新儒學對臺、對新加坡等地的影響與作用等，水平甚高。此外，岳飛是河南人，在閩臺也很受尊敬。閩人經常吃油條，表達他們痛恨奸臣秦檜夫婦害死大忠臣岳飛。

十、做好「五緣六求」工作

與聯誼，促進祖國統一時任福建省委書記的盧展工在會見海交會與商交會的主要客商時說，新形勢下發展閩臺關係要做到「五緣」（地緣、血緣、文緣、商緣、法緣）「六求」（求經貿合作、交通聯繫、旅遊合作、農業合作、文化交流、載體建設），加強閩臺聯繫。豫閩臺也有親緣等關係，應加強聯誼合作，促進共同發展，並攜手開拓海外市場。因為閩臺在外的華僑華人有‧億多人，他們愛國愛鄉，願共同建設祖國，振興中華，盡快統‧祖國，為民造福，為世界和平與幸福共同奮鬥。

（本文作者張紹良為中共襄樊市委黨校教授）

固始歷史人文資源的挖掘及利用

安國樓

隨著對外交流的逐步擴大，以及人們對地緣優勢的認識和利用程度的提高，歷史人文資源的充分挖掘和利用，越來越受到重視。其實，至少近十年以來，透過挖掘、利用當地的歷史人文資源，開展各種形式的內外交流及聯誼活動，以促進當地文化和經濟的發展，已有許多成功的例子。如廣東的梅州、福建的寧化等地。在這些方面，中原河南無疑具有無與倫比的優勢。但與南方一些縣市相比，河南在這些方面所做的工作起步較晚，而且能稱得上轟轟烈烈、產生巨大影響並給當地帶來豐碩效益的例子卻並不多。

固始在中國歷史上，特別是在人口遷移歷史中的地位，越來越受到人們的重視，其潛在的歷史人文資源是其他地區無法取代的。但是，如何充分挖掘和合理利用這些資源或遺產的優勢，來宣傳固始，促進固始的對外文化和經濟交流，的確是值得探討的課題。在這方面當地縣市方志辦、省方志辦，以及省社科院考古

所、歷史所等部門的有關同志已做了大量深入的調查和研究，出了不少這方面的成果，並提出了許多可取的建議。本人對固始瞭解不多，有關的資料僅看到一部分，所以，在此提出幾點感想，僅供參考。

一、對難以確認的歷史人物和歷史事件

的認識及資源利用中國歷史源遠流長，特別是地方史、移民史中的有關人物及事件，對後人來說，已很難再找到十分確鑿的證據來證明其人物事跡或相關事件的真實性。如登封的許由，魯山的劉累，包括黃帝、炎帝之類，都是傳說中的人物，難以確證。但幾千年來，有關這些人物的墓塚仍保存下來，相關的傳說也很多，並世代流傳。因此，又沒法找到確鑿的證據來否定這些人物或有關事跡的存在。而這正是歷史，正是人們的文化情結，也正是我們今天可利用的資源，因為無論這些人物或事件的真實性如何，千百年來，祖祖輩輩都是這樣認識的，其普遍的認同感和凝聚力是不能改變的。

關於陳政、陳元光、王潮、王審知等人物都出自固始，他們的後代及其從固始隨從南下者的後代，對閩、臺等地區的開發與發展做出了重要貢獻，這是南方各地及海外族人家譜文獻中明確記載的事實。但是固始當地歷史文獻中留下的資料卻較少，有關的實物證明也不多見。固始的陳集鄉現仍保存有陳元光祠，可參照福建寧化「客家公祠」的做法，列置王審知、陳元光祖祠及隨從家族祖祠，若能找到這些家族從固始南遷的根基族村落或類似「七星拱」之類的祖塋地，則可互為結合。福建寧化與河南固始的情況頗為相似，閩贛交接山脈有一個大的缺口，進入山口是一個大的盆地，就是寧化縣的石壁村，歷史上人口大規模南遷時，很自然就聚居於此，之後再分流四散。固始的特殊地理位置，也使之成為歷史上中原人口南遷的過渡地帶。不斷有外來人口聚居，又不斷由於各種原因向外主要是南方遷徙。寧化如同固始一樣，也是遷移人口的過渡地帶。而且現代的寧化當地，除了一些祠堂外，也幾乎沒有任何家族外遷的遺蹟遺物。

名不見經傳、窮鄉僻壤的寧化縣，之所以能搞出今天理想的局面，也是在人口「中轉站」這一聯結點上進行挖掘和利用。早先當梅州等地舉行的客家活動正濃之時，寧化人卻並不知道什麼叫客家。只因寧化方志辦的一位同志一次到梅州開會，才知道閩、粵、臺及東南亞的許多家譜中都提到其先祖來自寧化，這才突發奇想，利用這些家譜資料大做文章，不幾年時間，奠定了寧化客家祖地、中轉站的地位，不失為一成功範例。規模龐大的客家公祠，已成為海內外客家人常往的祭祖之地。其實，寧化只不過是許多移民家族的始遷祖曾經聚居的地方，而其原本先民仍是從河南南下的。

二、抓住相關鏈條中的聯結點

透過文化尋根、謁祖活動，擴大當地的影響，進而促進當地旅遊等部門產業的發展，許多地方都取得了相當突出的成績。這裡關鍵要有一些得到多方承認的相關鏈條中的連接點，並圍繞這些聯結點，把工作做大、做細、做好。廣東梅州、福建寧化，包括河南的滎陽、衛輝等，都是利用了這些可利用的連接點，使之渲染、擴大。

在河南的縣市中，固始被世人承認的相關鏈條中的連接點，無疑是比較明顯的。閩、粵、臺及東南亞的大量家譜記載，都把先祖追到固始。儘管這裡不排除譜錄中有其本族先人附會的成分，但是真是假，今人已難以說清。而這正是可利用的連接點。因為他們的族人世世代代都是這樣認為的，一直到今天仍然認同，我們也沒有必要再去分辨真偽。第一個問題中已經談到，許多認同意識、人文理念、信仰崇拜的歸結點，其實是模模糊糊的，這種歷史文化情結，是誰也改變不了的。而固始正具備這樣的情結優勢。

王氏三兄弟在南方是影響很大的歷史人物，世代為人們所敬仰。而他們的家鄉，據有關資料所說，是在固始的東鄉，今固始城東泉河鋪、分水亭鄉之間，古謂建安鄉王集王堂，今為王集村部。其遺址處於清河灌區的中心地帶，灌區內古

地名有王族、陳族、林族、宋族等，據固始族譜所記，王審知的祖塋就在王族（如此村落或家族稱法似不合常規）。隨從其入閩的鄉民也大多為固始人，他們的後裔在固始的分布相當廣泛。鄭成功的先祖也是唐光啟間自固始入閩。其他還有陳政、陳元光等，此不多言。據1953年臺灣人口統計資料表明，人口較多的100姓中，有63姓族譜記載先祖於晉末、唐初、唐末由中原遷往福建，再遷往臺灣。而這63姓中，大多數族譜記載先祖來自光州固始。有的還明確記載其出自哪個村落，如臺灣《吳氏族譜》載其祖有吳祭公者，固始縣清雲鄉井兜人，唐僖宗中和年間，兄弟一行20餘人隨王審知入閩，住福建侯官縣；楊氏譜記其始祖為固始縣傳慶鄉海下里人，等等。這些家族先祖具體來自於固始的什麼地方，今人已做了不少考察工作。儘管這些家族在固始的祖地位置有的無從查考，有的模糊不清，但許多家譜記載其一世祖來自固始這一點是可以肯定的。此外，中國歷史上的潘、方、黃、曾、蔣、江、賴等姓氏的起源，也與固始或相鄰縣地有關。據說孫氏至今為固始大姓，遍及城鄉。各城鄉也皆有方氏族人。還有一處國家級文物番國故城，等等。這些，都是可利用的溝通海內外的連接點。圍繞這些世人公認的鏈條聯結點，找到或重樹可依託的東西，再加以宣傳，應該有許多工作可做。諸如此類的成功範例不少，可資借鑑。

三、文化先行的紐帶作用

如何搞好這類活動，一位鄉村學者比喻說：一把雨傘，一支鋼筆，一個穿西裝者，三者缺一不可。就是要有政府支持，海外人士的共鳴，加上文人學者的研究和宣傳。其中文化先行造成重要的橋梁和紐帶作用。先有文化認同，促進交流，相互聯誼，增進感情，如此發展到了一定程度之後，才可能取得其他方面的成效。有些地方此類活動之所以越來越難以開展下去，就是因為忽視了文化先行的作用，而只重視捐助資金的多少，得到一些資金又不得其用。福建寧化在這方面的例子值得倣法，他們開展了一系列的文化活動，大小會議不斷，大規模的世界性尋根祭祖會有三四次，正式出版過多部論文集，還出版了一套精裝八冊的寧

化叢書等。事實證明，由此所帶來的影響和效益也相當可觀。在這些方面，固始也已做了大量工作，已具有文化先行的基礎，但要真正形成氣候，形成如梅州、寧化那樣大的聲勢和影響，可能還需要在總結過去的基礎上，進一步挖掘潛在的歷史人文資源，圍繞相關的連接點，開闊思路，打造品牌，推陳出新。

（本文作者安國樓為鄭州大學歷史學院教授）

固始移民文化資源開發利用初步設想

戴龐海　潘能龍

　　河南固始是中國移民聖地。在歷史上，因戰爭、生活所迫等多種原因，固始人曾多次向南方的閩、粵地區遷徙，他們及其後裔對遷入地的開發建設做出了重大貢獻。先人們艱苦的移民開發歷程為我們留下了寶貴的文化遺產和精神財富，我們在反觀先民們的足跡時，除了讚歎先民們的光輝業績，繼承和發揚他們吃苦耐勞、勇於開拓的進取精神之外，更要挖掘先民們留下的豐富的文化資源，開發利用這些資源助推現代固始經濟文化的發展。

一、固始移民及其特點

　　固始地處河南省東南隅，北臨淮河，南依大別山，自然環境優越，擁有「百里不求天」的沃野，再加上位於豫、鄂、皖交界處，一直是南下北上、東來西往的交通孔道，有「吳頭楚尾」和「豫南揚北」之稱，受到歷代統治者的重視。夏、商、週代三封潘國於其地，明嘉靖二十一年《固始縣誌》卷二《輿地誌》載：「固始縣，古潘國」，潘國古城至今猶在固始縣城附近。春秋中期，潘國為楚國所滅，孫叔敖在此修陂塘、興水利，使固始百里無旱澇之憂，為經濟社會發展創造了優越的條件，孫叔敖因此被楚莊王任命為令尹。春秋後期，固始為吳國

攻取,「昭王十二年(前504年)吳復伐楚,取番。」(《史記‧楚世家》)此後,凡中原有戰事,就殃及固始。固始人為了躲避戰爭,不得不東移南遷,移向閩、粵等尚未開發的荒涼之地,求得生存。固始先人在朝代更替、兵禍戰亂、生活逼迫等原因迫使下舉族外遷,他們把先進的中原文明帶到了所遷之地,促進了當地的社會發展與地區開發,同時有些外遷之人在固始太平之時,返鄉定居,促進了固始對外界文化的吸收與交流,為固始的社會發展注入了新鮮活力。

固始歷史上較大規模向外移民有四次,分別發生在西晉末年、唐初、唐末和兩宋之際。

第一次發生在西晉末年。據乾隆《福州府志》卷七五《外紀》一引路振《九國志》云:「永嘉二年(308年),中州板蕩,衣冠始入閩者八族,林、黃、陳、鄭、詹、邱、何、胡是也。」這些從中州入閩的衣冠族中,有譜牒明確記載從固始遷出的有黃、鄭、詹諸姓。黃姓,據《黃氏族譜》載:「其先四十三世南陸,居河南光州固始……七十三世,由和平遷福建邵武。」鄭姓,據《永春夾漈鄭氏族譜》載:「其始祖鄭昭,字元質,晉年間由光州固始入閩。」詹姓,《安溪詹氏族譜‧序》稱:「(詹氏)出於姬姓,始封於詹,以國為氏,其先世居於河南光州固始。」其他各族也認為自己「聚族於河南光州」。

第二次發生於唐朝初年。總章二年(669年)閩南「蠻獠嘯亂」,唐高宗令朝議大夫、歸德將軍固始人陳政率府兵3600名,副將許天正以下123名將佐,前往鎮撫。陳政先勝後敗,退守九龍嶺,奏請朝廷增援。朝廷令陳政兩兄長陳敷、陳敏率58名固始將校5000餘人前往救援,行至浙閩交界處,陳敏、陳敷二將先後染疫而亡,陳政母親魏氏攜其子陳元光領軍繼續南行,與陳政會合,打敗「蠻獠」。為了鎮撫地方,隨軍將校、眷屬就地安家,開發閩南,形成了唐初由政府主導的一次大規模向閩南移民浪潮,移民的初始地就是河南光州固始。據檳城刊印宋代《開漳世譜》載,當時隨陳氏入閩的有:許、馬、李、朱、歐、張、沈、林、盧、劉、塗、廖、湯、鄭、吳、周、戴、柳、陸、蘇、歐陽、傅、司馬、楊、詹、仲、蕭、胡、趙、蔡、葉、顏、潘、錢、孫、魏、韓、王、梁、何、方、莊、唐、鄒、丘、馮、江、石、郭、曹、高、鍾、徐、汪、洪、章、宋含陳

氏共58姓，加上妻眷姓氏：司空、種、寧、翟、甘、姚、邵、尹、尤、陰、狐、金12姓，合為70姓。

　　第三次發生在唐朝末年。唐末豪雄並起，天下大亂，固始「三王」（王潮、王審邽、王審知）趁勢而起，依附王緒、劉行全。後與王緒不和，取而代之，領兵南走閩南，據有福建五州之地。「三王」在閩南崇尚節儉、招徠流民、勸課農桑、保境安民，對開發閩南作出了重要貢獻。《固始縣誌》載：王潮「觀農桑，定租稅，交好鄰道，保境息民，閩人安之。」王審邽「為泉州刺史，善儒術，通春秋，明吏治，流民還者，假以牛犁，與完廬舍。中原亂，公卿多來依之。」王審知「為威武州節度使，儉約自持，常著麻履，府舍卑陋未嘗營葺，寬利薄賦稅，公私富實，境內以安。梁封閩王，凡十八年。」當時隨「三王」入閩的姓氏可考者有50餘，郭啟熹根據固始縣史志研究室編《歷史姓氏》、《隨「三王」入閩緒姓考》認為，有王、陳、林、劉、郭、謝、吳、張、黃、周、許、楊、蘇、鄒、詹、薛、姚、朱、李、鄭、程、嚴、董、呂、孟、連、湛、虞、庚、戴、蔡、莊、鄧、柯、沈、蕭、卓、何、繆、趙、高、施、曾、盧、廖、馬、傅、韓、釋等姓。

　　第四次發生在宋朝末年，靖康之亂後，固始鄉民為避戰亂，紛紛南徙閩地尋親投友。

　　這些固始人為戰爭、生計所迫外遷閩粵，他們的後裔以閩粵為基地不斷向臺灣、東南亞及海外地區播遷。據1953年臺灣人口統計資料顯示，臺灣100個500戶以上的大姓中有63姓，其族譜明確顯示來自河南光州固始。這63個姓氏共有67051戶，占當時臺灣總戶數的80.9%。還有就是現在海外的華人及華僑後裔大多認為他們是唐初、唐末固始移民後裔。

　　根據歷史史實，我們可以發現固始移民具有以下特點：1.遷出地較為集中，集中於今天的閩粵和臺灣地區；2.涉及的姓氏相對較少，以陳、王二姓為主，兼及其他一些姓氏，據學者考證，唐朝兩次主要遷徙不過120多個姓氏；3.影響深遠，特別是陳元光父子和「三王」，在中國古代史上有比較大的影響，在東南地區幾乎是家喻戶曉；4.相對於其他地區，固始主要是作為移民的發源地，而不是

像山西洪洞和重慶等地那樣是移民的中轉站。

當然，在上述姓氏中還有一些姓氏的祖籍地學術界存在爭議，例如，有的學者認為陳氏源自河東而不是固始，所以大部分姓氏還需要學術界的進一步考證，以增加可信度。

二、固始移民文化開發利用的優劣勢

兵法云：「知己知彼，百戰不殆」，文化資源開發也是這樣。固始在移民文化和根親文化的開發利用中，首先要瞭解自身的優劣勢，對症下藥，才能更好地「放大根親優勢，增強軟實力」，更好地打造「中原第一僑鄉」品牌。

（一）優勢

固始在移民文化和根親文化開發利用上具有得天獨厚的區位優勢和優越的人文環境優勢。

1.區位優越。

固始位於河南省東南隅，豫、皖、鄂交接處，境內有寧西鐵路、滬陝高速和312國道橫貫東西，在她周圍有京九鐵路、京廣鐵路、京珠高速組成的交通網絡，使得固始與鄭州、合肥、武漢、西安等周邊大中城市的交通，較以前有了根本性的改善。

2.得天獨厚的生態環境。

固始南擁大別山，北臨淮河，縣域內河流縱橫，山川秀美，具有山綠、水秀、石奇的自然景觀特點，有「中國地理教科書」之稱。

3.難得的發展機遇。

「中部崛起」的大環境和「文化強省」、「旅遊立省」戰略的實施，為固始開髮根親文化提供了千載難逢的契機。「中原崛起」戰略是一個系統工程，把

「農業先進、工業發達、文化繁榮、環境優美、社會和諧」作為實現的總目標。大力開發利用河南固有的豐富文化資源勢在必行，徐光春書記在2007年1月香港「中原文化與中原崛起懇談會」上對中原文化分17個方面作了全面、準確、系統的闡述，認為「姓氏文化」是中原文化的重要組成部分，努力在全球掀起「尋根到河南、朝覲到河南、拜祖到河南的熱潮」，這些都為固始打造根親文化品牌提供了良好的機遇。2008年，徐光春又提出了「旅遊立省」的發展戰略，得到各方支持，今年「五一」黃金週和國慶長假河南旅遊的盛況，充分證明此戰略是完全正確的，必將產生巨大的影響。

4.古代移民文化資源在省內具有一定的壟斷性。

目前，河南開展尋根朝敬旅遊的縣市比較多，著名的如新鄭、滎陽等地，南陽淅川等地開發了一些以現代水利移民為背景的景區景點，但全省以古代移民文化為主要特色的旅遊目的地還沒有。再加上南遷固始移民後裔影響巨大，其足跡遍及臺灣、「南洋」及歐美各地，著名的如鄭成功、施琅、陳嘉庚等人都為祖國做出了不可磨滅的貢獻，聲名遠播。無數閩臺同胞、海外僑胞、世界客屬，由古至今譜載口授，代不失傳：牢記鄉關祖地，勿忘「光州固始」。固始是無數閩臺同胞、海外僑胞、世界客屬心目中的祖根地，是歐美和東南亞各地「唐人街」的一大血緣和歷史源頭。因此，固始開發古代移民文化，在省內及周邊地區具有一定的優勢，甚至壟斷性。

5.知名度高，人力資源充足。

陳政、陳元光父子和「三王」名聞天下。固始茶葉，綠色環保，品質優良，以九華山、仰天雪綠、十八盤為代表的固始綠茶多次在國內外茶評、茶展中摘金奪銀，已成為信陽毛尖的標誌性品牌。「固始雞」因外觀秀麗、肉嫩湯鮮、風味獨特、營養豐富而馳名中外，具有產蛋多、蛋大殼厚、遺傳性能穩定等特點，為蛋肉兼用雞。固始總人口近170萬，為河南第一人口大縣，在全國也名列前茅。高知名度和眾多的人口，為固始開發移民文化、發展根親旅遊提供了雄厚的人力資源，也為固始社會經濟發展提供了可靠的人力保障。

6.縣委、縣政府的高度重視和正確決策。

固始縣委、縣政府高度重視開髮根親文化、打造中原僑鄉品牌，為開發利用固始移民文化提供保障。他們以「讓根親文化揚名固始」為主旨，以「放大根親優勢，增強軟實力」為指導思想，帶領全縣人民大力挖掘固始根親文化資源，打造固始「中原第一僑鄉」品牌，為固始更好地開發利用移民文化奠定了堅實的基礎，提供了切實保障。

7.人民群眾積極性高漲。

固始人民經歷了大規模外出打工的熱潮（曾有50萬外出農民工）之後，已有越來越多的人開始反思，並返回家鄉創業，實現了人才回歸、資金回流、企業回遷，大大促進了縣域經濟的發展。目前，廣大固始人民對開發固始根親文化資源，打造固始文化名片，加快發展地方經濟文化事業充滿信心，滿腔熱情，自覺自願地投身於此項事業之中，這種情形從老百姓對尋根拜祖的熱情款待中就可見一斑，廣大人民群眾的大力支持對固始移民文化的開發無疑是永不枯竭的動力源泉。

（二）劣勢

固始在開發利用移民文化和根親文化中還存在一些不利因素或劣勢。重要的如：

1.交通不夠便捷。

近年來，固始的交通條件有了非常明顯的改善，但與經濟比較發達的兄弟縣市相比，差距還很大。寧西鐵路和滬陝高速公路距離縣城都比較遠，經過縣城的重要幹線只有312國道。這種交通條件，根本無法滿足現實和未來的需要，對於大規模開發顯然是十分不利的。

2.縣域經濟實力比較薄弱。

固始縣近幾年來隨著「中原崛起」戰略的深入實施，縣域經濟有了大步提高，但就整體經濟水平來說還顯得較為薄弱，無法保證足夠的資金投入，這對移民文化和根親文化的開發利用有一定的制約。

3.專業人才匱乏。

文化資源的開發需要大量的專業人才，涉及學術研究、開發建設、經營管理、解說導遊、賓館酒店、市場營銷、形象策劃等等許多方面，如果沒有足夠的專業人才，是無法滿足需要的，必須採取「請進來，送出去」的方式，盡快培養一批又一批人才。

4.資源的富集度和影響力不及競爭對手。

固始與洪洞、重慶等其他移民地相比較，在開發上起步較晚，擁有的移民資源也不夠豐富，在全國的影響力較弱。

三、固始移民文化開發利用的幾點設想

近年來，固始縣委、縣政府為開發利用固始移民文化和根親文化，服務當地經濟、社會又快又好地發展，在移民文化的考證研究、文化交流、尋根聯誼、姓氏招商、旅遊觀光等方面都做了大量卓有成效的工作，使「根親」在固始經濟、社會發展中的作用不斷提升。為了使固始的「移民文化」和「根親文化」更好地服務固始、助推固始，進一步提升固始在河南、中部乃至全國的影響力，迫切需要對固始「移民文化」和「根親文化」在現有基礎上進一步挖掘潛力、整合內涵、擴大宣傳，真正做到讓「根親揚名固始」，為此筆者就進一步開發利用固始的「移民文化」和「根親文化」提出若干建議，僅供參考。

（一）成立高水平的實體性研究機構

成立「河南省固始移民文化研究中心」，是省級科學研究機構，具有足夠的編制和專職人員，負責組織省內外有關專家定期開會，就固始移民史中的有關問題不斷深入研究論證，為「中原第一僑鄉」提供學術支撐，增加固始「根」文化的可信度。

（二）儘可能蒐集和保護有關實物資料

在固始和其他地區就與固始移民有關的實物資料進行廣泛的調查、蒐集，對

有關姓氏的族譜進行整理，對有價值的祠堂、廟宇、碑刻等文物進行有效保護、修繕，為固始成為「中原第一僑鄉」和閩臺及海外僑胞尋根祭祖提供實物根據。

（三）不斷加大推介工作的力度

設立專門機構負責固始「根」文化的宣傳推介和聯絡工作，利用各種媒體不斷加大對固始「僑鄉」文化和「根」文化的宣傳力度，利用各種途徑與閩臺及海外固始移民後裔保持經常聯繫，使「中原僑鄉」走向全國和世界，同時吸引他們回到祖根地拜祖、旅遊、投資。

（四）開發移民文化的具體措施

除了修建陳元光廣場、王審知大道、尋根博物館、中華尋根樓之外，還可考慮以下項目：1.在省級固始移民文化中心之外建立「中原移民文化博物館」，初期可與固始尋根博物館合署辦公，未來須獨立，功能是向世人展示整個中原地區的移民文化和實物；2.建設移民文化廣場，要體現中原文化和中原所影響的南方地區的文化元素；3.透過影視戲曲書刊等藝術形式重現當年固始移民的經過；4.舉辦「中國‧固始移民文化旅遊節」（可以考慮與「根親文化節」交叉舉行）；5.建設移民文化公園，園內建設南遷各姓宗祠（集中布局，形成有規模的景區）；6.建設仿唐民俗村，部分重現唐代百姓及富裕人家的日常生活；7.與其他文化資源及自然旅遊資源聯合開發。比如，可以推出以九華山妙高寺為亮點，以尋根文化、宗教文化和茶文化為主題的旅遊線路；8.從各方面加強固始與移民後裔的經濟文化聯繫，精心打造文化強縣和經濟強縣。

總之，固始移民文化資源開發雖然面臨的困難不少，但前途光明，大有可為。相信在縣委縣政府和各級領導的正確領導下，透過全縣全市人民的共同努力，固始的移民文化開發必定能夠有力地推動地方經濟文化建設，成為固始、信陽、河南及至全國的一張富有特色文化的名片。

（本文作者戴龐海為鄭州大學歷史學院教授、歷史學博士；潘能龍為鄭州大學歷史學院歷史地理專業研究生）

近三十年來固始尋根研究綜述

李志堅

　　固始是重要的尋根地，為中國十大移民集散地之一。固始尋根是尋根研究的重要組成部分。目前，對固始尋根的研究包括兩個基本層面，一是學術層面的學術研究，二是實踐層面的文化產業開發。前者是後者的基礎，後者是前者的重要歸宿。就學術層面研究而言，固始尋根已成為了學術研究的相對熱點。固始尋根研究始自20世紀1980年代始，迄今已近30年，形成了多層次、多方面、大量的研究成果。本文主要就固始尋根的學術研究進行一定的歸納梳理，以求利於將來之研究。本文試從綜合論述和分類研究兩方面對固始尋根研究進行梳理。

一、對固始尋根研究的綜合論述

　　固始尋根研究早在20世紀1980年代即已開始。對固始尋根的研究首先進行的是綜合研究，即對固始尋根問題進行整體式探討。

　　1981年，廈門大學方言學家黃典誠教授在1981年4月30日的《河南日報》上發表了《尋根母語到中原》的短文，從語言的角度提出了中原尋根的命題，提出：臺灣同胞的尋根起點是閩南，而終點則為河南。這直接引發了固始尋根研究的興起。

　　1982年4月臺灣同胞祖根問題座談會在信陽召開，探討固始尋根的研究及開展。參加這次座談會的有信陽地委有關部門、河南省考古學會、信陽師院、信陽地區文化教育單位的負責人及部分專業研究人員等24人。黃典誠教授也向會議發來專電。這次會議對固始尋根研究的推動發揮了重要作用。

　　歐譚生是較早從事固始尋根研究的學者之一。他的《臺閩豫祖根淵源初探》（《中州今古》1983年5期）較早地論述了固始、福建、臺灣間的密切聯繫，明

確提出了臺灣與福建500年前是一家，臺閩豫1300年前是一家，根在「光州固始」的觀點。

以上的研究為固始尋根研究奠定了基礎，對後來的研究具有重要影響。這時期的研究與時代的政治關係密切，隨著國家的對臺政策的發展而迅速興起。但隨後的20世紀1980年代中後期及1990年代，固始尋根研究處於相對薄弱的階段，對其的整體性研究成果較少。進入新世紀，隨著社會經濟的發展以及文化產業的發展，固始尋根研究進入了又一個發展期。這一時期的主要成果有：

張新斌《論固始尋根》（《中州學刊》2002年3期）利用方志、譜牒等資料，透過對閩臺58個姓氏的分析，較為全面地詮釋了「固始尋根」這個概念，並對固始尋根的開發利用提出了具體建議。

王永寬《中原姓氏尋根概述》（《信陽師範學院學報》哲學社會科學版2003年2期）概述了中原的姓氏尋根，特別強調了固始尋根。

李喬、許竟成《河洛文化研究：固始與閩臺》（河南人民出版社，2007年版）較為系統地透過陳元光、王審知等固始移民對閩臺的經濟、文化等方面的影響綜合論述了固始與閩臺的聯繫。其中對陳元光的論述也比較系統全面。

2008年10月21日至22日「光州固始與閩臺歷史淵源關係研討會」在固始召開，本次學術研討會由河南省海外聯誼會、河南省人民政府臺灣事務辦公室、河南省歸國華僑聯合會、河南省固始縣人民政府和河南省社會科學院歷史與考古研究所聯合舉辦。有350多位專家學者參加了會議，提交論文70多篇，圍繞固始與閩臺文化、固始與閩臺人物、固始與閩臺姓氏、固始尋根資源開發與利用等問題展開了深入探討。（於華、陳艷《光州固始與閩臺歷史淵源關係研討會綜述》，《高校社科動態》2009年第1期）這次研討會規格較高，探討的問題比較廣泛，對固始尋根研究是一個新的起點。

尹全海的《固始移民與兩岸三地尋根資源之整合》（《信陽師範學院學報》哲學社會科學版，2009年第1期）認為在固始、福建、臺灣範圍內統一整理固始尋根資源為移民資源、姓氏資源和信仰資源，並對其進行系統的研究、開發，充實了固始尋根研究的內涵，擴大了固始尋根研究的範圍，對固始尋根研究具有重

要的理論意義。

二、固始尋根的分類研究

固始尋根研究包括較多方面的內容，可以從多個角度進行探索，因此，形成了內容豐富的分類研究，這構成了固始尋根研究的主體。

（一）固始地理研究及其文化解讀

固始歷史悠久，位置重要，蘊含有豐富的歷史文化，這是固始尋根的重要起點，關於這方面的研究成果主要有：

戴吉強《寢丘與固始》（《尋根》2009年第1期）辨析了歷史上寢丘與固始兩個地名，指出二者就是指的今天的固始。戴吉強《西周蔣國與期思地理小考》（《尋根》2008年第4期）認為蔣國與期思在地理上屬於固始。

陳習剛《論五代時期的固始》（《信陽師範學院學報》哲學社會科學版，2009年第1期）從人口流動、經濟、文化、軍事等方面論述了五代時期固始的歷史地位。

宋豫秦、常磊《「閩人稱祖皆曰自光州固始來」之人地關係分析》（《尋根》2009年第1期）從地理、文化、人口壓力等方面對固始成為移民出發地做了深入分析。

程有為《「光州固始」在南遷中原漢人中的地位》（《尋根》2009年第1期）首先辨析了「光州固始」，接著從固始的自然、人文環境方面論述了固始移民的原因，接著論述了兩次主要的固始移民，說明「光州固始」是中原移民的重要出發地和中轉地，具有重要的尋根意義。

張新斌《「光州固始」的歷史文化解讀》（《尋根》2009年第1期）從歷史地理和史料文獻兩方面論述了「光州固始」的根性意蘊。

崔振儉、戴吉強《南朝地下流民社會與客家形成初探——兼談客家形成過程中的「固始符號」》（《信陽師範學院學報》哲學社會科學版，2009年第5期）透過對南朝地下流民社會的形成及生存形態分析，認為「固始符號」在客家形成的過程中具有重要意義。

（二）固始移民的過程研究

固始移民的過程研究主要是移民路線的研究，這方面的研究成果主要有：

劉梅生《唐末五代時期光州人的南徙入閩》（《信陽師範學院學報》哲學社會科學版，1983年第2期）和李志堅《唐末固始人移民福建的路線選擇》（《尋根》2006年第6期）對唐末五代王審知兄弟帶領固始人南下福建的路線進行了梳理。

（三）固始移民與閩臺文化研究

移民是文化傳播的重要載體，固始移民具有顯著的文化意義，特別是對於閩臺文化而言。

謝重光《南方少數民族漢化的典型模式——「石壁現象」和「固始現象」透視》（《福建省委黨校學報》2000年第9期）從文化學的角度分析了「固始現象」的含義。郭啟熹《固始與閩西人關係溯源》（《閩西職業大學學報》2004年第1期）從固始移民入閩的史實、語言、習俗等方面論述了固始與福建存在的密切聯繫。郭啟熹《河老人開創了龍岩文明史》（《閩西職業大學學報》2001年第2期）描述了陳政、陳元光以及王審知兄弟開發龍岩的歷史貢獻。湯漳平《初唐中原移民入閩與閩臺文化之形成》（《許昌師專學報》2002年第1期）闡述了陳政、陳元光父子為首的固始移民福建及對福建的開發是閩臺文化形成的重要原因。李喬《固始移民入閩對閩文化形成的影響》（《黃河科技大學學報》2008年第4期）論述了固始人陳元光和王審知兩次率眾入閩，對閩文化的形成產生了重要影響。李志堅《王潮、王審知兄弟治閩與中原文化的南傳》（《信陽師範學院學報》哲學社會科學版，2009年第1期）論述了王氏兄弟在福建的施政對中原文化傳播於閩地的意義。

（四）固始姓氏研究

固始的姓氏是固始尋根的基本內容，歷史上曾引起眾多學者如鄭樵、方大琮等的關注，目前對其的研究已形成較多成果。既有整體性的姓氏論述，也有對單個姓氏源流的分析。

對姓氏整體分析的有：徐曉望《閩臺漢族籍貫固始問題研究》（《臺灣研究》1997年第2期）、顏立水《「閩祖光州，相傳之謬」——讀洪受〈光州固始辨〉》（《中州今古》2001年第5期）透過追溯外來移民福建的歷史，剖析了福建姓氏偽托固始的現象，認為福建只有部分姓氏來自於固始。

劉翔南《豫閩臺姓氏源流》（《尋根》2009年第1期）透過陳政、陳元光父子和「三王」兩次固始移民，說明了河南特別是固始是閩臺姓氏的主要源頭。李喬《「閩祖光州」現象形成原因探析》（《中州學刊》2009年第2期）從文獻記載、戶籍制度、王氏兄弟入閩的史實以及福建人口的變化等方面論述了福建姓氏中「閩祖光州」的現象，固始人對福建姓氏具有重大影響。

單個姓氏源流的研究有：許竟成、戴吉強《閩王故里與固始臨泉王氏》（《尋根》2006年第6期）、許竟成、李新堂《河南固始：潘氏發源地》（《尋根》2008年第2期）、許竟成《固始李氏源流》（《尋根》2008年第3期）、許竟成、彭大國《蔣氏發源地與期思古蔣國》（《尋根》2007年第6期）等分別研究了王、潘、李、蔣等姓氏在固始的發源及播遷。

（五）固始人物研究

對固始人物的研究是固始尋根研究的重要方面，主要集中於固始重要人物的籍貫及其功績的研究，主要為陳元光、王審知等主要的代表人物。尤其是陳元光的研究是個熱點。已經召開過多次與陳元光有關的文化節以及學術研討會，形成了大量的研究成果。如雲霄縣開漳歷史文化研究會編印有《開漳文化節論文彙編》，朱天順等編有《陳元光國際學術討論會論文集》（廈門大學出版社1993年版）。

對陳元光的研究主要集中於三個方面：陳元光的籍貫、陳元光的歷史貢獻以

及陳元光的神化。

  1.陳元光的籍貫。因為陳元光在兩《唐書》中沒有立傳，而有關史籍記載也多有不同，使得陳元光的籍貫成為一個分歧較多的問題。有固始說、揭陽說、嶺南土著說、河東說等。

  熊寒江《閩臺陳姓始祖陳元光》（《今日中國》中文版1982年第9期）、謝重光的《〈龍湖集〉的真偽與陳元光的家世與生平》（《福建論壇》1989年第5期）、張耀堂《陳元光籍貫身世考辨及其他》（《中州學刊》1990年第5期）、歐譚生、盧美松《〈龍湖集〉真偽與陳元光祖籍——與謝重光同志商榷》（《福建論壇》人文社會科學版，1991年第1期）、貝聞喜《陳元光原籍考》（《韓山師範學院學報》1991年第1期）、周賢成《陳元光家世考》（《東南學術》1991年第5期）、楊際平《從〈潁川陳氏開漳族譜〉看陳元光的籍貫家世：兼談如何利用族譜研究地方史》（《福建史志》1995年第1期）、吉家友《陳政陳元光家族》（《信陽師範學院學報》哲學社會科學版，1997年第1期）、黃超云《陳元光族性新考》（《漳州職業大學學報》2003年第2期）等對陳元光的籍貫進行了熱烈的探討。

  2.陳元光的歷史貢獻。湯章平、林瑞峰《論陳元光的歷史地位和影響》（《福建論壇》社科教育版1983年第4期）、陳元煦《陳元光與漳州畬族——兼談陳元光啟漳的影響》（《福建師範大學學報》哲學社會科學版，1984年第3期）、盧繼定《唐代中原移民潮的組織者和帶頭人陳元光》《（韓山師範學院學報》1990年第2期）、王大良《陳元光及豫閩臺關係散論》（《信陽師範學院學報》哲學社會科學版，1991年第3期）、郭啟熹《河老人開創了龍岩文明史》（《閩西職業大學學報》2001年第2期）、李竹深《略談歷史上的陳元光》（《漳州職業大學學報》2002年第4期）、何池《論陳元光開發建設漳州的業績》（《漳州師範學院學報》哲學社會科學版，第2002年4期）、湯漳平《對閩南文化形成期的幾點看法》（《福州大學學報》哲學社會科學版，2008年第2期）等成果對陳元光的在經濟、文化等方面的貢獻進行了論述。

  3.陳元光的神化方面。林國平、吳云同《開漳聖王信仰與臺灣社會的變遷》

（《漳州職業大學學報》1999年第4期）、孫煒《由人到神：陳元光形象變遷的文化解讀》（《尋根》2006年第6期）、馮大北與張秀春《唐史無人修列傳　漳江有廟祀將軍——陳元光開漳與聖王信仰》（《尋根》2006年第6期）等成果對陳元光神形象的變遷進行了探討。

此外，對有關陳元光的其他內容也有一定的研究。如謝重光《再論〈龍湖集〉是後人偽託之作》（《福建論壇》人文社會科學版，1991年第4期）、楊際平《也談〈龍湖集〉真偽——兼評陳元光〈龍湖集〉校注與研究》（《東南學術》1992年第1期）、陳阿娟《陳元光與〈龍湖集〉》（《福建教育學院學報》2006年第5期）等對陳元光的著作《龍湖集》進行了研究。

王治功《陳元光的政治思想及其實踐》（《汕頭大學學報》人文社會學版，2002年第2期）認為陳元光符合政治家的標準，政治思想豐富；徐伯鴻《論「開漳聖王」陳元光的施政思想》（《河南社會科學》2006年第4期）認為，陳元光是唐代政治思想的重要實踐者。

對王審知的研究主要是其對福建的治理。

林祥瑞、範兆琪《王審知治閩》（《福建論壇》社科教育版，1981年第3期）、林立群、林精華《王審知入閩、治閩與「崇佛」》（《福建論壇》人文社會科學版，1996年第3期）、張振玉《王審知在「育才」「興學」方面的功績》（《福州師專學報》1997年第1期）、何綿山《五代時期閩國文學淺論》（《重慶廣播電視大學學報》1997年第2期）、楊桂麗《王審知與福建海外交通》（《福建論壇》文史哲版，1999年第5期）、郭啟熹《河老人開創了龍岩文明史》（《閩西職業大學學報》2001年第2期）等論文較為全面地論述了王審知兄弟在福建的貢獻。

此外，對孫叔敖、鄭成功等的研究也有不少，如徐少華《孫叔敖故里封地考述——兼論〈楚相孫叔敖碑〉的真偽與文本年代》（《江漢考古》2008年第2期）認為孫叔敖的故里不是固始而是安徽臨泉一帶。歐譚生《臺閩豫祖根淵源再探——兼論何處是鄭成功之墓》（《信陽師範學院學報》哲學社會科學版，1984年第2期）認為鄭成功的祖上從固始入閩，而且鄭成功的真身墓地也在固

始。

許竟成《清代為閩臺往來請命者吳士功》(《中州今古》1992年第6期)對吳士功進行了探討。

(六)固始尋根資源的文化產業開發研究

固始尋根資源的文化產業開發研究是固始研究的一個重要拓展，對固始尋根的研究意義重大。張新斌《河南尋根文化資源開發的戰略思考》(《黃河科技大學學報》2006年第3期)綜合論述了河南尋根文化資源的開發戰略，同時指出固始尋根資源的文化產業開發應注意樹立品牌。

三、結語

固始尋根研究在眾多學者的關注和努力下，已經取得了較多的成果，已經成為一個較為成熟的研究熱點，為其進一步深入研究和進一步的科學開發奠定了良好的基礎，但同時還存在需要進一步努力的地方。

其一是基本文獻資料的整理需要進一步加強。文獻資料是固始尋根研究的基礎，目前有關的工作還不很充分，尤其是固始地區的有關文獻資料比較匱乏，閩臺地區相對豐富。如1984年福建人民出版社出版的《閩臺關係族譜資料選編》以及福建、臺灣地區的家譜都較豐富。而作為祖根地的固始地區的有關家譜遺存很少，這對固始尋根研究的進一步深入是一個很大的制約。

其二是內涵需要進一步充實，範圍需要進一步拓展。固始尋根不是簡單的移民現象，也不是簡單的中原文化的播遷，它具有非常豐富的內涵。這方面的研究既包括理論的構建，也包括史實的考證。

理論的構建主要是對固始尋根內涵的梳理。以中國歷史文化發展為背景，著眼於固始、福建、臺灣等空間，從固始地域文化、福建和臺灣的土著文化，參照中華文化的發展歷程，構建固始尋根研究的理論框架，努力構建起固始尋根研究

的學科體系。

　　固始尋根研究是一個超越時空，跨越地域的命題。對中原、福建、港澳臺以及海外數千萬的華僑華人都具有廣泛的影響。對其史實考證應包括民族史、移民史、政治學、社會學、宗教學、民俗學、語言學、文學、文化學等等眾多學科學研究究角度，從而展現其豐富的研究內涵。

　　其三是加強固始、福建、臺灣尋根的個體性研究。這方面的研究比較缺乏個案性的研究，如對一個姓氏、一個宗族、一個群體在豫閩臺的完整變遷的研究。

　　其四，是各部分的研究不平衡。固始尋根是內涵豐富，包括多個組成部分，已有的研究成果多集中於人物研究，而其他部分用力稍弱，這樣的研究布局不利於固始尋根的長遠發展，各部分的研究應該相互推動，共同進步，才能真正實現固始尋根研究的系統而全面的健康發展。

（本文作者為信陽師範學院歷史文化學院講師）

「固始與閩臺淵源關係研討會‧2009」側記

劉喜元

　　2009年10月26-27日，由《兩岸關係》雜誌社、河南省社會科學院歷史與考古研究所、信陽師範學院歷史文化學院、信陽市根親文化研究會主辦，固始縣根親文化工作辦公室具體承辦的「固始與閩臺淵源關係研討會——唐代固始移民與移民文化研究」在河南固始隆重召開。本次研討會是「2009中國固始首屆根親文化節」系列活動之一，臺灣「中央研究院」研究員兼臺灣史研究所所長許雪姬教授、九州出版社總編輯王杰教授、華中師範大學羅福惠教授以及美國加州大學戴福士教授等近百位海內外專家學者與會。研討會共收到豫閩臺兩岸三地參會論文40餘篇。

　　會議期間，與會人員還參加了「2009中國固始首屆根親文化節」開幕式，

並觀看了大型文藝表演和文藝晚會。

10月26日下午14點30分，固始與閩臺淵源關係研討會舉行開幕式。開幕式上，中共信陽市委常委、統戰部部長宋效忠致開幕詞，信陽師範學院副院長李義凡致歡迎詞，河南省社會科學院黨委書記林憲齋代表主辦單位致辭。隨後，舉行了《固始與閩臺淵源關係研究》首發式。首發式中，該書主編張新斌研究員就本書的內容及其策劃、編輯、出版等情況進行了說明，湯漳平教授則就該書的意義和價值進行了點評。開幕式由中共固始縣委常委、統戰部部長崔振儉主持。

10月26日下午和27日上午，與會專家學者進行學術研討。在許雪姬、王杰、金榮權、湯漳平、藍博洲和戴龐海的分別主持下，羅福惠、湯漳平、何池、尹全海、戴龐海、羅秋昭、許晶、蕭開平、劉國旭、袁延勝、戴福士、張新斌、湯毓賢、張嘉星、毛陽光、唐金培、何來美、許竟成、呂芳雄、許進良等學者先後作了大會發言。大會主要圍繞唐代固始移民史、閩南文化、客家人與客家文化三個主題，以及與之交叉的人物研究、專題研究展開。

唐代固始移民史研究。此類研究如羅福惠的《古代河南的四次政治性外遷移民及其影響》、尹全海的《關於唐代固始移民史的研究取向》、唐金培的《唐代固始移民與中原生態文化南傳》、陳建奎的《固始移民集散地的確立》和孫煒的《從陳政陳元光「開漳」看唐代移民特點》等。這些既有宏觀系統描述，又有理性客觀分析，基本上奠定了唐代固始移民史的研究框架和研究域限，即固始移民入閩及其後裔遷臺的歷史，時間自西晉末年永嘉之亂至清初1000多年，空間涵蓋河南、江西、福建、廣東和臺灣等移民所經過的崎嶇。

閩南文化及其傳播。此類研究如：何池的《論固始移民對閩南文化形成及傳播的影響》、鄭鏞的《論「開漳聖王」信仰體系的特點》、湯毓賢的《「開漳聖王」文化與聖王巡安民俗研究》、張嘉星的《閩南方言歌謠的產生年代及其在閩臺地區的流變》和梁炯輝的《臺灣閩南語言遠流與特徵》等。這些研究對閩南文化的形成與發展，及其在臺灣的傳播，都有精到而細緻的分析研究。研究結果顯示，「光州固始」符號，貫穿閩南文化發展與繁榮之全過程。其中唐初陳元光「開漳建漳」，奠定了閩南文化的根基；再經王審知兄弟「入閩王閩」，以及宋

元時期中原移民相繼入閩，最終形成閩南文化、閩東文化與客家文化區。

客家人與客家文化。如崔振檢與戴吉強的《南朝地下流民社會與客家形成初探——兼談客家形成過程中的「固始符號」》、何來美的《兩岸客家源流與文化交流》、羅秋昭的《客家人的光榮——臺灣抗日英雄羅福星烈士》、蕭開平的《不辱客家先祖的臺灣佳冬蕭家》和呂芳雄的《「臺灣第一才子」呂赫若的家事》等。這些研究進一步證明了固始是閩南人和客家人的共同祖地。臺灣學者提供的論文，還為我們展示了更多臺灣客家人的光輝業績和感人事跡。

人物研究。主要集中在移民領袖和在臺客家人，如湯漳平的《關於陳元光和閩南開發研究的幾個問題》、許晶的《論陳元光對泉潮地區開發的貢獻》、許進良的《唐朝開國別駕許天正對開發漳州的貢獻》和毛陽光的《閩臺方志中所見之陳元光及其事跡探討》等。其中，許進良對開漳將士的研究，拓展了固始移民史的研究領域；毛陽光則希望能夠從地方志中發現真實的陳元光，如此嘗試性的研究，具有重要的方法論意義。

專題研究，包括固始尋根、淮河流域方國研究和姓氏資源的開發利用等。其中，固始尋根研究，如宋效忠的《根在信陽》、李志堅的《近三十年固始尋根研究綜述》等；淮河流域方國研究，如金榮權的《周代蓼國地理與歷史綜考》、劉博的《古豫國遷播初探》等；移民資源及姓氏資源的開發利用，如戴龐海《固始縣移民文化資源開發利用初步設想》、袁延勝的《唐代固始移民簡論》等。專題研究的展開，不僅表明固始移民史研究更加深入，同時還為姓氏遷移與尋根提供了可靠的史源學依據。

與以往中原與閩臺淵源關係之研究相比，此次研討會不僅研究主題集中、學術性強，而且還出現了新的研究熱點和值得總結的研究特點：

其一，比較研究和新史料的發掘。由於歷史上有四次大規模固始移民入閩，而每次移民背景和規模有所不同，對福建社會產生的影響亦各異，比較研究就顯得非常必要。此研究包括不同階段固始移民之比較，如羅福惠的《古代河南的四次政治性外遷移民及影響》；固始移民與其他移民活動之比較，如劉國旭的《大槐樹移民與光州固始移民比較研究》等。新史料的發掘利用，主要是對族譜

資料的挖掘與利用，張新斌的《〈國家家譜總目〉與唐「光州固始」南遷移民史的研讀》，這是一項非常浩大的工程，立意高遠，非常大氣，非一般初學者敢於問津。毛陽光的《豫閩方志中所見之陳元光及其事跡探討》，也是一項艱苦而細緻的工作，作者希望從族譜中發現真實的陳元光。也許毛先生得出的結論仍有討論的餘地，但學術路徑和研究方法絕對是正確的、應該提倡的。

其二，學術史研究，即對以往研究之研究。從學術生成和學術成長過程看，學術積累達到一定程度，且出現不同的學術觀點或學術派別，學界方能對以往的研究成果進行研究或檢討。如湯漳平的《關於陳元光和閩南開發研究的幾個問題》、李志堅的《近三十年來固始尋根研究綜述》等。其中，湯漳平先生的文章在回顧20世紀1980年代以來學界有關陳元光與閩南開發研究成果的基礎上，指出此前研究存在的問題，並提出很好的建議，對推動和加強陳元光與閩南開發之研究具有積極而重要的意義。

其三，學術隊伍的轉型。此次研討會，有一批高校年輕教授、博士加入到我們的研究隊伍。他們所提供的論文不僅拓展了固始移民及尋根文化的研究領域，還為我們的研究引介新的研究視角。這是一個可喜的現象，說明固始移民已經受到更多學者的關注。

當然，地方文史工作者，特別是固始的戴吉強先生、陳學文先生、許竟成先生所做的開創性工作也必須得到承認和肯定；他們的治學精神、取得的學術成果，都值得敬佩。

經過會議研討和與會專家的深入交流，就固始與閩臺淵源關係、唐代固始移民與移民文化等相關問題的研究取向和努力方向，此次會議提出了很好的建議。

研究規劃方面，當務之急是完成固始移民史的史實重建工作，加強固始移民入閩遷臺的整體史研究，兩岸學者應通力合作，共同完成固始移民通史的書寫。此外，固始移民史的研究對象、歷史分期和研究意義等，這些問題看似已有不少研究成果，但由於缺乏理論建構和精細化研究，因而顯得零散而不繫統，需要艱苦努力，方有所成。

研究主題的選擇，總體上既堅持多元視角，又要有明確的研究取向。所謂多

元視角,實質上就是拓展研究領域,如環境史視角下的固始移民史、人口史視角下的固始移民史等;研究領域的拓展,必須借助於譜牒資料以外的田野調查或口述史學資料。至於學術取向,則是突出研究特色和亮點,如與河洛文化、客家文化,以及一般意義上的中原移民之聯繫與區別和固始移民在中原移民史上的地位與研究價值。

學術隊伍方面,要堅持開放原則,不能僅僅侷限於豫、閩、臺兩岸三地的通力合作,更要吸收其他地區研究移民史、人口史領域的學者共同參加,如此才有可能使固始移民史研究走向更大的舞臺,產生更大的影響。

10月27日上午11點,研討會舉行閉幕式。九屆河南省政協副主席、中國河洛文化研究會常務副會長陳義初,信陽市委常委、固始縣委書記方波以及來自臺灣、香港、福建等地區與國外的專家學者和宗親代表等出席閉幕會。信陽師範學院歷史文化學院院長尹全海教授首先對此次研討會進行了學術總結。

在閉幕式上,九屆河南省政協副主席、中國河洛文化研究會常務副會長陳義初發表了講話。他說,這次節慶活動非常成功,2008年10月21日至22日,在固始舉辦了固始與閩臺關係研討會。在這個基礎上,今年舉辦了「唐人故里‧閩臺祖地」中國固始首屆根親文化節。說明這件事情並不是固始一個縣的事,國家、省、市的領導都很重視。活動的成功可以用三句話來總結,就是規格高、規模大、影響深。固始縣這次活動的名稱起得好,「唐人故里‧閩臺祖地」得到了與會嘉賓的共識,非常不容易。這次節慶活動的中心是「根」。尋根認祖在今天最主要的作用就是凝聚全球華人的文化認同感,促進祖國的統一大業。尋根問祖、追根溯源,港澳臺地區、全球華人,同文同種、同根同源、同山同水,正是這些共同的文化、共同的血脈、共同的土地,才形成了共同的民族,這是民族強盛、國家統一的根本。這次活動就是為大家尋根提供一個平臺。對各方面的意義是不一樣的:對於海外同胞來講是提供一個追根溯源的渠道;對於海峽兩岸來講是提供一個文化交流的平臺;對於固始縣來講是提供一個宣傳自身、發展自身的機遇。固始這幾年的飛速發展,可謂「百聞不如一見」,只要有更多的人到固始來,一定會給各方帶來發展的機會。只要把握住堅持、認真、合作、求實的原

則,「唐人故里‧閩臺祖地」中國固始根親文化節就會越辦越好。

　　透過這兩天的研討,各位專家學者從不同領域、不同角度和不同層面展示了各自的研究成果。經過各位專家、學者的探討、考證,固始與閩臺淵源關係,特別是唐代固始移民和移民文化研究更具佐證、更趨明朗,固始與中華民族、中原文明和中華文化的關係更加密切。固始與閩臺淵源關係研討會也圓滿結束。

　　　　　　　　　（本文作者劉喜元為信陽師範學院歷史文化學院講師）

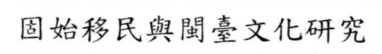

後記

　　根據研討會主題和入選論文的研究內容，我們將其分為固始與固始移民、固始移民與閩臺文化、閩臺姓氏固始尋根三個研究單元。如「固始與固始移民研究」，涉及固始古封國及歷史地理沿革之考證，唐初陳元光父子和唐末王審知兄弟兩次大規模入閩的歷史；「固始移民與閩臺文化研究」，主要探討唐代固始移民與閩南文化的形成及其在臺灣的傳播，以及閩臺民間信仰中的「光州固始」情結；「閩臺姓氏固始尋根研究」，則以實證研究系統梳理閩臺姓氏與固始的淵源關係，以及當下閩臺姓氏的固始尋根活動等。當然，每篇論文的研究內容不一定與設計的研究單元完全一致，同屬一個研究議題而已。

　　為了充分展現學界對固始移民與閩臺文化研究的成果和發展趨勢，我們在本書中還精選若干篇具有代表性的論文，如張新斌《論固始尋根》、王永寬《中原姓氏尋根概述》、劉翔南《從歷史移民看豫、閩、臺姓氏淵源》，以及安國樓《固始歷史人文資源的挖掘及利用》等，對我們正在進行的固始移民與閩臺文化研究具有重要指導意義，故收錄本書，以臻璧全。

　　本書出版過程中得到河南省臺辦、固始縣人民政府、信陽師範學院歷史文化學院、海峽兩岸出版交流中心的大力支持，特別是中共信陽市委常委、固始縣委書記方波先生為本書撰寫專文，在此我們一併表示由衷的感謝。

　　由於時間倉促，加之編者水平有限，本書仍然存有不足或謬誤之處，懇請同行、讀者批評指正。

編者

固始移民與閩臺文化研究

〔1〕本文為九屆河南省政協副主席、中國河洛文化研究會常務副會長陳義初同志於2009年10月27日在唐人故里·閩臺祖地中國固始根親文化節第二屆固始與閩臺淵源關係研討會上的講話，並根據錄音進行了整理。標題為編者所加。

〔2〕徐中舒：《西周史論述》（上），《四川大學學報》，1979年第3期。

〔3〕童書業：《春秋左傳研究》，上海人民出版社，1980年版，第35頁。

〔4〕何光岳：《蔣國考：兼談蔣菰（茭白）的栽培和利用》，《史學月刊》，1987年第3期。

〔5〕李學勤：《春秋左傳正義》，北京大學出版社，1999年版，第419頁。

〔6〕郭沫若：《兩周金文辭大系圖錄考釋》，科學出版社，1985年版，第39頁。

〔7〕唐蘭：《兩周青銅器銘文分代史征》，中華書局，1986年版，第163頁。

〔8〕李學勤、唐雲明：《元氏銅器與西周邢國》，《考古》，1979年第1期。

〔9〕孫詒讓：《古籀拾遺》，中華書局，2005年版。

〔10〕唐蘭：《兩周銅器斷代中的康宮問題》，《考古學報》，1962年第1期。

〔11〕唐蘭：《兩周青銅器銘文分代史徵》，中華書局，1986年版，第161-162頁。

〔12〕李學勤、唐云明：《元氏銅器與西周邢國》，《考古》，1979年第1期。

〔13〕徐宗元：《帝王世紀輯存》，中華書局，1964年版，第91頁。

〔14〕唐蘭：《兩周青銅器銘文分代史徵》，中華書局，1986年版，第249頁。

〔15〕楊文山：《邢國封建考》，《河北學刊》，1989年第5期。

〔16〕黃永年點校：《今本竹書紀年疏證》，遼寧教育出版社，1997年版，第85頁。

〔17〕楊文山：《邢國封建考》，《河北學刊》，1989年第5期。

〔18〕何光岳：《蔣國考：兼談蔣菰（茭白）的栽培和利用》，《史學月刊》，1987年第3期。

〔19〕何光岳：《蔣國考：兼談蔣菰（茭白）的栽培和利用》，《史學月刊》，1987年第3期。

〔20〕焦作市地名委員會辦公室編：《焦作地名考》（第二集），1982年版。

〔21〕謝聘撰：《固始縣誌》。

〔22〕賀次君輯校：《括地誌輯校》，中華書局，2005年版，第211頁。

〔23〕李紹曾：《期思古城遺址調查》，《中原文物》，1983年特刊。

〔24〕何光岳：《蔣國考：兼談蔣菰（茭白）的栽培和利用》，《史學月刊》，1987年第3期。

〔25〕（漢）司馬遷：《史記》，上海古籍出版社，1997年版，第55頁。

〔26〕（漢）司馬遷：《史記》，上海古籍出版社，1997年版，第55頁。

〔27〕（晉）杜預：《春秋經傳集解》，上海古籍出版社，1988年版，第442頁。

〔28〕（宋）歐陽修：《新唐書》，中華書局，1975年版，第3411頁。

〔29〕（宋）樂史：《太平寰宇記》，中華書局，2007年版，第2453頁。

〔30〕（宋）鄭樵著，王樹民點校：《通志》，中華書局，1995年版，第64頁。

〔31〕寧業高等：《六安考釋》，《巢湖學院學報》，2006第5期，第67頁。

〔32〕（清）顧祖禹：《讀史方輿紀要》，中華書局，2005年版，第2109頁。

〔33〕楊伯峻：《春秋左傳注》，中華書局，1981年版，第540頁。

〔34〕錢穆：《史記地名考》，商務印書館，2001年版，第915頁。

〔35〕信陽地區地方史志編纂委員會：《信陽地區志》，生活·讀書·新知三聯出版社，1992年版，第57頁。

〔36〕（漢）司馬遷：《史記》，上海古籍出版社，1997年版，第728頁。

〔37〕（漢）司馬遷：《史記》，上海古籍出版社，1997年版，第728頁。

〔38〕（漢）司馬遷：《漢書》，中華書局，1985年版，第1638-1639頁。

〔39〕（漢）司馬遷：《漢書》，中華書局，1985年版，第1638頁。

〔40〕（漢）司馬遷：《漢書》，中華書局，1985年版，第1563頁。

〔41〕班固撰，顏師古註：《漢書》，中華書局，1985年版，第1636頁。

〔42〕《漢書》，中華書局，1985年版，第1568頁。

〔43〕（北朝）酈道元：《水經注》，岳麓書社，1995年版，第475頁。

〔44〕丘菊賢等：《中華都城要覽》，河南大學出版社，1989年版，第133頁。

〔45〕《漢書》，中華書局，1985年版，第1564頁。

〔46〕（清）洪亮吉：《春秋左傳詁》，中華書局，1987年版，第225頁。

〔47〕（清）洪亮吉：《春秋左傳詁》，中華書局，1987年版，第888頁。

〔48〕（清）徐文靖籤：《竹書紀年統籤》，二十二子本。上海古籍出版社，1986年版，第1091頁。

〔49〕（晉）杜預：《春秋經傳集解》，上海古籍出版社，1988年版，第1577頁。

〔50〕楊伯峻：《春秋左傳注》，中華書局，1981年版，第1501頁。

〔51〕楊伯峻：《春秋左傳注》，中華書局，1981年版，第1501頁。

〔52〕《國語》，上海書店，1987年版，第184-185頁。

〔53〕（清）茆泮林：《校輯世本》，中國書店，1991年版，第545頁。

〔54〕（漢）司馬遷：《史記》，上海古籍出版社，1997年版，第55頁。

〔55〕《新唐書》，中華書局，1975年版，第3411頁。

〔56〕李學勤：《東周與秦代文明》（增訂本），文物出版社，1991年版，第151-152頁。

〔57〕（清）洪亮吉：《春秋左傳詁》，中華書局，1987年版，第379頁。

〔58〕楊伯峻：《春秋左傳注》，中華書局，1981年版，第605頁。

〔59〕楊伯峻：《春秋左傳注》，中華書局，1981年版，第696頁。

〔60〕（清）洪亮吉：《春秋左傳詁》，中華書局，1987年版，第359頁。

〔61〕（清）洪亮吉：《春秋左傳詁》，中華書局，1987年版，第388-392頁。

〔62〕楊伯峻：《春秋左傳注》，中華書局，1981年版，第540頁。

〔63〕（漢）司馬遷：《史記》，上海古籍出版社，1997年版，第1348頁。

〔64〕（漢）司馬遷：《漢書》，中華書局，1985年版，第1638頁。

〔65〕（漢）王符：《潛夫論》，百子全書本，岳麓書社，1993年版，第846頁。

〔66〕（晉）杜預：《春秋經傳集解》，上海古籍出版社，1988年版，第442頁。

〔67〕（宋）鄭樵著，王樹民點校：《通志》，中華書局，1995年版，第64頁。

〔68〕（漢）司馬遷：《史記》，上海古籍出版社，1997年版，第55頁。

〔69〕（宋）歐陽修：《新唐書》，中華書局，1975年版，第3411頁。

〔70〕（晉）杜預：《春秋經傳集解》，上海古籍出版社，1988年版，第525頁。

〔71〕（漢）司馬遷：《史記》，上海古籍出版社，1997年版，第55頁。

〔72〕（漢）司馬遷：《史記》，上海古籍出版社，1997年版，第1348頁。

〔73〕（清）洪亮吉：《春秋左傳詁》，中華書局，1987年版，第359頁。

〔74〕（清）洪亮吉：《春秋左傳詁》，中華書局，1987年版，第300頁。

〔75〕馬世之：《中原古國歷史與文化》，大象出版社，1998年版，第398頁。

〔76〕筆者註：歷史上姬姓息國和賴國之分封有各種說法，余以為它們屬於「漢陽諸姬」，與蔣國一同南遷改封在淮上之地，與周初的三監同屬一種模式。詳情當另著文探討。

〔77〕石小生、侯琴主編：《河南名勝古蹟辭典》，河南人民出版社，1988年版，第460頁。

〔78〕譚其驤主編：《中國歷史地圖集》，中國地圖出版社，1982年版，第一冊：春秋，第29-30頁。

〔79〕何光岳：《蔣國考》，《史學月刊》，1987年，第3期。筆者以為應在周公東征後，而不是昭穆之時。

〔80〕《中國文物地圖集·河南分冊》，中國地圖出版社，1991年版，第492-493頁。

〔81〕劉博：《古豫國遷播初探》，《信陽師範學院學報》，2009年第5期，第150頁。

〔82〕白於藍：《孫叔敖「三相三去」考》，《中國史研究》，2001年第2期，《讀史札記》第170~

171頁。

〔83〕何光岳：《楚源流史》，湖南人民出版社，1988年版，第179-184、185-189頁。

〔84〕葛劍雄主編：《中國移民史》（第二卷），福建人民出版社，1997年版，第342-374頁。

〔85〕徐伯鴻：《龍湖集——編年注析》，光明日報出版社，2004年版，第2-4頁。

〔86〕葛劍雄主編：《中國移民史》（第三卷），福建人民出版社，1997年版，第306-309、302頁。

〔87〕葛劍雄主編：《中國移民史》（第四卷），福建人民出版社，1997年版，第280、416頁。

〔88〕《晉書》卷六十五，列傳第三十五，「王導」，總第1745-1746頁。

〔89〕福建《雲霄縣誌》，轉引自湯漳平、林瑞峰：《論陳元光的歷史地位和影響》，《福建論壇》，1983年第4期。

〔90〕〔日本〕小林廣義著、海新譯：《評〈南宋初期政治史研究〉》，《宋史研究通訊》，1990年第3期。

〔91〕《宋史》卷二十八，本紀二十八，「高宗（五）」，中華書局，1977年版，總第532頁。

〔92〕《新唐書》卷一百九十，列傳第一百一十五，「王潮」，中華書局，1972年版，總第5491-5493頁；《新五代史》卷六十八，閩世家第八，「王審知」，總第845-847頁。

〔93〕轉引自湯漳平、林瑞峰：《論陳元光的歷史地位和影響》，《福建論壇》，1983年第4期。

〔94〕《宋會要輯稿》，轉引自《中國移民史》第四卷，第424頁。

〔95〕葛劍雄主編：《中國移民史》（第四卷）福建人民出版社，1997年版，第365-368頁。

〔96〕湯漳平、林瑞峰：《論陳元光的歷史地位和影響》，《福建論壇》，1983年第4期。

〔97〕杜佑：《通典》，卷一八二，「州郡」十二，浙江古籍出版社，1988年版，第969頁。

〔98〕葛劍雄主編：《中國移民史》（第四卷）福建人民出版社，1997年版，第490-491頁。

〔99〕《宋史》卷四二九，列傳一八八，「朱熹」，總第12769頁。

〔100〕熊禾：《勿軒集》卷二，「考亭書院記」，影印文淵閣四庫全書，臺北商務印書館，1983年版，集部第127冊，第777頁。

〔101〕《資治通鑑》卷二五六，《唐紀七十二》。

〔102〕林國平、邱季端：《福建移民史》，方志出版社，2005年版，第31頁。

〔103〕臺灣省文獻委員會編：《臺灣省通志》卷二《人民志‧氏族篇》（第二冊）。

〔104〕乾隆朝《續修臺灣府志》卷十一《武備》。

〔105〕陳孔立：《清代臺灣移民社會研究》，九州出版社，2003年版，第177頁。

〔106〕郭廷以：《臺灣史事概說‧引言》，臺灣正中書局，1954年版。

〔107〕孟令俊：《河洛文化的幾個問題》，見陳義初：《河洛文化與漢民族散論》，河南人民出版

社，2006年版，第8頁。

〔108〕葛劍雄：《中國移民史》（卷一），福建人民出版社，1997年版，第104頁。

〔109〕趙保佑：《區域文化與區域發展》，河南人民出版社，2009年版，第197-198頁。

〔110〕李喬、許竟成：《固始與閩臺》，河南人民出版社，2007年版，第59-107頁。

〔111〕本文參考文獻為：《後漢書》、《舊唐書》、《新唐書》、《閩中記》、《閩書》、《福建府志》、《漳州府志》、《十國春秋》、《閩國史匯》、《資治通鑑》、《福建史稿》、《三山志》、清《光州志》、何綿山《閩文化概論》、《固始縣誌》、張新斌《論固始尋根》、許竟成《歷史姓氏》、《固始文史資料》等。

〔112〕文匯：《淺談豫南與閩臺的脈源關係》，載《豫閩臺姓氏源流》一書，河南省姓中原氏歷史文化研究會編，內部出版。

〔113〕任崇岳：《中原移民簡史》，河南人民出版社，2006年版，第79頁。另外，本文族譜的內容，很大一部分轉引自任崇岳：《中原移民簡史》一書，在此特向任先生表示感謝。

〔114〕許夥努、楊清江：《隨「三王」入閩諸姓考》，載《豫閩臺姓氏源流》一書。

〔115〕謝宗楷編：《福建謝氏譜牒知見錄》，福建謝氏委員會內部出版，第48頁。

〔116〕陳國燦等：《中華姓氏譜·高》，現代出版社，2000年版，第50頁。

〔117〕林國平、邱季瑞、張貴明等：《福建移民史》，方志出版社，2005年版，第33-34頁。

〔118〕林國平、邱季瑞、張貴明等：《福建移民史》，方志出版社，2005年版，第33-34頁。

〔119〕謝宗楷編：《福建謝氏譜牒知見錄》，福建謝氏委員會內部出版，第20頁。

〔120〕陳支平：《福建族譜》，福建人民出版社，1996年版，第94頁。

〔121〕陳支平：《福建族譜》，福建人民出版社，1996年版，第115頁。

〔122〕陳支平：《福建族譜》，福建人民出版社，1996年版，第134頁。

〔123〕陳支平：《福建族譜》，福建人民出版社，1996年版，第183頁。

〔124〕載《豫閩臺姓氏源流》一書，河南省中原姓氏歷史文化研究會編，內部出版。

〔125〕程有為：《「光州固始」在南遷中原漢人中的地位》，《尋根》2009年第3期。

〔126〕葛劍雄：《中國移民史》（第一卷），福建人民出版社，1997年版，第259-292頁。

〔127〕（宋）王溥：《唐會要》，上海古籍出版社，1991年版，第1840頁。

〔128〕（唐）長孫無忌：《唐律疏議》，中華書局，1983年版，第251頁。

〔129〕（宋）王溥：《唐會要》，上海古籍出版社，1991年版，第1840頁。

〔130〕（宋）歐陽修：《新唐書》，中華書局，1975年版，第1343頁。

〔131〕（宋）王溥：《唐會要》，上海古籍出版社，1991年版，第1840頁。

〔132〕葛承雍：《唐代移民與社會變遷特徵》，《中國經濟史研究》2000年第4期，第49-56頁。

〔133〕（宋）歐陽修：《新唐書》，中華書局，1975年版，第1119頁。

〔134〕（宋）王溥：《唐會要》，上海古籍出版社，1991年版，第774頁。

〔135〕徐伯鴻：《〈龍湖集〉編年注析》，光明日報出版社，2004年版，第139頁。

〔136〕林國平、邱季端：《福建移民史》，方志出版社，2005年版，第325頁。

〔137〕徐伯鴻：《〈龍湖集〉編年注析》，光明日報出版社，2004年版，第5頁。

〔138〕徐伯鴻：《〈龍湖集〉編年注析》，光明日報出版社，2004年版，第5頁。

〔139〕徐伯鴻：《〈龍湖集〉編年注析》，光明日報出版社，2004年版，第139頁。

〔140〕徐伯鴻：《〈龍湖集〉編年注析》，光明日報出版社，2004年版，第79頁。

〔141〕（宋）司馬光：《資治通鑑》，岳麓書社，1990年版，第596頁。

〔142〕（宋）宋敏求：《唐大詔令集》，上海：學林出版社，1992年版，第60頁。

〔143〕鐘銀海：《唐代羈縻府州制度述評》，《寧夏大學學報》2006年第1期，第43-46頁。

〔144〕（宋）歐陽修：《新唐書》，中華書局，1975年版，第4083頁。

〔145〕譚元亨：《客家南遷的「節點」與千里客家文化長廊的打造》，《華南理工大學學報（社科版）》，2008年第3期；嚴雅英：《客家族譜研究》，黑龍江人民出版社，2007年版，第13頁。

〔146〕譚元亨：《客家南遷的「節點」與千里客家文化長廊的打造》，《華南理工大學學報（社科版）》，2008年第3期。

〔147〕熊德基：《六朝史考實》，中華書局，2000年版，第280-288頁。

〔148〕轉引熊德基：《六朝史考實》，中華書局，2000年版，第299頁。

〔149〕轉引宗韻：《明代家族上行流動研究》，華東師大出版社，2009年版，第17頁。

〔150〕張承宗、魏向東：《魏晉南北朝時期的宗族》，《蘇州大學學報》，2000年第3期。

〔151〕韓撲：《左手翻歷史》，春風文藝出版社，2008年版，第117-119頁。

〔152〕謝重光：《客家源流新探》，福建教育出版社，1995年版，第12-13頁。

〔153〕譚元亨：《客家南遷的「節點」與千里客家文化長廊的打造》，《華南理工大學學報（社科版）》，2008年第3期；嚴雅英：《客家族譜研究》，黑龍江人民出版社，2007年版，第13頁。

〔154〕嚴雅英：《客家族譜研究》，黑龍江人民出版社，2007年版，第37-52頁。

〔155〕《福建史志》1990年，《韓山師專學報》1991年1期；《福建史志》1995年第1期。

〔156〕李喬：《「開漳聖王」陳元光籍貫辨析》，《信陽師範學院學報》，2009年第5期。

〔157〕順治《光州志》卷九《人物考·鄉賢》，第351頁。

〔158〕四庫全書存目叢書，第205冊第24頁，齊魯書社，1997年版。

〔159〕萬曆《漳州府志》卷二《漳州府‧壇廟》。

〔160〕《宋會要輯稿》禮二十之一四二至一四三，中華書局，1957年版，第834-835頁。

〔161〕《晦庵先生朱文公文集》卷八十《漳州守臣題名記》，四部叢刊本。

〔162〕《宋詩紀事》卷一三《威惠廟》。

〔163〕《宋會要輯稿》禮二十之一四二，第834頁。

〔164〕光緒《漳州府志》卷八《祀典》，日本東京早稻田大學藏本。

〔165〕嘉靖《龍溪縣誌》卷三，《天一閣明代方志選刊》。

〔166〕嘉靖《龍溪縣誌》卷八《人物》。

〔167〕乾隆《龍溪縣誌》卷七《壇廟》，臺灣成文出版社，1966年版，第85頁。

〔168〕萬曆《漳州府志》卷十二《雜誌‧古蹟》。

〔169〕康熙《漳浦縣誌》卷十《祀典志》，第680-681頁，臺灣成文出版社。

〔170〕民國重刊本，臺灣成文出版社，1975年版，第811頁。

〔171〕萬曆《漳州府志》卷三十《海澄縣‧雜誌‧宮廟》乾隆《海澄縣誌》卷十七《名蹟》，第202-203頁，臺灣成文出版社，1968年版。

〔172〕嘉慶《雲霄廳志》卷七《廟祀》，第277-278頁，臺灣成文出版社，1967年版。

〔173〕嘉慶《雲霄廳志》卷七《廟祀》，第290頁。民國《雲霄縣誌》卷五《典祀》，第146-148頁，臺灣成文出版社，1975年版。

〔174〕萬曆《漳州府志》卷二一《龍岩縣‧輿地誌‧壇廟》。

〔175〕道光《龍岩州志》卷一四《古蹟志》，第317頁。臺灣成文出版社，1967年版。

〔176〕萬曆《漳州府志》卷二九《詔安縣‧雜誌‧宮廟》。

〔177〕《仙溪志》卷三《祠廟》，第8310頁，宋元方志叢刊本，中華書局，1990年版。

〔178〕乾隆《仙遊縣誌》卷十二《壇廟》，第282頁，臺灣成文出版社，1975年版。

〔179〕《福建通志》卷十五。

〔180〕《八閩通志》卷五九，福建人民出版社，1990年版，第393頁。

〔181〕《八閩通志》卷五九，第393頁。

〔182〕馮大北、張秀春：《唐史無人修列傳，漳江有廟祀將軍——陳元光開漳與聖王信仰》，《尋根》，2006年第6期。

〔183〕順治《光州志》卷二《建置考‧祠廟寺觀》，第279頁。

〔184〕乾隆《光州志》卷一一《壇廟》，國家圖書館藏刻本。

〔185〕順治《光州志》卷七《宦業》，書目文獻出版社，1992年版，第330頁。

〔186〕順治《光州志》卷九《人物考·鄉賢》，第351頁。

〔187〕光緒《光州志》卷二《典祀志·壇廟》，臺灣成文出版社，1976年版，第155-156頁。

〔188〕如張青：《洪洞大槐樹移民考》，《中國地方志》2003年增刊，第25-29頁；伍嘉祥：《洪洞大槐樹》。

〔189〕喬新華：《山西洪洞大槐樹移民問題研究的回顧與思考》，《清華大學學報》（哲學社會科學版），2007年第3期。

〔190〕《福建通志》卷六十六《雜記》。

〔191〕（宋）方大琮：《鐵庵集》卷三十二《跋：敘長官遷莆事始》。

〔192〕尹全海：《固始移民與兩岸三地尋根資源之整合》，信陽師範學院學報（哲學社會科學版），2009年第1期。

〔193〕趙世瑜：《傳說、歷史、歷史記憶——從20世紀的新史學到後現代》，《中國社會科學》，2002年第3期。

〔194〕馬戎：《民族社會學：社會學的族群關係研究》，北京大學出版社，2004年版。

〔195〕固始縣史志研究室編：《歷史姓氏》，1999年版，第85頁。

〔196〕（宋）梁克家：《三山志》。

〔197〕固始縣史志研究室編：《歷史姓氏》，1999年版，第84頁。

〔198〕《漳州市志》卷三《人口》，中國社會科學出版社，1999年版，第231頁。

〔199〕許夥弩、楊清江：《隨「三王」入閩諸姓考》，宋效忠主編：《根在信陽》，湖北教育出版社，2006年版，第50頁。

〔200〕固始縣誌研究室編：《歷史姓氏》，1999年版，第88頁。

〔201〕《福建省志·大事記·永嘉》，方志出版社，2000年版。

〔202〕陳元光《請建州縣表》。載《全唐文》卷一六四，中華書局，1961年版。

〔203〕許天正《和陳元光平潮寇詩》，載《全唐詩》第二冊·卷四十五，中華書局，1960年版。

〔204〕《白石丁氏古譜》。

〔205〕陳元光：《龍湖集》。

〔206〕陳元光：《請建州縣表》。載《全唐文》卷一六四，中華書局，1961年版。

〔207〕陳元光：《龍湖集》。

〔208〕陳元光：《龍湖集》。

〔209〕陳元光：《龍湖集》。

〔210〕陳元光：《龍湖集》。

〔211〕陳元光：《龍湖集》。

〔212〕劉懷廉：《光州固始與閩臺淵源》，載《根在信陽》，湖北教育出版社，2006年版，第4頁。

〔213〕嘉慶《雲霄廳志》卷十《官制》。

〔214〕《白石丁氏古譜‧懿績記》，漳州方志委，1985年影印本。

〔215〕光緒《漳州府志》卷二十二《兵紀》。

〔216〕光緒《漳州府志》卷四《秩官考》。

〔217〕康熙《漳浦縣誌》卷十九《雜誌》。

〔218〕陳元光：《龍湖集》，雲霄縣方志辦，1986年刊印本。

〔219〕《北溪先生全集》第四卷二十三，薌江鄭圭海安國氏刊本。

〔220〕《四庫全書‧集部》，余靖《武溪集》卷二十四《墓誌下》。

〔221〕《八閩通志》卷五十九《祠廟‧漳浦威惠廟》。

〔222〕李賢：《明一統志》卷七十七《延平府‧祠廟》。

〔223〕《八閩通志》卷八十一《祥異》。

〔224〕《嘉靖龍溪縣誌》卷三《祠祀》。

〔225〕《八閩通志》卷五二九《祠廟》。

〔226〕崇禎《海澄縣誌‧儒山廟》。

〔227〕《潁川陳氏開漳族譜》1947年山美抄本。

〔228〕《潁川陳氏開漳族譜》1947年山美抄本。

〔229〕康熙《漳州府志》卷八《祀典》。

〔230〕道光《彰化縣誌》卷五《祀典志‧寺觀》。

〔231〕康熙《漳浦縣誌》卷十九《雜誌》。

〔232〕劉小龍：《開漳聖王文化》，海風出版社，2005年版，第90-91頁。

〔233〕劉小龍：《開漳聖王文化》，海風出版社，2005年版，第93頁。

〔234〕參見張兆基：《閩南「陳元光神系」廟宇及崇祀習俗考》，載《陳元光國際學術討論會論文集》，廈門大學出版社，1993年版，第189-193頁。

〔235〕《雲霄縣誌‧疆域》，卷二《地理上》，1947年。

〔236〕《雲霄縣誌‧名宦傳》，卷一三《秩官》，1947年。

〔237〕唐高宗：《詔陳政鎮故綏安縣地》，民國版《雲霄縣誌‧唐文》，卷一七《藝文》，1947年。

〔238〕陳元光：《侯夜行師七唱》其二，雲霄縣開漳文化研究會編：《方南生籤注〈龍湖集〉》，

2001年版，第77頁。

〔239〕黃仲昭：《八閩通志》，卷八《地理》，福建人民出版社，1990年版，第147頁。

〔240〕唐高宗：《詔陳政鎮故綏安縣地》，民國版《雲霄縣誌‧唐文》，卷一七《藝文》，1947年。

〔241〕《新唐書‧四‧志》，卷四一，第1066頁。

〔242〕《雲霄縣誌‧疆域》，卷二《地理》，1947年。

〔243〕湯毓賢：《漳州開漳史蹟概覽》，《福建文博》，2001年第1期，第101頁。

〔244〕陳元光：《落成會詠》其一，雲霄縣開漳文化研究會編：《方南生籤注〈龍湖集〉》，2001年版，第45頁。

〔245〕《潁川陳氏開漳族譜》，雲霄山美刻本，1947年。

〔246〕福建省博物館、雲霄縣博物館：《雲霄下營廟遺址探掘》，《福建文博》，2001年第1期，第13-22頁。

〔247〕民國版《陳氏族譜》雲霄陳岱刻本。

〔248〕《雲霄縣誌‧風土》，卷四《地理》下，1947年。

〔249〕黃超云：《漫談鮮卑種姓與漳史的關係》，《福建文史》2005年第1期，第45-46頁。

〔250〕陳元光：《故國山川寫景》，雲霄縣開漳文化研究會編：《方南生籤注〈龍湖集〉》，2001年版，第57頁。

〔251〕楊天宇：《禮記譯註》卷二十三《祭法》，上海古籍出版社，1997年版，第795頁。

〔252〕光緒《漳州府志》卷二十四《宦績‧陳元光傳》。

〔253〕（清）楊瀾：《臨汀匯考》卷一《建置》。

〔254〕（宋）陳淳：《北溪字義》卷下《鬼神》，文淵閣《四庫全書》本。

〔255〕（宋）陳淳：《北溪大全集》卷四十三《上趙寺丞論淫祀》，文淵閣《四庫全書》本。

〔256〕任何一種信仰的產生和流行，都需要一個適宜的社會文化氛圍。如果有適宜的「土壤」，那麼這種信仰就會得到發展和盛行。否則，這種信仰得不到大多數人的認可，就會自行退出信仰的舞臺。「開漳聖王」陳元光之所以會在唐宋時期完成由人而神的變化，與這一時期閩南濃厚的「好巫尚鬼」風俗有直接關係。

〔257〕《史記》卷二十八《封禪書》，中華書局，1975年版，第1399-1400頁。

〔258〕（漢）應劭撰，王利器校註：《風俗通義校注》，中華書局，1981年版，第401頁。

〔259〕（唐）劉禹錫：《劉禹錫集》，上海人民出版社，1975年版，第26頁。

〔260〕《宋史》卷八十九《地理志五》，中華書局，1985年版，第2210頁。

〔261〕（宋）蔡襄：《蔡襄全集》卷三十三《尚書屯田員外郎贈光祿卿劉公墓碣》，福建人民出版

社，1999年版，第736頁。

〔262〕（宋）趙與泌、黃岩孫：《仙溪志》卷一《風俗》、卷三《祠廟》，《宋元方志叢刊》本。

〔263〕（宋）陳淳：《北溪大全集》卷四十三《上趙寺丞論淫祀》，文淵閣《四庫全書》本。

〔264〕（清）姚瑩：《東溟外集》卷四，《焚五妖神像判》，《臺灣文獻史料叢刊》本。

〔265〕《漢書》卷六十四上《嚴助傳》，中華書局，1964年版，第2779頁。

〔266〕（宋）王安石撰；（宋）李壁籤註：《王荊文公詩籤註》卷十，中華書局，1958年版，第110頁。

〔267〕（明）黃仲昭：《八閩通志》卷六十七《人物·泉州府》，福建人民出版社，2006年版，下冊第839頁。

〔268〕《漢書》卷六十四上《嚴助傳》，中華書局，1964年版，第2781頁。

〔269〕（唐）許天正，《和陳元光〈平潮寇詩〉》，載《全唐詩》卷四十五。

〔270〕《資治通鑑》卷二五九《唐紀七十五》，中華書局，1985年版，第8459頁。

〔271〕《武平縣誌》卷七《官師表》。

〔272〕寶祐《仙溪志》卷一《縣郭》。

〔273〕道光《晉江縣誌》卷三十六《政績志》。

〔274〕同治《汀州府志》卷二十《名宦》。

〔275〕同治《汀州府志》卷二十《名宦》。

〔276〕《宋史》卷四十一《理宗本紀》，中華書局，1985年版，第792頁。

〔277〕民國《雲霄廳志》卷十七《藝文上》。

〔278〕（唐）陳元光：《龍湖集·觀雪篇》。

〔279〕（唐）陳元光：《龍湖集·喜雨次曹泉州》。

〔280〕（唐）陳元光：《龍湖集·落成會詠》。

〔281〕（唐）陳元光：《龍湖集·落成會詠》。

〔282〕光緒《漳州府志》卷二十四《宦績·陳元光傳》。

〔283〕烏丙安：《中國民間信仰》，上海人民出版社，1996年版，第13頁。

〔284〕黃建銘：《閩臺民間信仰在海峽兩岸交流中的作用》，《中國宗教》，2003年第5期。

〔285〕王美香：《閩臺民間信仰，同根同源》，中國新聞網，2004年9月24日。

〔286〕黃偉華：《同根同源的閩臺民間信仰》，佛學研究網，2008年5月2日。

〔287〕丁世良、趙放：《中國地方志民俗資源彙編·華東卷（下）》，書目文獻出版社，1995年版，第1826頁。

〔288〕徐朝旭：《論儒學對民間神明信仰的影響——以閩臺民間神明信仰為例》，《宗教學研究》，2007年第2期。

〔289〕轉引自李喬、許竟成：《固始與閩臺》，河南人民出版社，2007年版，第314頁。

〔290〕李喬、許竟成：《固始與閩臺》，河南人民出版社，2007年版，第177-181頁。

〔291〕趙新社：《河洛文化與媽祖》，《統一論壇》，2006年第1期。

〔292〕洪榮文：《閩臺民間信仰的傳承與交流》，《泉州師範學院學報》，2008年第1期。

〔293〕丁世良、趙放：《中國地方志民俗資源彙編·華東卷（下）》，書目文獻出版社，1995年版，第1782-1783頁。

〔294〕何綿山：《唐代福建作家概述》，《福建歷代作家評傳》，福建人民出版社，1990年版，第1-4頁。

〔295〕張璋、黃畬編：《全唐五代詞》，上海古籍出版社，1986年版，第509-510頁。

〔296〕張璋、黃畬編：《全唐五代詞》，上海古籍出版社，1986年版，第509頁。

〔297〕張璋、黃畬編：《全唐五代詞》，上海古籍出版社，1986年版，第509頁。

〔298〕張璋、黃畬編：《全唐五代詞》，上海古籍出版社，1986年版，第509頁。

〔299〕張璋、黃畬編：《全唐五代詞》，上海古籍出版社，1986年版，第512頁。

〔300〕張璋、黃畬編：《全唐五代詞》，上海古籍出版社，1986年版，第512頁。

〔301〕張璋、黃畬編：《全唐五代詞》，上海古籍出版社，1986年版，第512頁。

〔302〕張璋、黃畬編：《全唐五代詞》，上海古籍出版社，1986年版，第513頁。

〔303〕張璋、黃畬編：《全唐五代詞》，上海古籍出版社，1986年版，第514頁。

〔304〕張璋、黃畬編：《全唐五代詞》，上海古籍出版社，1986年版，第514頁。

〔305〕張璋、黃畬編：《全唐五代詞》，上海古籍出版社，1986年版，第514頁。

〔306〕張璋、黃畬編：《全唐五代詞》，上海古籍出版社，1986年版，第519頁。

〔307〕張璋、黃畬編：《全唐五代詞》，上海古籍出版社，1986年版，第519頁。

〔308〕張璋、黃畬編：《全唐五代詞》，上海古籍出版社，1986年版，第519頁。

〔309〕張璋、黃畬編：《全唐五代詞》，上海古籍出版社，1986年版，第519頁。

〔310〕張璋、黃畬編：《全唐五代詞》，上海古籍出版社，1986年版，第519頁。

〔311〕張璋、黃畬編：《全唐五代詞》，上海古籍出版社，1986年版，第520頁。

〔312〕霍松林：《論唐人小賦》，《文學遺產》，1997年第1期。

〔313〕霍旭東、趙呈元、阿芷主編：《歷代辭賦鑒賞辭典》，安徽文藝出版社，1992年版，第792頁。

〔314〕霍旭東、趙呈元、阿芷主編：《歷代辭賦鑒賞辭典》，安徽文藝出版社，1992年版，第798頁。

〔315〕王運熙、楊明：《隋唐五代文學批評史》，上海古籍出版社，1994年版，第665頁。

〔316〕何綿山：《五代閩國文學探論》，《文史哲》，1997年第6期。

〔317〕漳州軍分區編：《漳州市軍事志》，1995年版，第4頁。

〔318〕石奕龍：《明代惠東地區的海洋社會經濟生活及其變遷》，《中國社會經濟史研究》，2000年第3期。按：以下括號裡的出處為石教授所引，石文所稱「玄鐘所」即懸鐘衛，在今漳州市詔安縣詔安灣。

〔319〕駐閩海軍軍事編纂室：《福建海防史》，廈門大學出版社，1999年版，第21頁。

〔320〕文波、李輝：《遺傳學證據支持漢文化的人口擴張模式》，〔英國〕《自然》，2004年9月16日。

〔321〕閩南方言區，指海內外通行漳泉音系閩南方言的地區，包括現在福建省的南部（閩南）、臺灣、東南亞華人華僑聚居的馬來西亞、新加坡、印度尼西亞、菲律賓等多個國家，後者稱當地閩南方言為「福建話」，是南洋群島各國的華人通行語、共同語。

〔322〕關於歌謠原文的訛錯，因屬於口耳相傳而丟失的結果，筆者在補正、修復後即以其為正本進行闡述和分析。

〔323〕本文參考書目有：何赤遠：《閩書·君長志·許天正傳》卷四一，第14頁。沈定詞：《漳州府志·宦績·許天正傳》卷二四，第6頁。謝道承：《福建通志·許天正傳》（四庫全書本）卷三，第17頁。歐陽唐：《許天正傳》，《高陽許氏宗譜》，第15頁。

〔324〕別駕：官名。漢設置別駕從事史，刺史的佐吏，因隨刺史巡視時另乘專車，故稱別駕。隋及唐初曾改別駕為長吏，後復原名。

〔325〕明經：唐代科舉制度中科目之一，與進士科並列，主要考試經義。

〔326〕李紹連：《中國文明起源的考古線索及其啟示》，《中州學刊》，1987年第1期。

〔327〕蘇秉琦：《中華文明的曙光——就遼西考古新發現訪考古學家蘇秉琦》，《人民日報》（海外版），1986年8月4日。

〔328〕許順湛：《黃河文明的曙光》，中州古籍出版社，1993年版。

〔329〕朱紹侯：《河洛文化與河洛人、客家人》，《文史知識》，1994年第3期。

〔330〕許順湛：《黃河文明的曙光》，中州古籍出版社，1993年版。

〔331〕謝鈞祥：《河洛文化與中華姓氏》，《黃河文化》，2004年第2期。

〔332〕黃典誠：《尋根母語到中原》，《河南日報》1981年4月22日。

國家圖書館出版品預行編目(CIP)資料

固始移民與閩臺文化研究 / 尹全海，崔振儉 主編. -- 第一版. -- 臺北市：崧博出版：崧燁文化發行，2019.02
　面 ；　公分
POD版

ISBN 978-957-735-638-3(平裝)

1.移民 2.文化 3.河南省固始縣 4.福建省

671.39/449.4　　　　108001237

書　名：固始移民與閩臺文化研究
作　者：尹全海，崔振儉 主編
發行人：黃振庭
出版者：崧博出版事業有限公司
發行者：崧燁文化事業有限公司
E-mail：sonbookservice@gmail.com
粉絲頁　　　　　　　網　址：
地　址：台北市中正區重慶南路一段六十一號八樓815室
8F.-815, No.61, Sec. 1, Chongqing S. Rd., Zhongzheng Dist., Taipei City 100, Taiwan (R.O.C.)
電　話：(02)2370-3310　傳　真：(02) 2370-3210

總經銷：紅螞蟻圖書有限公司
地　址：台北市內湖區舊宗路二段121巷19號
電　話：02-2795-3656　傳真:02-2795-4100　網址：
印　刷：京峯彩色印刷有限公司（京峰數位）

　　本書版權為九州出版社所有授權崧博出版事業股份有限公司獨家發行電子書及繁體書繁體字版。若有其他相關權利及授權需求請與本公司聯繫。
定價：600 元
發行日期：2019 年 02 月第一版
◎ 本書以POD印製發行